Christian
ZACH

AUSTRO DAIMLER

WIENER-NEUSTADT

BAND II
1920-1935

KRAL VERLAG

Information zum Titelbild

Das Titelbild für den Band II sollte dem Stil der Zwanzigerjahre entsprechen und wurde daher aus zwei verschiedenen Vorlagen zusammengestellt.

Das Fahrzeug im Vordergrund stammt vom Austro Daimler-Werbechef **Franz Zwickl** und zeigt einen Sascha-Rennwagen.

Da der Hintergrund nach den Domtürmen von Band I wieder ein Neustädter Wahrzeichen zeigen sollte, nahm sich der Neustädter Maler **Mag. art. Roland Schlögl** dieser Aufgabe an. Es gelang ihm, den alten Wasserturm im Stil der Zwanzigerjahre darzustellen und damit ein bündiges Titelbild für dieses Werk zu schaffen. Die farbliche Feinabstimmung wurde durch „dinografik" Wiener Neustadt durchgeführt.

1. Auflage 2021

J.-F.-Kennedy-Platz 2
2560 Berndorf
Tel.: +43 (0) 2672/82 236-0, Fax: Dw. 4
E-Mail: office@kral-verlag.at

Alle Fotos und für den Inhalt verantwortlich: Christian Zach
Umschlag- und grafische Innengestaltung:
xl-graphic, Wien | office@xl-graphic.at

Printed in EU
ISBN: 978-3-99024-981-9

Besuchen Sie uns im Internet: www.kral-verlag.at
und auf facebook unter:
www.facebook.com/KralverlagBerndorf

Inhalt

Vorwort

Der Autor an seinem liebsten Arbeitsplatz: AD 6-17 Baujahr 1922

Der Verlag fühlt sich geehrt, auch den zweiten Band „Austro Daimler (1920–1935)", veröffentlichen zu dürfen, dessen Manuskript Christian Zach noch abschließen konnte. Das Buch erscheint posthum unter fachkundiger Aufsicht des Obmanns der „Sektion Austro Daimer" Gerhard Weinzettl.

Christian Zach (1959–2021) besuchte die Fachschule für Elektrotechnik an der HTL Wiener Neustadt, war seit 2002 Mitglied der „Sektion Austro Daimler" und später Vorstandsmitglied ebendort. Das Fachwissen des Experten für die Wiener Neustädter Automobil- und Technikgeschichte war stets hoch geschätzt, er verfasste zahlreiche Artikel für die Vereinszeitung und war bei Wartungs- und Reparaturarbeiten der Automobile sowie der Planung von „Austro Daimler"-Treffen und -Projekten immer hilfreich und engagiert. Mit den zwei profunden „Austro Daimler"-Büchern hat er uns seine Begeisterung für die heimische Industriegeschichte schriftlich hinterlassen.

Kral Verlag

Nach der Präsentation des ersten Bandes über die Geschichte der Österreichischen Daimler Motoren AG im April 2019 liegt nun der zweite Teil in den Buchläden bereit. Zwischenzeitlich fand in Wiener Neustadt die Landesausstellung 2019 „Welt in Bewegung" statt. Auch wenn aufgrund dieses breit gefassten Titels nur zwei Fahrzeuge in der Ausstellung Platz fanden, waren der „Sascha-Rennwagen 1922" und der „ADR 8-Zylinder 1931" die Höhepunkte in den Kasematten. Noch weitere sieben Wiener Neustädter Daimler fanden in externen Auslagen Platz für das zahlreiche Publikum. Die Hintergründe zu diesen Fahrzeugen liest man in diesem Band der zweiteiligen Austro Daimler-Geschichte.

Neben den technisch hochstehenden Konstruktionen und Rennerfolgen erfährt man von Wirtschaftskrisen, von der Gier nach Macht und Kapital Einzelner und von Fehlentscheidungen, die in Vorstandsetagen oft allzu leichtfertig getroffen werden. Dies führt zum abrupten Abgang von Ferdinand Porsche mit weitreichenden Veränderungen. Andererseits überrascht das Gegensteuern der Firmenbelegschaft, allen voran Ing. Karl Rabe, Ing. Oskar Hacker und Ing. Franz Reimspieß, die mit Herz und Überzeugung geniale Auswege nach Krisen finden und den hohen Stellenwert von Austro Daimler wieder erfolgreich weiterträgt.

Eine Krise überlebte das Werk in Wiener Neustadt allerdings nicht – die Weltwirtschaftskrise! Die Auswirkungen auf die europäische Automobilindustrie wurden in den Jahren 1932 und 1933 schlagend, sodass im Jahr 1934 nach der Pleite der Creditanstalt ein harter Sparkurs das Neustädter Unternehmen in die Knie zwang.

Das letzte Kapitel trägt den Titel „Sic transit gloria mundi". Und genau das war der Antrieb des Autors, diese beiden Bände zu schreiben – damit der Weltruhm nicht noch schneller vergeht!

Christian Zach

Rückblick 1899 bis 1919

Von der Gründung der „Österreichischen Daimler Motoren Commandit Gesellschaft" im Jahr 1899 bis zum Ende des Ersten Weltkrieges durchlebte dieses Unternehmen einen technologischen Höhenflug, wie dies heute nur von Software- oder Kommunikationsunternehmen bekannt ist. Am besten verdeutlicht durch die Wortmeldung des Arbeitervertreters Drabek anlässlich der Siegesfeier nach der Prinz-Heinrich-Fahrt 1910 im Neustädter Brauhof:
Mit Stolz können wir auf den Entwicklungsgang unserer Fabrik zurückblicken, die sich in ganz kurzer Zeit von der Herstellung der Scheibtruhe zur Fabrikation des Automobils bis hin zum Luftschiff entwickelte … Ich schließe mit dem Gefühle, daß die Daimlerwerke heute Trumpf sind und hoffe, daß wir alle auch in Zukunft zur Erhaltung dieses guten Rufes beitragen werden.
Warum der Vergleich mit Scheibtruhen? Der Fabrikant Eduard Fischer erzeugte damals Eisenwaren für den täglichen Gebrauch und war auf der Suche nach neuen Betätigungsfeldern. Angetan vom Automobil, lernte er über Vermittlung des Redakteurs Adolf Schmal-Filius den Importeur Josef Eduard Bierenz kennen, der gerade auf der Suche nach einer Produktionsstätte für Daimler-Automobile in Österreich-Ungarn war.

Adolf Schmal-Filius

Im Fabrikshof 1902, Eduard Fischer im Wagen rechts am Steuer

Die erste „Österreichische Daimler Motoren Commandit Gesellschaft, Bierenz, Fischer & Co" bestand bis Ende 1901 und war ein rein österreichischer Betrieb, verbunden zu Daimler Cannstatt durch Lizenzverträge. Ab 1902 übernahm Ing. Paul Daimler, der ältere Sohn von Gottlieb Daimler, das Unternehmen in Wiener Neustadt als Tochtergesellschaft von Daimler Cannstatt. Bereits 1904 folgten die ersten motorsportlichen Erfolge, denn die österreichischen Mercedes siegten am Semmering und nahmen erfolgreich bei den Gordon Bennett Rennen teil. Ein wichtiger Förderer der Neustädter Autobauer war in dieser Zeit der Schwechater Bierbrauer Theodor Dreher, der für die großen Rennen dieser Zeit die Fahrzeuge neben Emil Jellinek-Mercedes mitfinanzierte.

Erster Schienentriebwagen 1901

Gordon Bennett Rennen 1904: Hermann Braun auf Österr. Mercedes 90 HP

Gordon Bennett Rennen 1905 – Hieronimus bei Rochefort auf österr. Mercedes 120 HP

Ein großer Umbruch erfolgte im Jahr 1906, herbeigeführt durch das Marketinggenie Emil Jellinek-Mercedes, der mit der Zusammenlegung der Lohner-Porsche-Elektrofahrzeuge mit der Wiener Neustädter Daimlerfabrik sowie mit seinem Maja-Wagen-Projekt die Produktpalette enorm erweitert hatte. Daraus entstand die „Österreichische Daimler Motoren Gesellschaft GmbH" mit den Direktoren Porsche, Fischer und Strauss unter der Führung von Dir. Hugo Marcus vom Wiener Bankverein. Schon im Jahr 1908 kam es zu einer kleineren Wirtschaftskrise, verbunden mit technischen Unzulänglichkeiten beim Maja-Wagen, die neuerlich zu Änderungen führten.

Emil Jellinek-Mercedes, Karikatur „Mich", Le Sport Paris

Das undurchsichtige Firmengeflecht des „Herrn Mercedes" zerbrach innerhalb kurzer Zeit und verhalf schlussendlich dem Neustädter Unternehmen zu mehr Eigenständigkeit. Neue Automobilkonstruktionen wie der 28-30 HP und die Militärtrains M 09 waren nur der Anfang.

Karl Illner auf „Etrich1"

Ab 1909 begann in Österreich der Wettlauf um die Luftherrschaft durch den Bau des Luftschiffes Parseval und die Flugversuche am Neustädter Steinfeld. Igo Etrich und sein neuer Werkmeister Karl Illner waren ab Juni 1909 am neuen Flugfeld in Wiener Neustadt zugegen, um mit dem Etrich I (Zanonia-Flieger) Flugversuche zu unternehmen. Kleinere Unzulänglichkeiten und Motorprobleme ließen aber nur kleine Sprünge von ungefähr 40 m zu.

Erst am 29. November 1909 gelang der erste rein österreichische Flug in etwa 10 m Höhe und immerhin 4 km weit. In den Berichten darüber stand immer Etrich als Konstrukteur und Geldgeber im Mittelpunkt. Allerdings kann davon ausgegangen werden, dass Karl Illner im Etrich I diesen Erstflug durchführte. Deutliche Hinweise dazu gibt es aus dem Nachlass von Illner.

Erst die Flugmotoren des Ferdinand Porsche verhelfen den österreichischen Flugpionieren rasch zu Höchstleistungen und zum Anschluss an die internationale Spitze. Den Erstflug mit dem superleichten Triebwerk 65-70 HP führte Igo Etrich am 6. April 1910 selbst durch, landete aber unsanft und verletzte sich am Rücken. Danach gab es Flugverbot von Vater Etrich, seine Flugzeuge steuerte fortan Karl Illner.

Pressefoto Igo Etrich auf „Etrich1"

Igo Etrich und Karl Illner am Neustädter Flugfeld mit Etrich-Taube 65 HP Aero-Daimler-Motor

Auch bei den Automobilen erreicht man internationale Erfolge. Die „raffinierten" Konstruktionen Ferdinand Porsches führten zu je einem Dreifachsieg durch Porsche, Fischer und Schönfeld bei der Prinz Heinrich Fahrt 1910 sowie bei der Alpenfahrt 1911. Auch bei den Alpenfahrten 1912 und 1914 landete die Wiener Neustädter Automobilmarke im Vorderfeld. Dies verhalf der Österreichischen Daimler Motoren AG zu weltweiter Bekanntheit und zu großem Ansehen.

Der „Dreifachsieger" 80 HP Prinz Heinrich Wagen in Homburg
Von links: Heinrich Graf Schönfeld, Dir. Eduard Fischer, Dir. Ferdinand Porsche

Chassis mit 80 HP Prinz Heinrich Motor mit oben liegender Nockenwelle

Eine wichtige wirtschaftliche Stütze waren über all die Jahre die Aufträge der k. k. Armee über Initiative von Major Robert Wolf und Major Ottokar Landwehr. Eine Art Entwicklungsgemeinschaft mit der Österreichischen Daimler Motoren AG brachte die Schwerlastzüge M 08, M 09 bis zur Type M 12 hervor, die zur damaligen Zeit als revolutionär galten. Ebenso lieferte man über all die Jahre Lastkraftwagen in so ziemlich allen Größen und für die kuriosesten Anwendungen.

Der „Dreifachsieger" 27 HP Alpenwagen 1911

Franz Zwickls „Wagenprüfung" eines Prinz Heinrich Wagens 80 HP

Obus in London ca. 1914

Ab 1913 steht der Grafiker Franz Zwickl als Werbechef in Diensten von Austro Daimler. Er wird uns bis in die Dreißigerjahre mit seinen Bildern begleiten. Aus dem Katalog von 1914 sei hier noch eine Grafik mit dem Titel „Wagenprüfung" nachgereicht.

Ein weiterer großer Geschäftszweig waren Autobusse und Feuerwehrfahrzeuge, egal ob mit Benzinmotoren oder mit Strom mittels Oberleitung oder Wechselakku betrieben.

Ab 1910 hielt Daimler Stuttgart auch nur mehr eine Minderheit von 25 % der Aktien, sodass man von einem eigenständigen österreichischen Betrieb sprechen konnte. 1913 erfolgte die komplette Loslösung von Deutschland, indem Freiherr Karl von Skoda die Aktienmehrheit erwerben konnte.

Benzin-Autobus der Linie Toblach–Cortina

Elektrobus Wien mit Wechselakku, Linie Stephansplatz–Währingerstraße–Graben

Mit Kriegsausbruch im Sommer 1914 wurde die Österreichische Daimler Motoren AG unter staatlichen Schutz gestellt, zivile Produkte kamen nur mehr selten zur Auslieferung. Alle Kapazitäten konzentrierten sich auf die Entwicklung und Produktion von Transportsystemen wie den legendären B-Zug Trains für Schienen- und Straßenbetrieb sowie auf die Flug- und U-Boot-Motoren.

Mit der Aufrüstung der Mörserzüge entstanden die benzin-elektrischen C-Zug-Transporter und die M17 Allradzugfahrzeuge, mangels Pferden auch die leichten „Daimlerpferde" Kraftprotze I und II und Feldbahnen mit 3,5 und 6 PS.

3,5-PS-Feldbahn mit Kippvorrichtung

B-Zug M 15 in Kriegsdiensten

Eine komplette C-Zug-M16-Mörser-Einheit an der italienischen Front

In den Kriegsjahren waren auch automobilaffine Persönlichkeiten anderwärtig eingesetzt und vom Automobilsport weit entfernt. Heinrich Graf Schönfeld, vor dem Krieg Chef der Einfahrer bei Austro Daimler und Mitglied des so erfolgreichen „Eisernen Teams", wechselte einige Male seinen Job und übernahm gegen Kriegsende den Fuhrpark von Kaiser Karl.

Flugpionier Ritter von Umlauff

200-PS-6-Zylinder-Flugmotor

Noch ein prominenter Automobilist muss im Krieg seinen Dienst versehen – Alexander Graf Kolowrat. Er bekam in der Armee den Job als Kriegsberichterstatter und musste wöchentlich eine meist zensurierte Wochenschau in den Kinos abliefern. Allerdings nicht zu seinem Schaden, denn er gründete 1916 seine Sascha Film AG, die er bis zu seinem Ableben mit großem Erfolg weiterführen wird.

Kolowrat in Armeediensten beim Dreh für die Wochenschau

Im Jahr 1918 wurde die Versorgung der Bevölkerung immer prekärer, die Mehlrationen wurden halbiert und Rohstoffe für die Kriegsproduktion waren kaum noch aufzutreiben – der Jänner-Streik, ausgehend von den Arbeitern im Daimlerwerk, war die Folge. Bereits zur Jahresmitte 1918 war abzusehen, dass der Krieg nicht mehr lange andauern kann, weswegen Ferdinand Porsche schon vorzeitig die Österreichische Daimler Motoren AG auf Zivilproduktion umstellte.

1. Reihe von links: Schlossermeister Wodica Meister Steinacher

1. Reihe 2. von rechts: Meister Holstein

Auf der Ladefläche 2. von rechts: Lackierermeister Schnabel

Der letzte „Goliath"

Erstaunlicherweise war der Geschäftsgang ab der zweiten Jahreshälfte 1919 wieder steigend und die ersten größeren Bestellungen wie Autobusse für die Stadt Wien standen in den Auftragsbüchern. Neue Konstruktionen wie der bereits im Herbst 1918 angekündigte Austro Daimler mit 6-Zylinder-Motor ließen die Köpfe im Konstruktionsbüro rauchen. Die Vorkriegsserien 20 und 32 HP wurden ebenfalls überarbeitet und standen unter den neuen Bezeichnungen 25 HP beziehungsweise 35 HP in den Auslagen. Ein herber Rückschlag für das Neustädter Unternehmen war der Friedensvertrag von St. Germain, namentlich das Flugzeugproduktionsverbot. Damit war die Österreichische Flugzeugfabrik AG (OeFFAG) eigentlich nicht mehr erforderlich. Man entschloss sich aber, diesen Betrieb trotz aller widriger Umstände weiterzuführen, um den Karosseriebau für die Automobilproduktion „im eigenen Haus" zu haben. Eine goldrichtige Entscheidung, wie die Zukunft zeigen wird ...

Aus den glorreichen Flugpionierjahren – Neustädter Flugfeld mit Kaiserpavillon

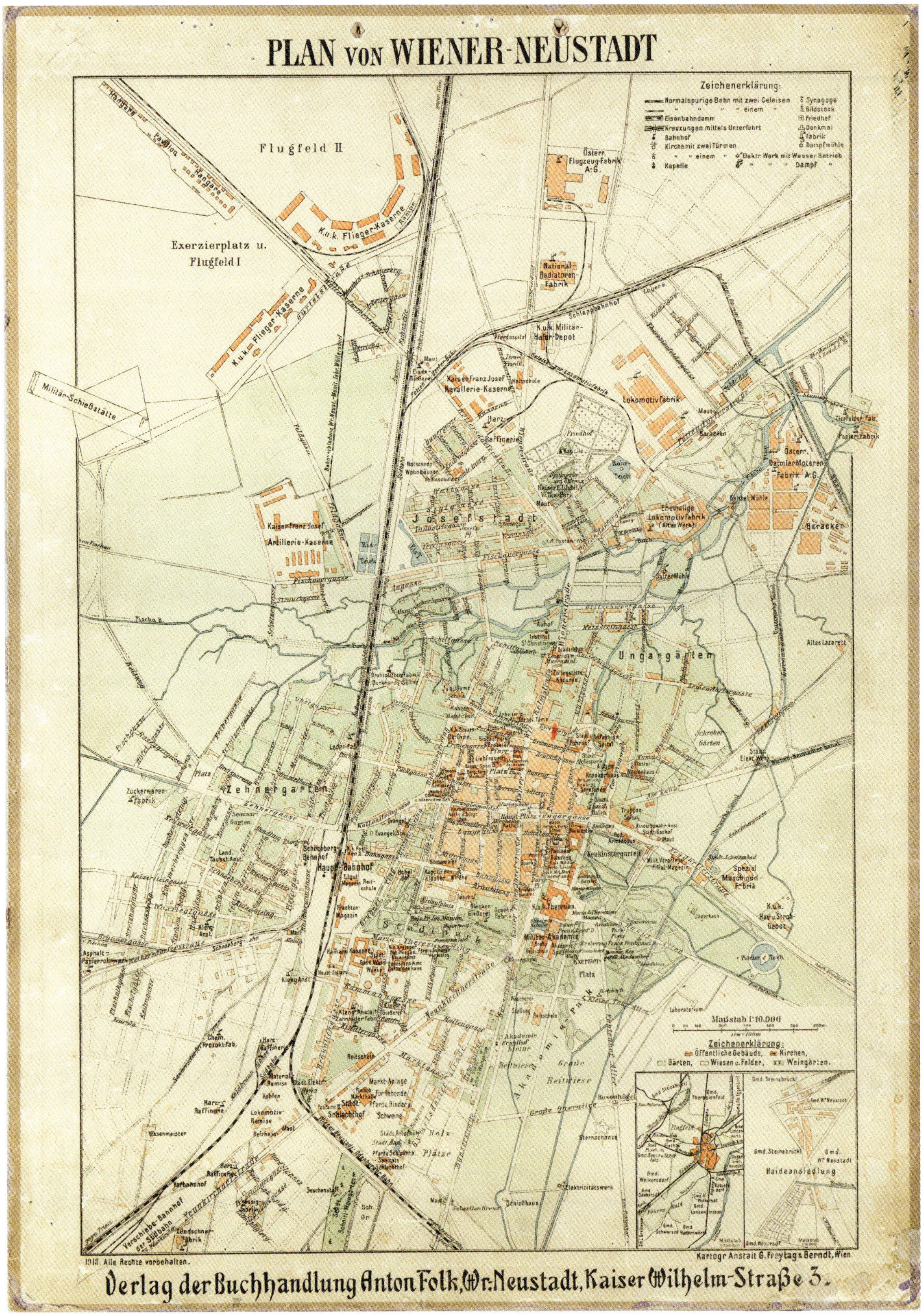

Wiener Neustadt im Jahr 1918
Die Flugzeugfabrik OeFFAG im Norden der Stadt, im NO die Daimlerfabrik, beide mit Gleisanschluss

1920 – Aufbruch in neue Zeiten

Zu Jahresbeginn stehen koordinierende Maßnahmen am Programm des Generaldirektors Ferdinand Porsche. Bekanntlich waren einige ungarische Betriebe während des Ersten Weltkrieges mit dem Skoda-Konzern, also auch mit der Österreichischen Daimler Motoren AG, Verbindungen eingegangen. Drahtzieher war Camillo Castiglioni, der dieses Firmengeflecht über seine Banken in seinen Einflussbereich brachte. So übernahm er auch die Aktienpakete von Karl Skoda und kam dadurch in den Mehrheitsbesitz der Österreichischen Daimler Motoren AG. Nach der Spaltung der Österreichisch-Ungarischen Monarchie mussten nun die Besitzverhältnisse neu geklärt werden. Zu diesem Zweck reisten im Jänner 1920 Verwaltungsrat Arnold Neubroch, die Direktoren Porsche, Schweiger und Steiner nach Budapest, um sich über die Verhältnisse bei den verschiedenen Unternehmungen an Ort und Stelle zu informieren. Dabei erfahren wir, dass in der Ungarischen Flugzeugfabrik neuerdings Möbel produziert werden.

Die Allgemeine Automobilzeitung berichtet, *dass sich die Tätigkeit des Präsidenten Castiglioni auch in Ungarn nicht bloß auf Automobil- und Flugzeugunternehmen beschränkt. So werden derzeit in Budapest Unterhandlungen zur Herbeiführung einer Interessengemeinschaft zwischen der Ungarischen Landesbank, der Ungarischen Bank- und Handelsgesellschaft und dem Kreditinstitut der ungarischen Holzhändler gepflogen …*

Das Bankenimperium des Camillo Castiglioni wächst enorm, was in der Generalversammlung der Depositenbank am 26. März 1920 zu einer Kapitalerhöhung von 150 Mio. auf 300 Mio. Kronen führt. Durch die neuerliche Einflussnahme auf industrielle Unternehmungen in den Nachbarstaaten und die Verstrickung mit der Bank eines italienischen Konsortiums (Fiat Agnelli) gelangt die Depositenbank des Camillo Castiglioni, *was die Eigenmittel und Reserven anbelangt, an die Spitze der Wiener Großbanken und lässt selbst die Kreditanstalt weit hinter sich zurück.*

Dem nicht genug – im Mai 1920 werden die Stahlwerke Schöller in eine Aktiengesellschaft umgewandelt, und mit dabei C.C. (Castiglionis Unterschrift) mit seiner Depositenbank und dem italienischen Konsortium. Und die Semperit AG erhält neue Verwaltungsräte – Castiglioni und Goldstein.

Generalversammlung der Österreichischen Daimler Motoren AG

Bereits kurz davor – am 17. März – fand die Generalversammlung der Österreichischen Daimler Motoren AG statt. Wider Erwarten wurde für das Jahr 1919 ein Reingewinn verbucht, weswegen eine Ausschüttung von 10 Kronen pro Aktie genehmigt wurde. Ebenso wurden mehrere Statutenänderungen beschlossen. Durch den zunehmenden Valutaverfall wurde auch das Aktienkapital in zwei Etappen von 18 Mio. auf 40 Mio. Kronen im Laufe des Jahres aufgestockt.

In den Verwaltungsrat wurden wiedergewählt beziehungsweise bestätigt:

Präsident Camillo Castiglioni
Generaldirektor Arnold Neubroch
Generaldirektor Ferdinand Porsche
Moritz Fries-Friesenberg
Direktor Ludwig Neurath
Direktor Julius Neustadt

Einige Neuerungen im Neustädter Daimlerwerk

Arbeit gab es in diesen Tagen genug, standen doch die 30 Elektrobusse für die Stadt Wien in Produktion und die Tests für den angekündigten großen 6-Zylinder-Wagen begannen gerade anzulaufen.

Benzinelektrische Feldbahn am südlichen Ende beim 90°-Knick des Neustädter Kanals

Apropos Tests – auf öffentlichen Straßen wurden die Höchstgeschwindigkeitsversuche immer schwieriger und vor allem gefährlich. Daher war das Bestreben nach einer eigenen Testrennbahn direkt neben dem Werksgelände nur verständlich. Da noch von der Kriegsproduktion Feldbahnzüge mit Benzin-elektrischem Antrieb auf Lager waren und sich gleichzeitig für Neukunden eine Vorführmöglichkeit bot, wurde mit dem Bau der Rennbahn neben dem Wiener Neustädter Kanal begonnen. Die dafür notwendigen Grundstücke waren schon länger im Besitz der Österreichischen Daimler Motoren AG.

Feldbahnkatalog

Werbung März 1920

Apropos Feldbahn – die im Band I beschriebene firmeneigene Feldbahn-Linie vom Corvinusring zum Firmengelände in der Pottendorfer Straße wurde nicht mehr gebraucht und daher einem nützlichen Zweck zur Verfügung gestellt. Auf Grund der herrschenden Armut in der Bevölkerung wurde eine neue Schule für bedürftige Kinder eingerichtet.

Waldschulbahn, Kehrbach

Dazu verwendete man Unterkunftsbaracken aus dem Weltkrieg und weil die Waldschule 7 km außerhalb der Stadt im Föhrenwald Richtung Neunkirchen liegt, ebendiese frei gewordene Feldbahn. Da die Strecke über die Geleise der Aspang-Bahn führte, wurden die Schienen unterbrochen und die Bahn in zwei Abschnitte aufgeteilt. Die Passagiere mussten die Aspang-Bahn zu Fuß überqueren und in die gegenüber wartende Zuggarnitur umsteigen. Die Daimler-Feldbahn startete bei einem als Warteraum adaptierten Zimmer im Zeughaus gegenüber der Militärakademie und führte durch die Gymelsdorferstraße hinaus über die Benedek-Gründe und über den Kehrbach mitten in den Föhrenwald. Die Bahnanlage wurde am 10. Mai 1920 fertiggestellt, sodass die Schule am 9. Juni 1920 ihren Betrieb aufnehmen konnte. Diese Schule existiert bis heute und wird als Sonderschule für beeinträchtigte Kinder geführt. Im Jahr 1926 wurde durch den Bau eines Internates die Bahn nicht mehr gebraucht, die weniger gewordenen Transporte wurden mit Autobussen durchgeführt.

Wer nun glaubt, dass die Garnituren jetzt verschrottet wurden, liegt weit fehl. Ein neuer Einsatz bot sich in Neusiedl am See als Zubringer vom Ortszentrum durch den breiten Schilfgürtel zum Hafen beziehungsweise zu den Badeanlagen.

Neue Verkaufslokale

Eine ganz andere Notwendigkeit ergibt sich aus der Tatsache, dass durch den Zerfall der Monarchie plötzlich neue „Auslandsniederlagen“ errichtet werden müssen. So entsteht neben dem Geschäft in Krakau auch ein neues Lokal in Warschau. Auch die Prager Niederlassung ist nun eine ausländische. In Wien benutzt man das ehemalige „Itala“-Lokal am Kärntner Ring 13 und die OeFFAG logiert am früheren Standort Kärntner Ring 17. Die große Reparaturwerkstatt in der Rembrandtstraße 29 im 2. Bezirk ist ebenfalls in Betrieb. Die Firmenzentrale befindet sich nun am Schwarzenbergplatz 18.

Verkaufslokal Kärntner Ring 13 um 1924

Ein junger Mitarbeiter aus dem Konstruktionsbüro ist seit geraumer Zeit nicht in Wiener Neustadt anzutreffen. Franz Reimspieß wurde von Porsche nach Vorarlberg geschickt, um in einer Bodenseewerft in Hard den Schiffsbau zu erlernen, aber davon später …

1920

Der erste Betriebsrat der Daimlergesellschaft im Werk Wiener Neustadt 1919/1920

Ebenso neu war nun die Möglichkeit, einen offiziellen Betriebsrat zu gründen. In den Zeiten der Monarchie waren höchstens sogenannte Arbeitervertreter gerade noch geduldet – jedoch ohne besondere Rechte und gesetzliche Grundlagen. Am Foto sind die gewählten Funktionäre abgebildet, die Namen der Personen sind aber nicht zuverlässig identifizierbar.

Ein neues Kühleremblem

Neue Zeiten verlangen nach einem neuen Erscheinungsbild. Sieht man aber genauer hin, so war die glorreiche Vergangenheit doch wichtiger, denn der wohlverdiente Doppeladler blieb erhalten. Erst Jahre später wird er aus dem Markenzeichen verschwinden.

Neues Kühleremblem ab 1920

Um nochmals an die ruhmreiche Vergangenheit anzuknüpfen, bringt die Allgemeine Automobilzeitung im Frühjahr zwei Meldungen über den 80 HP Prinz Heinrich Wagen. Dabei handelt der erste Bericht von einem Fahrzeug aus der Kriegsbeute der Engländer, das den deutschen Truppen abgenommen wurde. Dieses Automobil hatte schon „schweren Kriegsdienst" geleistet und wurde durch einen Major Segreve gekauft und über 5.000 km durch Frankreich bewegt. Erstaunt über die Zuverlässigkeit dieser Marke, berichtete er dies der Allgemeinen Automobilzeitung.

Die zweite Meldung kam ebenfalls aus England: Am Ostermontag wurde die Brooklands-Rennbahn nach den Kriegsereignissen mit einer Rennveranstaltung wiedereröffnet, wobei als Zugabe ein Veteranenrennen zwischen dem Vauxhall-Grand-Prix-Wagen aus 1912 und einem 80 HP Prinz Heinrich Wagen von Mr. W. D. Hawkes über 9,2 km stattfand, welches der Austro Daimler sicher gewann.

80 HP Prinz Heinrich aus deutscher Kriegsbeute in England

Die neuen Elektrobusse für Wien werden vorgestellt

Wie im Band I berichtet, hatte der Wiener Gemeinderat im September 1919 den Ankauf von 45 Büssing Benzinbussen und 30 Austro Daimler Elektrobussen beschlossen und den dafür ursprünglich vorgesehenen Betrag von 5,5 Mio. Kronen inflationsbedingt deutlich erhöht. Im Juni kam es zu einer ersten Vorstellung der neuen Verkehrsmittel, inklusive Kipptests der nach Londoner Vorbild gebauten Stockbuskarosserien. Federführend für die Beschaffung und Konstruktion des Fahrzeugaufbaus war wie schon vor und während des Weltkriegs Ing. Ludwig Spängler, Direktor der Wiener städtischen Straßenbahnen.

Links: die alte „Londoner Type“, rechts verdeckt: Austro Daimler Elektrobus

Links: die alte „Londoner Type“, Mitte: Büssing Benzinmotor, rechts: Austro Daimler Elektrobus

Austro Daimler Elektrobus-Chassis

In der Zeit kurz nach dem Krieg war die Beschaffung von Benzin und Gummireifen nach wie vor problematisch. So kostete ein Satz Vollgummireifen 75.000 Kronen (Lebensdauer ca. 15.000 km) und ein Liter Benzin 32 Kronen. Daher war die Anschaffung der Elektrobusse eine durchaus wirtschaftliche Alternative. Die österreichische Regierung forcierte in dieser Zeit den Ausbau der Wasserkraft zur Stromerzeugung, um von den Rohstofflieferungen aus dem Ausland unabhängiger zu werden, daher waren die Strompreise doch etwas günstiger als Kohle und Öl.

Nun zu den Besonderheiten des Austro-Daimler-Systems. Wie am vorangegangenen Bild deutlich zu sehen, war die Elektro-Type um einiges niedriger als die Benzinbusse. Eingespart wurde die geringere Höhe im Bereich des Fahrgestells, wie übrigens schon bei der ersten Version aus dem Jahr 1914. Kriegsbedingt wurden damals nur 4 Stück geliefert.

Austro Daimler Elektrobus 1915 in Budapest

Kippversuche der Wiener Verkehrsbetriebe (Büssing Benzinbus)

Austro Daimler Elektrobus 1915 in Wien

Nicht nur die Befahrbarkeit von Straßen mit geringerer Durchfahrtshöhe und die geringere Einstiegshöhe waren ein Vorteil dieser Konstruktion, sondern auch der tiefe Schwerpunkt bezüglich der Kippanfälligkeit von Stockautobussen, unterstützt durch den tief liegenden schweren Wechselakkumulator. Das Patent dieser Porsche-Schöpfung wurde bereits 1914 angemeldet.

Das Ende einer Ära – Eduard Fischer verlässt Austro Daimler

Man muss wohl von einer „Ära Fischer" sprechen, wenn man das Auf und Ab der ersten 20 Jahre betrachtet, die die Österreichische Daimler Motoren AG hinter sich gebracht hat. Ohne Fischer hätte dieses Unternehmen wahrscheinlich nicht so viele Jahre überlebt (die volle Überzeugung des Autors). Er wusste wie kein anderer, ein perfektes Netzwerk zu bilden zwischen dem einflussreichen Adel, den Militärangehörigen und dem aufstrebenden Bürgertum. Trotz seiner „gehobenen Stellung" verlor er niemals den persönlichen Kontakt zu seiner Arbeiterschaft. Schon seine Fähigkeiten als technischer Leiter in den Anfangsjahren sowie die Erfolge im Rennsport – man erinnere sich nur an seine legendären „Kavallerie-Attacken" – verhalfen ihm zu großem Ansehen in allen Gesellschaftsbereichen. Nicht umsonst wurde immer wieder seine besondere Liebenswürdigkeit in den Zeitungsberichten hervorgehoben.

Doch bereits in den letzten beiden Kriegsjahren hörte man wenig vom kaufmännischen Direktor der Daimlergesellschaft. Bekanntlich heiratete er 1910 Margarita, die Tochter des Wolfgang von Herbeck, seines Zeichens Besitzer der Lichtenwörther Nadelburg. Auch dieses Unternehmen kam nun in Schwierigkeiten, was den Absatz seiner Produkte anbelangte. Zusätzlich dürfte der Gesundheitszustand des Schwiegervaters den Anlass gegeben haben, über eine Weitergabe der Nadelburg an Eduard Fischer nachzudenken. Jedenfalls beendete Fischer seine Tätigkeit bei der Österreichischen Daimler Motoren AG am 1. Juni 1920 auf eigenen Wunsch und übernahm als Gesellschafter mit selbstständiger Vertreterbefugnis und Generaldirektor die „Metallwarenfabrik M. Hainisch", eingetragen ins Handelsregister am 17. September 1920.

Margarita und Eduard Fischer um 1930

Da die Absatzgebiete aus der ehemaligen Monarchie verloren gingen und die Produktpaletten nicht zu den innovativsten zählten, sah sich Fischer nach neuen Geschäftsbereichen um. Trotz eines größeren Auftrages aus der Daimlerfabrik über die Produktion von Automobilkühlern investierte Fischer viel Geld, um den Betrieb aufrechterhalten zu können. Im Jahr 1925 kam es zur Umwandlung in die „Nadelburger Messing- und Metallwaren-fabrik M. Hainisch AG".

Bis 1930 konnte diese Aktiengesellschaft weitergeführt werden, jedoch erfolgte – verursacht durch die Wirtschaftskrise – die Übernahme durch die Weberei Fa. Reis und Breth AG. Eduard Fischer verblieb als Vorstandsmitglied bis Jänner 1935 in diesem Unternehmen und setzte sich mit 67 Jahren zur Ruhe.

Margarita mit Sohn Rudolf

Stapellauf des Renn-Kreuzers „Argonaut“

Die ersten Vorbereitungen für einen eigenen Schiffsbau im Daimlerwerk begannen schon Anfang 1919. Dir. Porsche benötigte einen hauptverantwortlichen Konstrukteur für den Schiffsrumpf, der in der OeFFAG gebaut werden sollte. Bereits im März 1919 hatte er den geeigneten Mann gefunden: den Marineingenieur Theo Weichmann – einen der Konstrukteure der Marineflugzeuge im Ersten Weltkrieg. Um den Motor kümmerte sich Porsche höchstpersönlich. Wegen der prekären Materialbeschaffungssituation dauerte es 14 Monate bis zum Stapellauf Anfang Juni im Wiener Winterhafen.

Der Renn-Kreuzer Argonaut kurz vor der Fertigstellung in der OeFFAG

Schon einmal in der Geschichte der Daimlergesellschaft war man dem Medium Wasser zugetan. In den Jahren 1905 bis 1906 produzierte man den 8-Zylinder-200-PS-Bootsmotor für die militärische Donauflotte in größerer Stückzahl. Im Frühjahr dann ein medienträchtiger Erfolg beim Rennen „Raid Maritime“ in Nizza mit dem Rennboot „Mercedes Wiener Neustadt“. Es folgten noch ein paar Schiffe kleinerer Bauart wie zum Beispiel die „Käthe“ für Theodor Dreher mit dem legendären 90-HP-Mercedesmotor aus Neustädter Produktion. Jedoch wurde bei all diesen Projekten der Schiffsrumpf nie bei Austro Daimler gebaut. Sieht man von den U-Boot-Motoren im Ersten Weltkrieg ab, war damit die Sparte „Wasser“ vorerst erledigt.

Zurückkommend auf den Stapellauf wäre noch zu berichten, dass das geeignete Transportmittel selbstverständlich im eigenen Haus verfügbar war, denn der M17 Goliath hatte mit den 5.000 kg ein leichtes Spiel. Trotzdem war eine spezielle Routenwahl wegen der Durchfahrtshöhen erforderlich – die Dauer des Transportes von Wiener Neustadt nach Wien betrug siebeneinhalb Stunden.

Argonaut fertig! Im Vordergrund sitzend Ferdinand Porsche und Theo Weichmann

Goliath mit Argonaut, hier in Theresienfeld Nordausfahrt beim „Russendamm".
Diese hochgeführte Verbindungsbahn zum Tritol-Munitionswerk östlich von Theresienfeld existiert heute nicht mehr. Der Damm wurde samt der Brücke nach dem Zweiten Weltkrieg gesprengt.

1920

Die technischen Daten des Renn-Kreuzers:

Breite	**2,4 m**
Länge	**15 m**
Gewicht	**5.000 kg**
Tiefgang inkl. Schiffsschraube	**0,75 m**
Holzart des Rumpfes	**Mahagoni**
Ausstattung	**Cockpit, Motorraum, Kajüte**

Der überarbeitete 200-PS-6-Zylinder-Bootsmotor des Argonaut

Bootsmotor Argonaut	**12 Liter 6 Zylinder Reihe**
Ventilsteuerung	**Oben liegende Nockenwelle**
Leistung	**200 PS**
Drehzahlen	**220 bis 1.000 U/min**
Bohrung / Hub	**180 mm / 180 mm**
Zündung	**Bosch Doppelzündung ZH6**
Gemischaufbereitung	**2 Vergaser + Bosch Hilfsvergaser**
Getriebe / Kupplung	**Planetengetriebe / Federband-Schalen**
Antrieb	**Patent Zeise „Propeller“**
Geschwindigkeit (20 Personen)	**60 km/h (Donau stromabwärts)**

Der Chefredakteur und Herausgeber der Allgemeinen Automobilzeitung, Felix Sterne, berichtet in seiner Zeitung 10 Seiten lang über die Probefahrt ausgehend vom Wiener Winterhafen. Dort hatten die Austro Daimler-Repräsentanten Stellung bezogen, um das neueste Produkt vorzustellen.

Kurz vor dem Stapellauf im Wiener Winterhafen

Blick in den Motorraum

Felix Sterne wurde im „taxameterfreien" Automobil von Direktor Anton Czech abgeholt. Neben dem Verkaufsleiter des Wiener Büros am Kärntner Ring 13 waren Generaldirektor Porsche, Ludwig Stoll, Theo Weichmann und Heinrich (Graf) Schönfeld anwesend. Nach einer ausführlichen Besichtigung der Einzelheiten wurden die Gäste durch den Winterhafen geschifft, um dann hinaus auf die freie Donau stromaufwärts nach Nußdorf zu fahren. Sterne schreibt vom fast lautlosen Motor und von der stabilen, ruhigen Lage des Schiffes. Erstaunlich auch der Komfort in der Kajüte, die eher an einen kleinen, aber feinen Salon erinnert. Zwei Fauteuils und ein Sofa standen zur Verfügung, welche zu Schlafplätzen für 4 Personen umgeklappt werden konnten. Vor dem Salon ein kleiner Gang, der auf der einen Seite die Küche mit Kühlschrank und gegenüberliegend den Waschraum mit WC verbarg. Gekocht wurde mit Gas. Selbstredend waren alle Materialien der Innenausstattung von feinster Güte und ordentlich verarbeitet.

Bezüglich der Sicherheit sind der Feuerlöscher, Schwimmreifen und ein Rettungsboot mit einem 2,5-PS-Außenbordmotor zu erwähnen. Damals noch nicht selbstverständlich der Elektrostarter von Bosch in „der größten erhältlichen Form" für das 27.500 cm^3 große Triebwerk, zu betätigen mit einem Fußschalter. Interessant erscheint das nachfolgende Bild des Cockpits, in dem alle Bedienelemente beschrieben wurden.

Cockpit

1 Kompass
2 Kartentischbeleuchtung
3 Füllöffnung Unterdruckförderer
4 Gashebel
5 Sirenenknopf
6 Reglerschaltkasten
7 Tourenzähler
8 Ölmanometer
9 Anlassmagnet Bosch
10 Umschalter
11 Pumpe für Hilfsvergaser
12 Benzinhahn 1
13 Benzinhahn 2
14 Benzinhahn 3

Das Steuerrad in der Mitte ist umgeben vom Rad zum Umsteuern des Motors. Was genau damit gemeint war, lässt sich nur erahnen. Entweder war dies nur zum Auskuppeln gedacht oder doch eine Getriebeumschaltung für die Rückwärtsfahrt? Wie dem auch gewesen ist, dieser Renn-Kreuzer kam beim Publikum gut an und man hoffte auf die Wiederbelebung der Donauschifffahrt, denn Felix Sterne bemerkte in seinem Artikel die Leere, die seit Kriegsende auf der Donau herrschte.

In weiterer Folge gab es keinen Bericht mehr über verkaufte Schiffe aus der Daimlerfabrik und auch keine Hinweise auf den weiteren Verbleib des Argonauten ...

Der Argonaut im Wiener Winterhafen

Prospekt OeFFAG zeigt den Übergang vom Flugzeugbau zu den Automobilkarosserien

Automobilausstellung in Prag

Wieder einmal war im krisengebeutelten Wien keine Automobilausstellung zustande gekommen. So nutzten die österreichischen Automobilhersteller die Ausstellung in Prag – aber mit gehörigen Hindernissen! Grundsätzlich bestanden in dieser Zeit Einfuhrverbote für österreichische Automobile in vielen Staaten Europas, so zum Beispiel in Norwegen, Italien, Deutschland, Bulgarien und eben in der Tschechoslowakei. Nur mit Sondergenehmigung der Prager Regierung war ein Ausstellen der Fahrzeuge möglich. Zusätzlich war das ein besonders teures Unterfangen, hob doch das tschechische Automobilsyndikat unter Vorsitz des Herrn Klement (Fa. Laurin & Klement) eine Abgabe von 5 % des Ausstellungswertes ein. Schon wesentlich kooperativer gesinnt war der tschechische Automobilclub unter Vorsitz des Chirurgen Prof. Kukula, der die Ausstellung organisierte. Er pflegte einen freundschaftlichen Kontakt zu Dir. Czerny von der Österreichischen Daimler Motoren AG.

Motortriebwagen mit 6 PS

Nun aber zur Ausstellung selbst. Austro Daimler war zusammen mit Puch an einem Stand mit sechs Fahrzeugen vertreten, zusätzlich noch ein großer Bereich im freien Gelände für die Feldbahnen, den nun als „Gigant“ bezeichneten C-Zug und für den Goliath. Abgewandelt vom bisherigen 6-PS-Feldbahn-Fahrgestell gab es nun einen fertigen Motortriebwagen. Der Feldbahn-Benzin-Elektrozug war in seiner schon bekannten Form zu sehen.

25 HP mit Lohner Bootskarosserie

Bei den ausgestellten Personenkraftwagen gab es noch wenig Auswahl für den Kunden, 35 HP oder 25 HP war das Angebot, aber mit verschiedenen Karosserien. Zwei der 35 HP wurden von der OeFFAG eingekleidet, einer von der Fa. Schafranek. Die 25-HP-Type trug eine Lohner Karosserie. Der seit 1919 angekündigte große 6-Zylinder war in Prag aber nicht zu sehen. Warum dieses Fahrzeug mit gehöriger Verspätung auf den Markt kommen würde, war nicht bekannt. Möglicherweise waren auch finanzielle Gründe dafür verantwortlich, wenn man die Berichte aus der Bankenwelt im Oktober 1920 liest. Ebenso herrschte akuter Facharbeiter- und Rohstoffmangel in fast allen Produktionsbereichen.

35 HP mit OeFFAG-Karosserie

Die bereits Ende 1919 bestellten Kraftprotze-Zugmaschinen wurden im Laufe des Jahres 1920 an die Wiener Feuerwehr planmäßig ausgeliefert. Dies bedeutete gleichzeitig das Ende des Pferdeeinsatzes bei den Floriani-Jüngern in Wien.

Daimlerpferd Kraftprotze II für die Wiener Feuerwehr

Hilfsaktion für die Autoindustrie

Die finanzielle Situation Deutsch-Österreichs war derart angespannt, dass bis Oktober 1920 die offenen Beträge des ehemaligen Kriegsministeriums nicht einmal ansatzweise beglichen wurden. Dieser Umstand bewog die Vereinigung der österreichischen Automobilindustrie, eine Hilfsaktion in die Wege zu leiten. Das „Neue Wiener Tagblatt" berichtete sinngemäß, dass der Verband und gesondert auch die Daimlerwerke einen Antrag an das Finanzministerium stellten, eine Akontozahlung auf die Forderungen an die Heeresverwaltung zu leisten. Nach Prüfung der Sachlage wurden je 60 Mio. Kronen dem Verband und den Daimlerwerken zuerkannt. Trotz Fälligkeit wurde der Vorschuss aber „prolongiert". Dem Ansuchen um Staatshilfe von 300 Mio. Kronen wurde seitens der Regierung insofern entsprochen, als 50 Mio. Kronen als Darlehen zur Verfügung gestellt hätten werden sollen. Das Staatsamt für Finanzen beschritt aber einen anderen Weg und berief eine Konferenz mit allen Wiener Banken ein, die in der Automobilindustrie tätig waren. Mit dem Ergebnis, dass die Eigentümerbanken weiterhin die erforderlichen Kredite gewähren werden.

Dieser Beschluss täuschte nur allzu offensichtlich über die wahren Probleme hinweg. Die sinkende Kaufkraft im Inland, Valutaschwankungen und vor allem die Ausfuhrbeschränkungen ließen die Branche in eine neuerliche Rezession fallen. Trotz aller Beschränkungen hielt sich der Wiener Neustädter Betrieb noch recht gut am internationalen Automobilmarkt. Der noch immer exzellente Ruf der Marke Austro Daimler verhalf dem Unternehmen zu einer Exportquote von 80 % des Umsatzes – und zumeist wurde in stabiler Fremdwährung bezahlt.

Das Wochenendhaus der Porsches – die „Louisenhütte"

Wenn auch Wiener Neustadt keine Großstadt war, so wuchs in Zeiten der raschen Industrialisierung die Bevölkerung überproportional zum vorhandenen Wohnraum. Die Fabriken rund um Porsches Villa hatten damals viele Schlote, die noch ohne Abgasreinigung so manchen Dreck in die Luft schleuderten. Es war vermutlich die „Stadtflucht", die Ferdinand Porsche dazu bewogen hat, sich um ein Wochenendhaus umzusehen. Ein weiterer Grund könnte aber auch die enorme Inflation gewesen sein, das gut verdiente Geld in einer Immobilie anzulegen. Wahrscheinlich waren beide Argumente zutreffend.

AD-6-Prototype vor dem Jagdhaus in Hochwolkersdorf

So kam es, dass Porsche auf einem Hügel in der unmittelbaren Nähe der Ortschaft Hochwolkersdorf ein Grundstück erwarb und ein Holzhaus darauf errichten ließ. Dieses Jagdhäuschen bekam auch gleich einen Namen – die Louisenhütte. Wer nun glaubt, dass der Generaldirektor ein begeisterter Jäger war, der irrt. Angeblich schoss er einmal auf ein Reh, traf aber nicht exakt, sodass das Tier durch einen Gnadenschuss erlöst werden musste. Seither nahm er zwar am Jagdgeschehen öfters teil, verzichtete aber auf den Gebrauch seiner Flinte. Benützt wurde das neue Refugium meist nur an den Wochenenden, die damals kürzer waren als heute! Aus den Aufzeichnungen seines Neffen Ghislaine Kaes, des älteren Sohnes von Schwager Otto Kaes, wissen wir, dass Ferdinand Porsche ein durchaus christliches Leben führte. Sonntagvormittag besuchte er den Gottesdienst meist im Neukloster, danach ging es in die Daimlerfabrik zu einer Besprechung mit seinen Ingenieuren, bis seine Frau Aloisia gegen 13:00 Uhr zum Mittagessen rief.

Mitte des Jahres gab es sogar „Familienzuwachs" durch die Kinder von Otto Kaes, weil die Ehe auseinanderging. Dessen beide Söhne Ghislaine und Herbert Kaes weilten somit einige Zeit im Hause Porsche. So weit ein paar Einblicke in das Privatleben der Porsches ...

Wochenendhaus in Hochwolkersdorf – die „Louisenhütte"
Ferdinand Porsche am Geländer sitzend, im Vordergrund vermutlich Ghislaine, Luise und Ferry

Nach den Kriegsjahren wieder ein Semmering-Rennen

Ein Rennen mit geringer Teilnehmerzahl und ohne großartige Rennwagen – so verlief das erste Semmering-Rennwochenende nach den Kriegsjahren. Trotzdem kamen die motorbesessenen Zuseher in großer Zahl auf den „Zauberberg". Austro Daimler fehlte am Start, jedoch erweckte ein alter bekannter Starter das Interesse der Daimlermannschaft. Es waen dies die Pläne des „Alexander, aus dem Hause der Grafen Kolowrat-Krakowsky", wie sich der Graf nach dem Adelsverbot in Österreich nun provokant nannte. Er startete auf einem 15 PS schwachen Wanderer, weil er beweisen wollte, dass man mit einem kleinen, leichten Wagen durchaus Motorsport betreiben konnte. Nach einer Amerika-Reise und einem Besuch bei Ford wird er Ferdinand Porsche bald überzeugen können, einen leistungsfähigen Kleinwagen zu konstruieren, der in einer Großserie für ein breiteres Publikum erschwinglich sein könnte. Doch vorerst musste er mit dem Wanderer-Modell vorliebnehmen – jedoch wie schon vor dem Krieg mit seinem leichten Korbsessel auf seinem „Rennwagen".

Kolowrat auf 15 PS Wanderer mit leichtem Korbgestühl

Automobilsalon in Brüssel – Vorstellung des AD 6

In Belgien wurde nun der große Wagen AD 6 vorgestellt. Warum gerade bei einer Automobilausstellung, bei der die ehemaligen Mittelmächte gar nicht als Aussteller zugelassen waren, ist unklar. Man mietete ein Lokal in der Nähe des Ausstellungsgeländes und richtete dort einen österreichischen Messestand ein. Neben dem neuen 6-Zylinder war noch ein 20 HP Puch-Wagen mitgenommen worden.

Schon lange angekündigt, endlich da: AD 6 in Brüssel

Der Zuspruch zum Österreich-Lokal war aber überraschend groß. Sogar Direktor Lang von der Daimler Motoren AG in Untertürkheim schaute vorbei und besprach sich mit Direktor Otto Stahl von der Österreichischen Daimler Motoren AG. Nach einer genauen Inspektion der Neukonstruktion AD 6 kam die Frage auf, ob Direktor Porsche eventuell bereit wäre, nach Untertürkheim zu wechseln.

Porsche erfuhr von diesem Angebot, lehnte dankend ab, weil er „seine" Firma nicht verlassen wollte. Schon knapp 3 Jahre später wird er das Neustädter Daimlerwerk verlassen müssen …

Weihnachten 1920: Der „Ziegenbockwagen"

Ein besonderes Geschenk ließ sich Ferdinand Porsche für seinen Sohn Ferry einfallen. Der zehnjährige Sprössling war bereits aus dem Alter herausgewachsen, in dem man mit kleinen Blechautos spielt. Daher gab Vater Ferdinand den Auftrag, ein kleines Kinderauto zusammenzuschrauben. Ing. Karl Bettaque nahm sich der Sache an und konstruierte diesen Wagen ausschließlich aus vorhandenen gebrauchten Teilen, die in der Fabrik aufzufinden waren. Als Antrieb diente ein 3,5-PS-Feldbahnmotor – Rahmen, Räder und Achsen waren schnell „zurechtgeschlossert" und nach nur 21 Tagen war der kleine Flitzer fertiggestellt. Schon bald wird Ferry damit im Werksgelände seine Runden drehen. Und nicht nur dort, angeblich bewegte er sich auch auf öffentlichen Straßen – und das „Auge des Gesetzes" drückte wohl beide Augen zu.

Ing. Karl Bettaque

1920

Ferry Porsche mit seinem „Ziegenbockwagen"

Werbung von Grafiker Franz Zwickl

1921 – Exportoffensive

Kapitalerhöhung und Fusionierungsversuche

Zu einem ungewöhnlichen Zeitpunkt – am 3. Dezember 1920 – wurde wieder eine Generalversammlung angesetzt. Unter dem Vorsitz von Präsident Hugo Marcus wurde eine Dividende von 5 % vom Reingewinn (1,405.674 Kronen) beschlossen. Des Weiteren war wieder eine kräftige Kapitalerhöhung notwendig geworden – wahrscheinlich der Grund für die vorgezogene Generalversammlung. Der Verwaltungsrat wurde ermächtigt, im Laufe des Jahres das Aktienkapital von 40 Mio. auf 120 Mio. Kronen im eigenen Wirkungskreise zu erhöhen. Weiters wurden die Herren Hugo Marcus, Ludwig Urban und Dr. Ignaz Neumann wieder in den Verwaltungsrat gewählt und Dir. Marcus als Präsident, die Herren Castiglioni und Neurath als Vizepräsidenten bestätigt.

Ein zusätzlicher Auftrag erging an das Verwaltungsgremium wegen der geplanten Fusionierung mit den Puch- und Austro-Fiat-Werken. Die Verhandlungen sollten nun in eine abschließende Phase gebracht werden. Noch im Dezember 1920 erfolgte die erste Erhöhung des Daimlerkapitals auf 75 Mio. Kronen und im Februar 1921 wurde die Kapitalerhöhung auf 120 Mio. Kronen in Form eines Aktienumtauschs vorgenommen, bei dem auch die Puch- und Austro-Fiat-Wertpapiere gegen Daimleraktien gewechselt wurden. Damit war die Fusion der drei Unternehmen vollzogen, aber nur in finanzieller Form. Wie die Österreichische Daimler Motoren AG bekanntgab, sollten damit gemeinsame Ressourcen genutzt werden, um die Fahrzeugpreise so niedrig wie möglich zu halten. Denn der verkleinerte Inlandsmarkt erforderte eine Exportquote von mindestens 75 %, sollte die Österreichische Automobilindustrie am Leben erhalten werden können.

Zu einer vollständigen Zusammenlegung aller drei Unternehmen wird es aber nie kommen. Verwaltungsrat Adolf Egger, von Austro Fiat kommend, bot dem mächtigen Camillo Castiglioni dermaßen die Stirn, dass dieses Vorhaben auf die „lange Bank" geschoben wurde. Mit den Puch-Werken in Graz funktionierte die Kooperation deutlich besser – zu einer kompletten Fusionierung wird es aber erst Ende 1928 kommen.

Streit um das Soden-Getriebe und ein neuer Katalog

Kurz vor dem Jahreswechsel beschreibt die Allgemeine Automobilzeitung ein neues Getriebe, welches bezüglich der Gangschaltung neue Wege beschreitet – das Soden-Getriebe, benannt nach seinem Erfinder Graf Soden. Als Ferdinand Porsche den Artikel zu sehen bekam, musste er feststellen, dass diese Getriebeform bereits 1915 von der Österreichischen Daimlergesellschaft zum Patent angemeldet wurde, ja sogar in einer erweiterten Funktionsweise. Auf Grund der Kriegsereignisse wurde das Patent aber erst Mitte 1919 tatsächlich eingetragen. Porsche teilte diese Umstände der Zeitung brieflich mit. Im Jänner 1922 erschien dann eine Richtigstellung in Form einer genauen Beschreibung des Schaltsystems, das mit elektromagnetischem Gangeinzug – bedient durch einfache Knöpfe – als Halbautomat funktionierte. Ob diese Erfindung überhaupt in einem Serienfahrzeug eingesetzt wurde, konnte nicht ermittelt werden.

Zu Jahresbeginn gab es auch wieder einen neuen Automobilkatalog mit schönen Grafiken aus Künstlerhand von J. K. Fliegel, wie in den Medien berichtet wurde. Allerdings ist für dieses Buch kein einziges Exemplar zur Verfügung gestanden. Die darin ausführlich behandelten aktuellen Modelle 25 und 35 HP sind im Ausland sehr gefragt, vor allem das stärkere Modell wird in einer größeren Serie gebaut. Der Mitarbeiterstand wird mit ca. 3.000 Arbeitern und 600 Beamten angegeben.

35 HP mit sportlicher Karosserie und einer perfekten Linienführung (nach Meinung des Autors)

Aufnahme vor dem Werksgelände Richtung NW zur Pottendorfer Straße.
Im Hintergrund die neue Lokomotivfabrik und direkt neben dem Kühlerdeckel das heute noch existierende Häuschen der „Pottendorfer Maut".

35 HP mit OeFFAG-Double-Phaeton-Karosserie

Österreichpremiere des AD 6 (auch als AD 6/17 oder AD 17/60 bezeichnet)

Nachdem das Chassis mit dem neuen 6-Zylinder in Brüssel und London ausgestellt worden war, wurde im März der AD 6 nun auch in Österreich der Presse vorgestellt. Ladislaus Jonasz und Erich Schmale nahmen sich ausführlich in der Allgemeinen Automobilzeitung dieses Themas an.

Wenn ein Direktor aus Untertürkheim nach der Besichtigung dieses Fahrzeuges unbedingt den Konstrukteur abwerben will, dann müssen wohl einige Besonderheiten in dieser Konstruktion stecken. Da fällt als Erstes das Gesamtkonzept des Wagens auf – wie aus einem Guss wirken der raffinierte Motor mit seinen versteckten Nebenaggregaten, dem anschließenden Sportgetriebe und dem großen, etwas abgesenkten Chassis.

Werbung Franz Zwickl AD 6

Selbstverständlich wurde auch auf Leichtbau gesetzt, wobei dieses eher dem Rennsport vorbehaltene Attribut bei einem großen Luxuswagen nicht im Vordergrund stand. Der Motorblock wurde bis auf den Zylinderkopf komplett aus einer Aluminiumlegierung hergestellt, die Nockenwelle oben liegend und mittels Königswelle angetrieben konzipiert. Jeder Kipphebel besitzt ein Rollenlager, um ein Schleifen auf der Nockenwelle zu verhindern. Eine reine Augenweide ist der Deckel mit dem neuen Austro Daimler-Logo auf der linken Motorseite, hinter dem sich hintereinander sämtliche Nebenaggregate aufreihen. Wasserpumpe, Lichtmaschine und Zündmagnet bilden eine Welle – geteilt durch eine weiche Gummiverbindung, um Schwingungen sowie Verspannungen zu vermeiden.

AD-6-Chassis

60 PS 6-Zylinder mit Nebenaggregaten

AD 6	6-Zylinder-Reihe
Hubraum (85 mm x 130 mm)	4.426 cm^3
Leistung	60 PS bei 2.300 U/min
Spitzengeschwindigkeit	ca. 110 km/h
Getriebe	4 Gänge / 1 Rückwärtsgang
Bremsen	Hinterrad- und Kardanbremse
Kupplung	Stahllamellen im Ölbad
Gesamtgewicht (OeFFAG Double Phaeton)	ca. 2.100 kg
Zündung	Hochspannungsmagnet Bosch ZH6
Kühlung	Spitzkühler/Lüfterschwungrad
Spurweite vorne/hinten	1.360 mm
Radstand	3.450 mm
Sonstige Ausstattung	Kompressor für Reifenluft

Ein Blick in den Motorraum vermittelt eher das Gefühl, eine Kunstskulptur zu besichtigen, alles wirkt aufgeräumt bis hin zu den in Metallrohren geführten Kabeln und Leitungen. Auf der rechten Motorseite befinden sich der wohlgeformte Pallas-Vergaser (später Zenith-Vergaser) sowie das Lenkgetriebe. Für die Ölstandskontrolle wurde sogar ein Glasrohr in den Motorblock integriert. Schon erwähnt wurde die Getriebebremse, die beim Durchtreten der Kupplung bis zum Anschlag die Vorgelegewelle bremst, um einen schnelleren Gangwechsel zu ermöglichen. Die Kupplung wurde anfangs mit 24 Stahllamellen im Ölbad laufend ausgerüstet, bei den späteren Baujahren auf eine trocken laufende 7-Lamellenversion geändert.

Selbstverständlich wurde im Zuge der Pressevorstellung auch eine Probefahrt durchgeführt und der Kahlenberg erklommen. Wie wir aus Erich Schmales Schilderung wissen, wurde ein geschlossener Innenlenker mit OeFFAG-Karosserie benutzt.

AD 6 mit OeFFAG-Innenlenkerkarosserie am Kahlenberg

AD 6 Double Phaeton offen

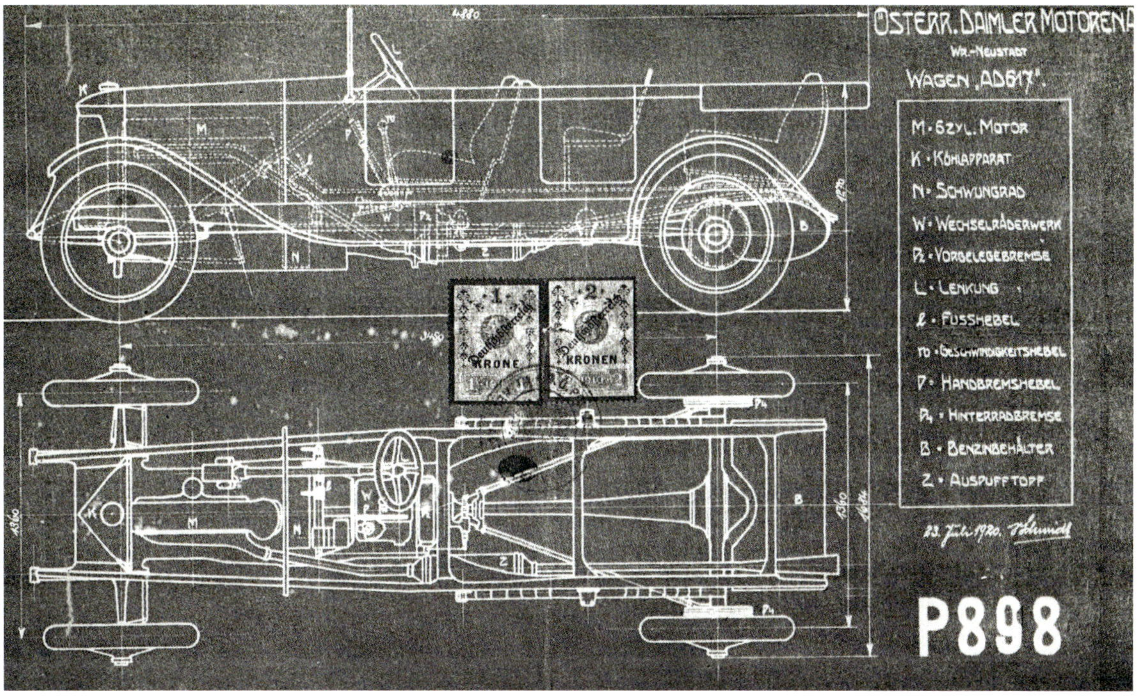

Werkzeichnung

AD 6 Double Phaeton, geschlossenes Verdeck

1921

1921

Posieren vor dem Reckturm in Wiener Neustadt – AD 6

Vorstellung des AD 6 in München und Amsterdam

In München fand die Präsentation im Verkaufslokal von Austro Daimler in der Barerstraße 20 statt, inklusive Testfahrt im Forstenrieder Park, wo der neue schneeweiße 6-Zylinder eine Spitzengeschwindigkeit von 105 km/h erreichte – trotz starkem Gegenwind – wie ausdrücklich erwähnt wurde. Die Münchner Tageszeitung berichtete in ihrer Schlussfolgerung: *„Wenn eine neue Wagenart die Werkräume der österreichischen Fabrik verläßt, gibt es ein Aufhorchen unter den Automobilkundigen. Eine sportliche Delikatesse!"*

Anfang April fand im Zoologischen Garten Gravenhage eine Automobilausstellung statt. Der Generaldirektor selbst übernahm den wichtigen Auftritt in Amsterdam und fuhr in nur 2 Tagen diese Strecke in 23:30 Stunden reiner Fahrzeit. Zusätzlich zu seinem fahrbaren Untersatz war noch ein „Chassis-Polie" ausgestellt, welches als *„Clou der Exposition"* betitelt wurde. Für diese Veranstaltungen wurde ein kostengünstiger Blattkatalog verwendet. Ein grün gedrucktes Blatt für den 25 HP, orange für den 35 HP und beige für den neuen AD 6.

AD-6-Broschüre

Exportoffensive mit dem 35 HP: Spanien

Schon das Vorgängermodell 32 HP wurde von Ferdinand Porsche vor dem Weltkrieg über die Pyrenäen gemartert. Nun war Ing. Ladislaus Jonasz zur Iberischen Halbinsel aufgebrochen und meldete via Telegramm aus Barcelona:

„Fünfunddreißiger Austro Daimler tadellos Spanien eingetroffen. Grüße Jonasz."

De Viena a Madrid

La industria del automóvil en Austria

Zeitungsbericht in Madrid

Die Reise ging weiter in die Hauptstadt Madrid, um dort die Marke Austro Daimler zu bewerben. Er konnte die Zeitung „El Tiempo" dafür gewinnen und einen Artikel über die österreichische Automobilindustrie platzieren.

Bei seiner Beschreibung der Produkte von Austro Daimler erfahren wir, dass die spanische Heeresverwaltung bereits über Zugwagen und Lastkraftwagen aus Wiener Neustadt verfügt.

Ein Lebenszeichen vom ehemaligen Großindustriellen Karl Ritter von Skoda erhielt der nunmehrige Generalsekretär der Österreichischen Daimlergesellschaft Felix Burmann:

„Nochmals herzlichen Dank für den geschlossenen Wagen in Wien. Fahrt Wien, Salzburg, Innsbruck, Meran, Mailand, Genua, San Remo ohne jeden Zwischenfall mit meinem 35 PS absolviert. Benzinverbrauch in der Ebene wirklich minimal. Herzliche Grüße K. Skoda."

In der Nähe von San Remo treffen sich die beiden 35-HP-Reisenden per Zufall, als Jonasz gerade auf der Rückfahrt nach Wien ist.

Austro Daimler fährt wieder Rennen: Königsaal–Jilowischt

Nach den Sorgen um das Weiterbestehen des österreichischen Paradeautoherstellers wagten sich die Neustädter Techniker wieder auf eine Rennstrecke. Ungewohnt für die ehemaligen Monarchie-Angehörigen die Grenzkontrollen an der tschechischen Grenze – und die dauerten diesmal besonders lang – so lang, dass das Training verpasst wurde. Ob Zufall oder nicht, in den Rennen bewies das erfahrene Austro Daimler-Team seine Klasse.

Das große Starterfeld wurde wieder in Hubraumklassen unterteilt, wobei logischerweise auf Grund des Motorenangebotes nur die Klassen bis 4.000 cm^3 und 6.000 cm^3 infrage kamen. Des kleineren Hubraums nahm sich Herr Alexander aus dem Hause der Grafen Kolowrat mit einem 35 HP an, und gewann zeitgleich mit Bondy (Praga). Beachtlich die Laufzeit für den schnellen Grafen: 4,46 Minuten für die 5,6 km lange Strecke, die teilweise 9 % Steigung aufweist. Die Durchschnittsgeschwindigkeit betrug 71,5 km/h mit dem 1.300 kg schweren Tourenwagen!

Noch besser unterwegs war Otto Hieronimus in der 6-Liter-Klasse. Wer aber glaubt, dass der neue AD 6 hier zum Einsatz kam, der liegt weit fehl – ein Prinz Heinrich Wagen stand am Start in Königsaal und gewann in der zweitbesten Tageszeit von 4,05 Minuten vor zwei weiteren Austro Daimler von Haimovici und Urban. Welche Fahrzeugtype die beiden Letztgenannten zur Verfügung hatten, geht aus den Rennberichten der Allgemeinen Automobilzeitung nicht hervor. Die Tagesbestzeit erzielte Otto Salzer auf Mercedes-Rennwagen in 3,39 Minuten.

Königsaal mit Titelbild Kolowrat 35 HP

Hieronimus am Start in Königsaal auf 80 HP

Ein M17 Goliath geht nach Chile

Im Laufe des Frühjahrs 1921 wurden Kontakte nach Chile geknüpft, Schwerlastsysteme waren in diesem aufstrebenden Land erforderlich und Carlos Walter wusste über die Wiener Neustädter Produkte Bescheid, war er doch ein Bindeglied zur österreichischen Industrie. Da anscheinend noch größere Bestände aus der Kriegsproduktion auf Lager waren, entschloss man sich, einen kompletten M17 Train als Vorführgerät nach Chile zu verschiffen. Per Bahn wurden die tonnenschweren Fahrzeuge nach Antwerpen transportiert und dort auf ein Schiff verladen.

Die chilenische Zeitung „La Union" in der Stadt Valparaiso berichtete über die Probefahrt durch die Stadt und über die Produktpalette von Austro Daimler. Das vorhandene schlechte Bild aus der chilenischen Zeitung soll aber hier nicht vorenthalten werden. Dass dieser M-17-Zug nicht mehr nach Europa zurücktransportiert wurde, versteht sich von selbst. Bilddokumente vom Juli 1922 zeugen vom Einsatz in einem Bergbaugebiet. Ob und wie viel Geld zu Austro Daimler geflossen ist, bleibt im Verborgenen.

Verladung M17 Goliath Train auf das Schiff nach Chile im Hafen von Antwerpen

M17 auf Vorstellungsfahrt in Valparaiso

Der Vatikan bestellt Austro Daimler

Papst Benedikt XV. hat im Mai 1921 in kurzen Abständen zwei 35 HP Limousinen für den Gebrauch des Vatikans bestellt. Eine sollte der Wiener Nuntiatur zur Verfügung gestellt werden, der zweite Wagen wurde für den vatikanischen Unterstaatssekretär Federigo Tedeschini – damals Apostolischer Nuntius in Madrid – angekauft. Ob die Reise von Ing. Jonasz nach Madrid dabei einen verkaufsfördernden Einfluss hatte, wurde nicht bekannt gegeben.

Die beiden 35 HP für den Vatikan

Endlich in Wien zu sehen: AD-6-Ausstellungschassis

Nach einer langen Reise zu den Ausstellungen in Amsterdam, Den Haag und Prag wurde dieses Kunstwerk aus Nickel und weißem Email (Lack) nun im Verkaufslokal Kärntner Ring 13 ausgestellt. Wie am gezeigten Bild sichtbar, durch verspiegelte Wände gekonnt in Szene gesetzt. Fürwahr ein Leckerbissen für das kaufinteressierte Publikum.

Chassis-Polie des AD 6 im Verkaufslokal Kärntner Ring 13

Geschäftsbericht über das Jahr 1920

Der Bericht über das vergangene Geschäftsjahr stand im Zeichen der Interessensgemeinschaft mit den österreichischen Fiat-Werken und den Puch-Werken in Graz. Ein groß angelegter Aktienumtausch des auf 120 Mio. Kronen erhöhten Kapitals wurde in die Wege geleitet. Der Reingewinn wurde mit 3,409.368 Kronen angegeben. Der Verwaltungsrat erfuhr ebenfalls einige Änderungen, weil einige Herren neu kooptiert werden mussten:

Präsident Dir. Hugo Marcus
Vizepräsident Camillo Castiglioni
Vizepräsident Ludwig Neurath
Ing. Paul Bretschneider
Adolf Egger
Paul Goldstein
Ing. Alfred Günther
Franz Hardegg
Gustav Korner
Arnold Neubroch
Dr. Ignaz Neumann
Julius Neustadt
Dir. Ferdinand Porsche
Hinek Ruzicska-Kisnameny
Leopold Steiner
Dr. Karl Urban
Ludwig Urban jun.

Zeichnung von Franz Zwickl 1921

Ferry Porsches erster motorsportlicher Einsatz

Der Wiener Automobil Club veranstaltete am 18. und 29. Juni einen Geschicklichkeitsbewerb auf der Rennbahn des Lehrersport-Vereinigungsplatzes in Hernals. Ein Rundkurs mit verkleideten Puppen als Hindernissen und eine befahrbare Schwebebrücke waren zu bewältigen. Zugelassen waren Automobile, Motorräder und auch Fahrräder, die Bewertung erfolgte nach der Punktevergabe der Jury für die Einzelbewerbe. Der erste Termin fiel buchstäblich wetterbedingt ins Wasser. Jedoch konnte am 29. Juni die gesamte Veranstaltung abgehalten werden. Außer Konkurrenz nahm auch der junge Ferry Porsche mit seinem Ziegenbockwagen an der Veranstaltung teil. Auf der Schwebebrücke konnte er die höchste Punkteanzahl aller Teilnehmer erreichen und erhielt dafür einen großen Lorbeerkranz. Eine Ehrenrunde in voller Fahrt brachte ihm den Jubel des Publikums ein. Die Allgemeine Automobilzeitung zitierte treffend: *„Wie die Alten sungen, so zwitschern auch die Jungen."*

Ebenfalls außer Konkurrenz dabei Alexander Kolowrat, der punktemäßig gut abschnitt und auf der Schwebebrücke im Vorderfeld zu finden war. Die Hindernisfahrt konnte er auf seinem kleinen Wanderer gewinnen.

Ferry Porsche auf „Ziegenbockwagen"

Einen besonderen Erfolg konnten die neuen Austro Daimler im Schönheitswettbewerb erreichen: 1. Platz Dir. Anton Czech auf AD 6 Limousine, 2. Platz Dir. Robert Hamburger auf AD 6 Sport, 3. Platz Lino Zar auf Puch.

Austro Daimler Elektrobus-Linie zur Wiener Messe

Eine neue überarbeitete Form des Elektrobusses stellte Austro Daimler der Wiener freiwilligen Rettungsgesellschaft zur Verfügung, um die Messebesucher vom Schwarzenbergplatz zur Wiener Rotunde zu transportieren. Die Einnahmen kamen der damals notleidenden Wiener Rettung zugute. Am Startort der Buslinie organisierte Dir. Czech eine Ausstellung unmittelbar vor dem Zentralbüro von Austro Daimler mit all den aktuellen Produkten bis hin zum Gigant und Goliath. Auch der Exzelsior-Pflug von Puch durfte nicht fehlen. Die schnell organisierte Freiluftschau war gut besucht und fand im September 1921 statt. Verkaufserfolge für die neue Busvariante werden bald eintreten – in Tschechien zum Beispiel bei der Kuranstalt in Karlsbad.

Fast gleichzeitig – am 16. September – hielt Ing. Ladislaus Jonasz einen viel beachteten Vortrag im Wiener Technischen Museum über die Vorzüge der österreichischen Automobilindustrie. Demnach betrug die Exportquote aller Fabrikate 75 % und erwies sich als größter Aktivposten des schwer gebeutelten Staates.

1921

Elektrobus mit Wechselakku und Kettenantrieb auf die Hinterachse

Elektrobus-Linie Schwarzenbergplatz–Rotunde mit „Freiluftausstellung"

Exportoffensive für den AD 6

Über den gesamten Herbst 1921 hinweg wurde der neue 6-Zylinder im gesamten Balkangebiet vorgestellt. Dieser Werbetour durch Dir. Herrmann startete in Bukarest beim Kronprinzen von Rumänien, der zwei AD 6 und einen 35 HP bestellte. Weiter zum bulgarischen König, der ebenfalls dem AD 6 verfallen war und sofort seine Bestellung abgab. Der Großkaufmann Franz Pust aus Barazdin lobte seinen 25 HP bezüglich des ökonomischen Benzin- und Ölverbrauchs und sprach sich positiv über den beigestellten Chauffeur während der Einfahrphase aus.

Anschließend besuchte Dir. Herrmann das neue Jugoslawien, machte halt in Belgrad und reiste über Bosnien weiter zurück in die Heimat.

35 HP und AD 6 im Schlosspark des bulgarischen Königs, Dir. Herrmann sitzend im Fond

AD 6 irgendwo in Bosnien

In München und Graz erschienen in den Zeitungen wahre Lobeshymnen über den AD 6, und die neue Vertretung in Amsterdam berichtete über den Verkauf eines 6-Zylinders an den Generalgouverneur von Holländisch-Indien. Nur in Berlin gab es Probleme, denn österreichische Firmen waren auf der Automobilausstellung Anfang Oktober nicht zugelassen. Erbost über diese Entscheidung veranstaltete Dir. Wagner von der Münchner Niederlassung im Lokal in der Barerstraße daraufhin selbst eine Automobilschau.

Das Ergebnis dieser Verkaufsinitiative war eine überaus hohe erste Serienfertigung von 100 Stück AD 6.

Im Jahr 1921 wäre noch das Kurorte-Rennen **Karlsbad–Marienbad** in Tschechien zu erwähnen. Kolowrat und der Prager Urban nahmen erfolgreich daran teil, die Klasse B IV wurde gewonnen. Welche Austro Daimler-Type am Start stand, wurde nicht berichtet, nur dass die Fahrzeuge 75 PS hatten. Möglicherweise eine Sportvariante des AD 6, die 1922 definitiv bei Rennen zum Einsatz kam.

AD 6 Sport am Start in Karlsbad?

Der internationale Verkaufserfolg des AD 6 ermutigte die Verantwortlichen in Wiener Neustadt, nun ein neues Fahrzeugkonzept zu entwickeln. Maßgeblichen Ansporn dazu lieferte Alexander Kolowrat mit seinem Kleinwagenprojekt. Er konnte Ferdinand Porsche von seinen Ideen überzeugen und bot die Mitfinanzierung an ...

Alexander Kolowrat mit neuen Ideen

AD 6 von Franz Zwickl 1921

1922 – Das Jahr des ADS „Sascha"

„Wir müssen einen Volkswagen bauen!"

Nach dem Ersten Weltkrieg bleibt Alexander Kolowrat bekanntlich in Wien und verliert den Kontakt zu seiner ehemaligen Hausmarke Laurin & Klement. Doch der Hang zu Automobilen ist noch genauso stark wie vor den Kriegsjahren. Eines Tages im Jahr 1921 kommt er mit einer Idee nach Wiener Neustadt in die Daimlerfabrik. Alfred Neubauer, der Chef der Einfahrtruppe, schildert diese Begebenheit in seinem Buch „Herr über 1.000 PS" wohl sehr authentisch:

„Wir müssen einen Volkswagen bauen", sagt er zu Direktor Porsche. „Einen Wagen, den sich auch ein Mann mit kleinem Portemonnaie leisten kann, und nicht nur ein Millionär. Denn eines Tages wird Autofahren so selbstverständlich sein wie heute die Fahrt mit der Trambahn."

Und er sagte auch, wie er sich den Volkswagen vorstellt: „Er soll 80 bis 100 km/h laufen, 4 Zylinder und vier Sitzplätze haben und nicht mehr als 1.100 cm^3 haben, um billig zu sein im Verbrauch, in der Steuer und in der Erhaltung." Und er bot auch das Geld für die Entwicklungskosten an. „Aber das Bauen überlasse ich Ihnen", sagte er zu Porsche und seinen Männern.

Man kann davon ausgehen, dass die Konzeption dieses Kleinwagens zum Jahreswechsel 1922 bereits fix und fertig war und der Motor auf dem Prüfstand schnurrte. Ein Motor? Nein, gleich eine ganze Motorenfamilie. Wünschte sich Kolowrat eine 1.100-cm^3-Maschine, so ließ Porsche im Laufe des Jahres gleich weitere Hubraumgrößen anfertigen – 1,2 Liter, 1,5 Liter, 2 Liter und einen 3-Liter-Sechszylinder! Denn der Generaldirektor hatte große motorsportliche Pläne mit diesen bahnbrechenden Triebwerken.

Motor 1,1 Liter Sascha Rennwagenversion

Was war so neu an dieser Konstruktion? Ein kleiner Hubraum hat bekanntlich sehr wenig Drehmoment und stößt bald an seine Leistungsgrenzen. Das war aber nicht im Sinne eines Kleinwagens, der sollte ordentlich Leistung haben, auch Fernreisen ermöglichen und den Fahrspaß nicht beeinträchtigen. Daher war das Rezept „Leistung durch Drehzahl" ein probates Mittel, einen 1,1-Liter-Motor auf fast die doppelte Leistung zu bringen, wie zum Beispiel das Wanderer-Modell, mit dem Kolowrat noch ein Jahr zuvor das Semmering-Rennen bestritten hatte.

Zu diesem Zweck wurde alles, was sich drehte und bewegte, entweder vermieden oder gewichtsmäßig reduziert, um höhere Drehzahlen zu ermöglichen. Da waren als Hauptansatzpunkt einmal die Ventile, welche nun von zwei oben liegenden Nockenwellen ohne Kipphebel direkt nach unten gedrückt wurden. Ein heute üblicher DOHC-Motor (**D**ouble **O**ver**H**ead **C**amshaft) war geboren. Es wurden zehn Prototypen angefertigt, und zwar in der „zivilen Version" für die Serienproduktion. Aus Kostengründen verfügte der Motor aber nur über eine oben liegende Nockenwelle.

Prototyp des 1,1 Liter Sascha vor der Neustädter Propstei

Auch beim Chassis wurde auf Gewichtsreduktion und gleichzeitig auf Stabilität Rücksicht genommen, sichtbar am leicht trapezförmigen, mit Blechen verstrebten Rahmen. Das Gewicht des Serienwagens betrug etwa 735 kg, beim Rennwagen waren es rund 100 kg weniger.

„Sascha" im Sascha-Prototyp

Austro Daimler-ADSR-Chassis

Über die Motorleistung kann nur spekuliert werden. Offiziell bezeichnete man dieses Fahrzeug mit 5–15 PS, was aber nur von steuertechnischer Bedeutung sein konnte. Für die 1.089-cm^3-Serien-Motorisierung kann man wohl 20 PS ansetzen. Für die ADSR-Typen wurden bisher in den einschlägigen Publikationen von 36 PS über 45 PS, ja sogar bis 50 PS angegeben. Möglicherweise fanden hier auch Verwechslungen mit dem aufgebohrten 1.150-cm^3-Modell statt, aber 36 PS Dauerleistung hatte die kleine Rennmaschine sicher.

Prototyp ADS Motor 1.089 cm^3 für die Serie, zu der es nie kommen wird ...

Die Testrennbahn ist fertig

Wann genau die Fertigstellung erfolgte, kann nur vage abgeschätzt werden – vermutlich um die Jahresmitte 1921. Jedenfalls wurden die Tests für die neue Motorengeneration der Sascha-Prototypen und -Rennwagen schon dort gefahren. Aufnahmen vom AD 6 auf der neuen Piste lassen eventuell auf eine noch frühere Fertigstellung schließen. Die 1,8 km lange Rennbahn verfügte über zwei Umkehrschleifen, die deutlich überhöht angelegt waren. Zwei Brücken – eine über den 1916 angelegten Kehrbach und die zweite über die Fischa – mussten neu errichtet werden, um einen geraden Verlauf der Bahn für die Geschwindigkeitstests zu ermöglichen.

Luftaufnahme mit Rennbahn ab 1921

Einer der Ersten auf der Rennbahn: AD 6, die Einfahrer Faustböck und Berndt ...

... gefolgt vom Sascha ADS R, Chefeinfahrer Alfred Neubauer mit Mechaniker Georg Auer

Der Autor dieses Buches war als jugendlicher Radfahrer auf den Resten der Rennbahn – unterbrochen durch Bombentrichter – gerne unterwegs. Natürlich nicht ahnend, auf welchem geschichtsträchtigen Boden man sich da bewegte. Im Zuge der Errichtung des „Musikantenviertels" bis hin zum Neustädter Kanal wurden die Betonreste nach und nach abgerissen und eine Asphaltstraße errichtet. Nur ein Rest der nördlichen Umkehrschleife sowie ein Teil neben der Fischa sind erhalten geblieben, oder besser formuliert – einfach vergessen worden!

Reste der Rennbahn – der Autor auf AD 6 im Jahr 2015

Durch die Initiative der Sektion Austro Daimler wurde im Jahr 2015 in Zusammenarbeit mit Kulturstadtrat Franz Piribauer der Rest neben der Fischa wieder freigelegt und als Denkmal erhalten.

Die Wiedergründung der „British Austrian Daimler Motor Comp. Ltd"

Nach der „Feindschaft" mit den Engländern im Ersten Weltkrieg war nun die Zeit gekommen, in der *„Risse und Spalten"* überbrückt werden konnten und österreichische Produkte wieder großes Ansehen genossen. So beschloss man, einen der wichtigsten Märkte wieder mit einer eigenen Firma zu bearbeiten. Am 13. Jänner wurde im Londoner Firmenregister die neue österreichische Company eingetragen, zuständig für die Märkte Großbritannien, Irland und alle Protektorate sowie Ägypten und den Sudan.

Zur gleichen Zeit erschienen Artikel über die österreichische Automobilindustrie im englischen Blatt „The Motor" und in der amerikanischen Fachzeitschrift „Automotive Industries", in denen den heimischen Erzeugnissen die volle Konkurrenzfähigkeit auf dem Weltmarkt attestiert wird. Im Besonderen findet Austro Daimler wegen seiner Präsenz am japanischen Markt Beachtung. Allerdings wurde in Österreich über Lieferungen in den Fernen Osten in den öffentlichen Medien nicht ausdrücklich berichtet.

Einsatz in Chile – der M17 Goliath

Anders als in den Fernen Osten werden Lieferungen nach Lateinamerika sehr wohl ausführlich kundgetan. War zuerst nur ein schlechtes Bild von einem Eisenbahnzug, der das Neustädter Daimlerwerk verlässt, in der Zeitung „Der Motor" abgebildet, erscheinen im Juli Bilder, die die Verwendung des M17-Goliath-Systems in Chile dokumentieren. Die knapp ein Jahr zuvor durch Carlos Walter abgehaltene Präsentation hatte Erfolg gehabt.

Eingesetzt für den Transport von Kupfererz, Papier und Holz in den Kordilleren in der Umgebung von Santiago de Chile, leistete der Goliath wertvolle Dienste. Ob nur das Vorführgerät oder doch mehrere Stück geliefert wurden, geht aus den Berichten nicht hervor.

M17 im Anaconda-Gebiet

Neue Aufträge für Elektrobusse

Die Gemeinde Wien bestellte schon im Herbst 1921 vier neue Oberleitungsbusse für die seit nunmehr 13 Jahren in Betrieb befindliche Linie Pötzleinsdorf–Salmannsdorf, die nun im Februar 1922 zur Auslieferung gelangten. Dabei handelte es sich nicht um die Vorkriegstypen mit Radnabenmotoren, sondern um Fross-Büssing-Fahrgestelle mit elektrischen Straßenbahnmotoren – zentral eingebaut und mit Kettenantrieb. Die alten Lohner-Karosserien wurden wieder aufgesetzt.

Remise der Linie Pötzleinsdorf–Salmannsdorf: die ursprüngliche Ausführung aus 1908

Umgebaut: Straßenbahn-Elektromotor mit Kettenantrieb für Oberleitung

Die neue Type mit Wechselakku, vorgestellt anlässlich der Wiener und Grazer Messe, findet nun Anklang in Karlsbad. Betrieben mit 220 V Gleichstrom und zwei 10-PS-Elektromotoren hatte sie eine Reichweite von 45 bis 60 km und war geeignet für den Personenverkehr rund um den Kurbetrieb in dieser beliebten Region. Eine Bestellung fand zu Jahresbeginn den Weg nach Wiener Neustadt. Da das dargestellte Exemplar auf einem anderen Bild die Nummer 2 trägt, wurden zumindest zwei Stück nach Karlsbad geliefert.

Neue Elektrobus-Type für den Fremdenverkehr in Karlsbad

Lehrlingsausbildung – die neue Werksschule

Während der Kriegszeit mussten viele ausgebildete Fachkräfte dem Militär dienen und gingen den Industriebetrieben großteils verloren, denn viele kamen nicht mehr zurück. Auch in der Nachkriegszeit war von einer ordentlichen Ausbildung staatlicherseits nicht zu sprechen. Es fehlten Lernbehelfe, geeignete Ausbildner und öfters auch banale Dinge wie beheizte Lehrräume. Daher beschloss man bei Austro Daimler die Einführung einer betriebseigenen Werkschule für die Lehrlingsausbildung. Bereits im Februar 1921 wurde mit dem Umbau des ehemaligen Lebensmittellagers begonnen und am 15. Oktober 1921 konnte der erste Lehrgang bereits starten. Die Schule umfasste Räumlichkeiten für die Werkstätte, einen Zeichensaal und weitere, kleinere Unterrichtszimmer. Ein Raum war auch für die Elektrotechniker vorhanden. Der Schuldirektor Prof. Schmidt sowie die meisten Lehrer kamen nicht aus dem Betrieb, sondern wurden extern rekrutiert und von den staatlichen Unterrichtsbehörden genehmigt.

Die Austro Daimler-Lehrwerkstätte

Unterstützt und bezahlt wurden sämtliche Aufwendungen von der Daimlergesellschaft. Ferdinand Porsche förderte diese Werkschule und setzte Dir. Ockermüller als Vertreter der Generaldirektion im Schulausschuss ein. Dieses Gremium bestimmte vorerst auch über die Aufnahme der Schüler und teilweise über den Lehrplan, der auf die Aufgaben im Betrieb abgestimmt sein musste. In den Lehrwerkstätten wurde aber hauptsächlich für die laufende Produktion gearbeitet, nur zwei Tage in der Woche war alternierend Unterricht angesetzt.

Diese Einrichtung war offensichtlich ein guter Weg, sich Fachkräfte selbst heranzuziehen. Diese Modelle waren noch weit bis in die 1970er-Jahre in größeren Betrieben üblich. Erst in den letzten Jahrzehnten wurden Lehrwerkstätten immer öfter eingespart. In den Grazer Puch-Werken begann man übrigens schon 1913 mit einer betriebseigenen Schule.

Der erste Renneinsatz des ADS R – die Targa Florio

Dieses schon seit 1906 ausgetragene Rennen in Sizilien ist benannt nach seinem Initiator und Spender, dem Reeder und Geschäftsmann Cavaliere Vinzenzo Florio, der unermüdlich den Motorsport förderte und unterstützte. Angesetzt war die Austragung für den 2. April 1922 – einen Monat früher als im Jahr davor. Der 108 km lange Monte-Madonie-Rundkurs ist bei den Fahrern auf Grund seines schlechten Straßenzustandes sehr gefürchtet und muss viermal umrundet werden – 432 km Steine, Staub und Serpentinen.

Cavaliere Vinzenzo Florio (1905)

Zuerst zu den Vorbereitungen im Neustädter Daimlerwerk. Die Nennung zu diesem Rennen erfolgte schon zwei Monate vorher und Alexander Kolowrat war der Expeditionsleiter des gesamten Rennteams. Vier Fahrzeuge mit den kleinen 1,1-Liter-Motoren wurden nach Sizilien transportiert, jedoch nicht alle in der gleichen Klasse bis 1.100 cm³ genannt, ein Fahrzeug startete bei den Rennwagen ohne Hubraumbegrenzung!

Ein unmittelbar mitbeteiligter Kronzeuge war Alfred Neubauer, der in seinen Aufzeichnungen „Herr über 1.000 PS" die Vorgänge wie folgt schildert:

„Wer wird die Wagen fahren?" ist meine erste Frage an Kolowrat. Der Graf blinzelt mich vergnügt an und läßt mich eine Weile zappeln. „Da wäre natürlich erst einmal mein braver Lambert Pöcher, der hat schon Erfahrung in so vielen Rennen." Und dann? Den Wagen Nummer 2? „Fährt Fritz Kuhn von der Einfahrabteilung, das ist ein Kerl, auf den man sich verlassen kann", bestimmt der Graf. Das Hoffnungsflämmchen in meiner Brust droht zu erlöschen. Es wäre auch zu viel verlangt, wenn man mich – das Grünhorn – an das Steuer eines Rennwagen setzen würde. Den dritten Wagen fahren Sie also selbst, Graf Kolowrat? Jetzt strahlt der Sascha von einem Ohr zum anderen. „Nein, lieber Neubauer. Ich sehe ja schon, Sie können es kaum erwarten. Den dritten Wagen steuern natürlich Sie, falls Sie Lust und Liebe dazu haben!"

Und Alfred Neubauer hatte Lust und Liebe, denn er träumte schon seit jenem Tag davon, einmal ein großes Rennen fahren zu dürfen, als er in seinem Heimatort Neutitschein mit einem Seifenkistl einen Hügel hinuntergebraust war. Alexander Kolowrat selbst nahm natürlich mit dem vierten Wagen am Rennen teil.

Die Targa-Florio-Fahrermannschaft: Neubauer, Pöcher, Kuhn (und Kolowrat)

1922

Neubauer verfolgt seit dieser Entscheidung die Geburt des neuen Sascha-Wagens vom Reißbrett an, schaut den Ingenieuren bei der Konstruktion über die Schultern und ist in der Versuchsabteilung und bei der Herstellung präsent. Am Prüfstand arbeitet Meister Schönbein, der bereits 1903 mit Paul Daimler von Stuttgart nach Wiener Neustadt gekommen war und hiergeblieben ist. Er bringt die Motoren auf ihre Höchstleistung, *verbessert, prüft, notiert und macht seinem Spitznamen „Professor motoris causa" alle Ehre.*

Direktor in der Versuchsabteilung war in dieser Zeit Ing. Karl Ockermüller, der Alfred Neubauer einmal spätabends an seinem Sascha herumschraubend antraf. Auf die Frage, warum der Chef der Einfahrer selbst am Wagen Hand anlegen muss, antwortete Neubauer: *„Ich packe halt mit an, damit es schneller geht. Sonst, fürchte ich, wird mein Wagen niemals fertig!" Darauf Direktor Ockermüller mit einem weisen Ausspruch: „Ein Rennwagen darf auch niemals fertig werden. Wenn wir zu spät fertig werden, haben wir die Gewißheit, wirklich alles getan zu haben. Und nur dann werden wir siegen!"*

ADS-R-Rennwagen auf der Testrennbahn: vermutlich Neubauer und Auer

Die Wagen wurden auch nicht wirklich fertig. Eine besondere List sollte die Fahrzeuge vor Manipulationen schützen. Kurz vor der Bahnverladung nach Neapel beschloss das Austro Daimler-Team, die Renner in der traditionellen roten Farbe der Italiener zu lackieren, um so das Publikum Glauben zu machen, dass es sich um einheimische Automobile handelt. Da für die Lackierarbeiten keine Zeit mehr zur Verfügung stand, wurde die dreitägige Bahnfahrt genutzt und auf dem Schienentransporter gestrichen – noch vor der italienischen Grenze erstrahlten die Saschas in „Italienrot". Kurze Zeit später wurden jedem Land sogenannte „Stammfarben" zugeteilt. Für Österreich wurde Rot für den unteren Bereich und Weiß für den oberen Teil der Karosserie vergeben.

Nach einigen Scharmützeln beim Auf- und Abladen vom Dampfschiff Neapel–Palermo mit den Hafenarbeitern beziehungsweise mit der Mercedes-Mannschaft kommt ein seekranker Alfred Neubauer noch mit Vinzenzo Florio persönlich und danach auch noch mit den Zollbeamten in Konflikt. Das Resultat des laut geführten Streits: Die Neustädter Rennwagen werden erst einen Tag später freigegeben.

Eine Lehre für den resoluten Neubauer – für sein ganzes Leben,wie er in seinem Buch beteuert. Mit dem Cavaliere Florio entwickelte sich aber ein außerordentlich freundschaftliches Verhältnis, welches bereits im Grand Hotel Termini nach dem Rennen seinen Anfang nahm.

Neubauer und Kuhn (ganz rechts bergab fahrend) bei der Streckenbesichtigung

Die Nacht vor dem Rennen beschreibt Neubauer als eine schlaflose, auch das Frühstück wollte nicht recht schmecken. Die Nervosität vor seinem ersten Rennen war groß. Doch der Teamleiter Kolowrat brachte die Mannschaft mit seinem Witz zum Lachen *und mixte ein spezielles Rennfahrergetränk aus Malaga, geschlagenem Eigelb, Zucker und Bohnenkaffee, das zugleich die Nerven beruhigen und den Mut aufputschen sollte.*
Laut Neubauer hat es aber nicht viel geholfen ...

Die Targa Florio – das Rennen

Alexander Kolowrat hatte die „Schnapsidee", den Wagen von Neubauer bei den großen Rennwagen an den Start gehen zu lassen. Als der „Fredl" am Morgen in die Boxengasse kommt, erwartet ihn schon sein Mechaniker und Beifahrer Georg Auer mit den Worten: „Gell, Herr Ingenieur, wir werden's derpacken?" Neubauer nickt nur, denn er ist bei Weitem nicht so optimistisch. Sein winziges Vehikel nimmt sich neben den gewaltigen 4,9-Liter-Mercedes-Rennwagen aus wie David neben dem Riesen Goliath.

Diese Entscheidung Kolowrats könnte auch damit zu tun gehabt haben, dass Neubauers Wagen eine größere Bohrung bekam (69,9 mm statt 68 mm) und damit 1.150 cm^3 aufwies. Daher war man in der 1,1-Liter-Klasse nicht mehr regelkonform. Sollte diese nie preisgegebene Motorvariante tatsächlich zum Einsatz gekommen sein, dann hatte Neubauer sicher einen geringfügig stärkeren ADS R zur Verfügung, was auch seine etwas bessere Platzierung gegenüber Kuhn und Pöcher erklären würde. Jedenfalls tröstet Neubauer sich damit, dass sein „kleiner David" federleicht und wendig und daher wesentlich besser durch die insgesamt rund 6.000 Kurven zu steuern ist. Der Start erfolgt in 2-Minuten-Abständen und begonnen wird mit der kleinsten Klasse, aufsteigend bis zu den Rennwagen ohne Hubraumbeschränkung.

Fritz Kuhn mit Startnummer 3 bei den Startvorbereitungen

Damit sind die drei ADS R von Kolowrat, Pöcher und Kuhn die Ersten am Start. Gute Startaufnahmen stehen nur von Fritz Kuhn zur Verfügung. Als Letzter der Rennwagenklasse geht die Nummer 46 – Neubauer mit Beifahrer Auer – ins Rennen.

Fritz Kuhn mit Nummer 3 startet ins Rennen

Pöcher mit Nr. 2 ist schon unterwegs

Vor den beiden startet Christian Lautenschlager mit seinem Mercedes und lächelt ein wenig spöttisch zu Neubauer herab: *„Passen S' auf, daß Sie einen guten Start erwischen, Herr Nachbar! Sonst überrolle ich Sie, wenn ich aus der ersten Runde zurückkomme, noch bevor Sie Ihr Wägelchen richtig in Gang bekommen haben!"* Der Fredl antwortet mit dem bekannten Spruch Lautenschlagers: *„Abwarten und Tee trinken. Nachher wird z'sammazählt!"*

Neubauer mit Nummer 46 in „full speed"

Neubauer weiß genau, dass er ein einsames Rennen fahren wird, denn an ein Einholen der „weißen Elefanten" (Mercedes-Rennwagen) ist nicht zu denken, jedoch schließt er für sich eine Überrundung durch andere Teilnehmer ebenso aus – *nein, so weit lasse ich es nicht kommen!*

Tatsächlich bekommen die beiden im Sascha Nr. 46 keinen Gegner zu Gesicht, nur an den Boxen beim Reifenwechsel ist etwas von Rennatmosphäre zu spüren. Apropos Reifen – für dieses Rennen wurden wegen der herumliegenden Hufnägel „Chromlederüberzüge mit Spikes" verwendet – auch um mehr Grip zu bekommen. Neubauer kam gerade noch mit den letzten Reifenfetzen zur Box. Zusätzlich flogen die losgerissenen Spikes den Fahrern regelrecht um die Ohren.

Alexander aus dem Hause der Grafen Kolowrat hatte Pech und fiel schon in der ersten Runde wegen Motorschadens aus. Fritz Kuhn und Lambert Pöcher fuhren ein grandioses Rennen und gewannen ihre 1,1-Liter-Klasse in 8:20 Stunden auf den Gesamtplätzen 22 und 23. Das war aber klar, denn es waren mit diesem Hubraum keine anderen Gegner am Start! Der Wagen von Alfred Neubauer belegte in der Rennwagenklasse den 5. und letzten Platz.

Masettis Siegerwagen Mercedes 4,9 Liter (adaptierter Gand-Prix-Wagen von 1914)

Sieger in der 3 Liter Klasse – Otto Hieronimus auf Steyr

Eigentlich kein Grund für einen übertriebenen Siegesjubel. Sieht man aber die Gesamtplatzierung mit den gefahrenen Zeiten an, dann kann man die Euphorie der Neustädter Autobauer schon eher verstehen. Fuhr der Sieger Giulio Masetti auf seinem 4,9-Liter-Renn-Mercedes einen Stundenschnitt von ca. 63 km/h, so schaffte der kleine ADS R immerhin 56 km/h. In der Gesamtzeit des Rennens waren das 6:50 Stunden zu 7:49 Stunden, also eine Stunde Differenz zwischen David und Goliath. Der etwas überhebliche Lautenschlager wurde in 7:17 Stunden Zehnter. Enzo Ferrari auf seinem 3-Liter-Alfa-Romeo landete gar nur drei Plätze vor Neubauer auf Platz 16. Auch hinter den Austro Daimler Wagen waren noch andere 3 Liter Wagen platziert.

Den Sieg machten sich Masetti und der Franzose Jules Goux auf einem 2-Liter-Ballot untereinander aus. Ganze zwei Minuten trennten die beiden auf der Ziellinie.

Beachtenswert die Leistung der ebenfalls vertretenen österreichischen Firma Steyr, die in der 3-Liter-Klasse an den Start ging und mit Otto Hieronimus den Sieg einfuhr! Im Gesamtklassement wurde er Siebenter, noch knapp vor Christian Werner auf einem 4,5-Liter-Mercedes! Auch Hermann Rützler im 2-Liter-Steyr landete auf dem ausgezeichneten 15. Platz.

In der 1,5-Liter-Klasse waren die neuen kleinen Fiat-Typen 501 unschlagbar. Die Turiner Konstrukteure verfolgten einen ähnlichen Weg wie Porsche in Wiener Neustadt. Klein, leicht und relativ leistungsstark gewannen sie ihre Klasse durch Giacone und Lampiani vor dem Mercedes von Scheeff. Im Gesamtklassement belegte Giacone den ausgezeichneten 5. Platz!

ADS R Nummer 1 – Kolowrat schied bald nach dem Start wegen Motorschaden aus

1922

In der italienischen Presse wurde den neuartigen Konstruktionen von Austro Daimler, Fiat und Ballot breiter Raum gewidmet und die zukunftsweisenden Technologien bezüglich Leichtbau und hoher Drehzahl ausdrücklich gelobt. Und die österreichischen Zeitungen wurden durch den Medienprofi Kolowrat sofort mit Bildmaterial und Berichten versorgt, sodass der ebenfalls großartige Erfolg der Steyr-Fahrzeuge beinahe unterging. Vielleicht hängt das mit der geübten Geheimhaltung eines Waffenproduzenten zusammen ...

Gesamtresultat Targa Florio 1922

1. Masetti	**Mercedes (Rennwagen)**	**6:50:50**
2. Goux	**Ballot (2-Liter-Klasse)**	**6:52:37**
3. Foresti	**Ballot (2-Liter-Klasse)**	**7:04:58**
4. Ascari	Alfa Romeo (4,5-Liter-Klasse)	7:06:48
5. Giacone	Fiat (1,5-Liter-Klasse)	7:11:23
6. Sailer	Mercedes (4,5-Liter-Klasse)	7:12:08
7. Hieronimus	**Steyr (3-Liter-Klasse)**	**7:15:41**
8. Werner	Mercedes (4,5-Liter-Klasse)	7:16:12
9. Sivocci	Alfa Romeo (4,5-Liter-Klasse)	7:16:25
10. Lautenschlager	Mercedes (Rennwagen)	7:17:50
11. Campari	Alfa Romeo (Rennwagen)	7:19:32
12. Moriondo	Itala (3-Liter-Klasse)	7:20:17
13. Salzer	Mercedes (Rennwagen)	7:24:00
14. Lampiani	Fiat (1,5-Liter-Klasse)	7:32:36
15. Rützler	**Steyr (2-Liter-Klasse)**	**7:40:14**
16. Ferrari	Alfa Romeo (3-Liter-Klasse)	7:40:58
17. Gaccomani	Ceirano (3-Liter-Klasse)	7:43:14
18. Ceirano	Ceirano (3-Liter-Klasse)	7:45:00
19. Neubauer	**Austro Daimler (Rennwagen)**	**7:49:54**
20. Scheeff	Mercedes (1,5-Liter-Klasse)	7:52:46
21. Arnone	Ceirano (3-Liter-Klasse)	7:59:47
22. Kuhn	**Austro Daimler (1,1-Liter-Klasse)**	**8:19:46**
23. Pöcher	**Austro Daimler (1,1-Liter-Klasse)**	**8:20:37**
24. Silvani	**Steyr (3-Liter Klasse)**	**8:21:08**
25. Nebuffo	Itala (3-Liter-Klasse)	8:41:41
26. Lopez	Itala (3-Liter-Klasse)	k. A.

Der Sieger in der 1,1-Liter-Klasse – Fritz Kuhn

ADS R mit der Nummer 46: Alfred Neubauer und Georg Auer
Dir. Czech, Ing. Zadnik, Ing. Bettaque, Fr. Doberenz und Hr. Doberenz, Dir. Porsche

ADS R mit der Nummer 2: Lambert Pöcher
Ing. Zadnik, Alexander Kolowrat, Ing. Bettaque, Fr. Doberenz, Dir. Porsche, Hr. Doberenz

Nach dem ersten Rennen

Die internationale Presse nahm rege Notiz von diesem schweren Rennen. So auch die Londoner Zeitung „Autocar", in der der amerikanische Sportschriftsteller W. F. Bradley seine Berichte veröffentlichte. Über die Austro Daimler schrieb er, *daß sie eine gute Figur machten. Graf Kolowrat startete mit kaltem Öl, fuhr anfangs zu schnell, was zur Folge hatte, daß der Motor versagte. Die anderen drei Austro Daimler standen die ganze Distanz durch. Diese kleinen Wagen waren besonders gut hinsichtlich ihrer Gewichtsverteilung, sie hielten die Straße vortrefflich und ihre Pneumatikabnützung war eine sehr geringe.*

Werbung Franz Zwickl

In der „Gazzetta dello Sport" berichtete Ferretti, *daß man bis vor Kurzem es einfach für unerreichbar erklärt hätte, mit einem Vierzylinder mit seinem kleinen Hubrauminhalt eine derartige Höchstleistung an Geschwindigkeit und Widerstandsfähigkeit zu erzielen. Um bis dahin zu gelangen, mußten alle Hebel angesetzt werden, um Gewichtserleichterungen zu erreichen, so durch die Wahl höherer Qualitäten des Materials, durch Neukonstruktion eines hochtourigen Motors mit seinen leichten und doch widerstandsfähigen Kolben und Pleuelstangen. Es mußten ferner eine völlige Ausnützung des verfügbaren Hubvolumens angestrebt und die Ventilabmessungen kühn vergrößert, Vergasung und Zündung rationeller gestaltet werden, um schließlich mit solchen „Miniaturwägelchen" Kraftleistungen bis zu 50 PS zu ermöglichen. Nicht minder eindrucksvoll ist der Bau und die Widerstandsfestigkeit des Chassis, das innerhalb so niedriger Gewichtsgrenzen eine sehr elastische und wirksame Federung, Vorderradbremsen und zwei bequeme Sitze aufweist. Wir erklären unumwunden, daß diese Austro Daimler eine Offenbarung der Targa Florio bilden.*

Und der abschließende Kommentar: *Austro Daimler, Fiat 501 und Ballot, das ist eine dreifache Bestätigung zugunsten der Motoren höchsten Nutzeffekts, wie sie in Chassis modernster Bauart montiert werden.*

ADS R Chassis „der modernsten Bauart"

Triumphzug durch das Neustädter Firmenportal

Ein Triumphzug ersten Ranges wurde dem Kolowrat-Team in Wiener Neustadt zuteil. Die gesamte Firmenbelegschaft inklusive einiger Mitglieder des Aufsichtsrates versammelte sich im Werk zu einem rauschenden Empfang. Tönende Festansprachen, Blumen und Hochrufe hielten sich stundenlang in der Luft um das Neustädter Betriebsgelände. Der Betriebsrat hatte ein besonderes Geschenk für den Fredl parat. Eine prächtige Metallplakette mit eingravierten Namen aller leitenden Herren des Werkes und der hochtrabenden Aufschrift:

„Dem Sieger der Targa Florio 1922"

Neubauer drehte das Ding nach allen Seiten, zerquetschte eine Rührungsträne und übte Selbstkritik: *„Kinder, das ist ja alles schön und gut – aber ich bin doch gar nicht der Sieger!" – „Für uns haben Sie gewonnen. Was die anderen sagen, ist uns völlig wurscht!"*, entgegnete der Betriebsratsvorsitzende.

Bereits am Tag nach der Rückkehr konnte es der Generaldirektor kaum erwarten, den Triumph propagandistisch auszuschlachten. In allen führenden Tageszeitungen ließ Ferdinand Porsche eine Anzeige mit einem Loblied auf den Sascha-Wagen schalten, welches in der Aussage gipfelte:

„Austro Daimler ist der moralische Sieger der Targa Florio 1922"

Auch wenn Dir. Porsche nicht unrecht mit dieser Behauptung hatte, stieß diese Anzeige auf den Unmut bei Mercedes, die sofort mit einer noch größeren Einschaltung reagierten:

„Mercedes ist der wahre Sieger der Targa Florio. Und – ohne Rechenschieber!"

Dieser Erfolg führte dazu, dass Kolowrat nun möglichst viele Rennen bestreiten wollte, um den Kleinwagen populär zu machen. Die nächsten Renntermine waren schon geplant: das Rieß-Rennen bei Graz und eine Einladung nach Spanien. Noch eine Nennung wurde im April abgegeben, und zwar für den Grand Prix in Monza in den 1,5- und 2-Liter-Klassen!

Ankunft des Sascha-Teams in der Neustädter Fabrik

Kurz nach dem Sizilien-Ausflug begaben sich Dir. Anton Czech und Alexander aus dem Hause der Grafen Kolowrat auf Vortragsreise, wie zum Beispiel zur Automobilistischen Tischgesellschaft, die authentische Berichte von der Targa Florio hören wollte. Die Werbemaschinerie des ehemaligen Grafen begann zu laufen!

Feier in einer Werkshalle

ADS R 1,1 Liter, der einzige original erhaltene Rennwagen aus dem Jahr1922

1922

1922

Werbung Targa Florio von Franz Zwickl

Generalversammlung am 8. Mai 1922

Es ist bereits die zwölfte in der Geschichte der Aktiengesellschaft. Und wieder steht eine Kapitalerhöhung von 300 Mio. auf 400 Mio. Kronen ins Haus. Wie schon zuletzt wird der Verwaltungsrat in eigenem Ermessen damit betraut, die Erhöhung durchzuführen. In der zweiten Jahreshälfte 1922 wird die Inflation bedrohliche Ausmaße annehmen.

Trotz aller wirtschaftlichen Widrigkeiten kann für das Jahr 1921 ein Gewinn von 42,354.212 Kronen ausgewiesen werden. Eine Dividende von 15 % wird beschlossen und der Beamten- und Arbeiterfürsorge werden immerhin 10 Mio. Kronen zugewiesen! Laut Geschäftsbericht wird der Verkauf der Erzeugnisse als zufriedenstellend bezeichnet, sodass das Unternehmen für längere Zeit mit Aufträgen versehen ist. Der neu in den Verwaltungsrat kooptierte Alexander Kolowrat wird nun in seiner Funktion bestätigt. Auch alle anderen ausscheidenden Personen werden einstimmig wiedergewählt.

Am 8. Juni kommt eine Sterbenachricht aus dem Neustädter Werk. Der kommerzielle Direktor Hermann Penning – Ersatzmann für Eduard Fischer – verstirbt unerwartet. Er kam von den Skoda-Werken im November 1919 zu Austro Daimler.

Der nächste Anlauf – der nächste Sieg:

Unfallstelle von Otto Hieronimus

Otto Hieronimus

Bergrennen auf der Ries

Bevor das Rennen an einem Wochentag am 10. Mai vonstattenging, war große Trauer in der Automobilwelt angesagt. **Otto Hieronimus verunglückte beim Training am 8. Mai tödlich!** Die Umstände sind nicht klar nachvollziehbar. Sein nur leicht verletzter Beifahrer Keppler konnte zum Hergang auch keine brauchbaren Angaben machen. Das nebenstehende Bild zeigt den Straßenabschnitt der Unglücksstelle – eigentlich keine besonders gefährliche Passage, erst recht nicht für einen großartigen Rennfahrer wie Hieronimus. Die Steyr-Fahrzeuge wurden von der Firmenleitung sofort vom Start zurückgezogen. Hieronimus steuerte seinen 3-Liter Siegerwagen vom Targa- Florio-Rennen, welches nun als sein letzter großer Sieg in die Motorsportgeschichte eingeht. Darüber hinaus war er ein exzellenter Konstrukteur – man erinnere sich an seinen erfolgreichen Hiero-Flugmotor aus dem Ersten Weltkrieg und die vielen Abenteuer auf Laurin & Klement mit seinem Freund Adolf Schmal-Filius. Auch für Austro Daimler startete er so manches Rennen und beendete diese meist als Sieger – wie ein Jahr zuvor in Königsaal. Aber auch damals galt: „The show must go on", und daher fand das Rennen planmäßig statt. Da es sich um einen Wochentag handelte, waren in Graz und Umgebung die meisten Betriebe geschlossen, um der Bevölkerung die Teilnahme zu ermöglichen.

1922

Die Allgemeine Automobilzeitung schrieb von 40.000 Zusehern, die übrigens zu früh die Rennstrecke blockierten, weil das Rennende nicht klar mit der weißen Flagge signalisiert wurde. Es würde zu weit führen, alle Klassen dieses Rennens hier anzuführen, daher ein kurzer Überblick aus der Sicht von Austro Daimler. Diesmal standen drei Saschas am Start: ein 1,1 Liter mit Kolowrat am Steuer, der 1,2-Liter-Wagen von Fritz Kuhn und erstmals Ing. Karl Bettaque mit der neuen 1,5-Liter-Type. Es scheint so, als hätte man die vier 1,1-Liter-Wagen vom Targa-Florio-Rennen teilweise umgebaut. Denn der angebliche Siegerwagen des Fritz Kuhn stand zu dieser Zeit bereits als Ausstellungsstück in der Wiener Auslage am Kärntner Ring 13, tatsächlich aber wurde ein 1,5-Liter- Motor eingesetzt.

ADS R 1,1 Liter im Ausstellungslokal Kärntner Ring 13

Sollte der Wagen Nr. 46 von Neubauer in Sizilien bereits 1150 cm^3 gehabt haben, dann wäre das nun der 1,2-Liter-Sascha. Der erste 1,5-Liter-Wagen von Bettaque bestand aus dem Chassis von Kuhns Targa-Florio-Wagen und dem neuen Triebwerk. Zusätzlich zu den Saschas wurde nun auch der große AD 6 in der schnelleren Sportversion vermehrt zu Rennen geschickt. Aufgrund diverser Ergebnistabellen kann man von einem Gewicht von 1.600 kg und einer Leistung von 75 PS ausgehen. Als Lenker wurde der Einfahrer Fritz Haiden nominiert.

Jedenfalls hätte das Rennen nicht besser für Austro Daimler laufen können – Siege in allen befahrenen Kategorien und die absolute Bestzeit und neuer Streckenrekord für Bettaque und seinen 1,5-Liter-Sascha – und das bei seinem ersten großen Renneinsatz! Wie schon in Sizilien waren auch hier einige Fahrzeuge der großen Hubraumklassen am Start, doch gegen den neuen 1,5-Liter-Sascha waren sie alle chancenlos. Nur Otto Hieronimus traute man einen Sieg mit dem 3-Liter-Steyr zu, doch dazu kam es nicht mehr.

Bettaque auf Fritz Kuhns Targa-Florio-Sascha beim Ries-Rennen, aber mit 1,5-Liter-Motor

Alexander aus dem Hause der Grafen Kolowrat gewann mit enormem Vorsprung die 1,1-Liter-Klasse und Fritz Kuhn steuerte den 1,2-Liter-Sascha ebenfalls zum Sieg. Der große AD 6 mit Fritz Haiden am Lenkrad startete in der 5-Liter-Klasse und wurde knapp hinter dem Puch-Wagen von Rupert Weiß Dritter im Gesamtklassement.

Ing. Karl Bettaque und Georg Auer mit 1,5-Liter-Sascha am Start zum Ries-Rennen
Links neben dem ADS R: A. Kolowrat, rechts Dir. Liebl (Puch Graz), Dir. Porsche und Ferry Porsche jun.

1922

Gesamtklassement Ries-Rennen 1922

1.	**Karl Bettaque**	**Austro Daimler ADS R (1,5 Liter)**	**3:58:8**
2.	Rupert Weiß	Puch XII (1,5 Liter)	4:14:8
3.	**Fritz Haiden**	**Austro Daimler AD 6 (5 Liter)**	**4:15:0**
4.	Haimovici	Bugatti (1,5 Liter)	4:20:0
5.	Hartmann	Henderson Motorrad	4:21:0
6.	Kellner	Indian Motorrad	4:25:8
7.	**Fritz Kuhn**	**Austro Daimler ADS R (1,2 Liter)**	**4:32:0**
8.	**A. Kolowrat**	**Austro Daimler ADS R (1,1 Liter)**	**4:41:4**
9.	Otto Ludwig	Motosacoche-Motorrad	4:44:4
10.	Krajacic	Triumph-Motorrad	4:50:0
11.	Veyder-Malberg	Fiat 501 (1,5 Liter)	4:54:8

Werbung Franz Zwickl

Als Resümee dieser Veranstaltung konnte die Austro Daimler-Mannschaft davon ausgehen, dass man nun in der 1,5- Liter-Klasse überaus konkurrenzfähig war und daher keinen Gegner zu fürchten brauchte. Der ADS R 1,5 dürfte ungefähr 50 PS auf die Hinterräder gebracht haben, und das bei einem Gewicht um die 700 kg inklusive aller Betriebsmittel!

ADS R 1,5 Liter

Europa in sechs Monaten – von Sieg zu Sieg!

Bewundernswert erscheint die Logistik, die für so einen dichten Rennkalender notwendig ist, um die wenigen Rennwagen durch den Kontinent zu manövrieren. Noch dazu mussten die Fahrzeuge auch zum Service und so manche Verbesserung ist ebenfalls im Laufe der Rennen eingeflossen. Die Transportmöglichkeiten beschränkten sich damals auf Bahn und Schiff – jedoch mit anderen Reisezeiten als in der heutigen Formel 1, wo mittels Transportflugzeugen der gesamte Renntross innerhalb weniger Tage transferiert wird.

Es blieb in den meisten Fällen nichts anderes übrig, als per Achse die bisweilen beschwerlichen Distanzen in Angriff zu nehmen – wie zum Beispiel nach Spanien zur **„Trophy Armanguez"** in Tarragona, der Heimat der Automobilfirma „Sicletta".

Neubauer und Pöcher auf ADS R 1,5 Liter, abfahrbereit nach Spanien

1922

Auf Einladung dieser auf Kleinwagen spezialisierten Firma bewegte sich der Austro Daimler-Renntross (Neubauer, Pöcher, Kolowrat) per Achse nach Spanien, angeführt von Kolowrat in einem Tourenwagen, weil nur dieses Fahrzeug Scheinwerfer montiert hatte. So konnte man auch in den Nachtstunden, knapp hintereinander fahrend, weiterkommen. Trotz seines Reichtums war der Graf ein sehr sparsamer Zeitgenosse. Bei dieser Expedition verzichtete er sogar auf die Mitnahme eines Beifahrers – der wurde einfach in Tarragona in Person eines spanischen Postchauffeurs angeworben! Die Sorge von Alfred Neubauer bezüglich der Verständigungsschwierigkeiten wurde von Kolowrat folgendermaßen kommentiert: *„Ach was, was brauchen Sie miteinander zu schwätzen? Fahren sollen Sie – sonst nichts." „Aber wenn es eine Panne gibt?" „Pannen kommen beim Sascha nicht vor!"* Diese etwas kühne Behauptung sollte sich im laufenden Jahr im Großen und Ganzen bewahrheiten. Da der Sascha auch über keine Hupe verfügte, kaufte Kolowrat dem spanischen Beifahrer eine Trillerpfeife, um beim Überholen den Vorderwagen warnen zu können. Auf Grund von schlechten Straßenzuständen und einer mühsamen Flussdurchquerung in Nordspanien kam das Neustädter Team zu spät in Tarragona an. Neubauer konnte gerade noch einen Trainingslauf um den 30 km langen Rundkurs absolvieren, der beinahe verhängnisvoll endete. Als der schnelle Sascha bei Start und Ziel in die Gerade einbog, sah Neubauer in 100 m Entfernung ein gespanntes Seil quer über die Strecke hängen. Geistesgegenwärtig stieg er in die Bremsen und stellte seinen Wagen quer zur Fahrtrichtung, weil dadurch auf dem asphaltlosen Straßenbelag die Bremswirkung besser war. Zum Glück blieb der Sascha einen Meter vor dem Hindernis stehen – denn die Folgen wären fatal für die Wagenbesatzung gewesen!

Flussdurchquerung in den Pyrenäen

Neubauer mit spanischem Beifahrer (Trillerpfeife im Mund)

So wie das Training begonnen hatte, verlief auch am 21. Mai das Rennen – mit einem schrecklichen Unfall – der französische Wagen von Lombard rast in die Zuschauertribüne! Einige Tote und viele Schwerverletzte waren die Folge und ein Rennabbruch, der Neubauer den ersten Sieg kostete.

Pöcher am Start in Spanien

Denn am Tumult an der blockierten Stelle gab es kein Vorbeikommen, Neubauer wendete seinen Wagen und fuhr zurück zu Start und Ziel. Dies bedeutete die Disqualifikation des Sascha-Teams wegen Befahrens der Rennstrecke in verkehrter Richtung.

Werbung Scheveningen

Zuvor – am Ende der ersten Runde – hatte Neubauer noch eine Schrecksekunde. Vor den Tribünen auf der Zielgeraden wurde wegen der starken Staubentwicklung Öl auf die Fahrbahn gespritzt und der „Don Alfredo“ wusste davon nichts. Nach einigen Pirouetten auf dem glatten Untergrund konnte er die Fahrt mit seinem Sascha fortsetzen und fuhr in Runde 2 die schnellste Rundenzeit aller Teilnehmer und neuen Rundenrekord (Schnitt 80 km/h). Ansonsten außer Spesen nichts gewesen. Die wertvollen Preise blieben Kolowrat verwehrt – zum Ärger des Grafen, der die Reisekosten damit finanzieren wollte.

Fast gleichzeitig fand noch ein Bergrennen in Spanien statt. Auf dem knapp 5 km langen Kurs auf den Rabassada in der Nähe von Barcelona siegte der Austro Daimler 35 HP von Ubarri in seiner Kategorie bis 4 Liter in der Zeit von 5:51 Minuten.

Haiden in Scheveningen

Ebenfalls am gleichen Wochenende, am 19. Mai, ging ein Rennen in Holland über die Bühne. In **Scheveningen** kam es zum Kilometerrennen mit stehendem und fliegendem Start auf dem asphaltierten Boulevard des Badeortes. Dort war Fritz Haiden mit dem ADS R 1,5 Liter in der Klasse bis 2,5 Liter vertreten. Siegreich selbstverständlich – und mit der zweitbesten Zeit aller Teilnehmer! Die Gegner waren Mercedes und Bugattis aller Hubraumgrößen. Nun wissen wir auch die ungefähre Endgeschwindigkeit des 1,5-Liter-Saschas: Mit einem Anlauf von 400 m erreichte der Wagen einen Durchschnitt von 144 km/h. Der Sieger auf Mercedes erreichte 165 km/h mit 95 PS und 6 Zylindern. Auch am Start C. C. Friese mit einem 35 HP.

Schauplatzwechsel nach Österreich. Am **Riederberg** wartete die nächste Herausforderung für die Neustädter Fabrik. Alexander Kolowrat und Lampert Pöcher nahmen sich dieser an. Der Graf bewegte diesmal den 1,5-Liter-Wagen und Pöcher das 1,2-Liter-Modell.

Diesmal klappte beim Grafen alles nach Wunsch – beste Zeit aller Automobile in 3:32:8 Minuten. Pöcher im 1,2-Liter-Wagen war nur unwesentlich langsamer in 3:45:4 Minuten.

Werbung Zwickl Riederberg

Kolowrat am Riederberg ADS R 1,5 Liter

Am Riederberg nicht anwesend waren die Herren Neubauer, Kuhn und Derdak, weil gleichzeitig Anfang Juni die **Ungarische Tourenfahrt** in den Balaton stattfand. Diese Zuverlässigkeits- und Geschicklichkeitsfahrt wurde mit den AD-6-Fahrzeugen in Angriff genommen. Die meisten Gutpunkte errang Alfred Neubauer und mit den guten Platzierungen von Fritz Kuhn (3. Platz) und Mathias Derdak (7. Platz), ebenfalls Einfahrer aus Neubauers Team, gewann man auch den ausgeschriebenen Teampreis überlegen vor Steyr, Lancia und Fiat. Bei einem Geschwindigkeitslauf erreichten die AD 6 über 110 km/h.

F. Zwickl Werbung

V. links: Neubauer, Kuhn, Derdak in Ungarn auf AD 6 Sport

Und weil es von Ungarn nach **Rumänien** nicht gar so weit ist, ein kleiner Zwischenbericht von normalen Auslieferungen. An das rumänische Königshaus wurde der AD 6 Prinz Nikolai übergeben, der im Herbst zuvor geordert worden war. Dir. Rudolf Klein nahm zusammen mit Dir. Obika von der rumänischen AD-Niederlassung das Zeremoniell vor.

AD 6 für Prinz Nikolai (am Steuer, Dir. Klein 3. v. rechts)

Ein Bild aus Brüssel veranschaulicht die damaligen Reiseumstände. Der Rennkalender sah Teilnahmen in England, Belgien und Dänemark vor. Für den 17. Juni in **Saltburn** wurde vermutlich der ADS R 1,5 Liter von Fritz Haiden (Scheveningen) nach England geliefert – und zwar auf einem AD 6, umgebaut als Lastesel mit Ladefläche. Auf Grund der schlechten Qualität des Zeitungsbildes wurde eine Aufnahme aus dem Neustädter Werkshof gewählt.

Unterwegs nach Brüssel. Der ADS R 1,5 Liter für England huckepack auf einem AD 6

Werbung Zwickl Saltburn

Über dem Ärmelkanal war kein österreichischer Fahrer für das Kilometerrennen vorgesehen, diesen Job erledigte ein Einheimischer – Kapitän Malcolm Campbell. Auf der harten Sandpiste an der Ostküste Englands wurde eine 3 Meilen lange Bahn präpariert, und Mr. Campbell startete mit dem Sascha in zwei von insgesamt 15 Rennen: Er beginnt in der 2-Liter-Klasse und gewann den Kilometer mit stehendem Start mit 93,7 km/h Durchschnittsgeschwindigkeit. Das ermutigte den schnellen Briten auch in der nächsthöheren 2,5-Liter-Klasse zu starten – und wieder gewonnen!

Das bewog den Redakteur der Londoner Zeitung „Autocar" zu folgendem Bericht: *„Mr. Campbell fuhr in einem Rennen auf einem kleinen Austro Daimler Sascha, der dadurch leicht zu erkennen war, weil auf dem Kühler ein Pick-Ass gemalt war. Der Wagen fuhr ganz außerordentlich gut, seine Konstruktion ist eines näheren Studiums wohl wert."*

Nachdem der 1,5-Liter-Sascha in England abgeliefert war, schnell weiter zum Rennen nach Spa. Ein neues Reglement wurde für das **Bergrennen nach Malchamps** angewendet. Eine Strecke von 500 m und eine Distanz von 5.000 m wurden je drei Mal durchfahren und die Zeiten addiert und in Punkte umgerechnet. Dabei errang Lambert Pöcher mit dem ADS R 1,5 den Gesamtsieg vor Alexander Kolowrat im ADS R 1,1. Interessant waren die Gewichtsangaben der Fahrzeuge mit ihren Insassen: Pöchers 1,5-Liter-Wagen wog 750 kg und Kolowrats 1,1-Liter-Modell 810 kg, zurückzuführen auf die füllige Statur des Grafen.

Die 3-Meilen-Sandpiste von Saltburn: Malcolm Campbell

Auch die großen AD 6 waren am Start in Spa. Den Rennwagen mit 1.610 kg lenkte der Belgier Calmont erfolgreich und gewann die Rennwagenklasse bis 4,5 Liter. Weiters war noch ein AD 6 Tourenwagen mit dem Fahrer Chisogne siegreich in seiner Klasse.

Pöcher und Kolowrat mit den „Kleinen", Calmont und Chisogne mit den „Großen"

Kolowrat in Spa

Zwickl-Werbung Spa

Schauplatzwechsel zur **Fernfahrt Berlin–Amsterdam**, organisiert durch die niederländische Zeitschrift „De Auto". Im Zuge der Fahrt wurde auf der Avus-Rennbahn ein Geschwindigkeitsrennen abgehalten, bei dem ein Austro Daimler (Type unbekannt) in der Klasse III durch J. van Wickevoort Crommelin die schnellste Zeit erreichte.

Und in Dänemark fuhr man beim **Internationalen Fanö Motormeeting** einen Kilometer hin und einen Kilometer zurück mit fliegendem Start. Kolowrat und Pöcher reisten gleich weiter, um sich am 2. Juli die nächsten Lorbeeren abzuholen. Sie tauschten nur die Fahrzeuge, denn diesmal steuerte der Graf den stärkeren 1,5-Liter-Sascha. Beide gewannen ihre Klassen mit einem Schnitt von 121,6 km/h beziehungsweise mit 93,4 km/h – und das auf feuchtem Sandboden!

1922

Kolowrat und Pöcher in Fanö

In England gingen die Rennen am 5. Juli weiter. Bei schlechtem Regenwetter startete Mr. Luther auf dem in England verbliebenen ADS R 1,5 in **Southend** und gewinnt die 2-Liter-Klasse in 43 Sekunden knapp vor Mr. Duller auf Ansaldo. In diesem für Austro Daimler wichtigen Markt war es also eine goldrichtige Entscheidung, einen Sascha der britischen Austro Daimler Ltd. für Renn- und Werbezwecke zu überlassen.

Auch Privatfahrer nehmen in England an Rennen teil. So ein Mr. A. Paul mit einem 4-Zylinder-Austro Daimler, der beim Bergrennen in **Shelsley-Walsh** hinter einem Aston Martin den 2. Platz belegte.

Werbung Fanö

ADS R 1,5 beim Southsea Speed Carnival, Hampshire

Campbells ADS R 1,5 am Holmes-Mors

Malcolm Campbell im Jahr 1931

Werbung Ostende

Ein weiteres Bergrennen ebenfalls am 5. Juli in Huddersfield auf den **Holmes-Mors** über 1,25 Meilen brachte einen weiteren Sieg des ADS R 1,5 Liter. Malcolm Campbell steuerte den Wagen gekonnt durch den morastigen Untergrund. Er wurde später auch durch seine Geschwindigkeitsrekordfahrten sowohl im Automobil als auch mit Rennbooten berühmt.

Vom 8. bis 10. Juli wäre da noch das **Meeting von Ostende**, wo eine Fernfahrt nach Brüssel stattfand, an der drei AD 6 mit belgischen Fahrern teilnahmen. Die Herren Marris, Mahieu und Nizot erledigten ihre Aufgabe vorzüglich und blieben ohne Strafpunkte.

Auf der **Brooklands**-Rennbahn am 22. Juli war Austro Daimler ebenfalls vertreten. Malcolm Campbell erzielte wieder fabelhafte Geschwindigkeiten um 123 km/h im Durchschnitt und siegte in seiner Klasse bis 2 Liter. Der neue Benz-Rennwagen mit sage und schreibe 21 Liter Hubraum fing Feuer und wurde komplett zerstört.

Wie bei Benz in England lief auch hierzulande nicht immer alles so glatt. Am 30. Juli fand zum zweiten Mal das **Hollenburg-Bergrennen** in Kärnten statt. Fritz Haiden nahm sich der Herausforderung an und startete mit einem AD 6 und einem prominenten Beifahrer – Franz Graf Khevenhüller. In einer tückischen Kurve flogen die beiden aus der Bahn und aus dem Fahrzeug. Sie blieben unverletzt.

So musste der zweite AD 6 die Kohlen aus dem Feuer holen – die Gräfin Ruth Kronstedt belegte den ausgezeichneten 2. Platz in der Klasse über 3,5 Liter. Bei den Tourenwagen erreichten die Brüder Madile noch Platz 2 und 3 für Austro Daimler. Die Schnellsten waren aber diesmal die Steyr- und Puch-Fahrzeuge.

Ende August fuhr man in **Schlesiens Bergen** eine Bergwertung sowie ein Flachrennen. Diesmal ein Start unter der Patronanz der deutschen Generalvertretung. Der dortige Chef persönlich – Herr Doberenz – übernahm das Steuer und gewann diese Fahrt.

Das Schicksalsrennen in Monza

Im September 1922 wurde der neue „Circuit de Milan" fertiggestellt und sollte mit einem Grand Prix feierlich eröffnet werden. Es handelte sich um den königlichen Park des Hauses Savoyen, der seit der Ermordung von König Humbert I. im Jahr 1900 von der Familie gemieden wurde. Gleich nach dem Ersten Weltkrieg verschenkte das Adelsgeschlecht das Schloss samt den dazugehörigen Ländereien zugunsten der Kriegsversehrten Italiens. Man beschloss den Bau einer Rennstrecke mit teilweise überhöhten Kurven nach dem Vorbild von Indianapolis. Die 10 km Länge der neuen Bahn wurden bewusst gewählt, um die Durchschnittsgeschwindigkeiten leichter errechnen zu können. Angesetzt war das motorsportliche Fest an zwei Wochenenden – am 3. September das Rennen in der 1,5-Liter-Klasse und am 10. September für die größeren 2-Liter-Wagen.

Plakat Eröffnung Circuit de Milan

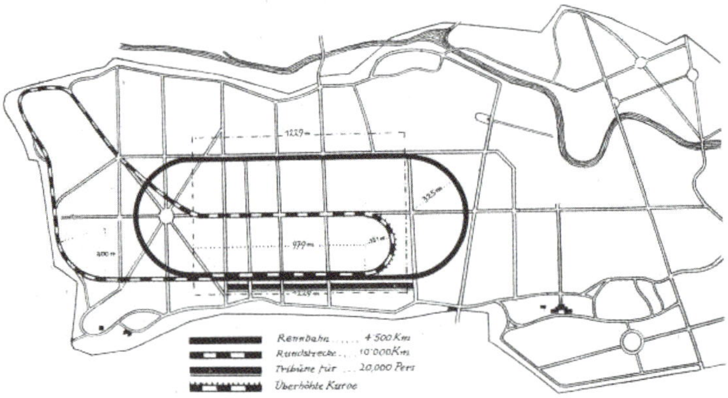

Heute: Autodrom von Monza

Und Austro Daimler will an diesem Rundstreckenrennen unbedingt teilnehmen – das erste Mal auf einem Hochgeschwindigkeitskurs auf fester Fahrbahn. Aus Sparsamkeitsgründen wird die Anreise bereits 14 Tage vorher wieder einmal per Achse vorgenommen. Doch der neue 2-Liter-Sascha dreht bis zu 5.000 U/min und einen Zündmagneten für einen so hohen Wert gibt es damals noch nicht – also muss mit Batteriezündung gefahren werden. Es kommt, wie es kommen musste, Neubauer und Kuhn bleiben auf der Anreise mit leeren Batterien liegen. Bei der verspäteten Ankunft der beiden wartet Kolowrat schon ungeduldig und hetzt den Fredl gleich auf die Strecke, um ein paar Proberunden zu drehen. Diese erste Probe endet mit einem Motorschaden bei Neubauers Wagen, denn der war noch mit normalem Tankstellenbenzin gefüllt – Kolbenboden durchgebrannt! Der Retter in der Not ist Graf Giulio Masetti, der Sieger der Targa Florio. Der Sportsmann setzt alle Hebel in Bewegung und findet eine Firma, die innerhalb weniger Tage neue Kolben aus einer Silber-Aluminiumlegierung herstellt. In einem provisorischen Zelt neben der Strecke macht sich Ferdinand Porsche mit seinen Mechanikern an den Umbau der Wagen und wird noch rechtzeitig für das offizielle Training am 9. September fertig.

Abreise nach Monza: Porsche, Kolowrat

Neubauer, Haiden, Bettaque, Pöcher und Kuhn

Das Servicezelt der Austro Daimler-Mannschaft im königlichen Park von Monza

1922

Startaufstellung Monza 1,5-Liter-Rennen

Bordino (7) Fiat 502SS	**Minoia (5)** OM 465	**Pöcher (1)** ADS R 1,1
Giaccone (14) Fiat 502SS	**„Deo" (13)** Chiribiri 12/16	**Haiden (8)** ADS R 1,1
Salamano (23) Fiat 502SS	**Lampiano (21)** Fiat 502SS	**Ramassato (20)** Chiribiri 12/16

Am 3. September gehen Pöcher und Haiden an den Start des 1,5-Liter-Rennens – jedoch mit den schwächsten Sascha-Wagen mit 1,1-Liter-Motorisierung – die neuen 1,5-Liter-Wagen wiegen über 800 kg und sind in Wiener Neustadtgeblieben!

Haiden am Start des 1,5-Liter-Rennens

Natürlich waren die beiden gegen die 550 kg leichten italienischen Renner chancenlos. Fuhren die Fiat 502SS einen Stundenschnitt um 135 km/h, so kamen Pöcher und Haiden mit 96 km/h gerade mal auf Rang 6 und 7. Beide wurden nicht gewertet, weil sie nach der 600-km-Renndistanz mehr als 1,5 Stunden später ins Ziel kamen als der Sieger Bordino.

Haiden, Pöcher im ADS R 1,1 Liter

Um ein möglichst breites Publikum auf das bevorstehende 2-Liter-Rennen aufmerksam zu machen, wurde eine Rennwagenvorstellung in Mailand an der Piazza dei Mercanti unter den Arkaden des Palazzo della Ragione abgehalten. Austro Daimler war dabei und stellte den 1,1-Liter-Sascha von Fritz Haiden aus, erkennbar durch die Startnummer 8.

Fahrzeugpräsentation an der Piazza dei Mercanti in Mailand, links der Sascha 1,1 von Haiden

Unter den Arkaden des Palazzo della Ragione, rechts der ADS R 1,1 Liter von Fritz Haiden (8)

Fritz Kuhn begann am Samstag, dem 9. September, mit seinen Trainingsrunden in der 2-Liter-Klasse und fuhr ganz ordentliche Rundenzeiten. Kurz davor entstand das nachfolgende Bild von Fritz Kuhn in der Boxenanlage von Monza – vermutlich das letzte Foto von ihm.

Der Augenzeuge Alfred Neubauer beschreibt in seinem Buch „Herr über 1000 PS" den weiteren tragischen Hergang wie folgt:

Vermutlich das letzte Bild von Kuhn in Monza auf seinem ADS R 2 Liter

1922

Kuhns Unfallstelle in Monza

„Als hätte ihn der Teufel geritten, fährt er die Kurve gleich hinter unserem Werkstattzelt ohne das Gas auch nur einen Millimeter wegzunehmen. Die Reifen kreischen ängstlich auf. Das Heck des Wagens schlingert, ich sehe das Unheil kommen. Ich brülle auf vor Angst, vor Schrecken, als könnte ich Fritz Kuhn damit noch retten … Zu spät!
Der Wagen wirbelt durch die Luft, überschlägt sich und fällt zurück auf die Räder, rast jetzt rückwärts weiter, dreht sich erneut und schlägt um. Ich sehe einen Körper durch die Luft fliegen wie eine Granate über einen Stacheldrahtzaun hinweg. Dort liegt Fritz Kuhn, regungslos. Schon rennen unsere Mechaniker hin, bücken sich, knien neben ihm nieder, tasten ihn ab. Qualvolle Sekunden vergehen. Dann sehe ich, wie sich die Männer drüben schwerfällig aufrichten, wie sie stehen bleiben, die Mützen in ihren Händen halten – den Kopf gesenkt in tiefer Trauer. Fritz Kuhn, unser guter lieber Kamerad ist tot …"

Zerfetzte Speichenräder von Kuhns ADS R

Diese Schilderung des Unfallhergangs von Alfred Neubauer fand 1959 anlässlich der Herausgabe seines Buches statt – also Jahrzehnte später. Der Bericht der italienischen Gerichtskommission korrigiert den Hergang insofern, als ein Speichenbruch des linken Hinterrades zum Unfall führte. Auch war von einem Überschlag des Wagens nicht die Rede. Ferdinand Porsche fertigte eine Skizze basierend auf dem Untersuchungsbericht der Mailänder Kommission an, die in der Allgemeinen Automobilzeitung veröffentlicht wurde.

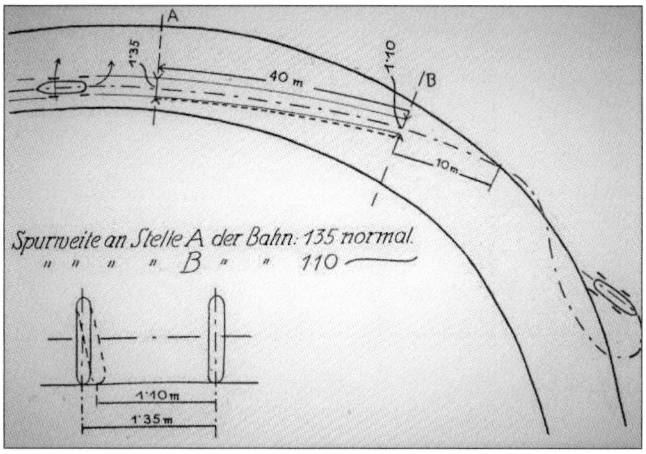

Skizze von Porsche zum Unfallbericht

Der offizielle Hergang nach dem Unfallbericht spricht von einem Speichenbruch links hinten ungefähr in der Kurvenmitte (Curva Grande?), wo die Spurweite auf Grund der Gummispuren noch die Originalweite von 135 cm aufwies. Innerhalb der nächsten 40 m verringerte sich der Räderabstand auf 110 cm – noch vor dem Aufprall auf die Sandsäcke. Der Wagen schleuderte um die eigene Achse, flog beim zweiten Aufprall über die Sandsackbarriere und den Stacheldrahtzaun und kam auf seinen Rädern entgegen der Fahrtrichtung zum Stehen. Im Zuge einer der beiden Touchierungen wurden beide Insassen aus dem Fahrzeug geschleudert. Fritz Kuhn fiel so unglücklich, dass er keine Überlebenschance hatte. Sein Beifahrer, der Mechaniker Fiedler, wurde schwer verletzt.

Der Ordnung halber sei noch der große Triumph der Fiat-Mannschaft erwähnt, die sowohl das Rennen mit dem kleinen 502SS als auch den 2-Liter-Bewerb durch Doppelsiege für sich entscheiden konnte.

Die Sieger des 2-Liter-Rennens am 10. September – Bordino vor Nazzaro, Fiat 804 beim Tankstopp

Schwere Unfälle und Todesopfer gab es in der Geschichte des Rennsports damals zuhauf. Doch waren die österreichischen Fahrer bis zum Todessturz von Otto Hieronimus bisher eher von solchen Tragödien verschont geblieben. Dieses Unglück wertete man doch eher als tragischen Einzelfall. Nach dem verhängnisvollen Wochenende in Monza wurden die Öffentlichkeit und vor allem die verantwortlichen Herren in den Vorstandsetagen hellhörig – wie im Besonderen Camillo Castiglioni. Obwohl Ferdinand Porsche die Austro Daimler-Wagen sofort von der Startliste streichen ließ, kamen erste Differenzen mit dem Industriemagnaten auf. Die Auseinandersetzung sollte sich im Laufe des Herbstes 1922 durch die akute Geldknappheit noch verstärken und bald zum Bruch mit Porsche führen …

1922

Die Anteilnahme am Tod von Fritz Kuhn war bereits in Italien überaus groß. Beim Transport des Leichnams zum Mailänder Bahnhof kamen Vertreter des Mailänder Automobilclubs, die Commendatori Feratti und Galli von der Rennbahngesellschaft Monza und eine Abordnung Carabinieri sowie Vertreter vom Gemeinderat für das Ehrengeleit. Der Mailänder Automobilclub spendete einen Lorbeerkranz aus Bronze, der noch heute im Stadtmuseum Wiener Neustadt aufbewahrt wird.

Bronze-Lorbeerkranz
Mailänder Automobilclub

Die Begräbnisfeierlichkeiten fanden für den aus Heidelberg stammenden Toten in der evangelischen Kirche am Bismarckring (heute Porsche Ring) statt. Die Totenwache übernahmen sechs seiner Einfahrerkollegen und für die musikalische Umrahmung sorgte der Austro Daimler Chor. Die Ansprache wurde von Dir. Robert Hamburger gehalten. Anwesend waren neben dem gesamten Direktorium Bürgermeister Ofenböck und sein Vize Büchler, Vertreter des Metallarbeiterverbandes und auch Abordnungen von Puch und Austro Fiat. Der „Königlich Italienische Automobilclub" ließ in Wiener Neustadt eine Kranzspende hinterlegen, wie auch die deutsche und englische Austro Daimler-Niederlassung. Fritz Kuhn wurde auf einem schwarz drapierten AD 6 vom Bismarckring zum Neustädter Friedhof überführt – gefolgt von einem überaus langen Trauerzug.

Fritz Kuhn

Das Autodrom von Monza sollte auch weiterhin ein tragischer „Schicksalsort" für Österreich bleiben. Denken wir nur an die beiden „Posthum-Weltmeister" Rupert Hollaus und Jochen Rindt …

✝

Tieferschüttert geben wir bekannt, daß unser langjähriger, verdienstvoller Einfahrer und erfolgreicher Rennfahrer, Herr

Fritz Kuhn

in Ausübung seines Berufes infolge eines tückischen Zufalles beim Training auf der Rennbahn von Monza, Oberitalien, am 9. September früh plötzlich verschieden ist.

Wir betrauern in Herrn Kuhn einen außergewöhnlich tüchtigen, allgemein beliebten, erfolgreichen Mitarbeiter. Wir alle widmen ihm, dessen Name in den Annalen unseres Unternehmens fortleben wird, ein ehrendes Andenken.

Die Beerdigung findet heute Samstag, den 16. September, 5 Uhr nachmittags von der evangelischen Kirche in Wiener-Neustadt, Bismarckring, aus, statt.

Wien, 16. September 1922.

Oesterreichische Daimler Motoren A. G.

Sterbeanzeige

Der AD 6 – nach wie vor erfolgreich

Durch den Rennerfolg über das gesamte Jahr 1922 blieben Berichte über den Alltagsverkauf meist auf der Strecke. In der Generalversammlung der Österreichischen Credit-Anstalt wurde auch über die Austro Daimler AG berichtet, dass durch die intensive Bearbeitung ihrer neu gewonnenen Absatzgebiete große Aufträge aus England, Belgien und Holland vorliegen. Das überall gepriesene Modell AD 6 inspirierte aber auch Einsatzorganisationen wie das Rote Kreuz in St. Pölten, einen modernen und gleichzeitig zuverlässigen Austro Daimler anzukaufen.

AD 6 als Einsatzfahrzeug beim Roten Kreuz in St. Pölten

Artikel „The Motor"

Automobilausstellungen fanden Anfang September in **Graz** und kurz darauf in **Laibach** statt. In beiden Fällen nutzte man die „Gemeinsamkeit" mit Puch und Austro Fiat (jetzt ÖAF), indem man zusammen die Neuheiten präsentierte.

Am 10. Oktober erschien ein großer Artikel im englischen Blatt „The Motor" mit dem Titel *„On track and road with an Austro Daimler"* mit Testberichten von der Brooklands-Rennbahn und vom normalen Straßenbetrieb. Die zusammenfassenden Schlagworte: *klarer Linienführung, robuste Bauart, genialer technischer Entwurf, Geräuschlosigkeit des präzis arbeitenden Steuermechanismus, gute Federung und elastischer Motorgang.*

1922

Wenn solche Worte vom „ehemaligen Feind" im größten Fachblatt Englands erscheinen, dann muss doch was Wahres dran sein an diesem Austro Daimler – so ähnlich war wohl die daraus abzuleitende Werbebotschaft für das Neustädter Unternehmen.

AD 6 mit JU 52 anlässlich der Feier „100 Jahre Flugfeld" in Wiener Neustadt 2009

Das war auch dringend notwendig in diesen Monaten, denn im Inland waren kaum noch Fahrzeuge abzusetzen. Wer in Kronen bezahlen wollte, bekam meist eine saftige Nachverrechnung aufgebrummt, weil vom Kaufvertragsabschluss bis zur Lieferung eines Fahrzeuges die Inflation den Preis um ein Drittel hochschnellen ließ. Wer nicht über Auslandsdevisen oder Tauschwaren verfügte, hatte in der Regel kaum eine Möglichkeit, irgendetwas zu kaufen, weil keiner mehr bereit war die marode Kronenwährung überhaupt anzunehmen. Anders in den USA, wo ein AD 6 in Buffalo als Sportwagen in Dollars schon leichter zu bezahlen war.

AD 6 Sport (Fahrer unbekannt)

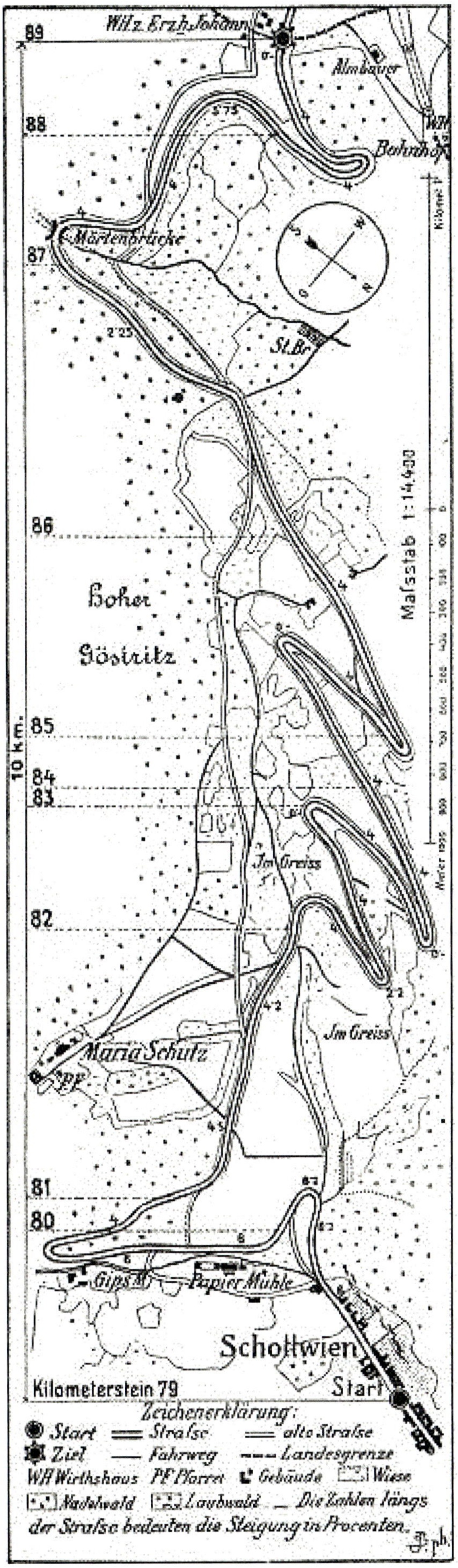

Semmeringstrecke

Semmering-Rennen 1922

Damit dieses Rennen überhaupt in vernünftigem Rahmen stattfinden konnte, wurde seit der Ausschreibung im Frühjahr eine Sammelaktion für die neuen Wanderpreise seitens des Österreichischen Automobilclubs durchgeführt. Alle namhaften Firmen und Persönlichkeiten spendeten für dieses Event, in der ersten Jahreshälfte noch in Kronen, ab dem Sommer meist in ausländischer Währung. Auch Generaldirektor Porsche und sein Stellvertreter Felix Burmann waren unter den Gönnern – natürlich auch im eigenen Interesse. Der Besucherandrang war diesmal besonders groß. Geschätzte 50.000 Menschen kamen auf den Zauberberg, rund 3.000 Automobile verursachten ein Verkehrschaos erster Güte. Die Südbahngesellschaft musste einige Sonderzüge führen, um die Menschenmassen zu bewältigen. Es dürfte damit zusammenhängen, dass seit 1912 kein internationales Rennen mehr in Österreich stattgefunden hatte. Die krisengebeutelte Bevölkerung war hungrig nach Events dieser Art.

Trotz guter ausländischer Beteiligung fehlten die Mercedes-Wagen aus Untertürkheim. Ein Metallarbeiterstreik über mehrere Wochen warf die Produktion derart zurück, dass keine konkurrenzfähigen Fahrzeuge mehr fertiggestellt werden konnten. Die Rennfahrer Salzer und Werner kamen zwar vor dem Rennen als Testspione auf den Semmering, brachen aber ihre Rennambitionen ab.

Zwickls Grafik für den Semmering

Porsche bei den Vorbereitungen am neuen 3-Liter-6-Zylinder Rennwagen ADM R

So waren aus deutschen Landen Benz und Opel vertreten, wobei die Rüsselsheimer Firma nach einem Defekt nur den 8. Platz erreichte. Anders der 2-Liter-Benz mit Franz Hoerner am Steuer, der diesen 200-PS-Kollos zum Sieg lenkte. Den alten Streckenrekord von Willy Pöge konnte er aber nicht schlagen.

Neubauer auf ADM R 3 Liter am Start in Schottwien

Fritz Haiden auf ADM R 3 Liter im Training (Nummerntafel montiert!)

Josef Wetzka auf ADS R 2 Liter im Rennen

1922

AD 6 Sport am Start mit Einfahrer Schenk

Die Austro Daimler-Mannschaft unter der bewährten Leitung von Alexander Kolowrat startete wieder in allen möglichen Klassen. Ein AD 6 mit dem Einfahrer Schenk gewann die geschlossene Tourenwagen-Klasse bis 4,5 Liter.

Kolowrat mit „Minimalgewicht-Beifahrer" Architekt Dückstein

Allgemeine Klassifizierung.

Nachstehend die Leistungen der Fahrer aller Kategorien in der Reihenfolge ihrer Fahrzeit. Von den Abkürzungen bedeutet H-M Hilfsmotor, M Motorrad, Cy Cyclecar, S Serienwagen und R Rennwagen.

1.	Hoerner, Benz, R über 3 Liter	7 : 35
2.	Rützler, Steyr, R über 3 Liter	7 : 51·6
3.	Neubauer, Austro-Daimler, R über 3 L.	8 : 00·6
4.	Karner, Sunbeam, M bis 500 ccm . .	8 : 06·1
5.	Kellner, Indian, M über 750 ccm . . .	8 : 11·1
6.	Heiden, Austro-Daimler, R bis 3 Liter .	8 : 14·6
7.	Dirtl, Frera, M über 750 ccm	8 : 19·6
8.	Joerns, Opel, R über 3 Liter	8 : 20·8
9.	Hansal, Steyr, S bis 3·4 Liter	8 : 27·2
10.	Kircher, Puch, S bis 1·6 Liter	8 : 39
11.	Weiß, Puch, S bis 1·6 Liter	8 : 46·6
12.	Schenk, Austro-Daimler, S bis 4·5 Liter	8 : 47
13.	Kaufmann, Steiger, S bis 2·65 Liter . .	8 : 49
14.	Schuster, Wanderer, M bis 750 ccm . .	8 : 50·4
15.	Volkhart, Steiger, S bis 2·65 Liter . . .	8 : 53
16.	Pelkap, Indian, M über 750 ccm . . .	8 : 55
17.	Kolowrat, Austro-Daimler, Sportwagen A. D. S., R bis 1·5 Liter	8 : 58·9
18.	Sax, Wanderer, M bis 750 ccm	9 : 02·1
19.	Wetzka, Austro-Daimler, R bis 2·1 Liter .	9 : 03·8
31.	Kolowrat, Austro-Daimler, Sportwagen A. D. S., S bis 1·1 Liter	10 : 00·5

Gesamtklassement

Graf Kolowrat fuhr in den Rennwagen-Klassen 1,1 und 1,5 Liter und gewann in beiden Kategorien mit Bravour. Als Beifahrer hatte er einen Liliputaner gewinnen können, in Person des Architekten Dückstein. Ein Fahrzeug der 2-Liter-Rennwagen aus dem Bestand des Monza-Abenteuers wurde durch Josef Wetzka auf den Semmering bewegt und war als einziger Starter selbstverständlich siegreich in dieser Klasse. Die Fahrzeit von über 9 Minuten war aber eher enttäuschend. Erstmals bei einem Rennen am Start die neuen 6 Zylinder ADM R mit 3-Liter-Motor. Neubauer und Haiden bewegten diese eleganten, leichtfüßigen Renner in 8:00 beziehungsweise in 8:14 Minuten zum Ziel beim Hotel „Erzherzog Johann" und belegten den 3. und 6. Platz in der Gesamtwertung. Platz 2 ging an den Steyr-Rennwagen von Hermann Rützler, dem ein besonders guter Lauf gelang.

Inwieweit die Fahrer des Austro Daimler-Teams so kurz nach der Beisetzung von Fritz Kuhn bei der Sache waren, wurde nicht ausdrücklich berichtet. Von Alfred Neubauer wissen wir, dass er seit dem schwarzen Tag in Monza an seiner persönlichen Rennbereitschaft zweifelte und bald den Job als Rennleiter anstrebte.

Das ungleiche Paar: Kolowrat und Dückstein aus der Feder von Hans Stix

Das letzte Rennen 1922 – Schwabenberg in Ungarn

Am 8. Oktober fand das letzte Rennen im Jahreskalender 1922 am ungarischen Schwabenberg statt. Seitens Austro Daimler waren Kolowrat mit dem 1,5 Liter ADS R und Wetzka mit einem ADS Sport am Start. Auch dort ging es um einen Wanderpreis, und zwar nach der Formel Gewicht geteilt durch Hubraumvolumen x Rennzeit. In den zwei Jahren davor hatte Walter Delmar auf Steyr gewonnen, wodurch ihm bei einem neuerlichen Sieg der Wanderpreis endgültig zugestanden wäre.

Kolowrat geht durchs Ziel

Alexander Kolowrat siegte jedoch nach der oben angeführten Formel (4:58 min) und war somit als Anwärter auf die begehrte Trophäe wieder im Rennen. Im Gesamtklassement erreichte er Platz 4. Diesmal stieg auch Josef Wetzka mit dem ADS Sport ordentlich aufs Gas und erreichte die zweitbeste Zeit des Tages (4:36 min) hinter Rützler (4:14 min) auf seinem Steyr-Rennwagen. Auf Grund der fabelhaften Zeit von Wetzka stellt sich die Frage: War da ein 1,5- oder ein 2-Liter-Motor unter der Haube?

Man beachte – es war auch der Benz mit 21-Liter-Motor und 200 PS wieder am Start und hatte auf dieser Strecke keine Chance gegen die österreichischen Renner (Hoerner auf Benz: 4:44 min).

Wetzkas ADS-Sportwagen, hier mit Fritz Haiden im Werkshof

Werbung Zwickl: Schwabenberg

Ein Bild erschien in der Allgemeinen Automobilzeitung über ein **Bergrennen in Norwegen**. Der Königliche Automobilclub veranstaltete in der Nähe von Christiania ein Sprintrennen über 2,4 km steil bergauf. Direktor Kallevig belegte in 3:15 Minuten mit seinem AD 6 den ausgezeichneten zweiten Platz.

Damit ging die Rennsaison 1922 zu Ende. Einen derartig intensiven Einsatz sollte es in der Geschichte von Austro Daimler nicht mehr geben. Die Werbetour des Alexander Kolowrat war überaus erfolgreich, denn es gab kaum ein Rennen auf den Pisten Europas, wo nicht irgendein Klassensieg erreicht wurde. Ja, wenn das Unglück in Monza nicht gewesen wäre!

Werbung Franz Zwickl

Der Gigant (C-Zug) in seinem Element – Matrei am Brenner

Im Laufe des Sommers 1922 wurde im Zuge eines Kraftwerksbaues in Tirol ein 25 Tonnen schwerer Generatorunterteil von Stadlau nach Matrei am Brenner transportiert. Für diesen Zweck kam der C-Zug aus dem Ersten Weltkrieg mangels geeigneter Alternativen wieder zum Einsatz. Von der Produktionsstätte der Fa. AEG wurde die Schienenausrüstung gewählt und bis zum Bahnhof Matrei gefahren. Dieser Transportvorgang wurde in den „Militärtechnischen Mitteilungen" im Juni 1924 ausführlich dokumentiert. Interessant die Beschreibung zur Umrüstung auf Straßenräder:

Nach dem Einbau der Ritzel und Abnahme der Pufferbrüste sowie Entfernung der Distanzstücke zwischen den Achsen wird nun an das Aufstecken der Straßenräder geschritten. Hiezu wird eine Auffahrtsvorrichtung auf die Schienen gelegt, das lange Kabel des Generatorwagens wird mit dem Fahrgestell verbunden, und durch eigene Kraft fährt nun das Fahrgestell vorerst mit den vorderen vier Rädern auf die Auffahrtsvorrichtung, die die Räder so hoch hebt, daß nun die Straßenräder aufgesteckt und verschraubt werden können. Dasselbe geschieht hierauf mit den Hinterrädern. Nun ruht das Fahrgestell nicht mehr auf den Schienen, sondern am Boden. Jetzt erfolgt die Abfahrt von dem Geleise. Hiezu wird der Generatorwagen mit der Deichsel und dem kurzen Kabel mit dem Fahrgestell verbunden, durch Unterlage von Pfosten und Kesselblechen die Schienenerhöhung überbrückt und weggefahren. Bei der hohen Schwerpunktlage der Last die gefährlichste Arbeit. Alle die geschilderten Arbeiten seit der Ankunft am Bahnhof Matrei dauerten einen Tag …

Räderumrüstung am Bahnhof Matrei/Brenner

Wie viele Transporte von Wien nach Matrei notwendig waren, wurde nicht ausdrücklich erwähnt. Auf anderen Bildern sind Turbinenteile geladen, die sogar in das Kraftwerksgebäude auf der Gigant-Plattform hineintransportiert wurden. Dieses System wird noch einige Male in den nächsten Jahren Verwendung finden. Durch die Initiative Österreichs, die Wasserkraft auszubauen, werden noch einige Schwertransporte mit dem Gigant erfolgreich vonstattengehen – und nicht nur in Österreich!

1922

Ortsdurchfahrt mit der Schwerlast

Turbinenteil vor dem Kraftwerksgebäude

Zum Jahresende 1922 ist man in der Daimlerfabrik noch voller Hoffnung, den neuen kleinen ADS-Wagen nun endlich auf den Markt bringen zu können. Zu diesem Zweck verfasste der Grafiker Franz Zwickl eine Werbeeinschaltung für den künftigen ADS, die erstmals im Jänner 1923 in der Allgemeinen Automobilzeitung erschien.

Werbung Zwickl

Grafik Franz Zwickl

1923 – Streit und Umbruch in der Krise

Gleich zu Jahresbeginn trauerte man über den Tod von Erich Graf Kielmansegg, dem langjährigen Statthalter (Landeshauptmann) von Niederösterreich. Er war ein Förderer des Automobils und aktives Mitglied und Vizepräsident des Österreichischen Automobilclubs. Er verstarb Anfang Februar an Lungenentzündung im 76.sten Lebensjahr.

Kielmansegg

ADS Tourenwagen bei der Winterfahrt

Auch in der kalten Jahreszeit frönte man dem Motorsport. Eine Winterfahrt von Wien über Purkersdorf und Tulln nach Horn sollte bewältigt werden. Doch bei Maissau war auf Grund von Schneeverwehungen Schluss mit dem Weiterkommen. Schneehöhen von über 30 cm erzwangen das vorzeitige Ende der Fahrt. Ein Austro Daimler-ADS-Tourenwagen mit Otto Pollitzer am Steuer erreichte mit einem Punkt Rückstand den 2. Platz. Mit dabei Dir. Anton Czech, links am Trittbrett sitzend.

Ein folgenschwerer Streit – Porsche muss gehen!

Wie schon in den vorhergehenden Kapiteln angedeutet, verschlechterte sich das Klima zwischen Generaldirektor Porsche und dem Vizepräsidenten des Verwaltungsrates Camillo Castiglioni seit dem Rennen in Monza zusehends. Nicht nur der Todessturz von Fritz Kuhn war dafür ausschlaggebend – bei Castiglioni waren es vor allem die schlechten Zahlen aus dem Jahr 1922. Trotz des finanziellen Beitrags von Kolowrat kosteten die Renneinsätze und die Entwicklung der Rennwagen eine Menge Geld, und die Währungssituation trug das Ihre dazu bei. Zusätzlich hatte Castiglioni andere spekulative Pläne an den Börsen. Was genau am 23. Februar 1923 in der Verwaltungsratssitzung zum totalen Bruch zwischen Porsche und Castiglioni geführt hat, ist mangels authentischer Aufzeichnungen nicht bekannt. Aus Erzählungen seines Neffen Ghislaine Kaes wissen wir, dass Castiglioni von Porsche die Herausgabe sämtlicher erwirtschafteter Devisen an seine Depositenbank forderte und darüber hinaus die Entlassung von 2.000 Arbeitern binnen 14 Tagen anordnete. Ein stürmisches Wortgefecht war die Folge. Ob Ausdrücke wie „Saubagage" wirklich gefallen sind, wissen wir nicht. Auch nicht, ob Porsches Halbkrach-Hut am Boden landete. Ein Satz allerdings dürfte wirklich gefallen sein. Der Ausspruch Porsches *„Da mach ich nicht mehr mit!"* wurde ihm am nächsten Tag als Kündigung seinerseits ausgelegt und vom Verwaltungsrat auch angenommen.

Als Ferdinand Porsche nach der Sitzung nach Wiener Neustadt zurückkam, war ihm der Zutritt in die Firma bereits verwehrt. Kein Geringerer als Dir. Robert Hamburger übernahm diese Aufgabe der Zutrittsverweigerung, vermutlich weil er noch eine „Rechnung" mit Porsche offen hatte – man erinnere sich an den unschönen Auftritt mit Hamburger im Jahr 1917 …

Schon am nächsten Tag ruft Porsche bei Daimler in Untertürkheim an. Sofort bekommt er einen Termin, denn der bisherige technische Direktor Paul Daimler verlässt das Unternehmen in Stuttgart und geht zu Horch. Porsche erhält einen 5-Jahres-Vertrag und beginnt am 30. April 1923 bei Daimler als Technischer Direktor und Vorstandsmitglied.

1923

Im Wiener Neustädter Daimlerwerk hingegen herrscht pures Entsetzen. Der Großteil der Belegschaft kann es nicht fassen, dass Austro Daimler auf seinen genialen Chefkonstrukteur verzichten will. Alfred Neubauer ist einer der Ersten, die tätig werden. Man trifft sich mit Gleichgesinnten im Hinterzimmer eines Neustädter Wirtshauses und berät Gegenmaßnahmen. Der einzige Weg, eine Rücknahme der Kündigung zu erwirken, scheint über den einflussreichen Grafen Kolowrat möglich zu sein, der zu dieser Zeit ebenfalls Aufsichtsratsmitglied ist. Neubauer hat auch Kontakt zu Arturo Castiglioni, dem Sohn des Industriemagnaten Camillo. Der jedoch gibt an, keinen Einfluss bei seinem Vater erwirken zu können. Also bleibt nur der Weg über Alexander Kolowrat übrig. Neubauer schreibt in seinem Buch „Herr über 1.000 PS" über diese Begegnung:

„Ich pilgere nach Wien ins Palais des Grafen in der Schwindgasse und trage ihm die Sorgen der Belegschaft vor. Kolowrat betrachtet aufmerksam die Asche seiner langen russischen Zigarre. Sein Gesicht wird ernst, als er antwortet: ‚Herr Neubauer, Sie überschätzen meine Möglichkeiten. Ich achte und verehre Porsche genau wie Sie. Aber der Bruch zwischen ihm und Castiglioni ist zu tief. Es gibt keine Brücke zwischen diesen beiden so verschiedenen Persönlichkeiten!' Er steht auf und tritt ans Fenster und blickt hinaus in den regentrüben Tag. Wir schweigen lange. Dann kommt der Graf dicht an mich heran, legt mir schwer die Hand auf die Schulter. ‚Verlassen Sie sich darauf, was in meiner Macht steht, werde ich tun, um Porsche den ehrenvollen Abschied zu sichern, den er sich verdient hat.'"

ADM E, Prototyp

Und Kolowrat hält Wort. Tatsächlich bekommt Porsche eine gute finanzielle Abfindung. Drei Wagen werden ihm auf dem Weg nach Deutschland mitgegeben, eine „Staatskarosse" und der neue ADM Mixte, der gerade in Entwicklung stand und noch heute im Technischen Museum Wien zu bewundern ist. Über den dritten Wagen gibt es keine Angaben. So weit der Hergang laut den Aufzeichnungen von Alfred Neubauer.

In der Öffentlichkeit erfährt man von den Streitigkeiten natürlich nichts. In der Allgemeinen Automobilzeitung wird von *einer Drosselung und Rationalisierung* berichtet. Noch im März erscheint dann ein Abschiedslob mit der Bekanntgabe des Wechsels zu Mercedes. Ein offizieller Abschied wird Ferdinand Porsche im Österreichischen Automobilclub zuteil. Am 6. April 1923 findet in den Klubräumlichkeiten ein Galaabend im Beisein von Porsche statt, der ihm eine angemessene Verabschiedung von seinen Bekannten und Freunden ermöglicht. Seine Werkmeister in der Fabrik verewigen sich mit einer Bildertafel für ihren Chef.

Abschied: Ferry Porsche

Abschiedsgeschenk an Porsche – Bildtafel aller Werkmeister 1923

Das Ende einer Ära – das Dreier-Erfolgsteam Porsche, Kolowrat und Neubauer

Dass mit dem Weggang Porsches auch andere Mitarbeiter den Betrieb verlassen wollen, versteht sich von selbst. So folgt der Chef des Konstruktionsbüros Otto Köhler sofort zu Daimler nach Stuttgart, Alfred Neubauer beginnt am 1. Juli 1923 seine Einfahrertätigkeit in Untertürkheim und der Personalchef Dir. Rudolf Klein wird die Firma Ende August verlassen. Hingegen ist der junge technische Zeichner Franz Xaver Reimspieß unter den 2.000 gekündigten Arbeitern und Beamten und muss seine Tätigkeit bei Austro Daimler beenden – vorerst, denn er nützt die Zeit für sein Maschinenbaustudium und wird 1925 als Ingenieur Reimspieß wieder ins Unternehmen zurückkehren …

Neuordnung in den Neustädter Daimlerwerken

Was man unter den publizierten Rationalisierungsmaßnahmen zu verstehen hat, kann schnell erklärt werden. Drastischer Personalabbau, Beendigung der Motorsportaktivitäten und Einstellung der von Porsche und Kolowrat angedachten Modellpolitik – im Speziellen des Kleinwagenprojekts ADS. Eine Fehlentscheidung ersten Ranges, wenn man die wirtschaftliche Lage in dieser Zeit bedenkt. Die letzte von Porsche entwickelte Mitteltype ADM darf mit gehörigen Veränderungen im Typenprogramm bleiben – sie ist die Ablöse des bereits vor dem Weltkrieg entwickelten und daher veralteten 35 HP. Die diesbezüglichen Beschlüsse wurden in der Verwaltungsratssitzung am 28. April beschlossen.

In der darauf folgenden Generalversammlung am 29. Mai wurden auch die personellen Änderungen festgelegt. Aus dem Verwaltungsrat schieden die Herren Porsche, Ludwig Urban jun. und wegen eines Todesfalls Herr Ruzicska-Kisnameny (Autounfall) aus. Dem Geschäftsbericht war zu entnehmen, dass Überproduktionen, Absatzkrisen und ein äußerst scharfer Konkurrenzkampf die Rationalisierungsmaßnahmen notwendig machten. Ob der Einfluss der vier beteiligten Banken (siehe Verwaltungsrat) dem Unternehmen gutgetan hat, bleibt dahingestellt.

	Verwaltungsrat:
Präsident:	**Hugo Marcus** (Wiener Bankverein)
Vizepräsidenten:	**Camillo Castiglioni** (Depositenbank) **Gustav Korner** (Anglo Austrian Bank) **Ludwig Neurath** (Creditanstalt)
Mitglieder:	**Ing. Paul Bretschneider** **Adolf Egger** (Verwaltungsrat Austro Fiat) **Fritz Ehrenfest** **Paul Goldstein** (Depositenbank) **Franz Hardegg** **Alfred Heinsheimer** **Arnold Neubroch** **Gabriel Neumann** **Julius Neustadt** **Hilbert Pick** (Depositenbank) **Leopold Steiner** **Dr. Karl Urban** **Dr. Ignaz Neumann** (bis zu seinem Ableben)

Burmann

Rabe

Im operativen Geschäft übernahm der bisherige Stellvertreter Porsches **Felix Burmann** den Posten eines Generalsekretärs. An die Stelle des Chefkonstrukteurs Otto Köhler trat **Ing. Karl Rabe**, der nun die konstruktiven Vorgaben für die weiteren Entwicklungen bestimmen sollte. Der Mitarbeiterstand nach der Kündigungswelle dürfte vorerst ca. 1.500 Beschäftigte betragen haben.

Pech mit dem Automobil – Glück in der Liebe

Nach den Turbulenzen bei Austro Daimler hatte Alexander Kolowrat endgültig genug von Kleinwagenprojekten und Autorennen. Er hatte vor geraumer Zeit seine große Liebe kennengelernt – die aus Russland abstammende Prinzessin Sonja Troubetzkoi, eine wirklich wunderschöne Dame, wie Alfred Neubauer konstatierte.

Die Trauung fand am 30. April 1923 im Beisein der „ersten Wiener Gesellschaft" im Wiener Stephansdom statt. Auch all seine zahlreichen Motorsport-Freunde waren gekommen, ebenso Alfred Neubauer, der in Anbetracht seiner ungewissen beruflichen Zukunft mit gedämpfter Stimmung dem Spektakel beiwohnte.

Alexander und Sonja Kolowrat

Hochzeitsreise – ab nach Paris!

Sascha Filmstudio in der Wiener Pappenheimgasse

Gleich nach den Trauungsfeierlichkeiten ging es auf Hochzeitsreise nach Paris, und zwar in seinem geliebten Sascha-Wagen, den er sich nach dem Ausstieg bei Austro Daimler behalten hatte. Fragt sich nur: wo ist das Gepäck?

Das Grafenpaar Alexander und Sonja Kolowrat genossen fortan das Leben, als ob sie ahnten, dass dieses Glück nur von kurzer Dauer sein würde. Bei Automobilveranstaltungen waren die beiden nur mehr selten anzutreffen – so zum Beispiel bei der Österreichisch-Ungarischen Tourenfahrt im Juni 1923, jedoch ohne ernsthaft am Wettbewerb teilzunehmen.

Parallel dazu stieg das Filmunternehmen des Grafen Kolowrat mit Monumentalfilmen wie „Sodom und Gomorrha" (Regie: Michael Curtiz, 1922) sowie „Die Sklavenkönigin" (1924) zu einem der erfolgreichsten europäischen Filmproduzenten auf. Wer die Gelegenheit hat, sich die rekonstruierte Fassung des Filmes „Sodom und Gomorrha" anzusehen, wird in etlichen Sequenzen Fahrzeuge der Marke Austro Daimler entdecken.

Sascha-Film-Logo

Trotz Wirtschaftskrise: die neue Mitteltype ADM I

Neben den Personalrochaden und Kündigungen wurde gottlob auch verkauft und gearbeitet. Der Werbechef Franz Zwickl präsentierte im März 1923 einen wahren Prachtband über die Rennsaison 1922. In übergroßem Format, in Leinen gebunden und 132 Seiten stark wurden alle Starts und Ergebnisse nochmals präsentiert.

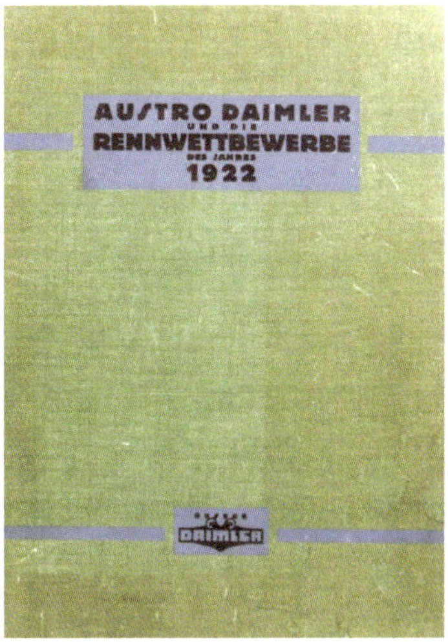

Leinenbuch 1922

Der Titel dieses Bildes: „Einhundertsiebzig"

Dir. Rudolf Klein

Während die Presseabteilung die glorreiche Rennsaison 1922 Revue passieren ließ, begab man sich auf die Automobilausstellungen in Prag und Göteborg. Zuerst eine gelungene Premiere in **Prag** des neuen ADM I mit 32 PS, der noch von Porsche konstruiert wurde. Endlich wurde die neue Mitteltype der Öffentlichkeit vorgestellt.

Doch kurz nach der Erstvorstellung wurde der ADM wieder auf Eis gelegt. Ob das mit Urheberrechten seitens Ferdinand Porsches zu tun hatte oder ob es sich um notwendige Weiterentwicklungen handelte, fällt unter die Rubrik „Vermutungen". Nach Prag wurden ein Rennwagen Sascha ADS R mit 1,5 Liter Motorisierung und natürlich der große AD 6 mitgenommen. Personell waren die Herren Bettaque, Neubauer und Dir. Rudolf Klein anwesend, einer seiner letzten öffentlichen Auftritte vor seinem Abgang im August.

ADM I mit 32 PS und Spitzkühler und Vorderrad-Bremse

Motor des nie in Serie gegangenen ADM I (Lichtmaschine, Zündverteiler wie bei Sascha-Motoren!)

ADM I fertig entwickelt im Werkshof

Über den Wiener Neustädter AD 6

Nach **Göteborg** entsandte man nur das Ausstellungsequipment, das Verkaufspersonal stellte die schwedische Generalvertretung Thelanders Automobil Import aus Stockholm. Schon kurz nach Beginn der Messe kam die Mitteilung nach Wiener Neustadt, dass bei den Eröffnungsfeierlichkeiten am 9. Mai König Gustav V. längere Zeit bei den ausgestellten AD 6 verweilte und einige Fragen zu dieser Konstruktion stellte. Vor allem das Modell ganz in Weiß *erregte im hohen Maße die Aufmerksamkeit Seiner Majestät!* Ob diese Begegnung etwas mit dem Verkauf des nun in Wiener Neustadt befindlichen AD 6 ans Silijansberg Hotel in Rättvik zu tun hatte, wer weiß? Angeblich soll „Seine Majestät" Gustav V. mit diesem Fahrzeug einmal mitgefahren sein. Jedenfalls entspricht der AD 6 in Bildmitte weitgehend dem nun in Wiener Neustadt beheimateten Fahrzeug.

Ausstellungsstand der Fa. Thelanders in Göteborg

Kronprins Gustaf Adolf blir skjutsad på Stora Gatan i Västerås 1929. I bakgrunden bakom folkmassan ses Wennbergs bokhandel. Bilen är Austro-Daimler AD 6-17 17/60 PS Tourenwagen från cirka 1923.

AD 6 mit königlichen Fahrgästen

Erstaunlich ist, was aus dem „bewegten Automobilleben" dieses AD 6 alles überliefert wurde! Gebaut wurde er im Herbst 1922, wie es die Stempelungen am Motorblock belegen, verkauft 1923 von der Fa. Thelanders in Stockholm um 16.000 Schwedenkronen an das Hotel Siljansborg-Vikarbyn in der Nähe des Siljan-Sees in Mittelschweden. Chauffeur Sven Sjökvist und sein Nachfolger Momquist hatten die Ehre, mit diesem schönen Wagen berühmte Gäste des Hotels wie zum Beispiel Schwedens König Gustav mit Gattin Luise, Graf Wallenberg oder Mr. Bonnier (Chef der „Times") zu fahren.

Ein Bild existiert von einer Fahrt des Kronprinzen Gustav Adolf aus dem Jahr 1929 vor der Buchhandlung Wennsberg. Schon 1930 wurde der Wagen als unmodern angesehen und verkauft. In dieser Zeit wurde auch ein Kolbenwechsel durchgeführt, wie die Stempelungen beweisen. So kam dieser AD 6 zur Feuerwehr nach Gognef als Mannschaftswagen.

1946 erfolgte wieder ein Besitzerwechsel, der AD 6 kam zum ORSA Flugplatz nach Rättvik, um Segelflugzeuge hochzuziehen. Doch schon bald war der Motor nicht mehr stark genug für diese schwere Arbeit, weshalb er schon bald ausgemustert wurde, um als Pflugwagen in Vikarbyn zu dienen. Die Finnmark-Brüder nahmen ihn in Besitz und entfernten den hinteren Teil der Karosserie. In diesem erbärmlichen Zustand entdeckte Ture Guth 1952 den Wagen, er erkannte den historischen Wert des Fahrzeuges. 1960 erfolgte ein Weiterverkauf an Hakkan Knuthson in Kinnekulle.

1980 kaufte Lars Ake Winberg den Austro Daimler. Die Renovierungsarbeiten gestalteten sich schwierig, das Fahrzeug war nicht komplett, die Technik stark gebraucht. In Schweden konnten nicht leicht AD-Teile gefunden werden. Aber Fleiß und Zähigkeit brachten Erstaunliches zustande. Sogar der Rest der Karosserie wurde bei einem Vorbesitzer wiedergefunden und so konnte der AD 6 1982 wieder zum Straßenverkehr zugelassen werden. Herr Winberg bestritt mit dem AD 6 ausgedehnte Ausfahrten, wie die Rallye Monte Carlo und die über 2000 km führende Scandinavian Viking Rallye. 1996 wurde der AD 6 vom Versteigerungshaus Coys of Kensington an das Automobilmuseum Stainz verkauft.

Ein Wiener Arzt kaufte den heimgekehrten AD 6. 2002 erfolgte dann der Verkauf des prächtigen Wagens durch die Vermittlung von Gerhard Weinzettl, Prof. Franz Pinczolitz, DI Reinhard List und Dir. Norbert Koppensteiner an Herrn Komm.-Rat Baumeister Josef Panis nach Wiener Neustadt. Seither wird dieser Wagen Schritt für Schritt durch die Sektion Austro Daimler restauriert und fahrbereit gehalten und bereichert das Museum St. Peter an der Sperr in der kühlen Jahreszeit. So weit die bisherige Lebensgeschichte eines Oldtimers – stellvertretend für so viele erhaltenswerte Fahrzeuge aus der Vorkriegszeit.

Dieses innovative Fahrzeug inspirierte auch einige Karosseriebauer zu neuen Formen und Ausführungen. So zum Beispiel den Innsbrucker Austro Daimler-Vertreter und Karosseriebauer Anton Köllensperger, der mit sportlichen Schöpfungen wie mit dem Modell „Übersee" aufhorchen ließ.

AD 6 „Übersee" von Köllensperger

1923

Der Wiener Neustädter AD 6 – 1923 ans Silijansberg-Hotel in Rättvik ausgeliefert

AD 6 Übersee vor dem Haupteingang in das Filmareal, von Köllensperger mit Tiroler Kennzeichen „E"

Trotz Motorsport-Abstinenz bei Rennen dabei

Einige Privatpersonen bedauerten zwar die Abstinenz bei Automobilveranstaltungen, ließen sich aber nicht abhalten, mit ihren eigenen Austro Daimler-Wagen an diversen Rennen teilzunehmen.

So zum Beispiel die Herren Swoboda, Röhrl und Khevenhüller beim Rennen in **Königsaal**, wo die Tourenwagenklasse bis 5,3 Liter Hubraum gewonnen wurde. Auch Herr Urban war wieder mit dem Prinz Heinrich Wagen am Start und fuhr in etwa die gleiche Zeit wie die AD 6 Sportwagen.

Beim **Ries-Rennen** in der Steiermark war der Einfahrer Ing. Rudolf Ludwig auf AD 6 Sieger in der Klasse bis 4,5 Liter. Khevenhüller schied mit Vergaserproblemen aus.

Bei der **Österreichisch-Ungarischen Wertungsfahrt** blieb Franz Graf Khevenhüller mit dem AD 6 unter den 12 punktelosen Fahrern, die eine Goldplakette erkämpften.

Auch in Kärnten beim **Hollenburg-Rennen** standen Austro Daimler am Start: Man staune über einen ADS 1,1 Liter von Franz Tschernitz, der in seiner Klasse den 2. Platz belegte. Franz Graf Khevenhüller war selbstverständlich in seiner Heimat mit dabei und gewann die Klasse bis 4,5 Liter.

Bei der **Belgischen Rundfahrt** über 1.005 km siegte Fraeys auf Austro Daimler in der Zeit von 14:23 Stunden. Bei den Rennwagen erzielte der Fahrer Cisogne ebenfalls auf Austro Daimler den 3. Platz. Und in **Polen** siegte der AD 6 von Ing. Henryk Graf Liefeldt bei der dortigen Tourenfahrt ohne Strafpunkte.

Graf Khevenhüller

Werbung Zwickl

In prominenten Kreisen fuhr man auch gerne den AD 6, wie Käthe **Rantzau** – die Primadonna der Wiener Volksoper – oder der Eisenkönig **Siegmund Breitbart** aus Friedrichstal, der dienstlich eine ganze Europatournee absolvierte.

Bleibt nur noch das am 16. September ausgetragene **Semmering-Rennen** zu erwähnen – ein einziger Austro Daimler des Herrn Artur Hacker platzierte sich an 53. Stelle. Kolowrat war mit seinem ADS R zwar genannt, verzichtete jedoch auf einen Start. Es war für ihn wahrscheinlich eher ein gesellschaftliches Ereignis. Das Resümee dieses Motorsportjahres: ein Triumph für die Steyr-Fahrzeuge in vielen nationalen und internationalen Rennen.

AD 6 Innenlenker vor der Burg in Wiener Neustadt

Auslieferung C-Zug M16 „Gigant" nach Norwegen

Durch einen „Flohmarktzufall" tauchten Kopien von einem Fotoalbum des Herrn Ing. Rudolf Hammerl auf, der über die Auslieferung eines Gigant-Zuges zu den „Trondheimer Eliktrizitetsverken" berichtet und für Austro Daimler die Einschulung und Wartung von Juni bis August 1925 durchführte. Ob dieser C-Zug M16 noch von den Heeresbeständen aus dem Ersten Weltkrieg übrig war oder doch neu gefertigt wurde, ist nicht bekannt. Tatsächlich neu war die Brücke des Transporttiefladers – die wurde von der Simmeringer Waggonfabrik als „E.A. Sonderwagen Nr. 1" im Laufe des Jahres 1922 hergestellt.

Auslieferung Gigant 1923 nach Trondheim im Neustädter Werkshof

Transport der Trondheimer Elektrizitätswerke

Räderwechsel von Schiene auf Straßenbetrieb

Zu sehen sind verschiedene Transporte von Maschinenteilen für den Kraftwerksbau beziehungsweise für Stromversorgungsanlagen. Die Fahrten führten vom Hafen Trondheim entlang der meterspurigen Straßenbahn zu den diversen Baustellen. Auch die normalspurigen Schienenanlagen – sofern vorhanden – wurden für die Transporte genutzt.

1923

Transport mit offenem Motordeckel?

Wenn das nachfolgende Bild aus 1939 nicht täuscht, ist hier ein schwerer Defekt am Benzinmotor aufgetreten – doch der wurde wieder repariert. Diese Bilder stammen aus dem Archiv „Statkraft Trondheim" aus den Jahren 1925 bis 1939 und wurden durch Herrn Thor Bjerke zur Verfügung gestellt.

Flüssigkeitsverlust und verölter Motorraum – der letzte Einsatz? Nein, der erfolgte am 4. 11. 1948

Um das Kapitel C-Zug M16 nun fortzuführen, sei noch der Werdegang der letzten Exemplare erwähnt. Im Inventarverzeichnis des Heeresgeschichtlichen Museums in Wien steht, dass mit 29. 05. 1940 vier Stück C-Zug Elektrofahrgestelle M16 an die „Steyr-Werke" abgegeben wurden. Es gibt aber auch einen Bericht, dass bis 1942 zumindest ein Fahrgestell vor dem Museum abgestellt war, dann von der Deutschen Wehrmacht verladen und mit unbekanntem Ziel abtransportiert wurde.

HGM Wien, abgestellter C-Zug M16

Bei der Deutschen Wehrmacht waren zu dieser Zeit noch 6 Stück 42-cm-Mörser M16 aus tschechischen Beständen hauptsächlich vor Leningrad im Einsatz, die mit den Elektrofahrgestellen M16 befördert wurden. Nach den Kriegsereignissen verlieren sich die Spuren dieser letzten C-Zug-Exemplare …

Ein neuer Eignungstest in der Lehrlingswerkstätte

Abgekoppelt von der eigenen Werkschule bestand seit April 1922 unter der Leitung von Ing. Reinhold Mildner die Lehrlingswerkstätte. Der Unterricht wurde in der Regel in den Morgen- und Abendstunden sowie am Sonntagvormittag (!) abgehalten. Um überhaupt in die Riege der Austro Daimler-Arbeiter zu gelangen, musste man ein eigenes Aufnahmeverfahren absolvieren.

Lehrlingswerkstatt für Fortgeschrittene

Diese „Psychotechnische Eignungsprüfung" bestand aus den Kapiteln **Mehrfachbehandlung** zur Überprüfung einer gewissen „Multitasking-Fähigkeit", indem man via Telefonanruf einige Zahlen durchgab, während der Lehrlingsanwärter mit einer anderen Aufgabe beschäftigt war. Ähnliche Tests wurden bezüglich **Maßgedächtnis, Augenmaß** und **Formengedächtnis** durchgeführt. Kapitel wie die **Beobachtungsgabe**, das **Gewichtschätzen** und der **Tastsinn** in allen möglichen Varianten (Oberfläche, Form) vervollständigten diese mühsame Testprozedur. All diese Aufgaben wurden zusätzlich zur normalen Aufnahmeprüfung durchgeführt und mit der Stoppuhr begleitet, damit auch die Schnelligkeit in das Ergebnis einfließen konnte. Diese nicht gerade menschenfreundliche Vorgangsweise wurde 1923 wegen der hohen Zahl an Bewerbungen neu eingeführt. Tatsächlich ersonnen hatte diese Prüfungsart die Maschinenfabrik Augsburg-Nürnberg – zumindest hat man dieses System von dort übernommen …

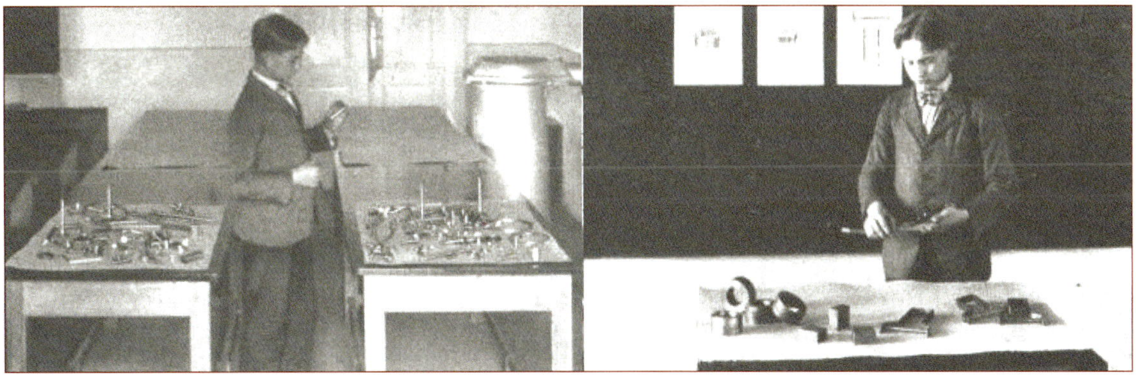

Lehrlingsanwärter bei den Kapiteln Formen- und Maßgedächtnis

1923

Österreich-Premiere des ADM II

Da die Käufer von teuren Automobilen in dieser wirtschaftlich schweren Zeit hauptsächlich im Ausland zu finden waren, wurde die neue „Mitteltype" erst im November in der Allgemeinen Automobilzeitung in Österreich vorgestellt. Ing. Karl Rabe hatte wohl im Zuge seiner Überarbeitung dieses Modells ganze Arbeit geleistet. Äußerlich fällt zuerst die Abkehr vom Spitzkühler auf, auch dass der OeFFAG-Karosserieaufbau etwas niedriger gehalten wurde als noch beim AD 6. Trotz seiner eher bescheidenen 40 PS in der Erstmotorisierung ist dieser Wagen leichtfüßig zu bewegen. Man hat nie den Eindruck, untermotorisiert zu sein, wie anlässlich der Probefahrt auf den Kahlenberg beschrieben wurde. Immerhin ist die mittlere Type nun von einem 4-Zylinder auf einen 6-Zylinder „gewachsen" und trotz der Hubraumverringerung stärker geworden. Obenliegende Nockenwelle und höhere Drehzahl machen das neben anderen Feinheiten möglich.

Werbelogo AD

ADM II auf Vorstellungsfahrt am Kahlenberg

Schnittmodell Motor ADM II

Der Motor nach den Änderungen durch Karl Rabe: Über die Königswelle wird eine horizontal liegende Welle für Zündung und Lichtmaschine angetrieben. Die Kolben waren in Grauguss oder wahlweise in Aluminium erhältlich. Auch das Chassis gab es in langer oder kurzer Ausführung. Die Motorvarianten wurden ab 1924 in „A" und „B" unterschieden.

ADM II (ab Oktober 1923)	Technische Daten (in Klammer Doppelvergaser)
Zylinder	6 in einem Alu-Block gegossen
Hubraum, cm^3	2540 (2613)
Bohrung/Hub, mm	70 x 110 (71 x 110)
Leistung bei 2.250 U/min	40 (45) PS
Ventilsteuerung, Nockenwelle	obenliegend, Königswelle
Kurbelwelle	3-fach-Gleitlager
Drehzahl max.	3.200 U/min
Gemischaufbereitung	Zenith (Zenith 30HK Zweivergaseranlage)
Kupplung	Einscheiben trocken
Spurweite vorne/hinten	1.350/1.350 mm
Radstand bei Langversion	3.475 mm
Fahrzeuggewicht Chassis	1.200 kg
Fahrzeuggewicht offene Karosserie	ca. 1.700 kg
Fahrzeuggewicht geschlossene Karosserie	ca. 1.850 kg
Benzinverbrauch, je nach Gelände	ca. 15 l/100 km
Höchstgeschwindigkeit	105 km/h

Cockpit, Spritzwand und Motor ADM II

Chassis ADM II Vergaserseite

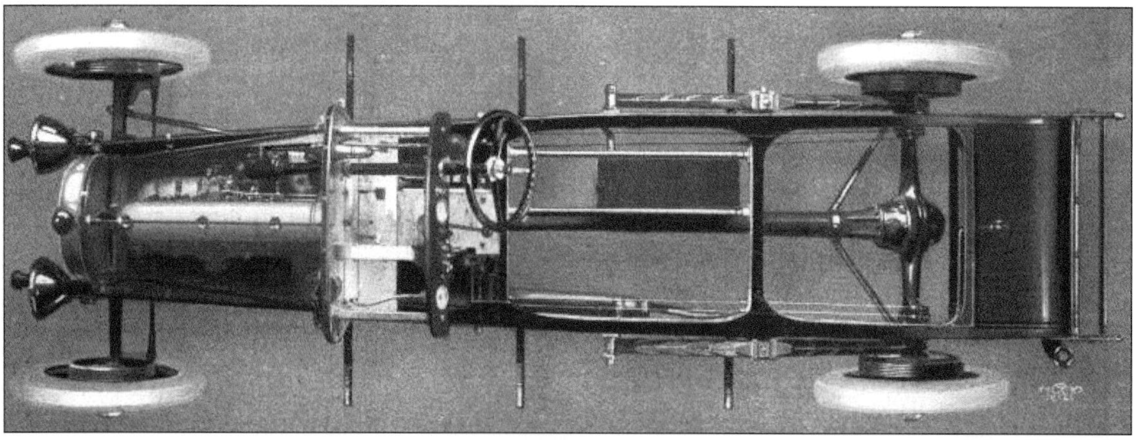

Chassis ADM II von oben

ADM auf der Brüsseler Automobilausstellung

Im Dezember 1923 konnte die überarbeitete Variante des ADM nun auch auf einer internationalen Ausstellung präsentiert werden. Der belgische König besuchte den Stand von Austro Daimler und verweilte außergewöhnlich lange vor den ausgestellten ADM-Typen. Da waren ein ADM „Chassis Polie", ein Doppel-Phaeton und je ein ADM Sport in zweisitziger und viersitziger Ausführung. Selbstverständlich war auch der AD 6 mit dabei.

Der Redakteur van Swieten von der holländischen Zeitung „De Auto" berichtet von der Brüsseler Messe:

Werbung ADM

Wir sind nicht so schnell zufrieden mit neuen technischen Konstruktionen, da wir überall das Beste vom Besten zu sehen bekommen wollen. Auf dem belgischen Salon war diese Neuheit konstruktiv ein Prachtstück und wir waren seit langer Zeit wieder in Ekstase über ein wirklich bis in die kleinsten Details gründlich durchdachtes und durch einen genialen Konstrukteur entworfenes Musterstück der Automobiltechnik. Für den andächtigen Betrachter sitzen in jedem Winkel, in jedem Motordetail, Radiator, Vorderachse, Steuerrad, Vierräder-Bremse so viele neue Gedanken, perfekt berechnet und dann in Metall umgesetzt … Auf der Amsterdamer Automobil-Ausstellung wird dieses Juwel von Automobiltechnik natürlich eine Attraktion bilden.

So weit ein ausländischer Bericht über den ADM. Da die Produktion bis 1928 erfolgreich andauern wird, muss man Herrn van Swieten wohl recht geben.

ADM II am Messestand in Brüssel bei der Vertretung Tattersall

1923

Werbung für 1923

1924 – … verspekuliert!

Kam, sah und siegte! Mit diesem optimistischen Vorsatz startete man ins Jahr 1924. Langsam wurde den Herren im Verwaltungsrat auch klar, dass man sich nicht länger von den Automobilrennen fernhalten konnte, wollte man nicht in Vergessenheit geraten. Der Mitbewerber Steyr konnte 1923 recht ordentliche Erfolge einfahren und war nun in aller Munde. Klassensiege wie bei der Targa Florio förderten die internationale Bekanntheit der aufstrebenden neuen österreichischen Marke.

Parallel zum Alltagsgeschäft bahnte sich allerdings in der Finanzwelt des Camillo Castiglioni der „Supergau" an. Er spekulierte seit geraumer Zeit mittels Termingeschäften gegen die französische Währung – anfänglich mit Erfolg, im Jänner und Februar fiel der Kurs. Doch andere noch mächtigere Kräfte hatten da etwas dagegen …

Offensive mit dem ADM II bei der Wiener Frühjahrsmesse

Bevor vom 9. bis 15. März wieder eine Automobilausstellung in Wien vonstattenging, wurde wieder im Winter gegen Strafpunkte gefahren. Mit dabei und strafpunktelos geblieben Artur Hacker auf AD 6. Nun zur Wiener Frühjahrsmesse in die Rotunde, wo am Stand von Austro Daimler zwei Neuigkeiten zu sehen waren. Hervorgerufen durch den Entschluss, wieder an Rennen teilzunehmen, wurde ein ADM II mit kurzem Radstand und 2-Vergaseranlage vorgestellt. Der Hubraum wurde auf 2.680 cm^3 vergrößert und damit eine leistungsstarke Rennversion geschaffen. Wie hoch die Leistungssteigerung ausgefallen war, wurde vorerst nicht preisgegeben. Vermutlich waren es vorerst 60 bis 70 PS. Im Laufe der nächsten Jahre sollten die schärfsten Modelle die 100-PS-Marke überspringen.

1924

Stand auf der Wiener Frühjahrsmesse

Modellrevision: Aus AD 6 wird ADV

Die zweite Änderung betraf den großen AD 6, der bislang noch ohne Vorderradbremse auskommen musste. Karl Rabe nahm eine Modellrevision vor und der „Große" stand ab sofort als ADV in den Preislisten (V steht für Vierradbremse).

Modellrevision: Aus AD 6 wird ADV

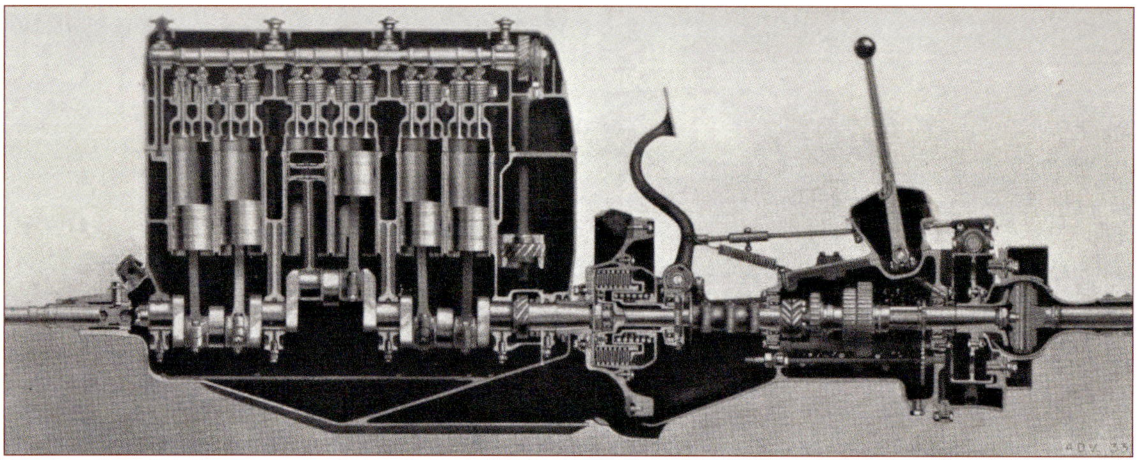

ADV-Motor Schnittmodell

Auch die Ausstellung in Brüssel im Dezember 1923 hatte positive Folgen, denn die belgische Vertretung orderte 26 Chassis unterschiedlicher 6-Zylinder-Typen. Die Werkslokomotive „Louise" zog die beladenen Waggons zum Hauptbahnhof Wiener Neustadt.

Eisenbahntransport nach Belgien

Neben dem Geleise ist die Testrennbahn zu sehen. Aufgenommen wurde dieses Bild vom Damm des Wiener Neustädter Kanals.

Baron Malberg mit dem ADM irgendwo zwischen Paris und Nizza

Während in Wien ausgestellt wurde, war Baron Hans Veyder-Malberg motorsportlich in Frankreich unterwegs. Er fuhr mit einem serienmäßigen ADM II von Wien über Udine nach Nizza, weiter nach Paris und nimmt an der Internationalen **Tourenfahrt Paris–Nizza** teil. Malberg beendete diese anspruchsvolle Fahrt ohne Strafpunkte. Dabei brauchte der ADM für die 935 km lange Strecke 160 Liter Benzin und 2 Liter Motoröl bei 58 km/h Stundenschnitt.

Kurz nach der Wiener Messe fand in **Barcelona** die 3. Automobil-Ausstellung statt. Austro Daimler und Steyr waren dort vertreten. Auch das Rabassada-Rennen fand am 25. Mai zum dritten Mal statt und brachte einen Sieg durch den Fahrer Bertrand auf ADM in der Klasse bis 3 Liter Hubraum.

Als Folge der Spanien-Messe erschien ein kurzer Artikel in der Allgemeinen Automobilzeitung über eine Fahrzeugüberstellung nach Barcelona zur dortigen Austro Daimler-Vertretung. Frederico Lameyer fuhr diese 2.026 km lange Strecke über Salzburg, Innsbruck, Buchs, Bern, Luzern, Lausanne, Lyon nach Spanien und schrieb danach ins Austro Daimler Werk:
Die Straßen waren mit Ausnahme jener in Österreich als durchwegs gut zu bezeichnen. Ich konnte dank der ausgezeichneten Federung des ADM auch auf den österreichischen Straßen ein gutes Tempo einhalten. Der Benzinverbrauch betrug durchschnittlich 16 Liter auf 100 km. Besonders hervorheben muß ich den geringen Ölverbrauch, der sich auf zirka 1 kg per 500 km stellte.

Erwähnenswert erscheint auch ein Bericht von Frau Metha Bleckmann aus Mürzzuschlag über ihren Aufenthalt in **Turin**, wonach der Präsident der Fiat-Werke – Agnelli persönlich – den ADM bewunderte. Ebenso mit einem ADM in Italien unterwegs Baron Fritz von Hussarek aus Wien.

AD-Werbung Paris

1924

Otto Kaes mit Schauspielerin Elien Crown

In **New York** wurde der ADM II aus dem Hause Köllensperger in den einschlägigen Zeitungen vorgestellt. Mr. Emil Fieber trat dort als Vertreter der österreichischen Marke auf. Mit dabei der Schwager von Ferdinand Porsche, Otto Kaes. Er arbeitete in den USA für beide Marken – Mercedes und Austro Daimler – und leitete die gemeinsame Reparaturwerkstätte!

Reparaturwerkstätte: links Mercedes, rechts Austro Daimler

ADM in New York

Werbung Köllensperger

An verschiedenen bekannten Stellen wurden Werbefotos geschossen, wofür Mr. Fieber und Otto Kaes die Filmschauspielerin Elien Crown gewinnen konnten. Im oberen Bild eine Aufnahme im Central Park, auch bei der Einfahrt in den Prospect-Park in Brooklyn wurde fotografiert.

Köllensperger dürfte auf Grund des Exporterfolges diese Karosserieform „Übersee" genannt haben. Mittlerweile gab es auch Niederlassungen in Salzburg und Wien und eine enge Zusammenarbeit mit Austro Daimler.

Und die Werbegrafik in der Allgemeinen Automobilzeitung lässt keinen Zweifel aufkommen, dass dieses Unternehmen aus Tirol stammt.

AD-Anzeige Brünn

Rennerfolge in Brünn und auf der Ries

Die beiden Fahrer Malberg und Wetzka bestritten vorerst die wichtigsten Rennen nach dem Wiedereinstieg von Austro Daimler. Jedoch wurden international diverse Fahrten von lokalen Fahrern bestritten. Es würde den Rahmen dieses Buches sprengen, auf jeden einzelnen Wettbewerb einzugehen. Daher sei nur kurz erwähnt, dass in Brünn Josef Wetzka den Sieg in der Klasse bis 3 Liter errang und darüber hinaus die beste Zeit aller Klassen erreichte. Baron Malberg hingegen erzielte den gleichen Erfolg beim Ries-Rennen in Graz knapp vor Wetzka. Beide stellten einen neuen Streckenrekord auf.

Alle weiteren Bewerbe mit Austro Daimler-Teilnahme im ersten Halbjahr 1924 sind aus der Werbezusammenfassung ersichtlich.

AD-Werbung Ries

Malberg auf der Ries mit superleichten Kotschützern, rechts im AD 6 Anton Franta

AUSTRO DAIMLER ERFOLGE

JÄNNER BIS JUNI 1924

4. bis 7. März: Paris—Nizza
Punktelos

15. März: Sternfahrt nach Genf
Zweiter

16. März: Rennen zu Halmstadt (Schweden)
Sieger aller Klassen

16. März: Zuverlässigkeitsfahrt „Rund um den Elm“ (Deutschland)
Erster Preis

6. April: Autoprüfungsfahrt im Wuppertal (Deutschland)
Rennklasse — Erster

6. April: Internationales Bergrennen Brünn—Sobesice
Beste Zeit des Tages

4. Mai: Rennen zu Malmö (Schweden)
Erster Preis

11. Mai: Ries-Rennen
Beste Zeit des Tages

11. Mai: Antoniberg-Rennen (Bad Reichenhall)
Beste Zeit des Tages

18. Mai: Solitude-Bergrennen (Deutschland)
Zweiter Preis

24. Mai: Artistenmeisterschaft (Casino Paris)
Erster Preis

25. Mai: Rabassada-Rennen (Spanien)
Erster Preis

28. und 29. Mai: Gebirgs-Nachtfahrt, Bad Wildungen (Deutschland)
Zweiter Preis

1. Juni: Sachsenfahrt
Erster Preis

1. Juni: Oberösterreichische Wertungsfahrt
Erster Preis
und
Beste Gesamtwertung

Rennergebnisse

Bericht aus der Generalversammlung

Der über das Geschäftsjahr 1923 vorliegende Bericht spricht von einer leichten Besserung des Verkaufes, jedoch von zu hohen Produktionskosten und Zollhemmnissen in vielen Staaten Europas. Das neue österreichische Zollgesetz zum Schutze der heimischen Industrie wurde noch immer nicht in Kraft gesetzt, sodass am heimischen Markt große Einbußen hinzunehmen waren.

Im Detail waren in Deutschland und Polen sehr gute Verkaufszahlen zu verzeichnen, hingegen war in England ein äußerst schlechter Geschäftsgang eingetreten. Hoffnung auf Besserung sollte der Wegfall der Zollbeschränkungen bringen. Neue hoffnungsvolle Märkte erschlossen sich in den skandinavischen Ländern und in Amerika.

Dir. Willy Herbst

Schon vor der Generalversammlung wurde der Zusammenschluss der OeFFAG mit der Österreichischen Daimler Motoren AG vollzogen, indem man eine Kapitalerhöhung von 300 Mio. Kronen durchführte, um diese danach wieder um 300 Mio. zu reduzieren, weil die erworbene OeFFAG sich nun im Eigenbesitze befand. Und im Werk Wiener Neustadt waltete nun neben Otto Stahl auch Willy Herbst als Direktor. Er war von Austro Fiat im Zuge der Umwandlung in die Österreichische Automobilfabrik ÖAF gekommen.

Erwähnt wurde auch ein Brief des Fürsten Nikolaus Palffy an Dir. Anton Czech über die vollste Zufriedenheit „Seiner Durchlaucht" über den angekauften AD 6 mit der Chassis-Nr. 6135, Motor- Nr. 17095.

Eine verhängnisvolle Fehleinschätzung

Nachfolgend der Hergang aus dem Buch „Der Haifisch" von Reinhard Schlüter, der die Themen der Finanzspekulationen und Vernetzungen dieser Zeit vorbildlich recherchiert hat.

Die schon angedeuteten Spekulationen gegen den französischen Franc wurden von Castiglioni in einem unfassbaren Umfang durchgeführt, sodass mit einem Gewinn von rund 20 Mio. Dollar zu rechnen war. Was sollte da schon schiefgehen, wenn die französische Volks- und Finanzwirtschaft als zerrüttet galt?

Doch ein noch größeres Finanzunternehmen aus New York, der Großbankier John Pierpont Morgan jr., bemerkte bald, dass die französischen Finanzen durchaus nicht so krank waren, wie in der einschlägigen Presse schon längere Zeit verlautbart wurde. Zusätzlich erkannte er die bloße Gier der Spekulanten, die Morgan offensichtlich zu weit gingen. Er schmiedete einen Plan zur Beendigung dieser zur Zerrüttung der Weltfinanzen führenden Geldpolitik, indem er die ihm nahestehende Firma Morgan, Harwood & Co Folgendes verlautbaren ließ:

Die Zeit ist für alle Deutschen gekommen, die Verluste, die sie am Fall der Mark erlitten haben (1923), wettzumachen und darüber hinaus etwas Tatsächliches zur Verbesserung der beklagenswerten deutschen Verhältnisse zu tun. Der französische Frans ist auf dem gleichen Weg wie die Mark, alle Umstände stempeln diese Tatsache zur Gewissheit. Verkauft Frans auf Termin, das heißt verkauft Frans zu einem späteren Liefertermin und drückt den Wert des Frans herab! Sie werden imstande sein, Frans zu 1 Cent zurückzukaufen und für die jetzt zu 5,5 Cents verkauften Frans zu liefern.

J. P. Morgan jr.

Diesen Rat befolgten die meisten Spekulanten und Camillo Castiglioni in besonders großem Umfang. Nun setzte J. P. Morgan den entscheidenden Schritt und begab sich mit seiner Jacht auf Urlaubsreise nach Neapel und weiter nach Monaco. Am 11. März legte er im Hafen von Monte Carlo an und begab sich tags darauf auf dem Landweg nach Paris. Ein Angebot von 100 Mio. Dollar zur Stützung der französischen Währung wurde in Paris gerne angenommen. Gleichzeitig kaufte Morgan in aller Öffentlichkeit Frans an der Börse. Die Währung stieg rapide an und den Rest zum Höhenflug erledigten die Spekulanten, die vom Steigen des Kurses profitieren wollten. Am Ende dieser Aktion ergab sich ein Gewinn von 114 Mio. Schweizer Franken für den Morgan-Konzern. In der New York Times am Tag darauf war folgende Schlagzeile zu lesen: *Frans Kurswende lässt Spekulanten in die Falle gehen!*

Für Castiglioni hat sich damit eine dramatische Abwärtsspirale zu drehen begonnen. Schon 10 Tage nach der Konsolidierung des Frans – Anfang Mai – beginnt der Aktienkurs der Depositenbank zu fallen. Ein Zeitungsbericht in Prag ist ausschlaggebend für den Kursverfall. Anleger stürmen die Bankschalter, um ihr Geld zu sichern. Binnen 3 Tagen werden dem Institut 70 Milliarden Kronen entzogen, bevor sich der Vorstand um Hilfe bemüht. Am 7. Mai 1924 tritt ein Rettungskonsortium aus den 5 österreichischen Großbanken zusammen, um Geldmittel in begrenztem Umfang für die Einlagensicherung zur Verfügung zu stellen. Tatsächlich erwerben die Banken (Creditanstalt, Boden-Credit-Anstalt, Eskompte-Gesellschaft, Wiener Bankverein und Unionbank) ein Drittel des Aktienpaketes der Depositenbank zu einem Drittel des ursprünglichen Wertes. Der gesamte Vorstand der Bank wird entlassen und durch die eigenen Vertrauensleute ersetzt. Damit wird einer Panik an den Börsen entgegengewirkt. Schon am 24. Juni gibt das Konsortium den Rückzug aus dem Rettungsprogramm bekannt. Am 25. Juni schließen sämtliche Filialen der ehemals größten und hochgelobten Depositenbank des Camillo Castiglioni für immer die Pforten. 1.500 Angestellte werden arbeitslos und die junge Republik Österreich finanziell schwer getroffen.

Camillo Castiglioni

Für die Österreichische Daimler Motoren AG hatten diese Geschehnisse beim Haupteigentümer anfänglich noch wenig Auswirkungen. In der Allgemeinen Automobilzeitung erscheint im Oktober 1924 eine kurze Stellungnahme aus der Fabrik, dass die in Zeitungsberichten verbreiteten Gerüchte um die schlechte finanzielle Situation der Firma jeglicher Grundlage entbehren. Der Beschäftigtenstand wird mit 1.600 angegeben, soll aber drastisch reduziert werden. Bereits vor dem Semmering-Rennwochenende werden die motorsportlichen Teilnahmen gestrichen. Finanziell beschreibt man die Situation im Geschäftsbericht 1923 als positiv, nämlich ein bilanzmäßiger Überschuss von 48 Mio. Kronen.

Tatsächlich ist Austro Daimler nun mehrheitlich in den Besitz des Wiener Bankvereins und der Creditanstalt übergegangen. Leider werden in den nächsten beiden Jahren die Auswirkungen des Zerfalls des Castiglioni-Imperiums in Bezug auf die Auslandsgesellschaften für Austro Daimler unangenehme Auswirkungen haben. Und ein Verwaltungsratsmitglied – Dir. Hilbert Pick von der Depositenbank – begeht wegen der Pleite Selbstmord. Die Staatsanwaltschaft leitet Ermittlungen gegen Castiglioni ein, der jedoch am Tag vor seiner Verhaftung am 27. September eine „Dienstreise" nach Italien antritt. Erst durch Interventionen der italienischen Regierung über den Botschafter in Wien werden die Verhaftungsabsichten der österreichischen Staatsanwaltschaft wieder fallen gelassen.

Die Alföld-Alpenfahrt Juni 1924

Wegen der Turbulenzen an den Finanzmärkten ließ man sich bei den laufenden Veranstaltungen nicht viel anmerken. Als Nachfolge-Veranstaltung der Österreichischen Alpenfahrt wurde zusammen mit dem Ungarischen Automobilclub diese Wertungsfahrt in beiden Ländern ausgetragen. Wenn es um sportliche Belange ging, waren die Trennungsgelüste zwischen den Kronländern der Doppelmonarchie sogleich vergessen. Gerade im Bereich des Automobils war die Zusammenarbeit früher intensiv gewesen und viele Freundschaften blieben über die Trennung hinaus bestehen.

Grundsätzlich ging es wieder um Gut- und Schlechtpunkte, wie schon bei den Vorkriegsveranstaltungen. Um mehr Rennatmosphäre zu schaffen, trug man zwei Flachrennen und zwei Bergrennen aus. In der Ebene wurde in Kenderes (Ungarn) und bei Marchtrenk, bergauf am Katschberg und am Prebichl um Sekunden gekämpft.

Werbung AD

Austro Daimler-Team vor der Alföld-Alpenfahrt am 10. 05. 1924

Austro Daimler und Steyr schickten jeweils rund 7 Fahrzeuge ins Rennen, um mit einem Unentschieden wieder auseinanderzugehen. Baron Malberg auf Austro Daimler und Ulrich Graf Kinsky auf Steyr beendeten die Alföld-Alpenfahrt gleichauf mit 13 Gutpunkten. Auf dem 2. Platz allerdings vier Austro Daimler-Fahrer mit 12,5 Gutpunkten: Ing. Kammergruber, Renner, Leo Haan und Szalay. Den 3. Platz teilten sich wieder ein Steyr mit Jokl Chiger und ein Austro Daimler mit Ing. Rudolf Ludwig am Steuer. In der Werbeeinschaltung danach gab es selbstverständlich nur Sieger …

Ing. Rudolf Ludwig

1924

1924

Baron Malberg bei der Alföld-Alpenfahrt am 21. 05. 1924

Austro Daimler bei der Siegesfeier – Ing. Kammergruber?

Austro Daimler-Sieger-Teams nach der Alföld-Alpenfahrt

Nach ähnlichem Muster wie bei den Alpenfahrten fand in **Polen** eine große Wertungsfahrt über 2.483 km statt. Wie geschaffen für die Austro Daimler-Mannschaft mit den Fahrern Henryk Liefeldt, Karl Bettaque und Mathias Derdak. Sie belegten die Plätze 1, 2 und 4 auf dieser anspruchsvollen Strecke, die über Italien bis nach Frankreich führte.

Austro Daimler an der Grenze zwischen Italien und Frankreich, rechts Karl Bettaque

Zur gleichen Zeit hielten die **Schweizer eine Alpenfahrt** ab. Baron Malberg war dort vertreten und erreichte den 7. Platz. Die beiden inkludierten Bergrennen gewann Malberg in neuer Rekordzeit!

Malberg bei der Schweizer Alpenfahrt

Auch in **Karlsbad** wurde wieder ein Bergrennen ausgetragen. Ferdinand Porsche schickte einen 1,5-Liter-Kompressor-Mercedes, den Herr Kluge unangefochten zum Gesamtsieg steuerte. Steyr mit Graf Kinsky am Lenkrad holte sich den Sieg in der Klasse bis 3,4 Liter und Artur Hacker auf Austro Daimler gewann in der Klasse bis 2,75 Liter. Wieder einmal mit dabei Alexander Graf Kolowrat, der in der Klasse bis 1,5 Liter mit seinem privaten Sascha-Wagen die beste Zeit erzielte, aber wegen seiner zu spät abgegebenen Nennung nicht gewertet wurde – ein Rennen „just for fun" für den schnellen Grafen!

Erstmals dabei zwei Austro Daimler am **Klausen-Pass** in der Schweiz. Immerhin zwei 3. Plätze für Fritz von Zsolnay und Herrn Bickel in ihren Klassen.

Plakat Klausen 1924

Zsolnay am Klausen-Pass

Verwaltungsrat Dautreband von der belgischen Vertretung Tattersall bei der 3-Tages-Fahrt

Beim **Gabelbach-Bergrennen** gab es durch Hans Schönherr ebenfalls einen Klassensieg. Auf der dänischen Insel **Fanö** wurde wieder auf der Sandstrandpiste ein „Kilometer-Rennen" ausgetragen, wobei Herr Widner bis 3 Liter Hubraum in 32,4 Sekunden den Sieg errang. Und Karl Bettaque wagte sich in den hohen Norden nach **Lettland** und gewann dort die Gesamtwertung bei der Zuverlässigkeitsfahrt. Rund um den **Bodensee** gewannen Dir. Wagner und Eugen Feitelberg ihre Klassen und die absolute Bestzeit im Flachrennen – ein Triumph der Münchner Niederlassung!

Die hier angesprochenen Rennerfolge bedeuteten relativ gute Verkaufsergebnisse, denn die wenigen, die sich in diesen schwierigen Zeiten noch ein Fahrzeug leisten konnten, wählten selbstverständlich unter den erfolgreichen Qualitätsprodukten aus – und da war Austro Daimler an vorderster Front platziert. So zählte man Baron Egon Berger-Waldenegg (ADM) aus Lehenhof bei Scheibbs oder Alfred von Mauthner (AD 6) zu den erlauchten Kunden. Ein besonders werbeträchtiges Foto entstand anlässlich der Erholungsfahrt von Bundeskanzler Dr. Ignaz Seipel vor dem Stift Mehrerau in Vorarlberg. Ob der AD 6 nur ein Leihwagen war oder zum Wagenpark des Bundeskanzlers gehörte, ist nicht überliefert.

Bundeskanzler Dr. Ignaz Seipel vor dem Stift Mehrerau in Vorarlberg im AD 6

Aus dem Ausland kamen ebenso positive Rückmeldungen nach Wiener Neustadt. Im Zuge der **Automobilausstellung in Agram** sehen wir den Sportsmann Borelli am Steuer seines ADM, neben ihm die beliebte Künstlerin Lona Schmidt.

ADM des Herrn Borelli mit Künstlerin Lona Schmidt

Keinen Abschied von Wiener Neustadt gab es für die beiden Kaes-Brüder Ghislaine und Herbert. Sie verblieben noch einige Zeit wegen der begonnenen Ausbildung und waren gelegentlich im Neustädter ADM unterwegs, wenn Vater Otto Kaes seinen Heimaturlaub absolvierte.

Otto Kaes auf Heimaturlaub im ADM, daneben Ghislaine und auf der Rückbank Herbert Kaes

Auch das renommierte Papierfachgeschäft Kuderna am Wiener Neustädter Hauptplatz konnte dem eleganten ADM nicht widerstehen und unternahm so manchen Ausflug in die Berge. Auch für Auslieferungen wurde dieses Fahrzeug gern verwendet. Dabei waren Reifenpannen keine Seltenheit. Dieses Missgeschick passierte ausgerechnet auf einer steilen Bergaufstrecke, weswegen der ADM leicht überhitzt zum Dampfross mutierte.

ADM in Not – Reifenpanne

Eine interessante Mitteilung erhalten wir von Herrn Rudolf Nemetschke, der im Zuge seiner Italienreise auf der neuen **Monza–Rennbahn** mit seinem ADM Sport-Spezial einige Runden drehte. Dabei erreichte er einen Durchschnitt von 125 bis 130 km/h und auf den langen Geraden die Spitzengeschwindigkeit von 140 km/h – gestoppt von den anwesenden italienischen Mechanikern.

Von Dir. Ing. Gericke aus Amsterdam kamen ebenfalls lobende Worte über seine ADM Limousine sowie aus Salzburg-Aigen von Baron Ludwig Kummer. Der deutsche Herrenfahrer und Vertreter der Marke Austro Daimler Fritz Fröhlich aus Essen startete beim **Barmer Bergrennen** auf ADM und übermittelte ein nettes Bild an die Redaktion der Allgemeinen Automobilzeitung.

Fritz Fröhlich aus Essen beim Barmer Bergrennen

Puch bei der Europameisterschaft in Monza

Durch die Interessensgemeinschaft zwischen Austro Daimler, der Österreichischen Automobilfabrik (vorm. Austro Fiat) und den Puch-Werken spezialisierte sich das Grazer Unternehmen vermehrt auf die Zweirad-Produktion. Dafür konnte man den genialen Konstrukteur Dir. Giovanni Marcellino gewinnen, der nun einen großen Erfolg mit den Fahrern Rupert Karner und Hugo Höbel erringen konnte. In Monza belegten die beiden den 2. und 3. Platz bei schwierigen, nassen Verhältnissen in der 250-cm^3-Klasse.

Marcellinos geniale Konstruktionen, die zum Erfolg von Puch beisteuerten, waren unter anderem der Doppelkolben-Zweitaktmotor und später die Ladepumpen-Technik.

Start zum 250-cm^3/350-cm^3-Rennen

Karner, Marcellino und Höbel

Erfolgsfeier im Puch-Werk

Semmering-Rennen 1924: Porsches Revanche

Was mag im Kopf eines Ferdinand Porsche wohl vorgehen, wenn man in die Heimat der letzten 17 Jahre zurückkommt und gegen „seine“ ehemalige Firma ein Rennen gewinnen will? Schon das ganze Jahr über war Mercedes mit den neuen Porsche-Konstruktionen erfolgreich in ganz Europa unterwegs. Die neuen Kompressor-Motoren sind unter normalen Umständen so gut wie unbezwingbar.

Plakat Semmering 1924

Doch zu einem Kampf gegen Austro Daimler kam es gar nicht, denn die Finanzkrise zwang das Unternehmen zu drastischen Sparmaßnahmen. So weit war es also gekommen, seit Porsche nach seinem Wutausbruch eben gegen diese Praxis der Finanzhaie protestiert hatte. Daher waren die einzigen ernst zu nehmenden Gegner die Fahrzeuge von Steyr. Doch die hatten die Herren Werner und Salzer fest im Griff. Mit einem neuen Streckenrekord von 6:55 Minuten für die 10 km lange Strecke wurde Christian Werner als Sieger, Otto Salzer als Zweiter gewertet. Für Steyr blieb immerhin der 3. Platz und der Klassensieg durch Ulrich Graf Kinsky übrig.

Von links: Werner, Salzer, Graf Kinsky

Ganz ohne Austro Daimler fand das Semmering-Rennen dann doch nicht statt. Alexander Graf Kolowrat führte seinen Sascha-Wagen wieder einmal aus und startete in der Tourenwagen-Klasse bis 1,5 Liter Hubraum, die er auch souverän gewann. Alfred Neubauer stand ebenfalls am Start dieses Rennens und fuhr einen Tourenwagen-Kompressor-Mercedes und belegte den 5. Gesamtrang.

1924

Kolowrat im Renndress, Heinrich Graf Schönfeld im Gespräch mit Ferdinand Porsche

Bereits in dieser Zeit begann der Einfluss in der europäischen Automobilindustrie durch ehemalige Austro Daimler-Mitarbeiter zu wirken. Denn die Herren Porsche, Köhler und Neubauer brachten frische Ideen zu Daimler nach Stuttgart und halfen der Marke Mercedes wieder zu neuem Ansehen. Und bei BMW in München (im alleinigen Besitz von Castiglioni) werkt ebenfalls ein ehemaliger Austro Daimler-Mitarbeiter: Dir. Franz Josef Popp. Zum Glück verblieben genügend erstklassige Mitarbeiter im Neustädter Werk, um den Nimbus „Austro Daimler" fortzuführen.

Am Semmering gab es nun die Gelegenheit, über die jüngste Vergangenheit zu sprechen und das eine oder andere Missverständnis über den plötzlichen Abgang von Porsche aufzuarbeiten. Auch die weiter zurückliegende Vergangenheit dürfte mit Heinrich Graf Schönfeld zum Thema geworden sein, man erinnere sich an die Triumphe des „Eisernen Teams"!

Als Zaungäste waren Dir. Willy Herbst und Dir. Robert Hamburger mit einem ADM anwesend sowie die Fahrer Wetzka und Malberg, Letzterer als Assistent der Rennleitung. Ebenfalls gesehen wurde Ing. Ludwig Stoll.

ADM mit Ballonreifen:
Dir. Willy Herbst

Otto Salzer auf Mercedes Kompressor

Werbung Zwickl

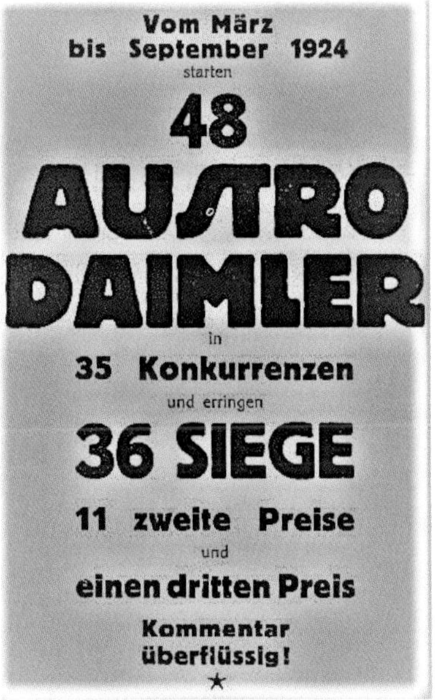

Und die Werbeinserate von Franz Zwickl listen bis zum neuerlichen Rennverbot alle eingefahrenen Siege auf (rechts). Ab September 1924 sprach man nur mehr von der Einstellung der Rennteilnahme, weil die 36 Siege genug für die erfolgreiche Einführung des ADM waren (links). Kommentar fürwahr überflüssig!

Zum Jahresende nach Paris und Berlin

Bevor die beiden letzten Automobilmessen auf dem Programm des krisengebeutelten Neustädter Unternehmens standen, wurden rund 1.200 Mitarbeiter sukzessive abgebaut. Vermutlich blieben ungefähr 400 Personen übrig, Zahlen von nur 200 Arbeitern sind kaum haltbar, denn dann wäre die Produktion kaum mehr aufrechtzuerhalten gewesen. Mit diesen traurigen Aussichten versuchte man, bei den noch ausständigen Ausstellungen in Paris und Berlin trotzdem zu punkten. Denn im Ausland verkaufte Wagen brachten wertvolle Devisen ins Haus. Allerdings wurde es den Österreichern in **Paris** nicht leicht gemacht. Eine Bewilligung Frankreichs, an der Messe teilzunehmen, wurde mit dem Argument der Überfüllung der Ausstellungshallen durch das französische Automobilsyndikat wieder obsolet. Daher waren die Austro Daimler-Fahrzeuge wieder in einem gemieteten Lokal vertreten – übrigens auch die Steyr Automobile. Diese Vorgangsweise dürfte sogar den Regierungsvertretern peinlich gewesen sein, denn sogar der Ministerpräsident Harriot und der Handelsminister Raynaldy schauten in den beiden Lokalen vorbei.

Austro Daimler gab es im Restaurant Aux Ambassadeur in der Avenue des Champs Élysées zu sehen. Diese noble Location organisierte der Vertreter in Paris Mr. Jean Brisard, der auch eine Reparaturwerkstätte für Austro Daimler-Fahrzeuge in der Rue Gambetta 14 betrieb.

Anders bei der Jubiläumsausstellung in **Berlin**. Dort hatte man Platz für die österreichischen Marken Austro Daimler, ÖAF (vorm. Austro Fiat), Puch, Steyr und WAF. Erstmals unter dem neuen Namen ADV wurde der große 6-Zylinder präsentiert und selbstverständlich sämtliche ADM-Varianten, fast alle Typen mit hauseigener OeFFAG-Karosserie. Verwaltungsrat Ing. Paul Bretschneider war in Berlin anwesend und gab der einschlägigen Presse ein längeres Interview. Themen waren wie in dieser Zeit schon üblich die hohen Produktionskosten, die durch die Interessensgemeinschaft der drei Marken abgeschwächt werden konnten. Austro Daimler war für die PKW-Produktion, ÖAF für LKW und Puch für die Zweirad-Typen auserkoren. Dort präsentierte man neben dem Erfolgsmodell LM II mit 250 cm^3 nun auch ein neues 350-cm^3-Modell M II.

ADV mit Sport-Karosserie – Bildtitel „Onkel Paul's Austro Daimler 1928"

Aus **Chile** stammt das nachfolgende Bild eines AD 6, der anlässlich eines Staatsbesuches dem italienischen Thronfolger in der Stadt Valparaiso zur Verfügung gestellt wurde. Insgesamt handelte es sich um drei Fahrzeuge aus Wiener Neustadt. Bleibt nur die Frage, ob die chilenische Regierung der Leihgeber war, oder wurden die Fahrzeuge einfach bei der Austro Daimler-Vertretung angemietet?

Zum Jahresende 1924 beschloss die österreichische Regierung eine schon längst fällige Währungsreform, die nicht zuletzt auch wegen des Spekulationsskandals des Camillo Castiglioni nun dringend notwendig wurde. Allein die Ankündigung dieser Maßnahme bewirkte schon ein wenig Zuversicht in den Wirtschaftskreisen.

ADM im Winterbetrieb

AD 6 und ADM für einen Staatsbesuch in Chile – der italienische Thronfolger

Ein interessanter Bericht erreichte die Medien aus dem Automobiltechnischen Verein, wo Dir. Altmann von der Postverwaltung über seinen Fuhrpark berichtete. Demnach waren noch 26 Elektro-Postwagen aus der Erstinbetriebnahme im Jahr 1913 im Zustelldienst unterwegs. Durch den Ausbau der Wasserkraft und die daraus resultierenden günstigeren Strompreise eine noch immer wirtschaftliche Alternative zum Benzinmotor!

Und Ende November erschien eine Austro-Daimler-Publikation über die Erfolge des Jahres 1924 mit dem Titel „Veni, Vidi, Vici". Gemeint war natürlich das neue Modell ADM II, eingeführt unter den kundigen Händen von Josef Wetzka und Hans von Veyder-Malberg.

Hans Baron von Veyder-Malberg

Broschüre Veni, Vidi, Vici 1924

1925 – Aufschwung, aber langsam!

Zum Jahresanfang war es rund um Austro Daimler noch ziemlich ruhig, was etwaige spektakuläre Sportteilnahmen betraf. Doch im Werk Wiener Neustadt konnten die drastischen Sparmaßnahmen nun gelockert werden. Eine Reorganisation im Produktionsablauf war bereits abgeschlossen und die auf Lager gefertigten Fahrzeuge (Überproduktion aus dem Jahre 1923) wurden noch 1924 verkauft. Diese erfreulichen Nachrichten wurden im März 1925 auch in der Allgemeinen Automobilzeitung in einer Kurznotiz veröffentlicht. Und ganz wesentlich trug der am **1. März eingeführte Schilling** zum positiven Wirtschaftsklima bei.

Schon beinahe euphorische Berichte aus England und in der holländischen Zeitung „De Auto" ließen den Auftragsstand wieder ansteigen, sodass sogar der Personalstand wieder einigermaßen erhöht werden konnte. Vermutlich in den Sommermonaten erhielt Ing. Karl Rabe Unterstützung im Konstruktionsbüro – Franz Xaver Reimspieß hatte sein Ingenieurstudium abgeschlossen und wurde für die PKW-Konstruktionen eingesetzt. Dir. Josef Herrmann hingegen verließ im Frühjahr 1925 das Unternehmen. Ob Felix Burmann zu dieser Zeit noch im Betrieb tätig war, geht aus den Berichten nicht hervor. Sicher ist nur, dass er 1926 durch eine schwere Krankheit viel zu früh sterben sollte.

Jahresende 1924: Automobilausstellung Amsterdam

1925

Zurückkommend auf den Bericht von „De Auto", hier ein Ausschnitt aus diesem Artikel, um die Vorzüge eines Austro Daimler in der damaligen Zeit zu verdeutlichen. Dieses Blatt hatte schon in allerhöchsten Tönen von der vorangegangenen Brüsseler Automobilausstellung über den ADM geschrieben. Nun wurden nachfolgende Zeilen nach einer ausgedehnten Probefahrt nachgereicht:
Herr W. Gericke von der Amsterdamer Fahrzeug-Gesellschaft überließ uns seinen Sport-Torpedo. … Wir können das genußreiche Fahren mit dem 40 PS Austro Daimler nicht leicht vergessen. Während einer Woche durchkreuzten wir unser Land hinter dem Steuer dieses Prachtwagens und wir denken noch immer mit viel Vergnügen an den sportlichen Genuß, den uns Austro Daimler in diesen Tagen verschaffte. Das Steuer war federleicht, die Bedienung des Schalthebels spielend und ein leichter Druck auf das Gaspedal reichte hin, um den Wagen wie einen Pfeil vom Bogen davonschießen zu lassen. Der schnelle Wagen lag fest wie eine Mauer im Kurs, so daß auch Kurven mit großer Schnelligkeit genommen werden konnten, wobei die sehr progressiv wirkende Vierradbremse ausgezeichnete Dienste leistete.

ADM II 40 PS

Nun, wer schon einmal einen Wagen aus dieser Zeit bewegt hat, der weiß natürlich, dass die Lenkung keine Servo-Unterstützung hatte, die Schaltung nicht synchronisiert war und die Bremsen ohne Bremskraftverstärker auskommen mussten. Nur nach einer feinfühligen Justierung zogen die Bremsen halbwegs gleichmäßig. Dennoch war der Qualitätsunterschied zu den meisten anderen Marken dieser Zeit doch sehr groß.

Diese Vorzüge bestätigte auch die Firma Saturnus aus Ljubljana, die fünf Monate zuvor einen Austro Daimler ADM II mit der Wagennummer 7743, Motornummer 18.670 als Direktionsfahrzeug in Betrieb genommen hatte.

Neue Besitzverhältnisse, neue Namen

Nach dem Zusammenbruch der Depositenbank und dem Suizid von Verwaltungsrat Hilbert Pick hatte auch Camillo Castiglioni keinen Sitz mehr im Aufsichtsrat, beziehungsweise wurde ihm nahegelegt, auch den Vize-Präsidenten-Posten im Verwaltungsrat niederzulegen. Dir. Hugo Marcus verblieb seitens des Wiener Bankvereins als Präsident, Ludwig von Neurath von der Creditanstalt als Vize-Präsident im Verwaltungsrat der Österreichischen Daimler Motoren AG.

Dabei gab es auch Auswirkungen auf das Direktorium im Betrieb selbst. Als eher unglücklich muss die Tatsache bewertet werden, dass im Verwaltungsrat keine Vertreter aus der Fabrik mehr waren. Einerseits schied aus gesundheitlichen Gründen Felix Burmann aus, andererseits verabschiedeten sich die Herren Karl Czerny, Otto Stahl, Dr. Robert Hamburger, Josef Herrmann und schon zuvor Rudolf Klein von Austro Daimler.

Damit standen folgende Herren an vorderster Front:

Dir. Willy Herbst
Dir. Richard Ryznar
Dir. Karl Brinkmann (Puch)
Othmar Windberger (ab 1926)
Dir. Anton Czech im Wiener Verkaufsbüro
Dir. Friedrich Andrieu in der OeFFAG

Dir. Ryznar

Diese Mannschaft gab dem Unternehmen nun bis 1929 Stabilität – dringend notwendig nach den ständig wechselnden Direktoren nach Ferdinand Porsches Abgang. Im technischen Bereich war bereits dank Karl Rabe Ruhe eingekehrt, was die sportlichen und kaufmännischen Erfolge verdeutlichten. Und der Personalstand betrug im 1. Halbjahr 1925 knapp 700 Mitarbeiter inklusive der „Beamten", wie man in dieser Zeit die Angestellten nannte.

Chronik der Wiener Feuerwehr und die Wiener Messe

Im März 1925 erschien eine Chronik der Wiener Feuerwehr über die Motorisierung ihres Wagenparks. Dazu erfolgte eine Präsentation der Einsatzmittel „Am Hof" in Wien.

Feuerwehrparade „Am Hof" in Wien

Aus der peniblen Auflistung der Einsatzfahrzeuge gehen nachfolgende Zahlen hervor:

Gesamtanzahl der im Dienst stehenden Fahrzeuge: 117
davon:

61 Elektromobile	**Elektro-Daimler**
3 Mixte Wagen	**Austro Daimler**
53 Benzinautomobile	davon: **42 Austro Daimler**
	8 Austro Fiat
	1 Gräf & Stift
	1 C.D. Magirus (Ulm)
	1 Nesselsdorfer

Ein „Überlebender" der Wiener Feuerwehr

Seit Anbeginn der Motorisierung war die Wiener Feuerwehr ein sehr guter Kunde von Lohner und in Folge von Austro Daimler. Trotzdem erstaunt die große Gesamtzahl der Benzinautomobile, die im Laufe der Zeit geliefert wurden. Parallel zur Feuerwehrausstellung war in der Rotunde ebenfalls das Automobil im Vordergrund – die Frühjahrsmesse stand auf dem Programm. Seitens Austro Daimler benutzte man einen eigenen Pavillon außerhalb des Hauptgebäudes zusammen mit der ÖAF. Im Mittelpunkt stand natürlich der ADM.

Ein „Überlebender" der Feuerwehr Mödling

Bis heute überlebt haben das oben abgebildete Fahrzeug der Wiener Feuerwehr und das Feuerwehrfahrzeug in Mödling – aus Band I den Lesern bekannt – hier in der Ausführung aus dem Jahr 1925. Ein Umbau bezüglich der mitgeführten Gerätschaft zeigt einige Änderungen am Fahrzeug, so wurde beispielsweise die Holzleiter entfernt.

Nicht überlebt: hat der AD 6 der Werksfeuerwehr

Vorbildlich die Ausrüstung im Austro-Daimler-Werk in Wiener Neustadt. Schon vor dem Ersten Weltkrieg gab es eine Betriebsfeuerwehr und eine Sanitätsstation. Wie am Bild ersichtlich, wurden die Einsatzmittel regelmäßig erneuert und dem allgemeinen Fortschritt angepasst. Daher wurde der alte Wagen aus dem Jahr 1914 gegen einen neuen AD 6 getauscht. Selbstverständlich wurden auch Motor-Spritzen der neuesten Technologie eingesetzt.

Wiener Messe 1925

Volle Werkshallen in Wiener Neustadt – Serienproduktion ADM

1925

Ein Blick in die OeFFAG nach der Fusionierung

Nachdem sich dieser Betrieb schon unter der Bezeichnung OeFFAG einen guten Namen gemacht hatte, wurde trotz des Wegfalls der Flugzeugproduktion keine Namensänderung nach dem Zusammenschluss mit Austro Daimler herbeigeführt. Nur der Zusatz „Karosserie" wurde beigefügt.

Personell allerdings gab es Änderungen – Dir. Friedrich Andrieu übernahm das Steuer dieses innovativen Betriebes mit seinen Holzbauspezialisten. Abgesehen von der technischen Leitung dürfte er auch im Verkauf sehr erfolgreich tätig gewesen sein, denn viele Kunden fanden den Weg direkt zu ihm. Denn auch Fahrzeuge von Fremdmarken wurden neuerdings bei der OeFFAG eingekleidet.

OeFFAG-Logo

Dir. Andrieu vor einem ADM 3 Liter Sport

ADM Innenlenker im Austro Daimler-Werkshof

ADM Sport mit langem Radstand OeFFAG

ADM Double Phaeton OeFFAG

Innenansicht OeFFAG – Karosseriebau

Die Karosserien der OeFFAG zeichneten sich durch fachmännische und hochqualitative Fertigung aus und wiesen meist eine klare Linienführung auf, die damals eher als Standardausführung galt. Heute jedoch schätzt man in Oldtimerkreisen diese Formgebung besonders, weil sie eher dem heutigen Geschmack der einfacheren Linienführung entspricht.

Innenansicht OeFFAG – Trockenkammern-Lackiererei

Zusammenbau verschiedener Karosserietypen: ADM und ADV

Neu hinzugekommen ist das Handwerk des Spenglers. Wurden die Karosserien der 25 und 35 HP beziehungsweise der AD 6-Fahrzeuge noch ohne „Blechkleid" ausgeführt, so wurden ab der ADM-Produktion meist blechüberzogene Holzkarosserien angefertigt. Nachfolgend eine Übersicht der wichtigsten Karosserieformen dieser Zeit:

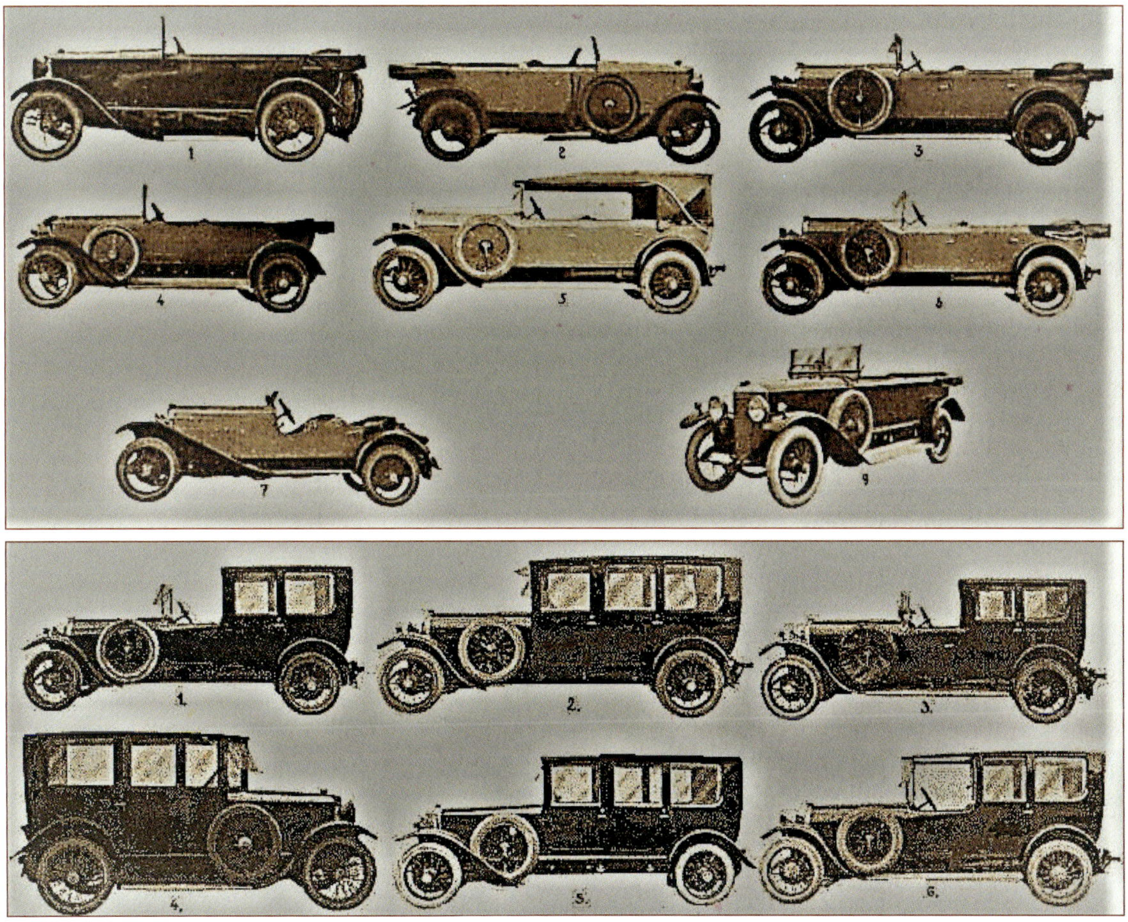

Die offenen und geschlossenen OeFFAG-Modelle 1925

OeFFAG Karosserie Double Phaeton ADV

Die Karosserien fallen durch zweckmäßig schöne und organisch aus der Kühlerform entwickelte Linie auf, wie in der Allgemeinen Automobilzeitung im Jahr 1925 berichtet wurde. Auch das aus den USA kommende Nitrozelluloselackierverfahren wurde sehr früh in Wiener Neustadt angewendet. Erstaunlich die Vorkehrungen in der Fabrik – Holzspäne und Abfälle wurden gesammelt und zum Heizkessel verfrachtet und den Staub befördert man durch Absauganlagen ins Freie, um für die Arbeiter eine halbwegs saubere Atemluft zu gewährleisten. Dass auch ein möglichst staubfreies Lackieren im Vordergrund stand, versteht sich von selbst.

Eine Zerreißprobe in Chile

Bei einem Rennen von Santiago nach Lontue über 200 km kam es zu folgendem Vorfall, welcher in der chilenischen Zeitung „Las Ultimas Noticias“ berichtet wurde. Demnach startete der Rennfahrer Dagoberto Floto mit seinem ADM Rennwagen und verlor nach einer Reifenpanne die Führung. Nach einer kurzen Aufholjagd wollte er den Führenden überholen, kippte aber in einer engen Kurve um, überschlug sich und rutschte einen Abhang hinunter. Gottlob blieben beide Insassen bis auf einige Abschürfungen unverletzt und konnten nach der Bergung des Fahrzeuges mittels Ochsengespanns das Rennen wieder aufnehmen. Allerdings ohne Lenkrad – denn das war gebrochen. Nur zwei Speichenstummel standen noch auf der Lenksäule. Trotz des Missgeschicks erreichte Dagoberto Floto noch den 8. Platz in der Gesamtwertung.

ADM nach einem Überschlag mit gebrochenem Lenkrad

Dieses besagte Fahrzeug wurde natürlich für Werbezwecke im Verkaufslokal der Firma Weber & Co in Valparaiso ausgestellt.

Wieder in Frankreich: Paris–Nizza 1925

In diesem Jahr fuhr Baron Malberg nicht vor dem Rennen nach Nizza, sondern über Bayern direkt nach Paris. Am zweiten Tag überraschte ihn ein Wintereinbruch, der eine Durchquerung des Schwarzwaldes unmöglich machte. Eine Schneedecke von über einem viertel Meter Höhe verursachte ein Chaos auf den Straßen. Bei Karlsruhe konnte er die Grenze nach Frankreich passieren und noch rechtzeitig zur technischen Abnahme beim Französischen Automobilclub in Paris erscheinen.

Nicht weniger als rund 30 Plomben brachte man am ADM an, um eine etwaige Reparatur erkennen zu können. Denn die Franzosen ersparten sich die Observer, die normalerweise jedem Team zugeteilt werden und jeden Vorfall zu Protokoll nehmen.

Malberg hatte diesmal einen „Leicht-Innenlenker" aus Wiener Neustadt mitgebracht, und zwar mit einer besonderen OeFFAG-Karosserie, die über keine Metallbeplankung verfügte, sondern mit leichtem Kunstleder überzogen war. Da die Fahrt Anfang März stattfand, war ein trockener und von der Motorwärme auch beheizter Innenraum sicher von Vorteil. Als besondere Schönheit konnte man diesen Aufbau wohl nicht bezeichnen …

ADM als „Leicht-Innenlenker" beim Bergrennen auf die Turbie bei Nizza

Der Start erfolgte am 10. März und die Strecke führte nach Lyon und weiter ins tief verschneite Grenoble. Malberg hatte diesmal einen Stallgefährten, denn der französische Vertreter von Austro Daimler Mr. Brisard war ebenfalls am Start. Nach einer kalten Nacht und einigen Startschwierigkeiten bei den französischen Automobilen (Start war mit dem ersten Versuch vorgeschrieben!) bewegten sich die 27 Teilnehmer nach Nizza. Die beiden ADM waren als Erste am Ziel. Doch die schwierigen Aufgaben waren erst in Nizza zu bewältigen. Sonderprüfungen bezüglich Lenkeinschlag, Wendigkeit und Bremsen standen auf dem Programm. Baron Malberg, der den Bericht über diese Veranstaltung in der Allgemeinen Automobilzeitung selbst schrieb, überlieferte uns über sein Bremsmanöver wertvolle Daten. Im Anlauf zur Bremsprüfung erreichte er eine Geschwindigkeit von 129 km/h und brachte seinen Wagen in 45,5 m zum Stehen. Mit diesem Wert schlug er alle anderen Konkurrenten um Längen – ja eigentlich wäre dieser Wert auch heute noch ein passabler, denn aus 100 km/h sind Werte um 40 m üblich!

Mr. Brisard ebenfalls rauf auf die Turbie

Werbung AD

Am letzten Tag fand das Bergrennen auf die Turbie statt, das die beiden Austro Daimler auf Platz 3 und 4 beendeten, übrigens auf Semperit Cord – mit Neustädter Luft gefüllt und mit Neustädter Luft heimgekehrt! Für damalige Straßenverhältnisse eine Sensation. In der Klasse bis 3 Liter Hubraum gewann Hans von Veyder Malberg vor Brisard diesen Wettbewerb. Die Heimreise führte übrigens durch Italien bei wärmeren Temperaturen als in den französischen Alpen. Somit konnte der Wiedereinstieg in den Motorsport äußerst erfolgreich vollzogen werden.

Pokal für Malberg

Der nächste Einsatz in **Königsaal** wurde von Josef Wetzka bestritten. Er gewann in neuer Rekordzeit die Tourenwagenklasse und Steyr mit Fahrer Huldreich Heusser die Sportwagenklasse. Die beste Zeit des Tages ging allerdings an Divo auf Delage.

Bevor eine Jubelmeldung aus Südamerika nach Österreich gelangte, gab es noch Erfolgsmeldungen aus Salzburg und Brünn. Die Herren Gallanzini, Groß und Ortner auf Austro Daimler erzielten die besten Zeiten in ihren Klassen beim Rennen auf den **Rainerberg**. Den gleichen Erfolg erreichte Hodina bei heftigem Regen beim Rennen **Brünn–Sobiesitz**.

AD-Werbung

Fernfahrt quer durch Südamerika: Valparaiso–Buenos Aires–Valparaiso

AD 6 in Nöten

Bereits am 28. Jänner startete ein Team unter der Leitung von Herbert Telge zu dieser tollkühnen Reise quer durch den lateinamerikanischen Kontinent. Sein Bericht erreichte erst im April die Redaktion der Allgemeinen Automobilzeitung, die einen mehrere Seiten langen Teil davon abdruckte.

Benutzt wurde ein AD 6 mit seiner serienmäßigen 60-PS-Maschine, Chassisnummer 7417 mit Motornummer 18.337, ausgerüstet mit drei Reserverädern, Flaschenzug, Brechstangen, Schaufeln und was sonst noch an Brachialwerkzeug für eine Anden- beziehungsweise Wüstenquerung notwendig ist. Ein Reservekanister mit 80 Liter Inhalt wurde wegen der langen „benzinlosen" Teilstücke notwendig. In dieser Zeit gab es über die Anden keinen einzigen Pass, der mit einem Automobil zu befahren war, sodass man auf einer Schmalspur-Eisenbahnstrecke den 4 km langen Basistunnel auf den Schwellen dahinrumpelnd benutzen musste. Ungefähr 47 Serpentinen mit einer Fahrbahnbreite von nur 2 m musste man bewältigen, um auf die Seehöhe von 3.400 m zu gelangen. Die Tunnelfahrt dauerte rund 45 Minuten, dann die nächste Herausforderung. Zwei Brücken mit einem Schwellenabstand von rund einem halben Meter konnten nur mithilfe der mitgeführten Bretter überwunden werden, die ständig weitergelegt werden mussten. In völliger Dunkelheit erreichte die Austro Daimler-Mannschaft Las Cuevas auf der argentinischen Seite.

Über die weiteren Umstände wie abrutschende Fahrbahnen, Geröllhalden und Nebel zu berichten, bis der AD 6 die Stadt Mendoza erreichte, würde wieder den Rahmen dieses Buches sprengen. Die Mannschaft gelangte nach Problemen in der Pampa (Sanddünen, Schlamm) am 7. Februar nach Buenos Aires.

AD 6 mit Mannschaft aus Valparaiso (Chile)

Nach einer Stadtbesichtigung und einem Service des AD 6 startete die Rückreise am 12. Februar. Die Schwierigkeiten waren ähnlich gelagert wie am Hinweg. Am 21. Februar um 10:30 Uhr endete das anstrengende Abenteuer vor dem Sitz des Automobilclubs in Valparaiso. Die argentinischen und chilenischen Sportbehörden stellten fest, dass der AD 6 genau 64 Stunden und 40 Minuten unterwegs war und daher einen um 7 Stunden kürzeren Rekord erreicht hatte. Die zurückgelegte Strecke betrug 3.642 km. Die mitgeführten Ersatzteile wurden bis auf 2 Zündkerzen nicht benötigt. In Buenos Aires wurde nur ein Ölwechsel durchgeführt und ein Leck im Tank gelötet.

Die weiteren Rennen ...

Dir. Willy Herbst und das Ehepaar Marcellino

Um die Rennveranstaltungen des Jahres 1925 nicht unnötig in die Länge zu ziehen, nun ein Bericht in kompakter Form. Auf der Ries-Strecke in der Steiermark ernteten die Steyr-Fahrzeuge die Lorbeeren. Einzig Baron Malberg konnte seine Klasse gewinnen und hinter dem Steyr von Hansal die zweitbeste Zeit bei den Sportwagen erreichen. Für Dir. Marcellino war das Rennen sehr erfolgreich – Sieg für Puch in der 250-cm^3-Klasse.

Malberg im ADM Sport auf die Ries

1925

In der Heimat von Mercedes fand das Rennen **„Rund um die Solitude"** statt, welches nach einem Zweikampf von Otto Merz auf Mercedes Kompressor gegen einen Bugatti gewonnen werden konnte. Mit am Start Eugen Feitelberg, der seinen ADM in der Tourenwagenklasse zum Sieg steuerte.

Links Eugen Feitelberg im ADM-Tourenwagen – Sieg in Stuttgart

1925 fand auch wieder eine **Österreichische Alpenfahrt** statt. Austro Daimler nahm offiziell nicht an diesem Wettbewerb teil, unterstützte aber die Salzburger Herren Auersperg und Sigl bei ihren Vorhaben. Beide erreichten das Ziel mit geringen Strafpunkten, jedoch mussten sie sich mit einer Silbernen Plakette (Prinz Karl Auersperg) und einer Bronzeplakette (Josef Sigl) begnügen. Dank erntete die Neustädter Firma, weil sie einen Krankenwagen für diese Veranstaltung zur Verfügung stellte, der jedoch nicht vonnöten war. Die Stars dieser Alpenfahrt waren einmal mehr die Automobile aus Steyr. Walter Delmar, Heinrich Graf Schönfeld und Baron Leo Haan errangen strafpunktefrei den Alpenpokal.

Heinrich Graf Schönfeld – der Star der Alpenfahrt 1925 auf Steyr VII

Anders das Resultat bei der **Polnischen Tourenfahrt**. Diesmal schickte Austro Daimler den routinierten Karl Bettaque ins Rennen und Henryk Graf Liefeldt als lokalen Kenner dieser Fahrt gleich dazu. Das Ergebnis: Bettaque gewann mit 35,08 Gutpunkten vor Liefeldt mit 34,42. An 3. Stelle Ladislaus von Almassy auf Steyr mit 27,15 Gutpunkten.

Henryk Graf Liefeldt und Ing. Karl Bettaque in Polen

1925

Traurige Nachrichten

Nicht nur für Austro Daimler waren die nachfolgenden Todesmeldungen von trauriger Bedeutung, ja für die gesamte Automobilindustrie muss man von einem großen Verlust sprechen.

Ing. Ludwig Stoll

Zuerst erwischte es Ing. Ludwig Stoll, der am 14. Juni bereits mit 48 Jahren starb, und kurz darauf seinen langjährigen Partner Ludwig Lohner. Die beiden hatten zusammen mit Ferdinand Porsche das Oberleitungssystem Lohner-Porsche-Stoll, wobei Letztgenannter für den Stromabnahme-Trolley verantwortlich zeichnete. Zuletzt war er Direktor der Sembusto GmbH gewesen – jener gefederten Räder, die aus der Not heraus im Weltkrieg wegen der Gummiknappheit von ihm erfunden worden waren.

Über Ing. Ludwig Lohner könnte man ein ganzes Buch schreiben, wollte man einen lückenlosen Nachruf verfassen. Mit Sicherheit war er ein Visionär, der immer seiner Zeit einen Schritt vorauseilte. Sowohl beim Automobilbau als auch bei der Fliegerei war er einer der Ersten. Und man denke an seine wunderschönen hochqualitativen Schöpfungen im Karosseriebau …

Ing. Ludwig Lohner

Lohner verstarb am 14. Juli an einem Herzschlag. In der Porzellangasse 2 versammelte sich die gesamte Automobilbranche, sozusagen ein halbes Staatsbegräbnis, denn er war auch Gemeinderat in Wien gewesen. Seitens der Österreichischen Daimler Motoren AG war Dir. Willy Herbst anwesend. Auch Ferdinand Porsche hatte Ludwig Lohner sehr viel zu verdanken, er ließ durch Ing. Liewers – Chef der Wiener Mercedes-Vertretung – einen Kranz niederlegen.

Nach Spanien geliefert: ADV als Wohnmobil

Selbstverständlich waren auch die beiden Armbruster-Brüder aus der unmittelbaren Nachbarschaft bei den Begräbnisfeierlichkeiten anwesend. Das ebenfalls ausgezeichnete Karosserieunternehmen machte in diesen Tagen wegen eines Spezialfahrzeuges auf sich aufmerksam. Ein nicht näher genannter spanischer Kunde wollte bei seinen Reisen möglichst unabhängig sein und ließ sich einen ADV bei Armbruster quasi als Wohnmobil aufbauen. Komfortable Drehsessel mit Klapptisch, Waschtisch und Eiskasten, Telefon zum Fahrer und Unmengen an Stauraum waren die Wünsche des sicher gut betuchten Bestellers.

Im Wiener Verkaufsbüro am Kärntner Ring 13 boomte der Verkauf dank Dir. Anton Czech, der diese Aufgabe schon lange Zeit ausgezeichnet erfüllte. Im Jahr 1925 betrug in Österreich die Steigerung 11% bei den PKW-Verkäufen. Dort trafen häufig positive Nachrichten von zufriedenen Kunden ein. Die Meldungen von unzufriedenen Kunden, die es vermutlich – wenn auch selten – gegeben hat, blieben aber meist im Verborgenen. Allerdings soll es einige Differenzen bezüglich Reparaturen mit Graf Khevenhüller gegeben haben …

Ein paar Lobesbriefe sollen aber hier erwähnt werden, weil sie Aufschluss über den Kundenstamm von Austro Daimler geben. So zum Beispiel von Dr. Otto Aufschnaiter von der Sanatorium und Kuranstalten AG in Baden bei Wien, der seit 2 Jahren einen AD 6 über sämtliche Alpenpässe quälte und nie den ersten Gang benutzen musste. In ähnlichen Worten äußerten sich der Violin-Virtuose Vasa Prihoda – ebenfalls AD 6 – und das Ehepaar Baron Hussarek vom Landsitz in der Wachau über ihren ADM.

ADM Double Phaeton, der vermutlich englische Besitzer ist unbekannt

ADM Sport lang vor der Wappenwand in der Burg zu Wiener Neustadt

ADM Werbung für Deutschland

Immer öfter beschäftigte sich die englische Zeitung „Autocar“ mit der österreichischen Marke. Diesmal wurde der ADM Sport mit 70 britischen HP auf der Brooklands-Bahn getestet. Der Motorhubraum wurde mit 2.650 cm³ (71,5 x 110 mm) angegeben. Die Geschwindigkeitsmessung über die halbe Meile ergab 125,5 km/h (78 Meilen), wobei ein starker Gegenwind Erwähnung fand. Das Urteil der englischen Tester: *Schmiegsamkeit und Schnelligkeit sind die Charakteristika dieses wohlbekannten österreichischen Wagens.*

Kurz nach diesem Testbericht wurden auf der **Brooklands-Bahn** wieder Rennen gefahren. Das Steuer des ADM Rennwagens von Mr. Newman übernahm Mr. Philip Turner, der bei seinem Siegeslauf eine Durchschnittsgeschwindigkeit von 140,4 km/h erreichte.

Hans Keil siegte im **Barmer Bergrennen** und Fritz Fröhlich ging bei der **Eifelrundfahrt** als Gewinner hervor.

Einen wichtigen Sieg in der Klasse bis 3 Liter errang der österreichische Herrenfahrer Fritz von Zsolnay mit dem ADM Sport beim **Klausen-Rennen** in der Schweiz. Er unterbot sogar die Zeiten von Caracciola und Merz aus dem Vorjahr, die mit den Mercedes-Kompressor-Wagen gefahren wurden. Den Gesamtsieg holte Giulio Masetti auf Sunbeam Kompressor in neuer Rekordzeit. Auch Steyr durfte jubeln – Sieg bei den Sportwagen bis 5 Liter Hubraum für Hansal.

Zsolnay beim Klausen-Rennen

1925

Wieder im Einsatz: der Gigant am Arlberg

Wie schon drei Jahre zuvor am Brenner musste der Gigant (C-Zug M16) wieder ausrücken. Das nächste Kraftwerk stand kurz vor der Fertigstellung und die schweren technischen Einrichtungen warteten auf die Endmontage. Am Bild ist zu erkennen, dass der Generatorwagen abgekuppelt im Hintergrund steht und mittels Schleppkabel der ebenfalls mit Elektromotoren angetriebene „Anhänger" in die Einfahrt manövriert wird – eine geniale Kriegserfindung findet einen nützlichen zivilen Anwendungsbereich!

Gigant (C-Zug M16) bei St. Anton am Arlberg

Feldbahnmotor FB4 mit 12 PS

Die Rennerfolge im Herbst 1925

Zuerst zum Mährisch-Schlesischen Automobilclub auf die **Ecce-Homo-Bergstraße**. Dort triumphierte Ulrich Graf Kinsky mit seinem Steyr Rennwagen in neuer Rekordzeit. Bei den seriennahen Automobilen gelang das Gleiche Fritz von Zsolnay mit dem ADM. Da die Zeit von 1923 um 18 Sekunden verbessert wurde, kann man auf eine deutliche Kraftsteigerung des ADM-Motors schließen – offiziell wurden 60 PS angegeben. Austro Daimler war mit seinen Leistungsangaben immer sehr vorsichtig und übte sich meist in noblem „Understatement". Wenn man die Leistung des ADM mit 45 PS des ADM Sport gegenüberstellt, so kann von einer tatsächlichen Spitzenleistung von guten 70 PS ausgegangen werden.

Zsolnay auf der Ecce-Homo-Bergstraße

Fritz von Zsolnay

Nun zum Automobilclub di Roma zum 14,4 km langen Rennen auf den **Rocca di Papa**. Graf Carlo Masetti gewann auf Bugatti. Doch in der 3-Liter-Klasse belegten die Herren Tortima und Papparini auf Austro Daimler die Plätze 2 und 3 hinter Sieger Mancinello auf Alfa Romeo. In Reichenhall wurde der **Antoniberg** durch Herrn Ortner aus Salzburg in neuer Rekordzeit bezwungen, Ortner gewann vor Anast auf Alfa Romeo.

Paparini in Rom

Eine wahre Monsterveranstaltung ließ sich die russische Sowjet-Regierung einfallen, die bei der **Allrussischen Tourenfahrt** 78 Personenwagen und 47 Lastwagen in allen nur erdenklichen Leistungsmerkmalen testete. Eingeteilt in die üblichen Hubraumklassen, erreichte Austro Daimler bis 4 Liter Hubraum den ersten Preis in der Kategorie Widerstandsfähigkeit und Geschwindigkeit. Zu gewinnen gab es außer den Sachpreisen für die Kategoriesieger Einfuhrerleichterungen und auch Bestellungen der Regierung.

Der Start erfolgte in Leningrad, die Strecke führte weiter nach Moskau, dann eine weite Runde nach Kursk, Rostow, Tiflis, Armawir, wieder Rostow, Kursk und über Tula zurück nach Moskau – gesamt satte 5.200 km! Über die Ereignisse auf dieser Fahrt wurden ausführliche Berichte der beiden AD-Fahrer Bettaque und Wetzka in der Allgemeinen Automobilzeitung abgedruckt. Hier einige Ausschnitte von Ing. Karl Bettaque:

Am Abend des 28. Juli ging der Dampfer „Wartburg" vor Kronstadt vor Anker. Er hatte unsere Austro Daimler Wagen, die in Stettin die Landstraße von Wiener Neustadt her verließen, mit der Bestimmung nach Petersburg an Bord genommen.

1925

Am Morgen des 29. Juli legte die Wartburg tatsächlich in St. Petersburg an. Nach zirka dreistündiger zoll- und paßamtlicher Behandlung fuhren wir dann ins Hotel. Programmgemäß stand uns noch eine Woche bis zum Start zur Verfügung. Indessen war die letzte Durchsicht der Maschinen bald beendet. Doch alles kommt anders, als man denkt. Um 9:00 Uhr abends im Hotel Europe Besprechung mit der Rennleitung: Start auf den 15. August verschoben, alle Wagen staatlich beschlagnahmt – Fahrverbot! Erst am 16. August konnten die Wagen der Rennkommission zur Kontrolle übergeben werden. Grund war die verspätete Anreise der amerikanischen Teilnehmer (Buick, Chrysler, Dodge, etc.).
Der Start erfolgt nun am 18. August nach den obligatorischen Ansprachen und die erste Etappe führt den Tross nach Nowgorod. Die Erinnerung löst bei mir einen imaginären Hautreiz aus: Massenquartier, Lebewesen aller Arten, Krautsuppe, Strohsäcke. Frühmorgens Start zur zweiten Etappe. Das Tempo war ein sehr lebhaftes, aber unseren beiden Benzinuhrwerke gelang es bald, auch den stärkeren Maschinen auf den Leib zu rücken, wenngleich unsere Ballonreifen stark zum „Vernageln" neigten und uns, besonders aber dem armen Wetzka, viel Plage verursachten … Dann Twer, die zweite Etappenstation. Nachtasyl mit Hautreiz.
Den 20. August früh Start zur dritten Etappe. Wetzka schlägt den Rekord für Nageldefekte. Dessen ungeachtet laufen unsere beiden Austro Daimler geschlossen unter den Stärkeren unserer Kolonne, von einer jubelnden Bevölkerung empfangen, in Moskau ein. Ein Hotel mit richtigen Zimmern und sonstigen zweckmäßigen Nebenräumlichkeiten – welch eine Seligkeit!
Am 22. August starteten wir zur vierten Etappe, guter Dinge, um so mehr, als sich unsere braven Austro Daimler in einer nur noch kleinen vornehmen Gesellschaft „Strafpunkte-loser" befanden. In Tular Mittagsrast: Staub, Hitze, Krautsuppe, warmes Jungbier. Dann nach Orel, Unterkunft siehe „Twer".
Jetzt noch die fünfte Etappe auf Landstraßen bis Charkow – dann die Wildnis.
Sechste Etappe, kaskaden- und treppenförmige Feldwege, unterbrochen durch reizvolle Gräben, Schlünde und Felsformationen. Die Hinterachse steht meist senkrecht zur Vorderachse, teilweise entgegengesetzt verwunden.

Allrussische Tourenfahrt: ADM auf schwimmender Brücke

Die vorgeschriebene Durchschnittsgeschwindigkeit einzuhalten erfordert einige fahrtechnische Erfahrungen und Geschicklichkeit. Jedenfalls für Anfänger wenig geeignet, um so mehr, als sich diese Terrainschönheiten auf nahezu 1.000 km erstrecken. Von Bachmut bis Rostow das gleiche Bild, das gleiche Quartierelend, Staub und Hitze.
Am 28. August Start zur achten Etappe. Steppe, kein Weg, kein Baum, kein Strauch, nur ein paar Lehmhütten, kleine Sonnenblumenfelder, sonst Sand, dürres Gras und Disteln. Tiefe durch Gras verdeckte Löcher und Gräben lassen den Wagen meterhoch springen. Nur durch größte Geistesgegenwart und Schleudernlassen des Wagens sind bedenkliche Löscher zu parieren, um in andere wieder hineinzufallen.
Die neunte Etappe Armavir-Piatigorsk bildet den Übergang von Staub zum Schlamm. Die zehnte Etappe bringt die Durchquerung metertiefer Schlammflüsse, lehmige Höhenrücken lassen den Wagen quer herunterrutschen. Nur wer bei der Erschaffung der Erde dabei war, die Urmassen aus Wasser, Luft und Brei gesehen hat, kann sich davon eine Vorstellung machen. Der liebe Gott selber konnte in dieser Gegend die Elemente nicht trennen, die Russen auch nicht …

Werbung Russische Tourenfahrt

Am 31. August brummten nun unsere beiden Wagen, hochmütig ihrer vornehmen Abkunft und Standesehre bewußt, die kunstvollen Serpentinen des Kaukasus hinauf, vorbei an kochenden Kühlern oder an schwachen „Salonkaukasiern". Wir überquerten mühelos die Paßhöhe in 2.300 m und nach Überschreitung der Grenze von Europa nach Asien liefen wir in Tiflis, unserem Wendepunkt, ein.

In umgekehrter Reihenfolge absolvieren wir die gleichen Etappen, die gleichen Asyle, die gleiche Krautsuppe. Ankunft in Moskau – nach gründlicher Reinigung werden die Wagen der gestrengen Prüfungskommission vorgeführt. Ich kann nicht Russisch, möchte aber ungeduldigerweise den Prüfungsbefund wissen. Eine fragende Handbewegung verschafft mir die Antwort in halbem Deutsch: „Austro Daimler kein Maschin, Austro Daimler Gold." Ein gratulierender Händedruck, und auch diese Probe war gewonnen. Jetzt noch die Schnelligkeitsprobe: „Beide Austro Daimler erhalten die höchste Gutpunkteanzahl von sämtlichen 34 Konkurrenten!"

Es war die schärfste Erprobung von Wagen und Fahrern aller bisherigen Konkurrenzfahrten. „Pardon, beinahe hätte ich vergessen zu erwähnen, daß Austro Daimler den Petersburger Preis für die beiden besten Wagen der Konkurrenz erhalten hat."

So weit Russland aus der Sicht von Karl Bettaque – in sehr ironischer Weise formuliert.

Petersburger Preis für Austro Daimler

Am ungarischen **Schwabenberg** fand in diesem Jahr ein Jubiläumsrennen statt. Austro Daimler schickte Fritz Haiden und Anton Kammergruber ins Rennen. Ergänzt wurden die beiden durch Alexander Graf Festetics, der sich der Tourenwagenklasse bis 3 Liter annahm und hinter einem Peugeot den 2. Platz erreichte.

Anton Kammergruber startete in einem ADM-Tourenwagen in der Klasse bis 2,5 Liter. Stellt sich natürlich die Frage, welcher Motor war da eingebaut? Hatte man für die neu geschaffene 2,5-Liter-Klasse den Hubraum etwas reduziert? Da der ADM-Motor über eingesetzte Laufbuchsen verfügte, wäre das denkbar. Wie dem auch sei, Kammergruber gewann diese Klasse mit Klasse – denn sein verwegener, aber sauberer Fahrstil wurde ausdrücklich besonders hervorgehoben.

Bei den Rennwagen über 3 Liter ging der Sieg wie so oft an Graf Kinsky auf Steyr mit einem neuen Streckenrekord von 3:54:8 Minuten. Knapp dahinter Fritz Haiden im ADM 3 Liter Sport, der diese neue Motorisierung erstmals geheim testete: Er benötigte 4:01:0 Minuten – ebenfalls neuer Klassenrekord! Und bei den Motorrädern siegte wieder Hugo Höbel auf Puch 175 cm³.

Oben: Festetics, Mitte: Kammergruber, unten: ADM 3 Liter Sport mit Fritz Haiden am Steuer

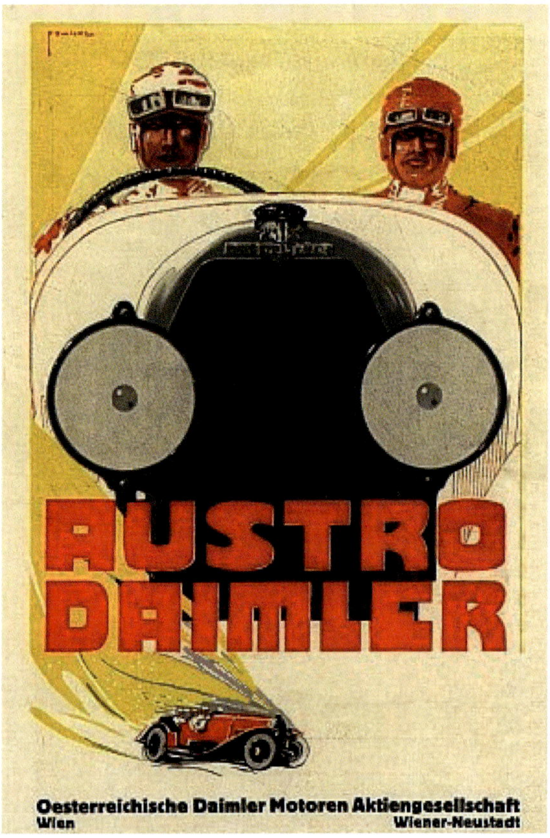

ADM-Werbung Zwickl

Fritz Haiden

Leichtmotorrad 175 cm³. Die Serienausführung auf der Berliner Automobilausstellung 1925

Das Grazer Paradeunternehmen hatte auch beim Großen Preis von Deutschland auf der **Avus-Rennbahn** einen grandiosen Erfolg eingefahren. Zwei 175-cm³-Puch-Maschinen waren am Start bei diesem prestigeträchtigen Rennen. Der Freiburger Meisterfahrer W. Zick und der Grazer Hans Sandler übernahmen vom Start weg die Führung und lagen bis zur vorletzten Runde unangefochten an der Spitze des überaus stark besetzten Feldes. Doch plötzlich ging dem in Front liegenden Sandler das Benzin aus. Er schob seine Maschine noch bis in die Boxenstraße, konnte aber auf Grund völliger Erschöpfung die Fahrt nicht mehr fortsetzen. Sieg für Zick – doch den neuen Rundenrekord erzielte Sandler. Nach den großartigen Triumphen in Budapest (Schwabenberg) und Berlin (Avus) war es wieder an der Zeit, eine Siegesfeier im Grazer Puch-Werk zu veranstalten. Unter Beisein von Direktor Liebl und Komm.-Rat Linninger hielt Dir. Marcellino eine bewegende Ansprache vor der gesamten Belegschaft, in der er die treue Zusammenarbeit im Grazer Betrieb hervorhob.

1925

Siege müssen gefeiert werden. Links: Hugo Höbel, Mitte: Marcellino, rechts: Hans Sandler

Noch ein Rennen mit Austro Daimler-Erfolg fand in Tirol am **Zirlerberg** statt. Fritz von Zsolnay erreichte die beste Zeit der Rennwagen in 4:32:40 Minuten für die 5 km lange Bergaufstrecke. Pech hatte Herr Ortner, der mit seinem ADM eine Kurve zu eng ansteuerte und viel Zeit verlor. Mit dabei im Organisationskomitee und auf der Rennstrecke: Anton Köllensperger mit einem ADM-Tourenwagen, der seine Kategorie bis 3 Liter gewann. Mit diesem spektakulären Bild endet die Rennsaison 1925.

Das Leiden eines Austro Daimlers
Ortner auf ADM

Jahresausklang: Automobilmessen

Vom 9. bis 17. Oktober wurde wieder die **Olympia-Show in London** abgehalten, bei der die österreichischen Firmen Steyr und Austro Daimler erstmalig nach dem Krieg teilnehmen durften. Nicht dabei die deutschen Automarken, sie waren für dieses Jahr von der Veranstaltung noch ausgeschlossen. Beide österreichischen Teilnehmer bekamen eine außerordentlich gute Presse in den englischen Blättern „Autocar" und „Motor". Sogar „The Times" und der „Observer" berichteten über den neuen Steyr XII und über die Austro Daimler-Automobile. Besonderes Lob erhielt der ADV, konkret die Konstruktion der Vorderachse mit den großen Trommelbremsen sowie die schon erwähnte saubere Anordnung der Motornebenaggregate. Die ausstellende Niederlassung „Austro Daimler Limited, London" berichtete nach Wiener Neustadt von einem besonders großen Gedränge an ihrem Stand und über das große Entzücken des sonst so zurückhaltenden englischen Publikums über das ADM-Chassis. Der Geschäftsgang wurde ebenfalls gelobt, denn Abschlüsse in England und nach Übersee konnten in größerem Umfang getätigt werden. Und aus Valparaiso wurde berichtet, dass der „Prince of Wales" bei seinen Besuchen in Chile gerne einen ADV benutzt.

Stand auf der Olympia-Ausstellung in London

Die nächste Ausstellung fand vom 26. November bis 3. Dezember in **Berlin** statt. Allerdings war das eine rein deutsche Automobilmesse ohne ausländische Beteiligung – ausgenommen Österreich. Der Grund war der noch immer bestehende Ausschluss aus der internationalen Vereinigung der Automobilkonstrukteure, die auch Deutschland bei der Olympia-Show in London die Teilnahme verwehrte. Quasi als Gegenmaßnahme zelebrierte man in Berlin die deutschen Automobilmarken beinahe ohne ausländische Konkurrenz.

Somit blieb genug Platz für die österreichischen Marken Austro Daimler, Steyr, Gräf & Stift, Puch und Perl. Von der Wiener Neustädter Marke waren fünf Fahrzeuge ausgestellt. Beginnend mit dem Chassis Polie des ADM, spannte sich der Bogen über einen ADM Double Phaeton, einen Innenlenker der gleichen Type sowie über das ADM-60-PS-Sportmodell. Als Krönung stand der ADV als noble 7-sitzige Innenlenker-Limousine vor dem Berliner Publikum. Die Schwestermarke Puch war mit dem Avus-Siegermotorrad vertreten.

Berliner Automobilausstellung 1925

Die letzte Ausstellung des Jahres fand in **Brüssel** statt, und wurde wieder durch die belgische Vertretung Tattersall Automobile S.A. organisiert. Das ADM Chassis wurde von Berlin nach Belgien transferiert, die anderen ADM-Modelle wie Innenlenker (OeFFAG-Modell 56) und der Sportwagen (OeFFAG-Modell 63) wurden seitens der Belgier zur Verfügung gestellt. Und Steyr präsentierte die neueste Type XII dem internationalen Publikum in Brüssel.

Zum Jahresende brachte der Werbechef von Austro Daimler, Franz Zwickl, wieder eine kunstvolle Broschüre unter das mittlerweile wieder kaufinteressierte Publikum. Lobeshymnen kamen von der Nowgoroder Aktiengesellschaft (Dir. Perl) über seinen AD 6 (Motor Nr: 17121) und von Herrn Egon Reininger aus Sisak. Über den neu ausgelieferten ADM mit 45 PS freute sich Dir. Körper von der Bega-Dampfmühlen AG in Temesvar.

1925

Leistungsgrenze erreicht: der neue ADM Sport 3 Liter

Schon Mitte des Jahres 1925 kam man im Konstruktionsbüro zu dem Schluss, dass bei einem Hubraum von 2,6 Liter die Leistungsgrenze beim letzten Modell bei ca. 70 PS erreicht sein dürfte. Daher entschloss man sich, den Hubraum auf 2.994 cm^3 zu erhöhen, um in der neu geschaffenen 3-Liter-Rennklasse wettbewerbsfähig zu bleiben. Denn bisher waren die ADM-Fahrzeuge mit dem geringeren Hubraum von 2.650 cm^3 gestartet. Mit dieser Maßnahme erhöhte sich die Leistung auf anfänglich 100 „Understatement-PS".

Ing. Reimspieß verfasste die unten abgebildete Ansicht des neuen ADM Sport 3 Liter im Dezember 1925. Damit legte er den Grundstein zu einer wahren österreichischen Sportwagenlegende – denn der „3 Liter Sport", wie er umgangssprachlich genannt wurde, gehörte in den 20er Jahren zu den begehrtesten Automobilen überhaupt. Erst das Modell Bergmeister von 1931 kann diesen Wagen in seiner Begehrlichkeit noch übertrumpfen. Offiziell vorgestellt wird dieser Sportwagen aber erst im nächsten Frühjahr …

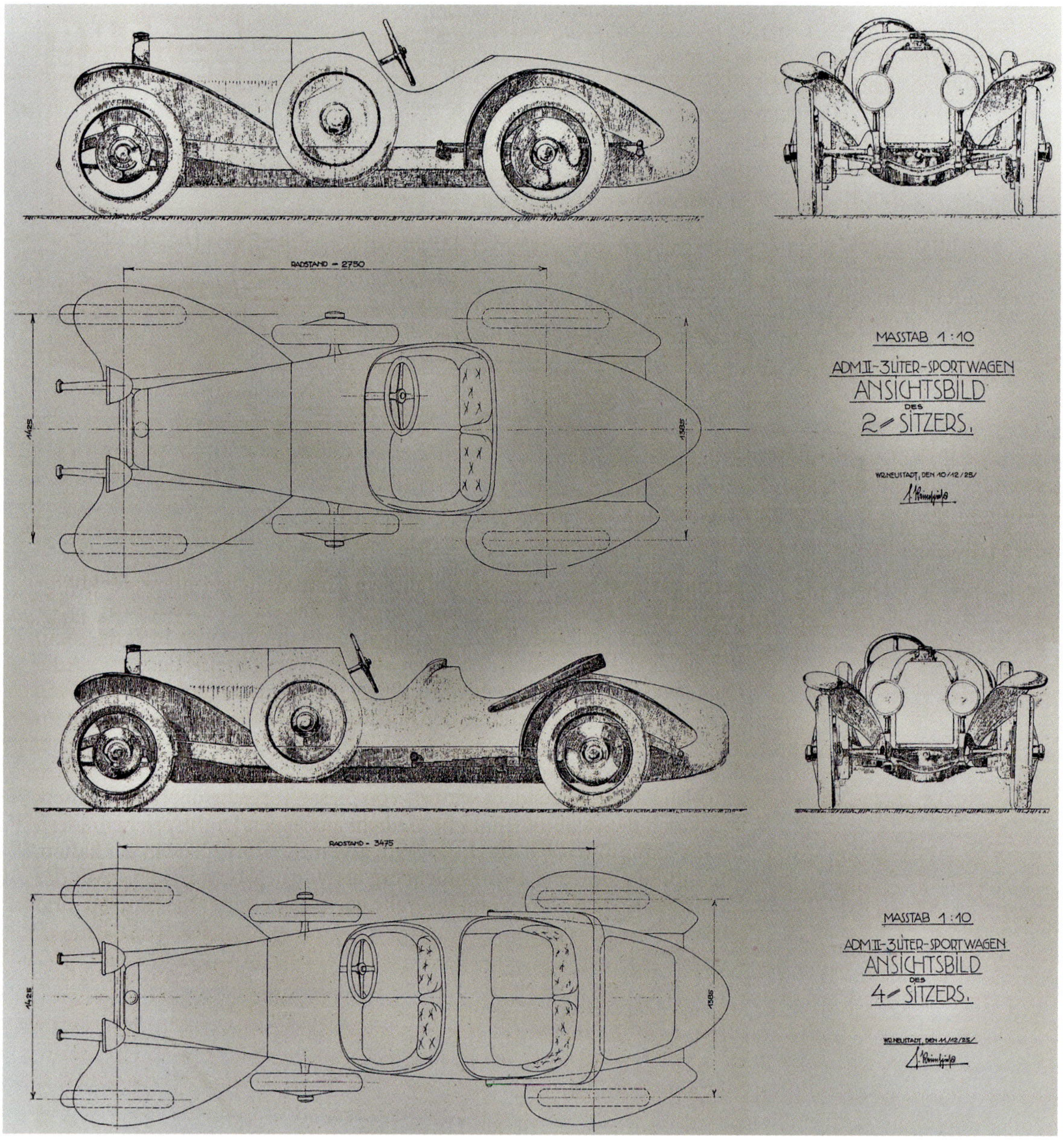

ADM 3 Liter Sport: Ansichten von Ing. Franz Xaver Reimspieß

AD-Werbung für 1926

1925

1926 – Eine Automobillegende: ADM Sport 3 Liter

Wenn bei Austro Daimler ein neues Modell im Entstehen ist, dann kehrt nach außen hin Ruhe ein. Nur so kann eine weitgehende Abstinenz von allen Veranstaltungen und Presseterminen verstanden werden. Und intern wird heftig gearbeitet. Die Vorbereitungen erstrecken sich über die Testfahrten bis hin zu den Karosserien in der OeFFAG. Hatte der Versuchsrennwagen von Fritz Haiden am Schwabenberg noch geschätzte 100 PS, so sollte man noch weitere 15 PS über den Winter für die Serienproduktion finden. Wie viele Pferde die Rennwagen des ADM R 3 Liter wirklich hatten, fiel unter strenge Geheimhaltung.

Zur **Wiener Frühjahrsmesse** waren wieder die üblichen Typen der Baureihe ADM 2,6 Liter und ADV ausgestellt – mit geringfügigen Änderungen für das Modelljahr 1926. Neu war die Zusammenarbeit mit dem Karosseriebauer Ferdinand Keibl, der ein ADV Kabriolett am Austro Daimler-Stand präsentierte.

Am Messestand in Wien, links der ADV mit Keibl-Karosserie

Bevor im Mai 1926 die neue Type mit dem 3-Liter-Motor vorgestellt wird, lässt der Werbechef Franz Zwickl noch einige „Lobeshymnen" in der Allgemeinen Automobilzeitung abdrucken. Wie zum Beispiel über die Geschmiegsamkeit des ADM von Herrn Georg Dorn, Inhaber der Firma Hohenauer in Passau, oder von Ing. Harry Brunner aus Wien, der mit der gleichen Type die Strecke Dresden–Wien in einem Tag absolvierte.

Berliner Austro Daimler AG liquidiert – Neugründung

Eine Änderung der besonderen Art wurde im Februar 1926 in Berlin erforderlich. Da die bisherige Vertriebsgesellschaft unter dem Einfluss von Camillo Castiglioni stand und dieser die Aktien dieses Unternehmens für seine zweifelhafte Kapitalerhöhung bei BMW abstoßen musste, wurde eine neue Austro Daimler Automobil Verkaufsgesellschaft m.b.H. gegründet. Dem Kaufmann Walter Neupert aus Berlin wurde die Prokura erteilt und als Gesellschafter wurden die Kaufleute Bruno Thormann und August Schmidtke bestellt. Extra betont wurde auch, dass der Gesellschaftsvertrag völlig neu verfasst wurde und Herr Kalkoff nicht mehr Geschäftsführer ist. Dieses „Berliner Manöver" kostete die Österreichische Daimler Motoren AG viel Geld, der Aktienwert wurde mit 1.250,00 Reichsmark bewertet. Durch die Liquidierung musste BMW den größten Teil des Wertes jedoch abschreiben. Auch die Austro Daimler Motoren AG in München wurde gegenverrechnet und kostete das Unternehmen nochmals knapp 490.000 Reichsmark. Mit diesem „Aderlass" war nun die Ära Castiglioni für die Österreichische Daimler Motoren AG endgültig abgeschlossen.

Die offizielle Präsentation des ADM 3 Liter Sport

Dieses Kunstwerk an Sportlichkeit und Grazie sollte einen Sportwagen mit einem schnellen Tourenwagen verbinden, denn so war es möglich, einen Renneinsatz am Wochenende zu bestreiten und am Montag eine schnelle Geschäftsreise zu unternehmen. In dieser Zeit ein durchaus üblicher Wunsch des betuchten Kundenkreises. Aus den Renneinsätzen der beiden vergangenen Jahre hatten die Techniker im Neustädter Werk abgeleitet, dass einerseits der Hubraum den internationalen Regeln (Klasse bis 3 Liter) angepasst werden sollte und andererseits das Gewicht reduziert werden musste. Zusätzlich war auch eine bessere Straßenlage durch Herabsetzung des Schwerpunktes und eine Überarbeitung der Radachsen notwendig geworden. Erreicht wurde das durch einen Knick im Chassis-Rahmen, eine größere Spurweite und verstellbare Reibungsdämpfer an der Vorderachse. Obwohl aus verkaufstechnischen Gründen dieses neue Sportmodell ebenfalls unter dem bekannten Namen „ADM" auf den Markt kam, handelte es sich doch fast um eine Neuentwicklung.

Definitiv neu waren die OeFFAG-Karosserien für den ADM 3 Liter Sport. Wie schon Ende 1925 abgebildet, war Ing. Reimspieß federführend am Aussehen und der Konstruktion beteiligt. Es handelte sich um einen Eschenholzrahmen mit 3 mm Sperrholzoberfläche, die entweder mit Kunstleder oder mit Aluminium belegt wurde. Die Lackierung erfolgte nach dem Nitrozellulose-Verfahren, wobei hauptsächlich englische Farben verwendet wurden.

ADM R – am Steuer Josef Wetzka jun.

Die Präsentation des neuen 3-Liter-Modells fand Ende April beziehungsweise im Laufe des Mai während der Rennen in **Königsaal** und auf der **Riesstrecke** statt. Josef Wetzka trieb den neuen ADM in Rekordzeit nach Jilowischt, nur um ungefähr 1 Sekunde langsamer als der Steyr von Graf Kinsky in der 5-Liter-Klasse! Noch besser lief es für Fritz Haiden auf der Ries-Strecke – neuer Streckenrekord in 3:26:6 min. Besser kann man ein neues Produkt wohl nicht einführen!

ADM 3 Liter Sport ab April 1926	Technische Daten
Zylinder	6 in einem Alu-Block gegossen
Hubraum, cm^3	2.994
Bohrung/Hub, mm	76 x 110
Leistung PS	100
Ventilsteuerung, Nockenwelle	2-reihig, Kipphebel, obenliegend, Königswelle
Kurbelwelle	3-fach-Gleitlager
Drehzahl max.	3.600 U/min.
Gemischaufbereitung	Zenith HK Spritzdüsen Zweivergaseranlage
Kupplung	Einscheiben trocken
Spurweite vorne/hinten	1.425/1.385 mm
Radstand bei Kurzversion/Langversion	2.750/3.475 mm
Fahrzeuggewicht Chassis	ca. 1.020 kg
Bodenfreiheit	180 mm
Benzinverbrauch, je nach Gelände	ca. 16 l/100 km
Höchstgeschwindigkeit Kurzversion	160 km/h

Die offiziellen Vorstellungsfotos des ADM 3 Liter Sport, hier mit kurzem Radstand

Austro Daimler ADM 3 Liter Sport Langversion mit Karosserie OeFFAG Wiener Neustadt

ADM 3 Liter Sport, langer Radstand

Fritz Haiden bei seinem Ries-Rekord

Werbung Zwickl

Unter den Karosserievarianten war auch jene von Komm.-Rat Anton Köllensperger, der seine Schöpfungen bei der ehemaligen Werkstatt Weiser fertigen ließ. Am unteren Bild chauffiert er den Handels- und Verkehrsminister Dr. Hans Schürff am Achensee entlang, hoffentlich mit Verkaufserfolg!

Komm.-Rat Anton Köllensperger mit Handelsminister Dr. Schürff am Achensee

Familie Schönborn „ganz mobil"

In einem Artikel der Allgemeinen Automobilzeitung kommt wieder einmal Karl Graf Schönborn-Buchheim zu Wort. Er berichtet über seine Reiseerlebnisse mit seinem AD 6 und über seine Erinnerungen an das legendäre Rennen im Jahr 1905 in der Nähe seines Schlosses Mallebarn, in dem er von Dir. Eduard Fischer knapp geschlagen wurde. Schönborn fuhr damals einen 70 HP Lohner-Porsche Mixte, Fischer den 90 HP Neustädter Mercedes.

Anscheinend war dem flotten Grafen der AD 6 nicht schnell genug, denn die Probefahrt mit Dir. Andrieu mit dem neuen 3-Liter-Sport blieb nicht ohne Folgen. Angekauft wurden gleich 2 Fahrzeuge, einmal das 3-Liter-Modell als Zweisitzer und ein 2,6 Liter als Viersitzer.

Katalog ADM 1926

Dir. Andrieu mit Graf Schönborn auf Probefahrt im ADM 3 Liter Sport

Nun, diese beiden Neuerwerbungen mussten natürlich ausgiebig getestet werden. Über den Sommer begab sich die Familie Schönborn auf Reisen nach Tschechien bis an die polnische Grenze. Dabei waren einige Hindernisse zu überwinden, wie eine Flussdurchquerung des Latorza – natürlich mit neugierigem Sonntagspublikum am Ufer.

Schönborns Tschechien-Reise: die beiden Neuerwerbungen bei der Flussdurchquerung des Latorza

Ebenfalls getestet wurden die neuen ADM-Modelle bei der **Ungarischen Tourenfahrt** (Gesamtsieg durch Johann Szini) sowie bei der **Norddeutschen Tourenfahrt**, wo Carl Deilmann jun. ein Flachrennen mit 120 km/h Durchschnittsgeschwindigkeit gewann.

Carl Deilmann jun. beim Flachrennen auf der AVUS-Rennbahn

Das Rennen in **Brünn** wurde wieder durch Fritz von Zsolnay erfolgreich bestritten, nachdem er kurze Zeit Austro Daimler untreu geworden und für Gräf & Stift einige Rennen gefahren war. Doch dürfte dem schellen Baron das neue 3-Liter-Modell so gut gefallen haben, dass er wieder zu seiner Stammmarke zurückkehrte – und zwar mit einem neuen Streckenrekord!

Karl Illner als Autokonstrukteur

Einer, den das Flugverbot aus dem Friedensvertrag von St. Germain besonders getroffen hat, war Karl Illner. In den Kriegsjahren noch besonders „nützlich" in der Rüstungsindustrie, werkte er von 1916 bis in den Sommer 1919 als Abteilungsleiter bei der Österreichischen Daimler Motoren AG und war dann plötzlich nicht mehr so „nützlich". Da Illner ein sehr vielseitiger Techniker war, übernahm er den Installationsbetrieb Maluschek & Co in Wien 9, Glasergasse 11, und führte diese auf Wasser- und Dampfkessel spezialisierte Firma bis zur Wirtschaftskrise, dann musste der Betrieb leider schließen.

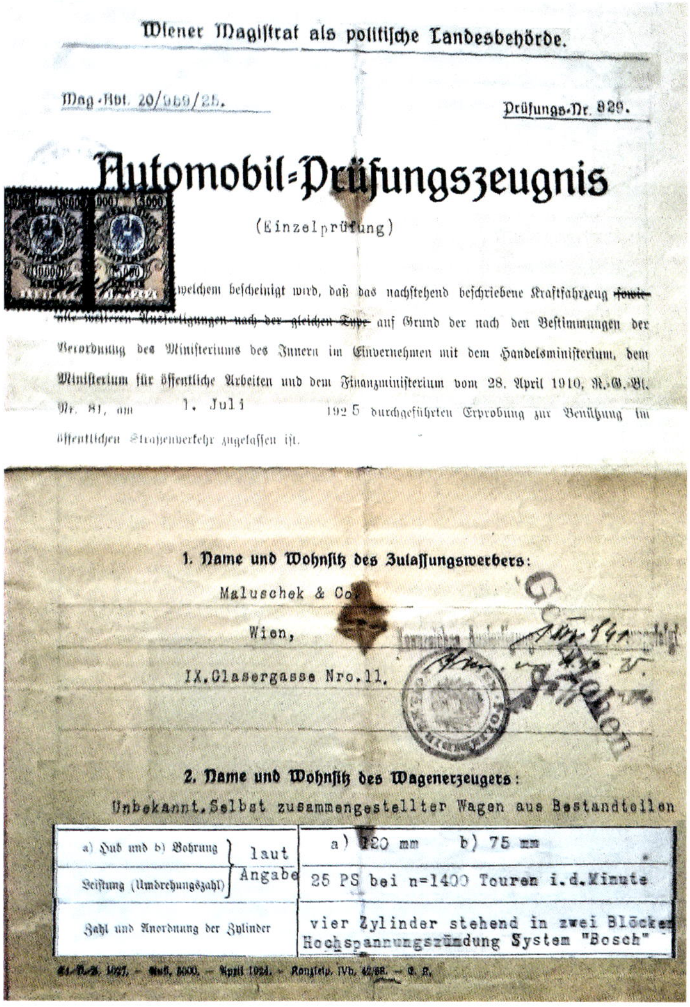

Wiener Magistrat als politische Landesbehörde.

Mag.-Abt. 20/969/25. Prüfungs-Nr. 829.

Automobil-Prüfungszeugnis

(Einzelprüfung)

...welchem bescheinigt wird, daß das nachstehend beschriebene Kraftfahrzeug ~~sowie alle weiteren Ausfertigungen nach der gleichen Type~~ auf Grund der nach den Bestimmungen der Verordnung des Ministeriums des Innern im Einvernehmen mit dem Handelsministerium, dem Ministerium für öffentliche Arbeiten und dem Finanzministerium vom 28. April 1910, R.-G.-Bl. Nr. 81, am 1. Juli 1925 durchgeführten Erprobung zur Benützung im öffentlichen Straßenverkehr zugelassen ist.

1. Name und Wohnsitz des Zulassungswerbers:

Maluschek & Co.
Wien,
IX. Glasergasse Nro. 11.

2. Name und Wohnsitz des Wagenerzeugers:

Unbekannt. Selbst zusammengestellter Wagen aus Bestandteilen

a) Hub und b) Bohrung	laut Angabe	a) 120 mm b) 75 mm
Leistung (Umdrehungszahl)		25 PS bei n=1400 Touren i.d. Minute
Zahl und Anordnung der Zylinder		vier Zylinder stehend in zwei Blöcken Hochspannungszündung System "Bosch"

Im Sommer 1926 kam Illner zur Automobilprüfstelle des Magistrats Wien mit einem selbst gebauten Automobil zur Typenprüfung. Er konstruierte und zeichnete das Fahrzeug auf der Rückseite einer alten Landkarte und setzte ausschließlich gebrauchte Teile von verschiedenen Fabrikaten ein. Zeichnungen und Bilder sowie die Typisierungspapiere sind aus dem Nachlass von Karl Illner erhalten geblieben.

Ebenfalls noch in seinem Nachlass eine Einladung des Wiener Neustädter Ausstellungskomitees anlässlich der 25-Jahr-Feier des österreichischen Erstflugs im Jahr 1934, bei der Illner nicht fehlen durfte. Denn mittlerweile war allgemein anerkannt, dass Illner und nicht Etrich das Flugzeug am 29. November 1909 gesteuert hatte. Dies soll aber die konstruktiven Leistungen Etrichs keinesfalls schmälern!

Ausschnitt Prüfungszeugnis

Illners Automobil mit 25 PS

Schon wieder traurige Nachrichten

Das Jahr 1926 ist leider auch ein Jahr der Todesmeldungen. Nach dem Ableben von Ing. Ludwig Stoll und Ing. Ludwig Lohner stirbt am 22. Juni **Anton Armbruster** im 74. Lebensjahr – wieder ein großer Verlust für die Automobilindustrie in Österreich. Und die Österreichische Daimler Motoren AG verliert am 10. August den langjährigen Direktor und Verwaltungsrat **Felix Burmann** nach kurzem Leiden bereits im 45. Lebensjahr.

Auch Italien trauert. **Giulio Graf Masetti** verunglückt am Ort seiner großen Triumphe tödlich. Er überschlägt sich bei der diesjährigen Targa Florio und kommt unter seinem Wagen zu liegen. Masettis Tod berührt auch die Rennfahrertruppe bei Austro Daimler, hat doch der Sportsmann aus Florenz den Österreichern beim Unglücksrennen in Monza 1922 bei der Suche nach neuen Kolben geholfen.

Anton Armbruster

Mitbewerb gleich nebenan

Das neue Mercedes-Benz Verkaufslokal: Kärntner Ring 15

Ausgerechnet der schärfste Konkurrent Mercedes-Benz eröffnete im Zuge der Verschmelzung der beiden deutschen Traditionsmarken ein neues Verkaufslokal in Wien. Die Adresse? Kärntner Ring 15 – direkt neben dem Lokal von Austro Daimler. Die Herren in Untertürkheim wussten wohl genau, wer denn in Österreich zu den bedeutenden Mitbewerbern zählt. Die Leitung blieb wie bisher in den Händen von Oberingenieur Liewers.

Apropos Mercedes: Beim **ADAC Kilometer-Rennen** bei Freiburg in Bayern musste die Stuttgarter Edelmarke eine herbe Niederlage einstecken, denn Campari auf Alfa Romeo fuhr mit seinem 2 Liter-Kompressor-Wagen einen Stundenschnitt von 198,35 km/h – die schnellste je gestoppte Geschwindigkeit, die bis dahin in Deutschland erzielt wurde. Der Zweite Christian Werner erreichte immerhin 174,33 km/h. Zum Vergleich: Die ADM 3 Liter Sport der Fahrer Georg Kubisch, Deilmann und Seidel kamen ohne Kompressor auf 134,03 km/h und gewannen damit die Klasse bis 3 Liter Hubraum.

Das Tauernrennen – der Erfolg geht weiter!

Neu im Veranstaltungskalender war das Rennen auf der Radstädter Tauernstraße. Da die Schweiz mit dem Rennen auf den Klausenpass eine überaus prestigeträchtige Veranstaltung ins Leben gerufen hatte, wollte man in Österreich eine ebenbürtige Strecke in ähnlicher Länge dem rennhungrigen Publikum bieten.

Das erste Rennen wurde ein Fest für Austro Daimler. Fritz Haiden war der Superstar am Tauern und bewegte den ADM 3 Liter Sport souverän mit Bestzeit ins Ziel. Weitere Starter auf Austro Daimler in der Tourenwagenklasse waren Franz Graf Schlick aus Kitzbühel und Felix Graf Spiegel-Diesenberg, die auch diese Klasse auf Platz 1 und 2 für sich entschieden.

Haiden am Radstädter Tauern

Werbung AD

Ebenfalls um Siege wurde in Deutschland gefahren, wie in der Eifel oder beim **Vogtländer Wolfsbergrennen**, die von der Neustädter Marke bestritten wurden. Fritz Haiden fuhr am Wolfsberg wieder neuen Rekord – und zwar um 24 Sekunden schneller als im Jahr davor! Und die Herren Keil und Ume waren beim **Eifel-Rundrennen** Klassensieger.

Werbung AD

In Anbetracht der großen Erfolge des neuen ADM 3 Liter Sport ließ Franz Zwickl die nächste Werbekampagne anlaufen. Kurze Einschaltungen in den Fachzeitungen und Lobesbriefe von Austro Daimler-Kunden gehörten ebenso dazu wie die eindrucksvollen farbigen Grafiken des Künstlers.

Kurz zusammengefasst die Kundenresonanz der Sommermonate, beginnend mit dem HNO-Arzt Dr. Hiltermann aus Passau, der über seinen ADM nach einjähriger Benutzung schwärmt, über Dir. Schlemmer von der Firma Hirschbold & Co in München, erfreut über die Standfestigkeit seines AD 6 Baujahr 1922, bis hin zu Dr. Richard Faber aus Wien, der sich über die Fahrt übers Stilfser Joch mit seinem ADM freut – ebenso Heinrich Herr nach einer ausgedehnten Alpenfahrt.

Die edlen Zigarettendosen in Silber und Email gab es in Rot, Grün und Blau

Weitere Siegesmeldungen kamen aus **Bad Harzburg**, wo wieder die Herren Deilmann und Kubisch beim Autoturnier in der Sportwagenklasse erfolgreich waren. Bei Sternberg fand das **6. Ecce Homo Bergrennen** statt. An die 40.000 Zuseher waren gekommen und verursachten mit ihren 1.000 Fahrzeugen einen gehörigen Stau, um Dir. Junek auf Bugatti Kompressor siegen zu sehen. Fritz von Zsolnay war nach dem kurzen Gastspiel bei Austro Daimler wieder auf Gräf & Stift in der Rennwagenklasse bis 5 Liter erfolgreich unterwegs. Und Felix Graf Spiegel-Diesenberg rettete die Ehre für die Neustädter Marke, indem er die Tourenwagenklasse bis 3 Liter für sich entschied.

Ein professionelles Rennen: Semmering 1926

Das internationale Starterfeld in diesem Jahr beflügelte die Veranstalter zu einigen Neuerungen in der Rennabwicklung. Zuerst wurde die gesamte Passstraße vorbildlich mit Wasserspritze und Dampfwalze präpariert und alle 500 m ein Lautsprecherturm errichtet. Der eigentliche Clou war aber die automatische Zeitmessung nach dem System Leroy inklusive einer Startampel. Das Bundesheer sorgte wieder für eine einwandfreie Telefonverbindung zwischen Start und Ziel, genau nach 10 km Streckenlänge – von Kilometerstein 79 in Schottwien bis Kilometer 89 beim Hotel Erzherzog Johann, der einfachen Geschwindigkeitsberechnung Rechnung tragend. Dem Bericht in der Allgemeinen Automobilzeitung zufolge handelte es sich um das bis dahin bestorganisierte Rennen Europas. Die modernen Einrichtungen funktionierten einwandfrei und der Verkehrstrubel konnte durch geschickte Regelungen in Grenzen gehalten werden, was angesichts von 40.000 Bahnreisenden, rund 1.000 Automobilen, 3.000 Motorrädern und 5.000 Fahrrädern an ein Wunder grenzt.

Vorbildliche Straßenpräparierung

Lautsprecheranlage

Elektrische Zeitnehmung im Zimmer 46 des Hotels Erzherzog Johann

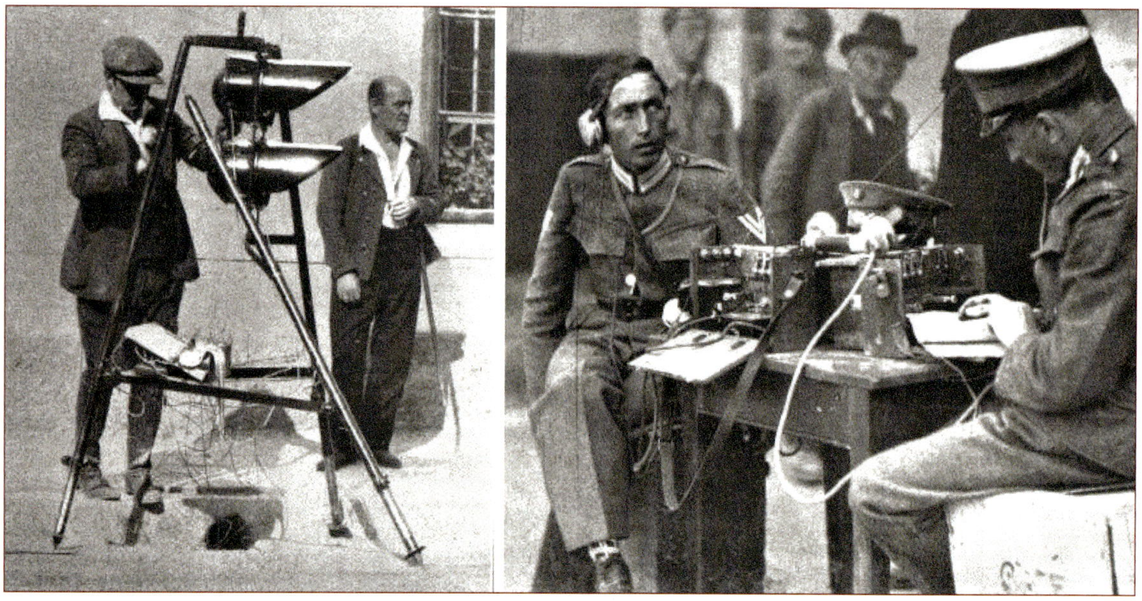

Startampel und Telefonverbindung

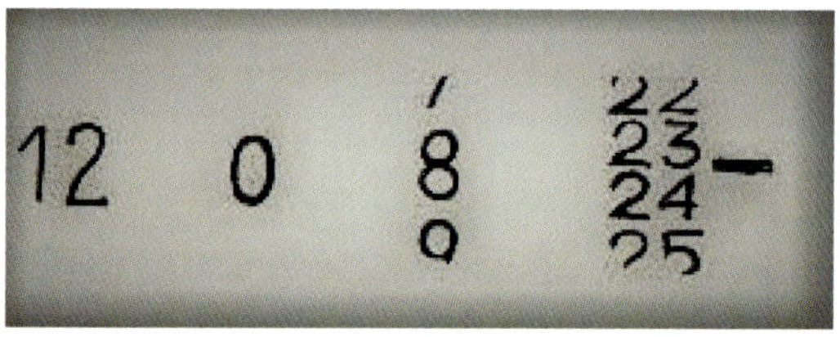

Ausdruck Zeitnehmung

Nun aber zur Funktion der automatischen Zeitnehmung. Eine gemäß den internationalen Anforderungen der nautischen Behörden genaue Uhr (max. Abweichung 2 sec in einem Monat) steuert die Startampel im Halbminuten-Takt und erkennt die Zeit im Ziel durch einen Kontaktschlauch, der bei der Überfahrt einen elektrischen Impuls zur Zeitnehmung liefert. Ein ständig mitlaufendes Typenrad druckt die Uhrzeit auf einem Papierstreifen bis auf die Hundertstelsekunde genau aus. Es wurde also die Uhrzeit der Überfahrt ausgedruckt und nicht die tatsächliche Laufzeit, die musste wieder errechnet werden. Gegenüber der bislang üblichen Handzeitnehmung jedoch ein großer Fortschritt an Genauigkeit.

Tagessieg und neuer Streckenrekord: Rudolf Caracciola auf Mercedes-Benz Kompressor

Um gleich beim Ergebnis zu beginnen – ein neuer Star war geboren: Rudolf Caracciola auf Mercedes-Benz drückte den Semmering-Rekord auf 6:40:79 Minuten! Natürlich mit einer zuvor nie da gewesenen Rennmaschine, denn sein Kompressor-Mercedes verfügte über einen Hubraum von 4.500 cm^3. Da konnte Graf Kinsky auf seinem Steyr 6-Zylinder mit 4.800 cm^3 ohne Kompressor nicht mithalten. Seine Zeit von 6:53:65 verdient aber höchsten Respekt. Es war die zweitbeste Zeit dieser hochklassigen Veranstaltung. Interessant wäre die Zeit von Josef Wetzka gewesen, der ebenfalls in der Rennwagenklasse an den Start ging, aber durch einen Ausfall nicht ins Ziel kam. So ruhten die Wiener Neustädter Hoffnungen wieder einmal auf Fritz Haiden, der in der Sportwagenklasse seinen ADM 3 Liter in 7:12:95 Minuten zum Sieg steuerte. Damit erzielte er die viertschnellste Zeit – eine erstklassige Leistung unter den Kompressor-Monstern dieser Zeit!

Josef Wetzka mit dem ADM R Rennwagen, leider ausgefallen!

Mit dem Sieg von Caracciola ging auch der Semmering-Wanderpreis an die Mercedes-Mannschaft nach Untertürkheim. Eine allseits beachtete Rennveranstaltung lief erstklassig organisiert und ohne Unfall ab.

Fritz Haiden auf ADM Sport 3 Liter

Werbung Semmering

Im Rennkalender für 1926 noch ausständig: die Bewerbe auf der **Schwabenberg-Strecke** sowie das Zirlerberg-Rennen in Tirol. Zuerst die Resultate aus Ungarn. Ulrich Graf Kinsky gewann die Rennwagenklasse bis 5 Liter Hubraum in der Tagesbestzeit von 3:43:36 Minuten auf Steyr. Seit kurzer Zeit hatte auch das Wiener Unternehmen Gräf & Stift sportliche Ambitionen. Ing. Josef Gräf jun. legte die Strecke in 3:51:54 Minuten mit seinem 5-Liter-Sportwagen zurück und fixierte damit die zweitbeste Zeit.

Und die drittbeste Zeit – erraten – ging wieder an Austro Daimler. Mit dem ADM 3 Liter Sportwagen gewann Fritz Haiden diese Klasse in 3:57:53 Minuten. Diese Leistung kann nicht hoch genug eingeschätzt werden, betrachtet man den enormen Hubraumunterschied zwischen den drei Erstplatzierten, wobei der Laufzeitunterschied ein sehr geringer war.

Ebenfalls wieder Siege auf zwei Rädern feierten die Puch-Fahrer Hans Sandler und Hugo Höbel. Sie triumphierten in den Klassen 175 cm^3 und 250 cm^3, wie schon mehrmals in diesem Jahr.

Fritz Haiden auf ADM Sport 3 Liter am Schwabenberg

Bleiben noch die Ergebnisse vom **Zirlerberg**, die diesmal ganz im Zeichen von Gräf & Stift standen. Abermals am Siegespodest Josef Gräf jun. und diesmal auch wieder Fritz von Zsolnay, der die Rennwagenklasse für sich entschied. Austro Daimler war mit Anton Köllensperger und Graf Schlick vertreten, die allerdings nur in der Tourenwagen-Klasse an den Start gingen und die Plätze 1 und 2 belegten. Hans Sandler auf seiner 175-cm^3-Puch-Maschine siegte auch in Tirol, jedoch musste sich sein Markenkollege Höbel mit der 250-cm^3-Maschine diesmal mit Platz 2 begnügen.

Erstmals in den österreichischen Starterlisten zu finden war der Deutsche Hans von Stuck, der auf seinem Dürkopp-Sportwagen die 2-Liter-Klasse gewinnen konnte. Er sollte in der Folge für Austro Daimler das Renngeschehen bestimmen …

ADM Sport 3 Liter: Dr. Ing. Karl Imhof am Zirlerberg

Der österreichische Mitbewerb: Ulrich Graf Kinsky auf Steyr Rennwagen

Obuslinie Pötzleinsdorf–Salmannsdorf: die letzte ihrer Art

Stellvertretend für alle anderen Obuslinien der Type Elektro Daimler Stoll seien hier der Werdegang und das Ende der am längsten in Betrieb befindlichen Strecke kurz dargestellt. Die letzten Arbeiten von Austro Daimler fanden im Jahr 1922 anlässlich der Antriebsumrüstung von vier Garnituren statt. Damals wurden die alten Lohner-Karosserien wieder aufgesetzt und weiterverwendet. Doch im Jahr 1926 hatten nun die schicken Holzaufbauten ihren Dienst geleistet und wurden ausgetauscht.

In der Remise Pötzleinsdorf: die Obusse mit neuer Karosserie (ca. 1926) auf Büssing-Fahrgestell mit Straßenbahn-Elektromotor und Kettenantrieb, links am Vorplatz der neue Perl-Obus Baujahr 1929

Wer diesen Neuaufbau durchgeführt hat, konnte nicht recherchiert werden – vermutlich aber wieder die Fa. Lohner. Hier zwei Bilder aus dem Archiv der Wiener Linien. Sie dokumentieren das Geschehen bis zur Einstellung des Betriebes im Oktober1938 anlässlich der Umstellung auf Rechtsverkehr in der Osthälfte Österreichs. Die dafür notwendigen Arbeiten standen in keinem vernünftigen Verhältnis zu den benzingetriebenen Autobussen, die bereits kostengünstiger sowohl in der Anschaffung als auch im Betrieb zu bekommen waren. Im Jahr 1929 wurde noch ein neuer Obus angekauft, der von der Wiener Firma Perl geliefert wurde. Die letzte Aufnahme stammt vom Schrottplatz der Wiener Linien nach der Einstellung des Betriebes am 30. Oktober 1938. Alle anderen Obus-Linien wurden schon deutlich früher, manche sogar schon nach zwei Jahren Betrieb wieder stillgelegt.

Die letzte Ruhestätte der Wiener Obusse nach Oktober 1938

Zum Jahresausklang nach Berlin und London

Anfang November zog der Ausstellungstross zuerst nach **Berlin**. Der zusammenfassende Kommentar in der Allgemeinen Automobilzeitung lautete:

Es gibt wohl nur wenige Konstruktionen, die eine derart klassische Reinheit im Entwurf haben und damit im Verein mit der heute peinlichst möglichen Genauigkeit aller Herstellungsmittel und der streng durchgeführten Materialauswahl, alles durch 25 Jahre stets so gehandhabt, ein so bestimmtes scharf umrissenes vollkommendes Resultat liefern wie diese Austro Daimler Typen ADM und ADV. Alles an ihnen, auch das Allerkleinste und Unscheinbarste, ist Stil, womit vielleicht am besten die direkte Freude, die alle Austro Daimler Eigner mit ihrem Wagen nicht nur als Transportmittel, sondern als modernstes technisches Kunstwerk und Repräsentant neuzeitlicher Schönheit und Schnelligkeit haben, gekennzeichnet ist.

4 Fahrzeuge der Type ADM waren in Berlin ausgestellt, darunter auch der neue ADM Sport 3 Liter in der Langversion – bespannt mit grauem Leder und roter Polsterung im Innenraum.

Die 4 ausgestellten ADM-Versionen

Austro Daimler-Stand in Berlin

Während in Berlin ausgestellt wurde, fuhr man in der Nähe von **Warschau** ein Kilometerrennen. Ing. Henryk Graf Liefeldt im ADM 3-Liter-Sport erreichte dort einen Geschwindigkeitsdurchschnitt von 165 km/h mit fliegendem Start: Wieder einmal war keiner schneller – Sieg!

Henryk Graf Liefeldt beim Start in Warschau (2), daneben harter Mitbewerb auf Alfa Romeo (1)

Die vielen seitenweisen Siegesmeldungen und Lobeshymnen erscheinen dem Autor dieses Buches schon etwas übertrieben. Doch muss man im Zuge der Recherchen zur Kenntnis nehmen, dass über weite Phasen Austro Daimler eine überaus große Faszination in der Welt des Automobils darstellte. Selbstverständlich waren die Anerkennungsschreiben in den einschlägigen Zeitungen bezahlte Werbeeinschaltungen der Automobilfirmen, aber diese Briefe von zufriedenen Kunden waren echt und nicht etwa frei erfunden.

Daher noch ein paar Anmerkungen dieser Art in aller Kürze. So erhielt Fritz Fröhlich von der Vertretung in Essen eine Mitteilung von der Fa. Wilhelm Stein über den AD 6 Baujahr 1924, wonach dieses Fahrzeug keine Steigungen kennt, egal wie viele Personen sich im Fahrzeug befinden. Nebenbei kürte man die Marke Austro Daimler zum besten Automobil überhaupt, wie auch der Wiener Restaurant-Besitzer Hauswirth anlässlich einer Fahrt nach Nürnberg.

Aus Lemberg berichtete Dir. Stanislaus Stiorok über einen Sieg im Flachrennen mit seinem zwei Jahre alten ADM Sport 60 PS sowie über die ausgezeichnete Qualität des Wagens. Ebenfalls einen ADM Double Phaeton fuhr neuerdings die Komtesse Mitzi Vrints aus Niederösterreich und schickte ein Bild mit Autogramm aus dem Park des „Guten Glasweins", wo immer der auch zu finden war.

Fehlen noch die Grafen Schönborn und Palffy im Reigen der Lobesmeldungen. Auf Anfrage der Wiener Verkaufszentrale berichtete Karl Graf Schönborn von Tempo 150 km/h und 10.000 gefahrenen Kilometern. Auch einen Tipp hatte er parat gegen das Verölen der Zündkerzen: Niemals den kalten Motor stark beanspruchen und gleich danach abstellen! Selbstverständlich beherzigen wir das bis heute, lieber Graf Schönborn!

ADM 3 Liter Sport „lang" für Dr. Josef Graf Palffy-Daun

Und Josef Graf Palffy-Daun zählte zu den Neukunden, er wählte einen 3 Liter Sport mit langem Radstand und freute sich, dass sein Fahrzeug stets von Menschen umlagert ist.

Schon über ein Jahr fuhr die Gräfin Palffy-Erdödy aus Kohfidisch im Burgenland einen ADM Sportwagen und stellte seine Geländetauglichkeit auf schlechtem matschigen Boden positiv in den Vordergrund.

Den Jahresabschluss bildete in diesem Jahr die **Londoner Olympia-Show** mit ähnlichem Fahrzeug-Equipment wie in Berlin. Und Franz Zwickl pflegte den entstehenden Mythos des 3 Liter Sport mit einem dementsprechenden Werbekatalog für 1926 …

Werbung Zwickl

Austro Daimler-Stand bei der Londoner Olympia-Ausstellung im Dezember 1926

Abbildung aus dem Katalog

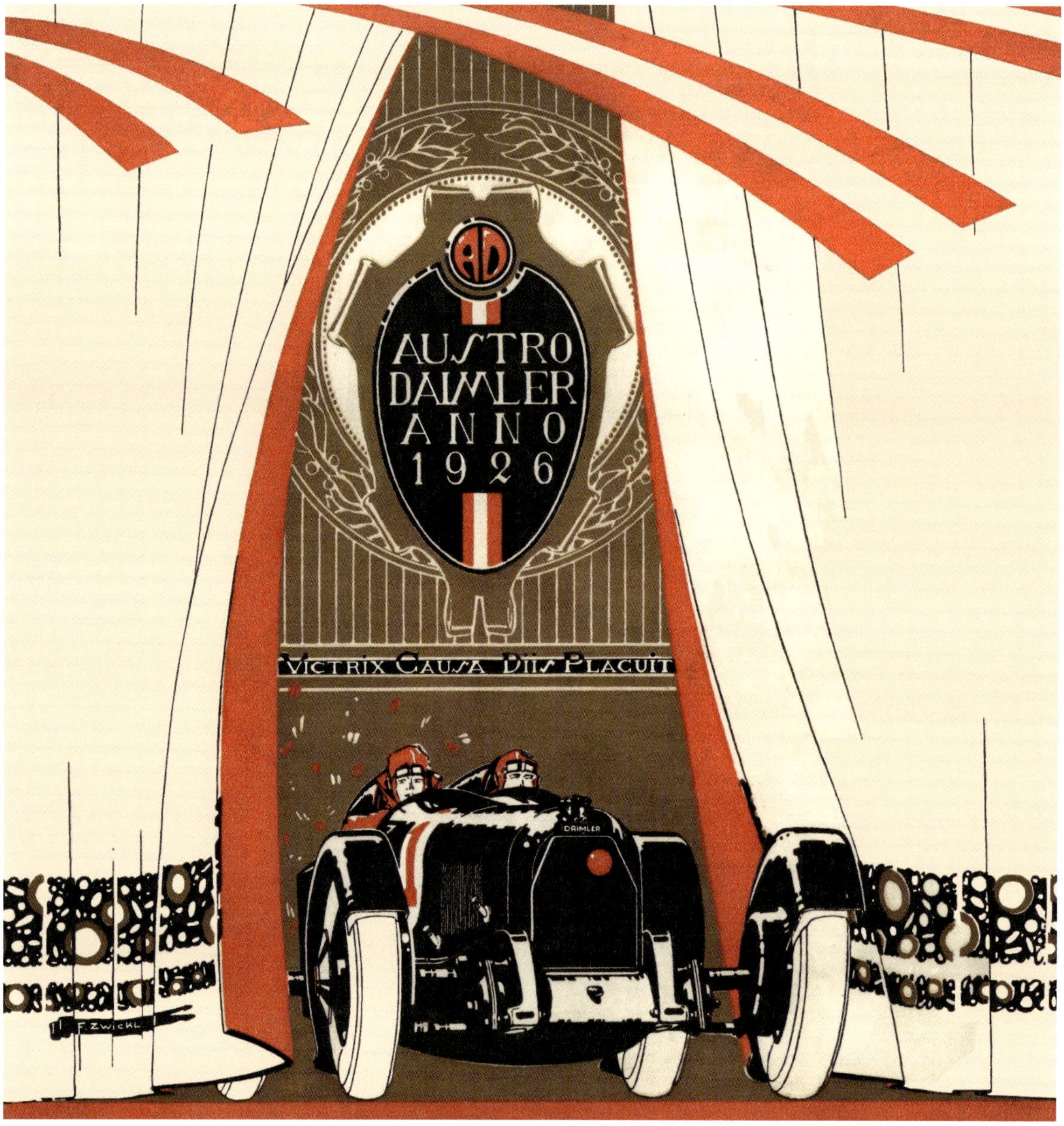

Zwickls Grafik für das Jahr 1926

1927 – Karl Rabes Meisterwerk: der ADR

Bei den Recherchen über das erste Quartal fällt auf, dass kaum Notizen oder Werbeeinschaltungen in den einschlägigen Medien zu finden sind. Der Kenner der Materie weiß aus der Vergangenheit über den Grund Bescheid. Entweder bahnt sich eine wirtschaftliche Krise an oder es gibt konstruktive Neuheiten in der Fabrik, die in den intensiven Vorbereitungen stehen. Letzteres ist diesmal wieder zutreffend!

Um den Jahreswechsel wurde die österreichische Bankenwelt gehörig verändert. Das nun finanzschwache Österreich konnte sich nicht mehr so viele Banken leisten wie in den Zeiten der großen Monarchie. Daher kaufte die Creditanstalt die Anglo-Österreichische Bank und kurz darauf die Boden-Creditanstalt, die Union-Bank sowie die Allgemeine Verkehrsbank, durchaus als Folge des Finanzskandals aus den Jahren 1923 und 1924. Auch diese Lösung wird nur von kurzer Dauer sein. In diesem Jahr wird nach den Schüssen von Schattendorf auch der Justizpalast brennen und Österreich immer mehr in zwei Lager zerbrechen.

Ing. Paul Götzl im Jahr 1955

Geänderte Besitzverhältnisse

Durch die Auflösung der Anglo-Österreichischen Bank, die bisher Anteile an der Österreichischen Daimler Motoren AG besessen hatte, waren nun nur mehr der Wiener Bankverein und die Creditanstalt für Handel und Gewerbe die Eigentümer-Vertreter. Das spiegelte sich sofort in der personellen Besetzung des Verwaltungsrates wider:

Hugo Marcus	Präsident (Wr. Bankverein)
Ludwig v. Neurath	Vize-Präsident (Creditanstalt)
Franz Graf Hardegg	Vize-Präsident (Creditanstalt)
Ing. Paul Götzl	Leitender Verwaltungsrat

Direktoren in Wiener Neustadt:

Willy Herbst	Vertrieb
Richard Ryznar	Finanzen
Ing. Othmar Windberger	Technik
Anton Czech	Verkauf Wien
Friedrich Andrieu	OeFFAG

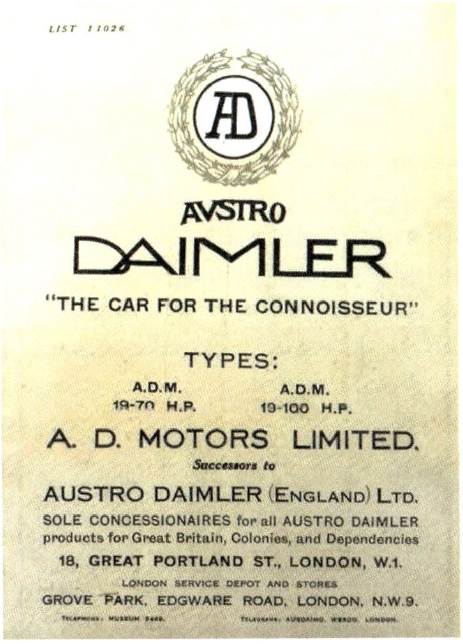

Mr. Luthers ADM-Werbung für England

1927

Einer der Ersten, die den neuen leitenden Verwaltungsrat Götzl kontaktieren, ist der langjährige geschäftsführende Direktor der britischen Austro Daimler Ltd. Mr. Francis M. Luther. Er übermittelt ein Bild vom ADM 3 Liter Sport der Familie Stuttard aus Mosley Hall und freut sich über die professionelle Fertigkeit von Mrs. Stuttard im Umgang mit diesem Wagen, denn sie steuert denselben *ohne Anstrengung und Furcht auf offener Straße bis zu einer Geschwindigkeit von 140 km/h. Sie ist voll des Lobes über den Wagen. Die Familie Stuttard benützt seit 1908 Austro Daimler.*

Das übermittelte Zeitungsbild von Luther war von sehr schlechter Qualität, sodass ein ähnliches Fahrzeug aus England hier zur Abbildung gelangt.

Ein ADM 3 Liter Sport bei einer nicht näher bekannten Veranstaltung in England

Start in die Saison mit der Wiener Messe

Eine unscheinbare Werbung erschien einmal in der Allgemeinen Automobilzeitung und das schlechte Bild von Mr. Luther – sonst kein einziger Hinweis auf die Existenz von Austro Daimler! Sogar in Zeiten der tiefen wirtschaftlichen Depression wurden mehr Einschaltungen getätigt als im ersten Quartal 1927. Dies könnte mit der völligen Auslastung des Werkes in Wiener Neustadt zu tun haben, denn einerseits entpuppte sich der ADM 3 Liter als Verkaufserfolg, andererseits stand die ADV-Serie vor der Ablöse. Karl Rabe war mit seinem Konstruktionsbüro intensiv mit einer gänzlich neuen Fahrzeugkonstruktion beschäftigt.

Stellt man den Personalstand von ca. 700 Arbeitern und rund 100 Beamten diesem Arbeitspensum gegenüber, so erscheint die Abstinenz in den Medien nur als logische Folge. Im März allerdings präsentierte man in der Wiener Rotunde wieder allerlei ADM- und ADV-Variationen und zusätzlich einen eigenen Stand für Feldbahnzüge. Offensichtlich herrschte größere Nachfrage nach dem stärkeren Motor FB 4 mit 12 PS.

Austro Daimler auf der Wiener Messe, Feldbahnen im Außenbereich

Draisine D IV mit 6/8 PS auf der Tullner Oldtimermesse

Schmalspurlok SL12

Neuer Triebwagen TWM 12

Möglicherweise zeigt das linke Bild die Schmalspurlok SL12 A, die erst im Jahr 1929 in Produktion ging. Allerdings ist von außen kein Unterschied feststellbar. Angeblich hatte man die Achsbefestigungen geändert, um eine einfachere Wartung zu gewährleisten.

Auftrag für die OeFFAG – Autobuskarosserien …

Die städtischen Verkehrsbetriebe in St. Pölten bekamen 10 neue AFN-Autobusse von der Österreichischen Automobilfabrik (Austro Fiat) geliefert, wobei ein Teil der Karosserien bei der Wiener Firma Weiser & Söhne hergestellt wurde, der andere Teil bei der OeFFAG in Wiener Neustadt. Wie die „Teilung" tatsächlich ausgesehen hat, wurde nicht bekannt gegeben. Allerdings schien die engere Zusammenarbeit der „Interessensgemeinschaft" plötzlich besser zu funktionieren.

AFN-Busse, teilweise mit OeFFAG-Karosserien, für St. Pölten

… und der eigene Bus ADO

Mit dem großen Erfolg des ADM-Modells gingen die Verkaufszahlen des ADV allmählich zurück. Findige Köpfe in der Entwicklungsabteilung waren aber der Meinung, dass sich das Konzept der AD 6 beziehungsweise des ADV vorzüglich für einen Autobustyp der mittleren Größe eignen könnte. Großer Hubraum und jede Menge Drehmoment im unteren Drehzahlbereich waren gute Voraussetzungen für diesen Einsatz. Das Interesse von Verkehrsunternehmen in Wiener Neustadt und später auch in Salzburg war ausschlaggebend für den Start dieses Projektes. Im Laufe des Jahres 1927 begannen die Tests zu laufen. Wie in der langen Tradition bei Austro Daimler üblich, wurden für die Überprüfung der Fahrzeuge echte „Marterstrecken" ausgewählt, also die unwegsamsten Alpenpässe wie der Seeberg oder das Niederalpl.

ADO-Bus auf Testfahrt oder Betriebsausflug?
3. von links stehend: DI Oskar Hacker, 2. von links sitzend: Ing. Franz Reimspieß

Das Bild oben deutet eher auf eine Abnahmefahrt mit Kundenvertretern hin, weil führende Techniker wie die Ingenieure Oskar Hacker und Franz Reimspieß persönlich anwesend waren.

ADO-Bus-Werkstätte

ADO-Busse am Hauptplatz Wiener Neustadt im Jahr 1928

Wie viele Stück des ADO tatsächlich ausgeliefert wurden, kann nur mehr vage geschätzt werden. Bei den Neustädter Verkehrsbetrieben dürften es ungefähr 20 bis 30 Stück gewesen sein und in Salzburg wohl nur die 3 abgebildeten. Das nachfolgende Bild von der Garagenhalle der Neustädter Verkehrsbetriebe deutet zumindest auf eine größere Stückzahl hin. Möglicherweise konnten damit alle Restbestände der ADV-Type gewinnbringend verkauft werden.

ADO Busse der Salzburger Verkehrsbetriebe

Buslinie Wiener Neustadt–Mariazell, Erfrischungspause auf der Niederalm

ADO Busse in der Garagenhalle der Wiener Neustädter Verkehrsbetriebe (24. 10. 1927)

Die Propagandaschrift über das abgelaufene Jahr 1926 erschien diesmal unter dem Motto „Siebenundzwanzig Jahre baut Austro Daimler Automobile" mit den schon veröffentlichten Lobesbriefen der Kunden. Nach Meinung des Werbechefs Zwickl war der ADM 3 Liter Sport der „Clou" der Berliner Automobilausstellung, was wir ihm aufs Wort glauben.

Neue Aktien und ein neuer Rennfahrer

In der Generalversammlung im Frühjahr wurde der Beschluss zur Ausgabe von geänderten Aktienscheinen zu 10 Schilling gefasst und die personellen Änderungen nachträglich abgesegnet. Die Abstinenz von motorsportlichen Veranstaltungen wurde ebenfalls aufgehoben, ja die Teilnahme wurde sogar mit der Verpflichtung von Hans Stuck auf neue Beine gestellt. Bevor der „Neue" aktiv ins Renngeschehen einsteigt, nehmen noch einige Privatfahrer an Veranstaltungen erfolgreich teil. Zum Beispiel Baron Spiegel-Diesenberg auf ADM in **Brünn** mit dem Sieg in der 3-Liter-Klasse. Einige Rennen in Deutschland sowie in **Königsaal** können ebenfalls gewonnen werden.

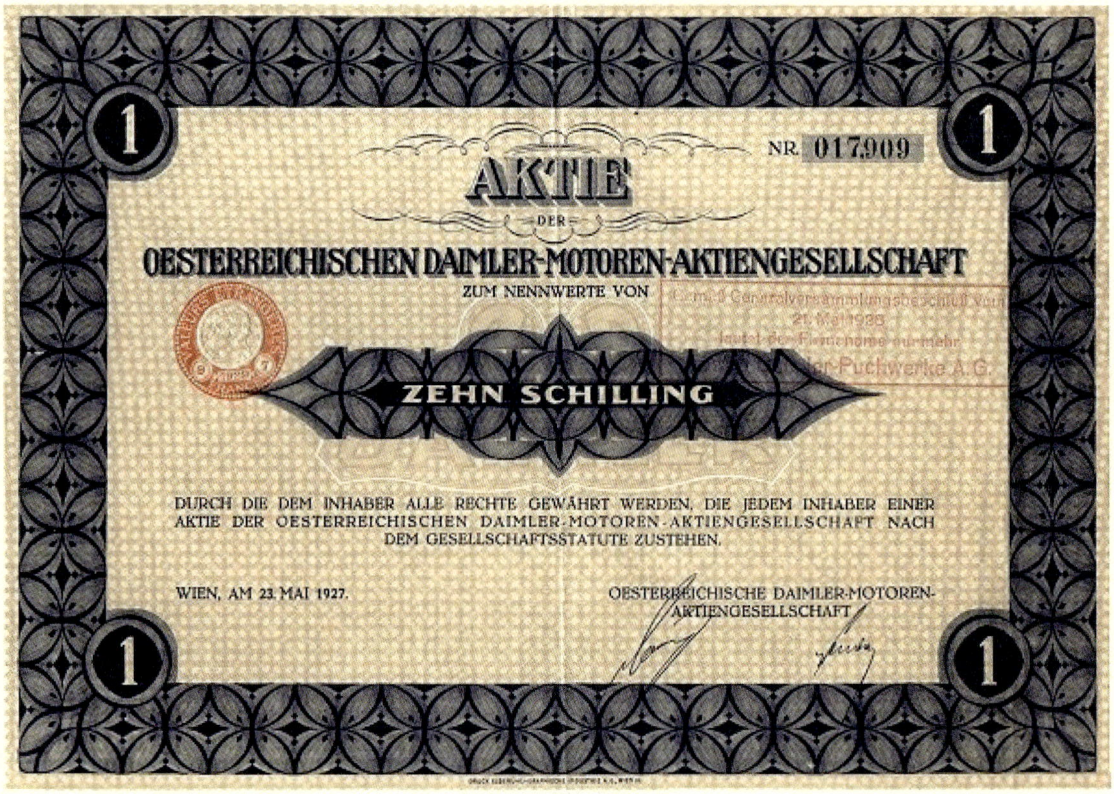

Aktie der Österreichischen Daimler Motoren AG 1927

Die erste werkseitig unterstützte Veranstaltung im Jahr 1927 war die **Ungarische Tourenfahrt**, die über 662 km unterteilt in zwei Etappen geführt und mit sieben ADM-Fahrzeugen beschickt wurde. Beim Bergrennen Matra–Füröd–Matra gelang Johann Szini die Rekordbestzeit vor dem Ungarn Walter Delmar auf Steyr. Beim Flachrennen sicherte sich Delmar die Revanche und drehte das Ergebnis um. Die Austro Daimler-Fahrer-Graf Palffy-Daun, Graf Festetics und Karl Cerri erhielten einen Teampreis, wie auch das Steyr-Trio. Nach der Tourenfahrt wurde gleich in **Budapest** die **Automobilausstellung** abgehalten.

Bei der **Polnischen Tourenfahrt** sicherten sich die beiden Austro Daimler-Teilnehmer Schwarzstein und Liefeldt wieder die ersten beiden Plätze. Beim anschließenden Schnelligkeitsbewerb in Lemberg über 20 km erreichte Liefeldt den ausgezeichneten Durchschnitt von 130 km/h und siegte vor Graf Potocki, ebenfalls auf ADM unterwegs.

In Österreich organisierte man eine Wertungsfahrt zwischen **Graz und Villach**, die auch über den Katschberg führte. Karl Cerri nahm daran teil und erzielt die beste Zeit aller Automobile. Die nachfolgenden 4 Plätze wurden ebenso von Austro Daimler-Wagen belegt.

Johann Szini im Bergrennen bei der Ungarischen Tourenfahrt

Einen werbeträchtigen Auftritt erreichte der ADM 3 Liter Sport durch die Bilder mit den **Ozeanfliegern Camberlin und Levine** anlässlich ihres Wien-Aufenthaltes. Die beiden bedankten sich danach schriftlich bei Dir. Czech für die (vermutlich kostenlose) Leihgabe.

Wien-Besuch der Ozeanüberflieger Camberlin und Levine im ADM 3 Liter Sport

In der alljährlichen Sommerpause bringt die Allgemeine Automobilzeitung einige Lückenfüller, wie die imposante Nachtaufnahme des **Hamburger Austro Daimler-Verkaufslokals**.

Oder einen Bericht über einen **Concours d´Elegance** in Wien, der mit dem Goldenen Band für Austro Daimler endet. Dir. Anton Czech ergattert den Hauptpreis für offene Wagen mit einem ADM 3 Liter Sport und einer Karosserie von Keibl. Die uns schon bekannte Gräfin Pallfy-Daun schafft ebenfalls einen Preis bei den geschlossenen Fahrzeugen mit ihrer OeFFAG-Karosserie.

Austro Daimler-Lokal in Hamburg am Alsterdamm

Dir. Anton Czech im ADM Keibl – ausgezeichnet mit dem „Goldenen Band"

Im Kreuzfeuer der Kritik: die Wiener Neustädter Stadt-Maut

Mit Sicherheit gehört auch der nachfolgende Artikel über die **Wiener Neustädter Stadt-Maut** in die Kategorie „Sommerloch" der Zeitungen. Mit einer Tafel an den Mautstellen rechtfertigt sich die Statutarstadt wegen der noch immer aufrechten Mautpflicht in der „Allzeit Getreuen":

Die Wiener Neustädter Maut besteht zu Recht! Die in der Öffentlichkeit verbreitete Meinung, die Einrichtung der Maut wäre durch eine Erkenntnis des Verfassungsgerichtshofes abgeschafft worden, ist irrig! Das Gesetz vom 28. Dezember 1922, welches die Einhebung der Maut in Wiener Neustadt regelt, bleibt nach wie vor aufrecht!

Magistrat Wiener Neustadt, Abteilung 9

Mauttafel in Wiener Neustadt

Der weitere Zeitungskommentar dazu:
Nach den Strömen von Tinte und Druckerschwärze, die über das Thema Maut schon dahingeflossen sind, ist es schwer, dieser neuerlichen Manifestation einer nach wie vor aufrecht bleibenden Mittelalterlichkeit etwas hinzuzufügen. Wir sind nur neugierig, wann besagter löblicher Magistrat die nächsten „nach wie vor zu Recht bestehenden" Hexenverbrennungen und Teufelsaustreibungen plakatieren lassen wird.
Der Hintergrund dieser lakonischen Stellungnahme: Alle Mauten auf Bundesstraßen waren bereits aufgehoben worden – bis auf die Neustädter Maut!

Hans Stuck erhält seine Chance – Werksvertrag bei Austro Daimler!

Nach den Recherchen von Martin Pfundner soll die Vereinbarung mit Hans Stuck so ausgesehen haben, dass er einen ADM R für drei Rennen „zur Probe" erhielt – und erst bei dementsprechendem Erfolg ein Werksvertrag auf Dauer gültig wurde. Als eines der „Proberennen" wählte man die Eröffnungsveranstaltung am 19. Juni am neuen und auch neuartigen **Nürburgring**, einem bis dahin beispiellosen Rundkurs im hügeligen Gelände rund um die imposante Nürburg. Alle davor angelegten Rennstrecken wie Brooklands, Indianapolis, Monza und AVUS waren eher Hochgeschwindigkeitsovale. Gestartet wurde wie damals üblich in den verschiedenen Hubraumklassen in 1,5-Minuten-Abständen – anfänglich auf nasser Fahrbahn, die aber gegen Rennende komplett auftrocknete und die möglichen Rundenzeiten preisgab.

Plakat

Startaufstellung Nürburgring – 2. Reihe Hans Stuck (Nr. 11)

So erzielte Rudolf Caracciola mit 17:24 Minuten die schnellste Runde mit einem Durchschnitt von knapp 100 km/h. Und Austro Daimler versuchte wieder einmal auf einem Rundkurs über eine 340 km lange Strecke (12 Runden) zu bestehen, diesmal durchaus erfolgreich. Hans Stuck erreichte den 2. Platz in der Gruppe 2 bis 5 Liter Hubraum hinter Graf Kalnein auf Bugatti und vor Gräfin Einsiedel auf Steyr. Im Gesamtklassement belegte er den 4. Platz!

Rennen III. Sportwagen Gruppe 2, 2000—5000 ccm.

Start Nr.	Name	Marke	1. Rd. St.M.Se.¹/₅	2. Rd.	3. Rd.	4. Rd.	5. Rd.	6. Rd.	7. Rd.	8. Rd.	9. Rd.	10. Rd.	11. Rd.	12. Rd.	Gesamtzeit der Sieger	Std. km	Preis
7	Gräfin Einsiedel Wien	Steyr	0.20.47.1 —	0.44.23.1 0.23.36.0	1.03.58.2 0.19.35.1	1.23.17.2 0.19.19.0	1.43.15.2 0.19.58.0	2.06.51.4 0.23.36.2	2.26.15.0 0.19.23.1	2.50.59.4 0.24.44.4	3.09.23.0 0.18.23.1	3.30.02.0 0.20.39.0	3.49.58.1 0.19.56.1	4.09.27.0 0.19.28.4	4.09.27.0	82.2	III.
8	Eckard Graf v. Kalnein Berlin	Bugatti	0.20.09.4 —	0.39.50.3 0.19.41.4	0.59.06.3 0.19.16.3	1.18.15.3 0.19.09.3	1.37.15.3 0.19.00.0	1.56.19.0 0.19.03.2	2.15.24.0 0.19.05.0	2.40.24.3 0.25.05.3	2.59.54.3 0.19.30.0	3.19.28.2 0.19.28.4	3.38.54.3 0.19.26.1	3.58.11.4 0.19.17.1	3.58.11.4	85,6	I.
10	H. Platzer Essen	Stoewer	0.24.36.0 —	0.48.51.3 0.24.15.3	1.19.19.1 0.24.27.3	1.37.35.4 0.24.16.3	2.01.47.0 0.24.11.1	2.25.50.4 0.24.39.3	2.55.14.4 0.29.24.0	3.19.49.3 0.24.34.4	3.44.31.4 0.24.42.1	4.09.06.0 0.24.34.1	4.33.43.3 0.24.37.5	—			
11	H. Stuck Gut Sterz	Austro-Daimler	0.20.30.3 —	0.40.26.1 0.19.55.3	1.00.29.3 0.20.03.2	1.20.34.1 0.20.04.3	1.40.24.1 0.19.50.0	2.00.22.4 0.19.03.3	2.20.29.2 0.20.07.2	2.40.31.1 0.20.01.4	3.05.58.1 0.25.27.0	3.26.19.0 0.20.20.4	3.46.27.2 0.20.08.2	4.06.05.2 0.19.38.0	4.06.05.2	85.2	II.

Die originale Rundentabelle vom Eröffnungsrennen am Nürburgring

Beim nachfolgenden Grand Prix von Deutschland am 17. Juli war Austro Daimler wie so viele andere ausländische Marken nicht mehr am Start am Nürburgring. Es war fast ein Privatrennen der Marke Mercedes-Benz, wie in den Zeitungen lakonisch bemerkt wurde.

Die nächste Herausforderung für Hans Stuck waren die **Freiburger Rekordtage**, wo es um ein Kilometerrennen mit Höchstgeschwindigkeit und in einem zweiten Durchgang um ein 12 km langes Bergrennen ging. Beide Disziplinen beendet der deutsche Austro Daimler-Pilot auf Platz 2 hinter Graf Kalnein auf Bugatti in der 3-Liter-Klasse. Bei einem nicht näher beschriebenen Vorfall zog sich Hans Stuck eine Fußverletzung zu, die ihm noch am Klausen-Pass zu schaffen machen wird.

In England finden ebenfalls Rennen mit Austro Daimler Beteiligung statt. Im **Colwyn-Bay**-Schnelligkeitsrennen erzielt man die beste Zeit aller Sport- und Tourenwagen und in **Brooklands** stieg am 16. Juli ein 150-Meilen-Rennen, das Austro Daimler auf Platz 2 beendete – am Steuer „Mr. P. Taylor“ (verm. Synonym-Name für Philip Turner).

Malcom Campbell im Bugatti 35 (Nr. 3) und Mr. P. Turner im ADM 3 Liter Sport in Brooklands (Nr.5)

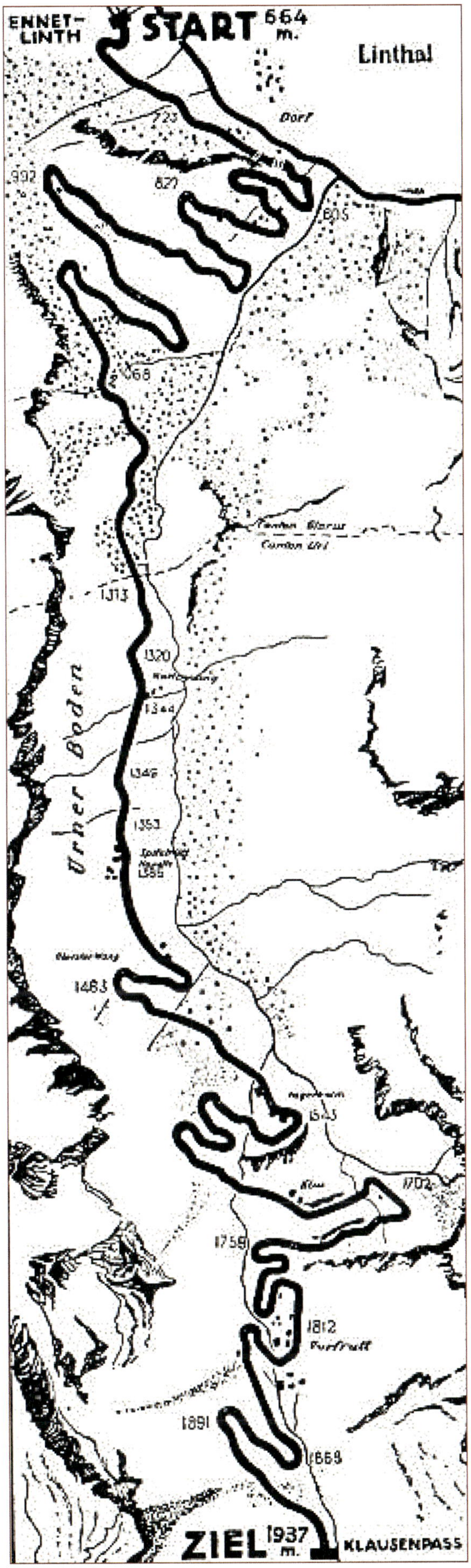

Strecke Klausen-Pass

Plakat Klausen-Rennen

Klausen-Rennen 1927

In dieser Zeit gehörte die Strecke in der Schweiz zu den anspruchsvollsten, weswegen sich das Starterfeld international präsentierte. Steyr und Austro Daimler waren vertreten – jedoch nicht der Gräf & Stift-Pilot Zsolnay, der sich bei einem Autounfall seiner Gattin verletzte und daher nicht zum Start erschien. Die Renndurchgänge verliefen am 13. und 14. August, wobei der erste Tag für die nationalen Starter gedacht war und am Folgetag das internationale Rennen durchgeführt wurde – mit dem zweifelhaften Ergebnis, dass die schnellste gefahrene Zeit beim Nationalrennen durch Alfred Rosenberger auf Mercedes erreicht wurde! Den Spezialpreis im internationalen Rennen gewann Chiron auf Bugatti. Gute Ergebnisse gab es für Steyr durch Heusser, Delmar und Gräfin Einsiedel.

Nun zum mäßigen Ergebnis von Austro Daimler. Beim Nationalrennen erreichten Hans Stuck und Graf Schlick die Plätze 2 und 3, wieder hinter Escher auf Bugatti in der 3-Liter-Sportwagen-Klasse. Im internationalen Rennen musste Stuck aufgeben – ein Grund dafür wurde nicht angegeben (verletzter Fuß?).

Henryk Graf Liefeldt beim Rennen in der Hohen Tatra bei Zakopane

Am gleichen Wochenende fanden noch einige Veranstaltungen mit Austro Daimler-Beteiligungen statt. So beim Bergrennen in **Zakopane**, wo unser bekannter polnischer Sportsmann Henryk Graf Liefeldt die beste Zeit des Tages erreichte.

Am 21. August fuhr man schon zum dritten Mal das **Tauernrennen**. Walter Delmar auf Steyr holte sich nach dem Erfolg am Klausenpass auch diesen Sieg. Überaus gut liefen die Rennen in der 3-Liter-Klasse für Austro Daimler. Bei den Sportwagen gewann Stuck vor Karl Cerri und bei den Rennwagen ging die Bestzeit an Karl Graf Schlick. Es sollte das letzte siegreiche Rennen mit seiner Gattin am Beifahrersitz werden …

ADM Sport mit unbekanntem Piloten

Grafenpaar Schlick am Tauern im ADM Sport

Jedenfalls startete Austro Daimler am 4. September in Bayern am **Salzberg** und kurz darauf beim **Oberjoch-Rennen** erfolgreich, denn Hans Stuck gewann beide Rennen mit der schnellsten Zeit aller Teilnehmer. Freuen konnte sich über den Sieg am Salzberg wohl niemand, denn das Kitzbühler Grafenpaar Schlick startete auf ADM und verunfallte in einer der ersten Kurven. Dabei wurde die Gräfin aus dem Wagen geschleudert und kam ums Leben.

Einen 2. Platz konnte der Fahrer Georg Kubisch beim **Riesengebirgsrennen** hinter Alfred Neubauer auf Mercedes erkämpfen.

Hans Stuck in Oberjoch

Zum zweiten Mal wurden am **Loiblpass** ein Rennen und eine Wertungsfahrt ausgetragen. Die 10 km lange Bergstrecke – aus Band I den Lesern anlässlich der Alpenfahrten bekannt – wurde in der 3-Liter-Klasse von Alfa Romeo gewonnen, Platz 2 und 3 gingen an Austro Daimler durch Karl Cerri und Edy Funk.

1927

Semmering 1927 – zum letzten Mal mit Alexander Kolowrat

Nach den Erfolgen der Mercedes-Mannschaft im laufenden Jahr war ein Sieg der Stuttgarter Rennwagen vorprogrammiert. Doch auf Grund der automatischen Zeitnehmung gab es diesmal eine Entscheidung im Hundertstel-Sekunden-Bereich. Fritz von Zsolnay war der Star am Semmering mit seinem Gräf & Stift-Rennwagen. Er fuhr die Strecke in 7:02:81 Minuten und schlug damit Alfred Rosenberger auf Mercedes um 4 hundertstel Sekunden!

Für Austro Daimler war es ein ausgesprochen schlechter Tag – die Zündung bei Hans Stuck streikte – Ausfall! Blieb nur noch ein 2. Platz von Ludom Cieriski auf einem ADM-Tourenwagen als Trost für die Neustädter Marke bei ihrem Heimrennen.

Der Star am Semmering – Fritz von Zsolnay auf Gräf & Stift in der „Mechanikerkurve"

1927

Wahrscheinlich eines der letzten Bilder in der Öffentlichkeit: Sascha Kolowrat am Semmering

Wahrscheinlich handelt es sich hier um die letzten Bilder von Alexander „Sascha" Kolowrat in der Öffentlichkeit. Nach einer schweren Krebsoperation befand sich der Graf auf Erholung am Semmering. So war es ihm vergönnt, mit seinen Bekannten und Motorsport-Freunden nochmals an seiner großen Leidenschaft teilhaben zu können. Am rechten Bild im Vordergrund das Ehepaar Kolowrat, links im weißen Mantel Josef Wetzka jun., direkt hinter Kolowrat Fritz von Zsolnay und hinter Sonja Kolowrat steht Fritz Haiden.

Das erste Rennen am Arlberg – aber zur falschen Jahreszeit!

Es gehört schon eine Portion Optimismus dazu, ein Bergrennen Ende September anzusetzen, dessen Ziel sich in 1.800 m Seehöhe befindet. Und so kam es, wie es kommen musste. Ein Schlechtwettereinbruch sorgte für Regen, Kälte und Schneefall und daher für eine geringe Teilnehmerzahl.

Graf Palffy-Daun bei der Auslieferung seines ADM 3 Liter Sport

Trotz der widrigen Umstände kam es zum Zweikampf Mercedes gegen Austro Daimler. Für die Stuttgarter Marke stand ein Sportwagen in der Klasse bis 8 Liter Hubraum am Start, gelenkt vom Prinzen Max von Schaumburg-Lippe. Die Österreicher starteten wie immer in der Klasse bis 3 Liter. Doch bei diesen Straßenverhältnissen war die übermächtige Leistung des „weißen Elefanten", wie die Mercedes scherzhaft genannt wurden, nicht maßgebend. Hans Stuck gelang eine Bravourfahrt über die 22 km lange Strecke und er fixierte die beste Zeit aller Automobile in 15:15:41 Minuten. Er unterbot Schaumburg-Lippes Zeit um satte 30 Sekunden! Und noch ein Austro Daimler ging ins Rennen – Dr. Josef Graf Palffy-Daun versuchte sich als Herrenfahrer und belegte mit 18:42:02 den ausgezeichneten 3. Platz.

Hans Stuck am Arlberg 1927

Die letzten Rennen 1927: Zirlerberg und Feldberg

Wie immer gut organisiert durch Anton Köllensperger, endete das Zirlerberg-Rennen mit einem Sieg durch Hans Stuck. Er fixierte einen neuen Streckenrekord für Automobile in 4:00:8 Minuten. Einer war noch schneller, Edi Linser auf seinem Sunbeam-Motorrad schaffte die Strecke in 3:40:2 Minuten.

Gut für Stuck verlief auch das Feldberg-Rennen des ADAC in Deutschland am 16. Oktober, wo er die 3-Liter-Klasse als Erster beendete.

Hans Stuck am Start zum Zirlerberg-Rennen 1927 mit Trophäengürtel am Wagen

1927

Weiterhin ausgezeichnetes Kunden-Feedback

Bevor im November mit den Präsentationen des neuen großen Austro Daimler begonnen wurde, versuchte die Werbeabteilung nochmals die ADV- und ADM-Modelle dem kaufinteressierten Publikum schmackhaft zu machen.

Als Beispiel sei die Wiener Kohlenhandels AG erwähnt, die den Dienstwagen AD 6 vorzeitig (nach 192.000 km) gegen einen ADV umtauschte – sicher mit besonderem Preisnachlass von Dir. Anton Czech.
In Waidhofen an der Ybbs schwärmte Medizinalrat Dr. Kemmetmüller über die ausgezeichnete Qualität seines ADM aus dem Jahr 1923.
Aus Nürnberg berichtete die Firmenleitung der Holzwerke Zapfendorf AG über eine Reise nach Berlin, Salzburg und Innsbruck, *bei der sich die Gelegenheit ergab, sich im Vergleich mit anderen Wagen an dem unsrigen zu erfreuen!*
Ebenso freute sich Oberbetriebsleiter Hainzl über seinen ADM nach einer Balkan-Tour auf schlechten Straßen.

Fürst Trauttmansdorff widersprach kurzerhand dem verbreiteten Gerücht, wonach beim ADM 3 Liter die Zündkerzen verölen. *Wenn es vorkommt, ist es nur die Schuld des Fahrers selber!* Wir danken dem Fürsten für seine uneingeschränkte Verteidigung der Marke Austro Daimler!

Aus München erreichte uns ein Bild von der heute noch existierenden Maschinenfabrik Theo Seidl, die einen ADM viele Jahre benutzte, dem Gesichtsausdruck nach zu schließen offensichtlich mit großer Freude und Zufriedenheit.

ADM Maschinenfabrik Georg Seidl in München, ca. 1934

ADM von Erzherzog Josef Ferencz mit dem ehem. König von Sachsen Friedrich August

Einige Bilder aus Ungarn verirrten sich in die Redaktion der Allgemeinen Automobilzeitung, wonach der ungarische Ministerpräsident Bethlen einen ADM sein Eigen nennen konnte und Erzherzog Josef Ferencz mit dem ehemaligen Sachsenkönig Friedrich August die Budapester Kathedrale besuchte, selbstverständlich mit der ungarischen Stephanskrone auf seinem ADM-Kühler.

ADR-Vorstellung in London

Ein besonderes Kuriosum fand anlässlich der beiden Ausstellungen Mitte Oktober in Paris und London statt. Die Termine waren so unglücklich gewählt, dass sich eine 3-Tages-Überschneidung der beiden Messen ergab – zum Leidwesen der Aussteller! Austro Daimler war in Paris gar nicht vertreten und konzentrierte sich ganz auf die Präsentation des ADR in London.

Zu sehen waren neben den ADM-Sportmodellen ein Ausstellungschassis und ein Innenlenker der genialen Schöpfung von Karl Rabe. Die Bezeichnung ADR bringt uns schon zur neuen technischen Errungenschaft – dem Rohrrahmen mit seinen einzeln schwingenden Halbachsen. „R" wie Rohrrahmen oder doch auch „R" wie Rabe? Wahrscheinlich hat sich diese Typenbezeichnung dem Konstrukteur quasi aufgedrängt.

ADR-Zentralrohrrahmen – Zeichnung vermutlich von Ing. Franz X. Reimspieß

Die Reaktion auf der Olympia-Ausstellung in London war überraschend positiv. Als ob die Automobilwelt schon immer auf einen Rohrrahmen mit Einzelradaufhängung gewartet hätte, überschlugen sich die namhaften englischen Blätter mit ihren positiven Kommentaren. Vor allem das Argument der komfortablen Federung der einzeln schwingenden Achsen mit der gleichzeitigen Gewichtseinsparung am Chassis war das Highlight dieser Show.

Hier einige Ausschnitte aus den Londoner Zeitungen, beginnend mit dem führenden Fachblatt „The Motor": *Durch diese Konstruktion ist das ungefederte Gewicht sehr gering und obwohl der kleinste Bodenabstand des Chassis 23 cm mißt, beträgt der Bodenabstand der Karosserie nur 46 cm. Infolgedessen ist der Schwerpunkt außerordentlich tief gelegen. Die Art der Rahmenkonstruktion ergibt eine Ersparnis von 100 kg am Chassis-Gewicht.*

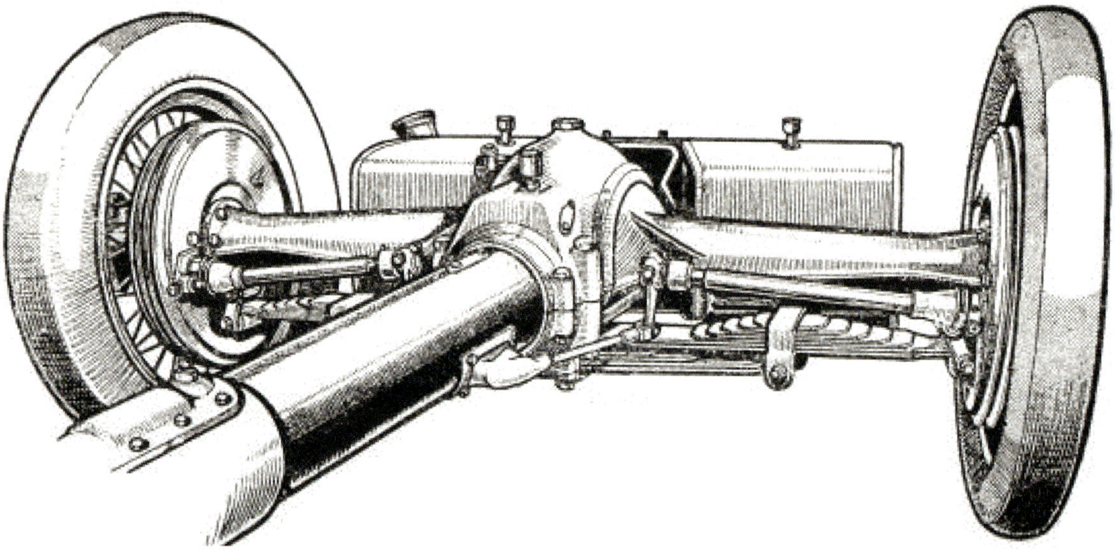

ADR-Hinterachse

Der „Autocar" schreibt über den neuen ADR: *Vielleicht das interessanteste Chassis der Schau ist der 70 PS Austro Daimler. Anstelle des normalen Chassis ist ein Rohr von 19 cm Durchmesser getreten, das die Kardanwelle und das Bremsgestänge umgibt. Die röhrenförmige Stahl-Kardanwelle hat Gelenke an ihrem Ende, die in das Differenzialgehäuse münden, so daß die Hinterräder unabhängig voneinander sind. Eine kurze Feder von jedem Rad zu dem Gehäuse kontrolliert die beiden Hinterräder.*

In den diversen Tageszeitungen waren nachfolgend zusammengefasste Zitate zu lesen: *ein geistreicher und praktischer Entwurf; … ein Ausstellungsobjekt wirklich wert, gesehen zu werden; … eine neue Konstruktion von umwälzendem Charakter, die einem außerordentlich zu denken gibt; … eine Vollkommenheit in der Aufhängung, wie sie bisher nicht erreicht wurde.*

ADR Chassis Polie – Sammlung Technisches Museum Wien

Das Ausstellungschassis des ADR ist bis heute erhalten geblieben und steht im Technischen Museum in Wien. Von dem ausgestellten ADR Innenlenker existiert kein Bild. Vermutlich verblieb das Fahrzeug gleich bei der englischen Niederlassung. Stattdessen folgen Bilder von einem sehr frühen ADR mit einer sehr prominenten Autonummer. Wem gehörte „B XXIII 1"? Um einen Anhaltspunkt zu geben, hier die Übersetzung in verständliches Deutsch: „B" stand damals für Niederösterreich, römisch „23" für den Bezirk Wiener Neustadt und „1" – wie heute – für ganz wichtig! Der Autor tippt daher auf den Bürgermeister oder den Bezirkshauptmann, oder doch ein Austro-Daimler-Direktor? …

ADR Innenlenker OeFFAG mit Kennzeichen „B XXIII 1"

ADR auf der Rennbahn, die Einfahrer Schreckenfuchs und Heyhal

ADR 3 Liter ab November 1927	Technische Daten
Zylinder	6 in einem Silumin-Block gegossen
Hubraum, cm^3	2.994
Bohrung/Hub, mm (Laufbuchsen)	76 x 110
Leistung PS bei 3.000 U/min	70
Ventilsteuerung, Nockenwelle	2-reihig, Kipphebel, obenliegend, Königswelle
Kurbelwelle	3-fach Gleitlager
Drehzahl Max.	3.500 U/min.
Gemischaufbereitung	2 Zenith Vergaser mit Dreifach-Zerstäuber
Schmierung	Umlaufdruckschmierung im Ölsumpf
Zündung	Hochspannung Magnet
Kupplung	Einscheiben trocken
Spurweite vorne/hinten	1.410/1.440 mm
Radstand	3.500 mm
Radaufhängung vorne/hinten	Halbelliptikfedern/Cantilever querliegend
Fahrzeuggewicht Chassis (ohne Wasser)	ca. 970 kg
Bodenfreiheit	220 mm
Benzinverbrauch, je nach Gelände	ca. 15 l/100 km
Höchstgeschwindigkeit	120 km/h

Zu erwähnen wäre noch, dass Karl Rabe zumindest zwei internationale Patente anmeldete, betreffend einen neuartigen Achsstoßdämpfer und die Bauart der Hinterachs-Cantilever-Federn. Bezüglich des Getriebes sei noch angeführt, dass das Gehäuse am Motorblock angeflanscht wurde und selbstverständlich aus Leichtmetall gegossen war (4 Vorwärtsgänge). Auch der Tankinhalt wurde bekanntgegeben – 100 Liter für lange tankstellenlose Strecken!

Die Typisierung des ADR fand übrigens schon am 15. Juni 1927 statt. Das Amt der Niederösterreichischen Landesregierung hielt zu der durchgeführten Erprobungsfahrt im Prüfprotokoll fest: *Der Wagen läuft sehr ruhig; zieht kolossal an und ist sehr rasch auf der Drehzahl (3.000 U/min). Bei der Geschwindigkeitsprobe war der Wagen nach etwa hundert Metern Wegstrecke schon auf 90 km Fahrgeschwindigkeit.*

Es ist nicht uninteressant, auf welchen Straßen eine solche Probefahrt seinerzeit durchgeführt wurde. Die Probestrecke wurde im Akt der Typenprüfung wie folgt beschrieben:
Landesregierung (Wien 1, Herrengasse) – Währinger Straße – Nußdorfer Straße – Hohe Warte – Nußdorf – Klosterneuburg – Weidlingbach – Sievering (Wendigkeitsprobe in den Serpentinen) – Krottenbachstraße (Geschwindigkeitsprüfung) – Billrothstraße – Landesregierung. Alles ohne Anstand.

ADR mit OeFFAG-Pullman-Karosserie vor dem Gut Waldhof in Wiener Neustadt

1927

ADR-Sportvariante

ADR-Vorstellung ohne Ing. Karl Rabe

Warum Karl Rabe am 15. Oktober 1927 auf eigenen Wunsch während der Vorstellung seines großen Erfolgsmodells Austro Daimler verließ, fällt einmal mehr ins Reich der Spekulationen. Selbstverständlich muss es ein lukratives Angebot von seinem zukünftigen Arbeitgeber Steyr gegeben haben, denn am 15. November 1927 trat er den Posten eines stellvertretenden Chefkonstrukteurs an. Zusätzlich fällt auf, dass Rabe kurz davor am 22. Juni 1927 mit Hildegard von der Lühe in den Hafen der Ehe getreten war. Möglicherweise mit ein Grund für Veränderungen …

Karl Rabe nimmt den Hut

Er wird sich bei Steyr um die Modelle „XXX" und „Austria" kümmern, ab 1. Jänner 1929 mit Ferdinand Porsche gemeinsam. Schon im Oktober 1930 gehen beide nach Stuttgart in die neu gegründete Firma Porsche.

Der Autor hatte die Ehre, Dr. Heinz Rabe, den ältesten Sohn Karl Rabes, 2010 durch die Wachau zu chauffieren, neben Rabe die österreichische Motorsportlegende Martin Pfundner. Der Jurist Heinz Rabe war jahrelang Personalchef bei Porsche in Zuffenhausen.

Der neue Chefkonstrukteur – DI Oskar Hacker

Bereits im Laufe des Jahres 1926 trat Oskar Hacker in die Österreichische Daimler Motoren AG als Konstrukteur ein. Zuvor hatte er eine eigene kleine Motorradproduktion aufgebaut, die unter dem Markennamen „Bison" firmierte, jedoch mit wenig Verkaufserfolg. Das zwang den mutigen Unternehmer schon nach zwei Jahren seine Firma wieder zu liquidieren. Seine Laufbahn bei Austro Daimler und danach bei Steyr Daimler Puch wird aber überaus erfolgreich verlaufen. In Zusammenarbeit mit Ing. Franz X. Reimspieß wird er noch einige technische Feinheiten präsentieren.

Oskar Hacker kommt

Ministerbesuch im Wiener Neustädter Werk

Zurückkommend auf die Zeiten der österreichisch-ungarischen Monarchie fällt auf, dass der Kontakt zu den Regierenden viel enger gepflogen wurde als in den Anfangsjahren der Ersten Republik. Das mag einerseits mit den außerordentlichen Fähigkeiten des Netzwerkers Dir. Eduard Fischer zu tun gehabt haben, andererseits hatten die verantwortlichen Politiker im Zuge der Neuorganisation der demokratischen Staatsform wohl andere Sorgen. Daher blieben nach dem Weltkrieg öffentliche Aufträge für die Österreichische Daimler Motoren AG weitgehend aus, sieht man von den Elektrobussen für die Gemeinde Wien ab.

Doch die positiven Pressemeldungen aus London blieben dem Verkehrs- und Handelsminister Dr. Hans Schürff nicht verborgen, weswegen ein Besuchstermin in Wiener Neustadt vereinbart wurde. Im November konnten die Herren Direktoren Windberger, Ryznar und Czech den Minister in Gegenwart von Bürgermeister Ofenböck in der Pottendorfer Straße begrüßen, im Geleit sein Sektionschef Weinzirl samt einigen Vertretern der Handelssektion und der Niederösterreichischen Handelskammer. Das besondere Interesse galt selbstverständlich dem neuen ADR und den angewandten modernsten Qualitätskontrollen.

Interessant erscheint das Beisein von Dir. Franz Barwitzius – dem Vater des späteren Langzeitbürgermeister Hans Barwitzius – von den Verkehrsbetrieben in Wiener Neustadt. Hatte das mit einer Geschäftsanbahnung zu tun oder waren die Wiener Neustädter ADO-Busse schon ausgeliefert? Letztere Annahme wird eher zutreffend sein, denn Aufnahmen vom Neustädter Hauptplatz deuten darauf hin.

Besuch des Ministers Dr. Hans Schürff in Wiener Neustadt

1927

Selbstverständlich wurde der Minister in einen ADR gesetzt, um dieses Wunderwerk der Technik kennenlernen zu können.

Minister Dr. Hans Schürff auf Probefahrt im ADR

Automobilsalon Brüssel

Zum Jahresende schreibt die Brüsseler Austro Daimler-Vertretung ans Werk in Wiener Neustadt: *„Chassis ADR großer Erfolg. Fachleute und Zeitungen einig über großartige Neuerungen. Viele Verkäufe."*

Tatsächlich wird dieser Wagen der meistverkaufte Austro Daimler in der gesamten Geschichte dieser Marke werden. Die erste Werbeeinschaltung in der Allgemeinen Automobilzeitung zeigt neben dem neuen Fahrzeug auch ein neues Logo – den Daimler-Pfeil. Aber davon mehr im Jahr 1928 …

Erste ADR-Werbung

Austro Daimler-Stand in Brüssel – Dezember 1927
Man beachte den etwas zu kleinen Perserteppich, der in Brüssel immer wieder zum Einsatz kommt!

Ein großer Verlust für Österreich – Alexander Graf Kolowrat gestorben

Trotz aller damals möglichen medizinischen Maßnahmen verlor Kolowrat den Kampf gegen seine heimtückische Krankheit. Am 4. Dezember 1927 war sein bewegtes Leben als Automobilist und Filmproduzent nun zu Ende. Schon am 6. Dezember fand in der Schottenkirche unter großer Anteilnahme die Einsegnung statt. Danach wurde sein Leichnam nach Teinitzl bei Klattau überführt und dort in der Familiengruft beigesetzt.

In der Wiener Pappenheimgasse erinnert eine Gedenktafel an seine Wirkungsstätte als Filmpionier.

Gedenktafel in Wien

Schloss der Grafen Kolowrat-Krakowsky

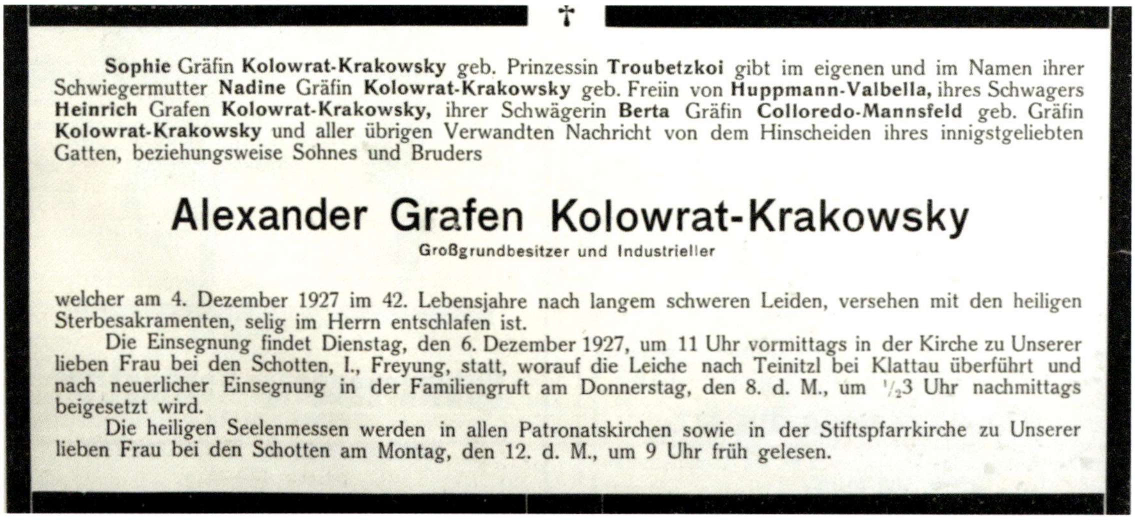

†

Sophie Gräfin **Kolowrat-Krakowsky** geb. Prinzessin **Troubetzkoi** gibt im eigenen und im Namen ihrer Schwiegermutter **Nadine** Gräfin **Kolowrat-Krakowsky** geb. Freiin von **Huppmann-Valbella,** ihres Schwagers **Heinrich** Grafen **Kolowrat-Krakowsky,** ihrer Schwägerin **Berta** Gräfin **Colloredo-Mannsfeld** geb. Gräfin **Kolowrat-Krakowsky** und aller übrigen Verwandten Nachricht von dem Hinscheiden ihres innigstgeliebten Gatten, beziehungsweise Sohnes und Bruders

Alexander Grafen Kolowrat-Krakowsky

Großgrundbesitzer und Industrieller

welcher am 4. Dezember 1927 im 42. Lebensjahre nach langem schweren Leiden, versehen mit den heiligen Sterbesakramenten, selig im Herrn entschlafen ist.

Die Einsegnung findet Dienstag, den 6. Dezember 1927, um 11 Uhr vormittags in der Kirche zu Unserer lieben Frau bei den Schotten, I., Freyung, statt, worauf die Leiche nach Teinitzl bei Klattau überführt und nach neuerlicher Einsegnung in der Familiengruft am Donnerstag, den 8. d. M., um ½3 Uhr nachmittags beigesetzt wird.

Die heiligen Seelenmessen werden in allen Patronatskirchen sowie in der Stiftspfarrkirche zu Unserer lieben Frau bei den Schotten am Montag, den 12. d. M., um 9 Uhr früh gelesen.

Todesanzeige

Franz Zwickl – das Wunder des ADR

1927

1928 – Verkaufsrekord mit Daimlerpfeil

Im Jahr 1928 brechen für die Österreichische Daimler Motoren AG wieder neue Zeiten an. Wer für die Veränderungen den Anstoß gab, ist nicht überliefert. Man darf aber annehmen, dass der leitende Verwaltungsrat Ing. Paul Götzl eine maßgebende Rolle gespielt hat, denn alle anderen „Obrigkeiten" waren schon länger in der Firma und hätten schon die Gelegenheit für Veränderungen gehabt.

Es dürfte nun die Zeit der Monarchie-Nostalgie überwunden worden sein, denn der Doppeladler darf nun aus dem Austro Daimler-Logo verschwinden. Die beiden Adlerköpfe weichen den Buchstaben „A" und „D", der schon länger praktizierten Kurzform bei den Typenbezeichnungen. Wer das neue Kühleremblem entworfen hat, ist ebenfalls nicht mit Sicherheit überliefert, höchstwahrscheinlich stammt es aus der Feder von Franz Xaver Reimspieß.

Neues Kühleremblem nur mehr mit Doppeladler-Silhouette

Ganz sicher von Reimspieß stammt der Daimlerpfeil, ab sofort als Markenzeichen und Werbelogo in Verwendung. Zusätzlich ziert der markante Pfeil die Kühlerdeckel aller ausgelieferten Fahrzeuge. Warum gerade Pfeil und Bogen als erfolgversprechende Botschaft auserkoren wurden, fällt wieder ins Reich der Spekulationen. Bei den Zeitungsrecherchen fällt jedoch auf, dass in dieser Zeit der Ausdruck „pfeilschnell" ein geflügeltes Wort im allgemeinen Sprachgebrauch darstellte. Eduard Fischer wie auch Ferdinand Porsche verwendeten es in einigen Interviews bereits vor dem Krieg. Somit hatte Austro Daimler dem populären Mercedes-Stern etwas Gleichwertiges entgegenzusetzen!

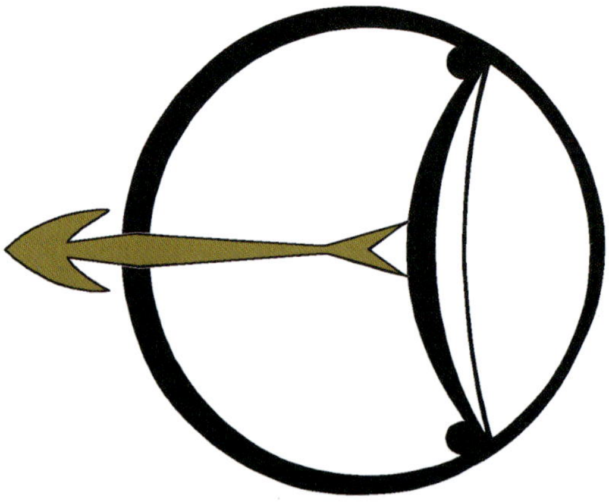

Neues Markenlogo
„Der Austro Daimler-Pfeil"
Design: Franz X. Reimspieß

Apropos Eduard Fischer, er wurde im Februar anlässlich des 30-jährigen Bestehens des Österreichischen Automobil Clubs ausgezeichnet, denn er war nach wie vor Vorstandsmitglied und in der Sportkommission des Clubs tätig. Seit seinem Ausstieg bei Austro Daimler wohl ein wichtiger Kontakt zur geliebten automobilen Welt.

In der Allgemeinen Automobilzeitung war ein aktuelles Foto aus 1927/1928 abgebildet, welches hier nicht fehlen darf.

Eduard Fischer, ca. 1928

Zum Aufwärmen ein Eisrennen

An der ersten Veranstaltung im neuen Jahr nahm Hans Stuck teil. Er gewann beim Eisrennen am Eibsee nahe Garmisch-Partenkirchen alle Einzeldisziplinen mit der Tagesbestzeit und zusätzlich ein Rennen gegen ein Flugzeug, welches von Alex v. Bismarck geflogen wurde.

Hans Stuck am zugefrorenen Eibsee bei Garmisch-Partenkirchen

Ein neuer Katalog zur Wiener Messe

Rechtzeitig zur obligaten Wiener Frühjahrsmesse in der Rotunde präsentierte Franz Zwickl seine Broschüre **„Das Wunder des ADR"** mit dem goldgedruckten Daimlerpfeil am Umschlag. Inhaltlich wurde dem Kaufinteressenten das Wunder in allen Facetten klargemacht. Denn der Erfolg dieses Modells konnte sich sehen lassen. Der Eingang an Bestellungen vom In- und Ausland war derart groß, dass die Belegschaft im Werk Wiener Neustadt bis Jahresende wieder auf ca. 1.200 Mitarbeiter anstieg, um mit der Produktion einigermaßen nachzukommen. Denn parallel zum Verkaufsschlager ADR gingen noch einige ADM zu den Kunden – dank der Siegesserie von Hans Stuck.

Nun zur Ausstellung in der Rotunde. Abgesehen vom Chassis Polie waren zwei Innenlenker und ein Roadster auf ADR-Basis zu sehen. Einer der Innenlenker hatte ein neuartiges Kunstlederdach, das nach der französischen Lizenz „Aerable monobloc" der Fa. Alin in Paris mit nur wenigen Handgriffen zu öffnen war. Der Roadster folgte eher dem amerikanischen Trend der sportlichen Leichtigkeit. Selbstverständlich auch ausgestellt war der ADM 3 Liter Sport mit langem Radstand aus der bewährten OeFFAG-Karosseriemanufaktur.

Das Wunder des ADR als Briefmarke

Stand Wiener Messe

Die Allgemeine Automobilzeitung berichtete über eine große Anziehungskraft des Austro Daimler-Standes, ständig von Neugierigen umringt, das Chassis Polie bestaunend. Das französische Fachblatt „La Vie Automobile" veröffentlichte aus der Feder von Henri Petit einen langen Artikel nach der Ausstellung in Brüssel – hier ein kurzer Ausschnitt:

Es ist wirklich sehr selten ein Chassis zu finden, dessen Konstruktion von der allgemeinen Disposition abweicht … Was hat die Fabrik veranlasst, am Austro Daimler ADR all die konstruktiven Änderungen vorzunehmen, die hier vorliegen? Sie wurden einfach zu dem Zwecke angebracht, um Gewicht zu sparen! Durch seine abweichende Konstruktion wird das Gewicht des ADR auf 1.300 kg herabgesetzt, das heißt, das Chassis wiegt nicht über 1.000 kg, was für einen Dreiliterwagen, der in der Ebene ein Tempo von 125 km/h einzuhalten vermag, eine sehr bemerkenswerte Ersparnis bedeutet.

Die Rennsaison beginnt

Abgesehen vom winterlichen Einsatz am Eibsee verlief das zeitige Frühjahr aus sportlicher Sicht eher ruhig. Erst in der zweiten Aprilhälfte ging Hans Stuck in die Rennsaison, und zwar in der Nähe von Göttingen zum **Hainbergrennen**. Dort spielt zunächst die Zeitnehmung verrückt, sodass die ersten Automobile nochmals an den Start gehen mussten und die davor gefahrenen Motorräder gar nicht gewertet werden konnten. Trotz dieser widrigen Umstände behielt Stuck die Nerven und gewann in neuer Rekordzeit von 2:19:3 min vor Alfred Neubauer im Mercedes.

Am 29. April ging es im **Saarland** zur Sache, bei St. Ingbert war eine 6,5 km lange Strecke zu bewältigen, die Hans Stuck in Bestzeit meisterte. Ihm gleich tat es Georg Kubisch beim Lückendorfer Bergrennen. Er schaffte die schnellste Zeit aller Automobile in 2:47:0 Minuten für die 4 km lange Strecke. Schauplatzwechsel nach Brünn – dort siegte nach sehr schöner Fahrt Dr. Bittmann in der Sportwagenklasse.

Abseits von den Rennstrecken fand in **Wien** ein Ballonverfolgungsrennen statt. Vier Austro Daimler unterschiedlicher Typen nahmen daran teil, die prominentesten Starter waren wohl Generaldirektor Cassinone und Karl Urban. Der Fuchs-Ballon „Austria" landete unsanft im Bereich Hadres an der tschechischen Grenze – dabei fiel Fräulein Cassinone aus dem Korb und verletzte sich am Fuß. Gewinner dieses Freizeitspektakels war Ing. Schweinburg auf Steyr XII.

Verfolgung der Gasballone – ein teurer Spaß! Mit dabei Austro Daimler, Steyr und Mercedes

Zwischenzeitlich hatten die ersten ADR-Kunden reichlich Erfahrung mit dem Wunder-Automobil machen können und taten dies rege kund. Rechtsanwalt Dr. Rene Perin berichtete von unzähligen Kurven und Schlaglöchern auf dem Weg zum Ätna, welche der ADR durch seine *technisch vollkommene Abfederung zur Gänze paralysierte*. Staatsanwalt Dr. Meiß nahm an der „Fünfländerfahrt des ADAC" teil und war fasziniert von der Bergtauglichkeit seines ADR, weil er alle Steigungen im 3. Gang bewältigen konnte.

6-Stunden-Rennen auf der Brooklands-Bahn 12. Mai 1928

Nach dem Muster der Le-Mans-Rennen wurde auch der Start in England abgehalten – die Fahrzeuge waren am Straßenrand schräg abgestellt und die Fahrer standen auf der gegenüberliegenden Seite. Mit dem Startsignal sprinteten die Lenker zu ihren Rennwagen und starteten den Motor. Diese erste Prüfung endete für viele Teams bereits in einem mittleren Fiasko, weil die damaligen Rennmotoren durchaus ihre Eigenheiten hatten.

Jedenfalls meisterte die Austro Daimler-Mannschaft – Philip Turner und Cyril Paul – diese erste Aufgabe bravourös. Nach einigen Runden musste das Verdeck geöffnet werden, denn die Startvorgabe war ein geschlossenes Fahrzeug in der „Touring-Ausführung". Dann ein ungeplanter Boxenstopp, ein Reifen war undicht geworden. Trotz dieses Vorfalls konnten die beiden die meisten Meilen in der 3-Liter-Klasse zurücklegen: 409 Meilen (658 km) in sechs Stunden, das bedeutete einen Stundenschnitt von immerhin 109 km/h. Der englische „Motor" bezeichnete den Austro Daimler von Turner als den schnellsten 3-Liter-Wagen. Sie wurden mit dem „Pass and Joyce Cup" ausgezeichnet. Die größte Distanz von 435,5 Meilen erreichte R. S. Birkin mit dem 4,4-Liter-Bentley.

Brooklands-Bahn in der Nähe von London, mit künstlicher Schikane aus Sandwällen

1928

Die weiteren Rennen am Kontinent

Ein großes Automobilturnier wurde am 13. Mai in Wiesbaden ausgetragen. 220 Teilnehmer zählten die Veranstalter bei der Schönheitskonkurrenz, bei der auch Hans Stucks Sportkabriolett mit OeFFAG-Karosserie ausgezeichnet wurde. Im anschließenden **Rennen um den Neroberg** am 16. Mai bei Regenwetter gewann Stuck dieses Rundstreckenrennen über 150 km in 1:17:07 Stunden.

Zwischenzeitlich fuhr man in Linz das **„Saurüssel-Rennen"**, welches von Hansal auf Steyr gewonnen wurde. Erstmals im Renneinsatz zwei ADs von Dir. Schweizer und von Dr. Karl Imhof, die die Tourenwagenklasse für sich entschieden. Auf der nach wie vor bewährten ADM-Rennmaschine konnte Prinz Ferdinand von Liechtenstein die Sportwagenklasse gewinnen.

Prinz Liechtenstein beim Saurüssel-Bewerb

Bereits eine Woche davor eröffnete man in der Schweiz die Bergrennsaison in **Kriens-Eigental**, wo Hans Stuck in 6:21:4 Minuten die Rennwagenklasse gewann.

Und in **Genf** fand ein Kilometerrennen statt, das ebenso Stuck als Erster beendete.

Nach langer Pause veranstaltete der Bayrische Motorsport Club wieder ein Bergrennen am **Kesselberg**. Über 30.000 Zuschauer aus Bayern und dem nahen Tirol reisten am 10. Juni zu diesem Spektakel an, um einerseits das Motorrad-Ass Edi Linser und andererseits Hans Stuck siegen zu sehen. Beide wurden ihren Anforderungen gerecht: Edi Linser auf seiner Sunbeam und Hans Stuck auf seinem ADM R – beide mit Tagesbestzeit.

Start zum Kesselberg-Rennen

Am 26. Juni ging die famose Siegesserie in **Baden-Baden** weiter. Rudolf Caracciola rückte mit einem neuen 7-Liter-Mercedes-S-Modell zu dieser Veranstaltung an – um diesen Rennwagen für den Deutschland-Grand-Prix zu testen. Beim Flachrennen konnte die Mercedesmannschaft den PS-Vorteil erfolgreich ausspielen, doch beim darauffolgenden Bergrennen auf die Bühler Höhe hatten sie gegen Hans Stuck mit seinem 3-Liter-ADM-R keine Chance. Er distanzierte Caracciola um ganze 5 Sekunden mit unterlegenem Fahrzeug, das eigentlich nur in der 3-Liter-Klasse siegen hätte müssen. Tagesbestzeit und neuer Streckenrekord in 7:38:4 Minuten!

Streckenrekord auf die Bühler Höhe bei Baden-Baden

Zwischendurch in Wien Schönbrunn – Concours d'Élégance

Wie schon 1927 wurden wieder „Goldene Bänder" für die schönsten Fahrzeuge vergeben. Und wieder räumten die Austro Daimler-Automobile gleich zwei dieser begehrten Trophäen ab: diesmal mit einer geschlossenen Armbruster-Faux-Cabriolet-Karosserie mit Prinzessin Sheila von und zu Liechtenstein am Steuer des ADR. Das zweite „Goldene" erreichte Dr. Rudolf Nemetschke mit einer schließbaren Keibl-Spezialkarosserie.

Ein Rennen um die exklusive Schönheit

Werbung AD

Abgesehen von Schönheitspreisen traf laufend Lob von ADR-Kunden im Wiener Verkaufsbüro ein. Ing. Schien aus Berlin freute sich über die ausgezeichnete Straßenlage, die er auf die Schwingachsen zurückführte.
Herr Koppenberg von der Mitteldeutschen Stahlwerke AG konnte keine Unbequemlichkeiten für seine Insassen feststellen, was er auf die geniale Konstruktion zurückführte.
Herr Mahlmann aus Berlin sang schriftlich ein Loblied auf den ADR, den er über die Linzer AD-Vertretung erhalten hatte, weil man in Berlin keinen Wagen bekommen konnte. Denn sobald ein ADR angeliefert wurde, war er im Handumdrehen schon wieder verkauft.

Ein ADR für die „Herrschaft", der angestellte Fahrer war Wind und Regenwetter ausgesetzt!

Wieder auf der Brooklands-Bahn – diesmal über 150 Meilen

Der Surbiton-Motor-Club lud zu einer Geschwindigkeits- und Verbrauchskonkurrenz auf die Hochgeschwindigkeitsstrecke ein, an der 11 Sportwagen aller Klassen teilnahmen. Mr. Turner war wieder am Start und gewann dieses Meeting. Aus der Zeitung „The Motor" stammt das nachfolgende Bild – der ADM 3 Liter von Turner vor einem Bugatti.

ADM 3 Liter Sport von Mr. Turner in Führung knapp vor einem Bugatti

3.200 km durch Polen

Eine Tourenfahrt der Extraklasse fand zwischen 17. und 24. Juni wieder in Polen statt und wurde unter der bewährten Führung von Ing. Liefeldt siegreich beendet. Alle drei ADR Wagen blieben ohne Strafpunkte und kassierten 9 der insgesamt 16 ausgeschriebenen Preise und als einzige Mannschaft den Teampreis. Neben Liefeldt waren noch Graf Potocki und Herr Dzierlinski im Austro Daimler-Team unterwegs. Die beste Zeit beim Berg- und Flachrennen vervollständigte den Triumph der Neustädter Automobilbauer.

Ing. Henryk Graf Liefeldt auf ADR in Polen, links stehend Fr. Kozmian

1928

1928

Selbstverständlich fuhr man auch in **Ungarn** gleichzeitig wie in Polen wieder eine Tourenfahrt. Diesmal stand dieses Rennen ganz im Zeichen der Marke Bugatti. Nur Johann Szini konnte den zweiten Platz bei den Sportwagen auf ADM 3 Liter erreichen. Interessant erscheint der zweite Platz von Trevor Riemer bei den Tourenwagen, denn sein Hubraum war mit 2,45 Liter angegeben. Damit wäre noch ein zweiter Beweis erbracht, dass es auch ADM-Modelle mit 2,5 Liter Hubraum gab.

Ebenfalls am 17. Juni wurde in Nordböhmen das **Schöberberg-Rennen** veranstaltet, welches von Georg Kubisch auf ADM gewonnen wurde.

Austro Daimler-Treffen beim Großglocknerhaus

Nach der Eröffnung der Großglockner-Hochalpenstraße gehörte es zu den allerersten Herausforderungen eines Automobilisten, diese lange Bergstraße auf 2.143 m Seehöhe zu bezwingen – möglichst ohne überkochenden Kühler! Mehr durch Zufall trat am 11. Juli der Fall ein, dass sich nachfolgend beschriebene AD-Fahrzeuge beim Glocknerhaus zusammenfanden und eine Postkarte ans Wiener Verkaufsbüro schickten:

An Austro Daimler, Wien:
Wir gratulieren Ihnen zu Ihren unvergleichlichen Wagen aller Typen. Am 11. Juli 1928 waren hier: Hans Winkler aus Seeboden auf ADM, Silbernagel aus Seeboden auf ADR (erste Fahrt! Gratuliere und danke herzlichst), Leopold Latzko aus Mallnitz auf ADV, der Iselsberger Franz Gruber auf ADV ist auch herobeN. Sechs andere Austro Daimler sind schon wieder weggefahren. 14. Juli 1928.
Die Obigen.

Alpenfahrt 1928, mit Austro Daimler

Wieder durch den kompletten Alpenraum geführt, fand die diesjährige Alpenfahrt vom 12. bis 18. August statt und wurde auf Grund der länderübergreifenden Streckenführung „international". Seitens Austro Daimler waren die Arbeitskollegen aus Deutschland am Erfolg beteiligt, denn Carl Deilmann aus der Dortmunder Vertretung konnte die Klasse bis 3 Liter gewinnen, obwohl ihm der Bruch einer Benzinleitung zu schaffen machte. Je einen zweiten beziehungsweise dritten Platz erreichten Dr. Wiethaus und Desiderius von Bitzy, alle auf ADR-Modellen.

ADR von Deilmann am Grenzbalken

Die Triester Straße wird ausgebaut

Dieses Thema gehört zwar nicht unmittelbar zur Geschichte von Austro Daimler, soll aber zumindest Erwähnung finden – beschreibt es doch den Werdegang des Automobilismus. Nach Jahren des Versuches und der Diskussion, aber auch der Geldmittelbeschaffung wurde der schon längst überfällige Straßenausbau in Österreich nun ernsthaft in Angriff genommen. Neben den prestigeträchtigen Neuprojekten wie der Großglockner-Hochalpenstraße war nun das Bundesstraßennetz an der Reihe, namentlich die Triester Straße zwischen Wien und dem Semmering.

Da es sich hier um die Geschichte einer Wiener Neustädter Fabrik handelt, soll auf den Bauabschnitt im näheren Umfeld kurz eingegangen werden:

Die Neugestaltung dieser damals meistbefahrenen Straße Österreichs wurde recht unterschiedlich bewerkstelligt. In den Ortsdurchfahrten gab es meist Granitwürfelpflaster, teilweise erste Versuche mit kleinen Betonfeldern und überland die neue Teer-Asphalt-Betondecke nach dem System „Strabag" – ja, diesen Namen gab's damals schon! Diese Mischung wurde gleich in der Nähe der Baustellen hergestellt, wie am Bild zu sehen beim Bahnhof St. Egyden.

Asphaltmischanlage Bahnhof St. Egyden und Neunkirchner Allee-Asphaltierung

Anlass für kritische Kommentare in der Allgemeinen Automobilzeitung gab es wieder einmal über den Straßenzustand in Wiener Neustadt:

… Das ändert sich mit einem Schlage, nämlich genau beim Neustädter Mautschranken, allwo die mit staubfreier Oberfläche hergestellte Bundesstraße aufhört und die Straßenerhaltung der Stadt Wiener Neustadt und damit ein niederträchtig elendes, mehr aus Schlaglöchern als aus Straßenfläche bestehendes Ackerfeld anfängt. Ein Katzenkopfpflaster letzter Qualität schließt daran an und nur ein paar hundert Meter guter Straße beweisen, daß neben dem Interesse für mittelalterliche Dekrete – das der Mauteinhebung beruft sich ja auf ein Recht, das der letzte Babenberger Friedrich der Streitbare der Stadt verliehen hat – hin und wieder auch ein Quentlein modernen Sinnes verstohlen in den Köpfen der Stadtväter aufflackert … An ihrer „zwecks Straßenerhaltung" eingehobenen Maut verdient die Stadt Wiener Neustadt jährlich 100.000 Schilling und bietet den Durchfahrenden dafür einen Zustand der Straße, wie er kaum auf der allerletzten Burgenland-Bezirksstraße anzutreffen ist.

Ob der Redakteur nun übertrieben hat oder nicht, der Fahrbahnzustand wird wohl nicht schlechter gewesen sein als anderswo. Für diesen Artikel war wohl die vorangegangene Mautdiskussion ausschlaggebend …

Erwähnenswert erscheint auch der Bericht über die Bauarbeiten im Bereich Theresienfeld. Im Laufe der Zeit hatte sich das Straßenniveau durch die ständigen Ausbesserungsarbeiten um ungefähr 80 cm erhöht.

Bauarbeiten in Theresienfeld: Absenkung des Straßenniveaus und Tieferlegung des Tirolerbaches mit neuem Staubecken

1928

Um das starke Gefälle zu den Hauseinfahrten wieder auf Fahrbahnhöhe zu bringen, legte man im Bereich der Ortsmitte die Straßendecke um gut einen halben Meter tiefer. Dies hatte zwangsläufig Folgen für die Brücke des querenden Tirolerbachs, der nun ein Staubecken statt des breiten Teiches mit einem kleinen Wasserfall erhielt. Um die tiefergelegte Fahrbahn zu queren, verlegte man einen unterirdischen Schacht und führte das Wasser nach dem Prinzip zweier kommunizierender Gefäße auf gleichem Niveau auf der anderen Straßenseite weiter. Diese Konstruktion besteht im Wesentlichen heute noch. Die alte Steinmauer existierte schon vor 1928, wurde aber teilweise abgerissen. Wer das ausgeklügelte Bewässerungssystem in Theresienfeld nicht kennt, dem sei ein Spaziergang entlang der künstlich angelegten Kleinkanäle – gespeist von der Piesting – empfohlen. So weit eine kleine Abschweifung an einen Nebenschauplatz der historischen Mobilität.

Unterführung Tirolerbach 2020

Stuck wird Schweizer Bergmeister

Mit dem Sieg und einem Streckenrekord am **Zugerberg** am 8. Juli beendete Hans Stuck bereits das dritte Rennen in der Schweiz auf Platz 1, sodass ihm nach Ablauf der Rennsaison der Bergmeister-Titel der Schweiz zuerkannt wurde.

Autofahrer-Paradies Neunkirchner Allee

ADM R in der Version von 1928 in Blau und Weiß

Nach dem Schlechtwetterrennen im Vorjahr wollte man am **Arlberg** den international ausgeschriebenen Bergmeisterschaftslauf Ende August austragen, jedoch wurde im Vorfeld das Rennen in ein „nationales" herabgestuft. Trotzdem wurde die Veranstaltung auf verkürzter Strecke zum Erfolg – vor allem für Austro Daimler mit seinem Werkspiloten Stuck. Neuerdings war der ADM R blau und weiß lackiert und wurde von seinem Meister in geradezu glänzendem Stil zum Sieg gelenkt. Stucks Trophäengürtel bekam eine Siegesplakette mehr – und zwar die hundertste!

Klassensieg bei der Tourist Trophy in Belfast

Während Stuck am Arlberg gewann, fuhr man am 18. August in Nordirland ein Rundstreckenrennen über insgesamt 410 Meilen (663,6 km). Das etwas eigentümliche Reglement sah vor, dass die hubraumschwächeren Fahrzeuge mit einer „Rundengutschrift" an den Start gehen, um einen spannenden Rennverlauf zu erreichen, das heißt: die Klassen über 3 Liter Hubraum fuhren die volle Rundenanzahl, bis 3 Liter wurde eine Runde weniger gefahren, bis 2 Liter zwei Runden, die Hubraumkleinsten minus fünf Runden. Dem noch nicht genug: Ein Le-Mans-Start war vorgeschrieben inklusive des Schließens der Verdecke, die nach zwei Runden wieder zu öffnen waren und dann bis zum Rennende offen blieben. Außerdem durften die Teams nur ein Reserverad mitführen. Für die Mercedesmannschaft bedeutete das den Rückzug vom Rennen, weil die aktuellen Kompressor-Wagen über unterschiedliche Rädergrößen an Vorder- und Hinterachsen verfügten.

Genannt waren rund 32 Fahrzeuge, darunter drei Austro Daimler ADM 3 Liter, und zwar von unterschiedlichen Besitzern. Die British Austrian Daimler Ltd. (Mr. F. M. Luther) nannte den Wagen von L. G. Callingham, T. Taylor für Cyril Paul und H. Mason wohl sein eigenes Fahrzeug. Trotzdem traten die drei auch im Team-Bewerb offiziell an.

Le-Mans-Start bei der nordirischen Tourist Trophy

Die härteste Konkurrenz drohte der Austro Daimler-Mannschaft durch den Bugatti, gesteuert von Malcolm Campbell. Doch der hatte Pech – bei seinem Boxenstopp nach zwei Runden brach sein Benzintank und der Wagen stand in Flammen. Campbell versuchte noch mit einem Feuerlöscher den Brand unter Kontrolle zu bringen – vergebens, der Bugatti war nicht mehr zu retten. Zum Leidwesen von Campbell, in seinem Renner befand sich ein besonders guter Motor.

Mason auf ADM 3 Liter Sport

Der Rennverlauf gestaltete sich für die Austro Daimler-Piloten erfreulich, denn sie waren die Schnellsten auf dem rund 12 Meilen langen Rundkurs. Auf Grund des Reglements mussten sie zwei Runden mehr zurücklegen als der Sieger Kaye Don auf seinem 1,5-Liter-Lea-Francis-Wagen, der aber über einen Kompressor verfügte! Auch der Zweite Cushman auf Alvis fuhr mit einem aufgeladenen 1,5-Liter-Triebwerk. So kämpften sich die wackeren ADM-Fahrer von anfänglich Platz 29 Runde für Runde vor auf das Endresultat:

1. Platz:	**K. Don**	**5:58:13 Stunden**	**Durchschnitt: 103,1 km/h**
2. Platz:	**L. Cushman**	**5:58:25 Stunden**	**Durchschnitt: 103,0 km/h**
3. Platz:	**H. Mason**	**6:07:38 Stunden**	**Durchschnitt: 104,0 km/h**
4. Platz:	**C. Paul**	**6:10:10 Stunden**	
10. Platz:	**L. Callingham**	**6:26:36 Stunden**	

Ein überlebender Engländer?

Mason passiert die Zielgerade, im Hintergrund die aufwendigen Rundentabellen

Insgesamt kamen 12 Fahrer ins Ziel. Betrachtet man den Stundenschnitt, so ergibt sich das Kuriosum, dass Mason einen höheren Wert aufweist als der Sieger. In der 3-Liter-Klasse belegten Mason und Paul Platz 1 und 2, auch der Teampreis ging an Austro Daimler.

Teampreis für die British Austro Daimler Ltd.

Bruderzwist im Hause Taylor (Turner)

Eine erstaunlich kuriose Meldung erschien in der Allgemeinen Automobilzeitung über das Rennen im französischen Boulogne-Le Touquet um die Coupe Boillot auf der Boulogner Rundstrecke, welches von Iwanowski auf Alfa Romeo 1,5 Liter gewonnen wurde. Angeblich hätte der ADM von Taylor (Mr. Turner) an diesem Meeting teilnehmen sollen:

Der Bruder Taylors, Mitbesitzer dieses Wagens, wollte aber nicht, dass Taylor ihn fuhr und bearbeitete den Motor in der Garage mit Hammerschlägen, wonach die Leute von Taylor den Herrn Bruder gehörig verprügelten. Der Motor war aber derart beschädigt, dass der Wagen an dem Rennen nicht teilnehmen konnte …

1928

Wieder zu den Bergrennen

Die nächsten Veranstaltungen führen uns wieder nach Deutschland. Zuerst wurde der **Feldberg** in Rekordzeit erklommen, dann ging's weiter nach Berchtesgaden zum **Salzberg-Rennen**. Hier kam es zum ultimativen Showdown zwischen Austro Daimler und Mercedes – sprich Hans Stuck gegen Rudolf Caracciola! Die Strecke auf den Salzberg war mit 3,5 km Länge äußerst kurz, aber mit einer Fahrbahnbreite von nur 3 m schmal und bis zu 27 % steil. Beide Fahrer fuhren den Kurs im Training mehrmals ab, um jede Kleinigkeit am Kurs auszuloten. Das Ergebnis nach einem mitreißenden Duell: Stuck siegte in 3:24:2 vor Caracciola in 3:37:2 Minuten – neuer Streckenrekord!

Start auf den Salzberg – Stuck in Höchstform!

Stucks Spezialkurventechnik mit eingehängtem kurveninneren Vorderrad am Salzberg

Und in Polen tat es Henryk Graf Liefeldt dem deutschen Superstar gleich – 20 km Flachrennen in Lemberg (heute Lwow oder Lwiw) – Sieg mit einem Durchschnitt von 140 km/h. Im anschließenden Kilometerrennen erreichte der Pole 170 km/h und stellte damit einen neuen polnischen Geschwindigkeitsrekord auf. Zwei weitere Austro Daimler belegten die Plätze 3 und 4 mit den Piloten Cienski und Zawidosky. Im Nebenprogramm gab es noch eine Schönheitskonkurrenz, die der Austro Daimler von Graf Siemienski gewinnen konnte.

Nicht ganz so gut lief es für Henryk Graf Liefeldt beim **Tatra-Bergrennen**, hier reichte es nur zum 2. Platz hinter H. Ripper auf Bugatti.

AD-Werbung

Im 7 km langen **Oberjoch-Bergrennen** führte abermals kein Weg an Hans Stuck vorbei, allerdings fehlte sein härtester Gegner Caracciola – der fuhr ein Bergrennen in Chamonix und triumphierte dort für Mercedes.

Semmering 1928 auf feuchter Fahrbahn

Die 7-Minuten-Schallmauer war ja bereits durchbrochen, doch zeigt der neue Streckenrekord von 6:40:29 Minuten durch Rudolf Caracciola die Überlegenheit der 7,7-Liter-Kompressor-Mercedes-SSK, konstruiert vom ebenfalls anwesenden Ferdinand Porsche. Dagegen sieht der ADM R aus wie ein Seifenkistl! Umso mehr gebührt den Neustädter Autokonstrukteuren Anerkennung, weil auch Stuck eine Zeit unter 7 Minuten erreichte. Das einzige Ärgernis war wohl der 2. Platz in der 3-Liter-Klasse hinter Graf Zichy auf Bugatti. Der kam mit 6:43:62 Minuten Caracciola gefährlich nahe. So blieb für Austro Daimler immerhin der Preis für das schnellste österreichische Rennfahrzeug.

Caracciola mit dem „weißen Elefanten" Mercedes SSK

Stuck am Start in Schottwien

Hans Stuck (Trenkkurve) erkämpft sich den 4. Gesamtrang in 6:56:25 Minuten

Köllensperger-ADM in Aktion – Fahrer bekannt, Dr. Karl Imhof am Semmering!

Zwischendurch am 10. September gab es ein lokales Rennen am **Wurzenpass**, welches durch Viktor Wurm auf einem ADM-Tourenwagen gewonnen werden konnte.

Für Hans Stuck war die nächste Station in Breslau. Eine Strecke namens **Hohe Eule** wartete auf die Asse der Sprintstrecken. Auch wenn es schon etwas langweilig klingt – Sieg für Stuck in Tagesbestzeit! Über das nähere Renngeschehen wurde in den Medien nicht berichtet.

Stuck bezwingt die „Hohe Eule"

Dichter Verkehr beim Training am Zirler Berg

Danach wie immer im Oktober ging es in die Heimat von Anton Köllensperger – der **Zirlerberg** stand am Rennprogramm. An die 120 Nennungen mussten die Organisatoren vom Tiroler Automobil Club entgegennehmen und arbeitsmäßig auch stemmen, diese hohe Anzahl an Teilnehmern war ein Rekord in Österreich.

Daher wurde schon ab Donnerstag trainiert, um allen Fahrern die Gelegenheit zu geben, die teilweise neu mit Halbasphalt belegte Fahrbahn kennenzulernen. Betrachtet man die Steigerung der neuen Rekordzeit gegenüber dem Wert aus 1927, so kann man vorsichtig auf die momentane Motorleistung des 3-Liter-Triebwerkes Rückschlüsse ziehen. Anfänglich lag die Serienleistung des 3 Liter Sport bei 100 PS, die Rennversion war wohl nicht weit von 120 PS entfernt. Da nun wieder 22 Sekunden auf die kurze Distanz schneller gefahren wurde, sollte man von gut 130 bis 140 PS ausgehen. Nicht die gesamte Steigerung der Laufzeit kann auf das Fahrzeug zurückzuführen sein, weil ja auch die Fahrbahn einer grundlegenden Erneuerung unterzogen worden war. Diese Annahme gehört also in das Reich der Spekulationen, denn Austro Daimler gab die Leistung ihrer Rennwagen nie offiziell preis – wie im Renngeschehen bis in die Gegenwart üblich …

Endlich freie Bahn – wieder Streckenrekord, diesmal in 3:38:2 min!

Sportlicher Jahresabschluss am ungarischen Schwabenberg

Schönes Spätsommerwetter am 28. Oktober in Budapest und 92 Starter! Gleich vorab: kein Gesamtsieg für Austro Daimler. Man erinnere sich an das Semmering-Rennen, bei dem Hans Stuck vom Bugatti des Grafen Theodor Zichy geschlagen wurde. Das sollte kein zweites Mal passieren. Stuck fuhr grandios und holte alles aus seinem ADM R heraus – bis zur letzten Kurve war er vor Zichy – nochmals anbremsen, zu spät! Der Wagen drehte sich und der ehrgeizige Hans musste vom Stand weg neu durchstarten und wurde wieder Zweiter.

Stuck am Limit am Schwabenberg …

… und kurz vor seinem Dreher

Johann Szini, Erster im ADM-Sportwagen

Besser lief es in der Sportwagen-Klasse, da holt Johann Szini auf ADM den Sieg und die beste Zeit aller Sportwagen in 3:33:81 Minuten. Hinter einem Bugatti wurde Alexander Rozsa auch noch Dritter, ebenfalls auf ADM.

Diese außerordentlichen Kraftakte des Hans Stuck gaben jedoch den Technikern im Wiener Neustädter Werk zu denken. Wenn die Bugattis und Mercedes nur durch übermenschliche Leistungen der Fahrer zu schlagen waren, wirkten sich Fahrfehler mehr aus als mit ein wenig Leistungsreserve beim Fahrzeug. Die Herren Windberger, Hacker und Reimspieß waren bereits vorgewarnt!

Automobilausstellung Berlin 1928

Nach Jahren der Abstinenz der ausländischen Marken war Berlin endlich wieder der Hotspot der automobilen Welt. Besonders Austro Daimler nützte die Chance mit einem besonders großen Sortiment an Karosserietypen, fast alle auf ADR-Chassis aufgebaut. Als eines der schönsten Fahrzeuge bezeichnete die Allgemeine Automobilzeitung den Kellner ADR mit leicht aufklappbarem Verdeck und sogenanntem „Schwiegermuttersitz" quasi als zweite Sitzreihe. Innen ist das noble Modell mit Schlangenleder ausgelegt und mit feinen Hölzern veredelt. Und das Schönste an diesem ADR ist, dass es ihn noch gibt!

ADR-Kabriolett-Karosserie von Alexis Kellner

Hervorgehoben wurde auch, dass der Austro Daimler-Stand als erster und einziger eine Leuchtreklame verwendete. Am Bild auf der rechten Seite in mittlerer Höhe wird der transparente Daimlerpfeil beleuchtet, dahinter steht das ADR-Kellner-Kabriolett.

Messestand in Berlin 1928

ADR Kellner mit „Schwiegermuttersitz"

1928

Die Berichte von der Ausstellung in Berlin kurbelten den Verkauf nochmals kräftig an und die Lobeshymnen der Kunden wurden werbeträchtig veröffentlicht. Kommerzialrat August Linninger aus Graz gab an, seit 23 Jahren Automobilist zu sein, und freute sich über das nun vollkommenste Fahrzeug, das er schon 8.000 km bewegen durfte.
Generaldirektor Koppenberg, Hüttendirektor der Mitteldeutschen Stahlwerke AG, kaufte seinen ADR über den Dresdner Vertreter und bescheinigte dem Fahrzeug eine außerordentliche Güte in der Konstruktion.
Alfred Ebert von der Klederinger Mineralölraffinerie lobte seinen ADR nach 14.000 km, die er ohne Defekt zurücklegen konnte.

ADO-Busse am Hauptplatz in Wr. Neustadt am 28. 7. 1928

Kundenspiegel

Die Austro Daimler – Puchwerke AG

Schon seit 1920 dachte man an eine Konzentration der österreichischen Automobilindustrie, die bis auf ein Zusammenarbeitsabkommen noch nicht zustande gekommen war. Ursprünglich sollte auch Austro Fiat dazustoßen, doch war dort der Widerstand zu groß. Am 28. Dezember 1928 erfolgte nun der Eintrag ins Handelsregister. Der obligate gegenseitige Aktientausch erfolgte schon im Laufe des Herbstes. In den Aufsichts- und Verwaltungsgremien gab es kaum Änderungen, die beiden Betriebe hatten zuvor schon dem Wiener Bankverein beziehungsweise der Creditanstalt gehört. Um besser das Tagesgeschäft exekutieren zu können, wurde ein sogenanntes Exekutiv-Comité gebildet:

Ing. Paul Götzl	Vorsitzender
Dir. Richard Ryznar	Mitglied Austro Daimler
Franz Gerstner	Mitglied Puch Werke

Visitenkarte Austro Daimler-Puchwerke AG

Franz Zwickls Grafik für den ADR

1929 – Die Austro Daimler-Puchwerke AG

1929 sollte das bis zum Börsenkrach im Herbst letzte „unbeschwerte" Jahr für längere Zeit werden – ein Jahr der Erfolge sowohl im Verkauf wie im Motorsport. Durchaus interessant sind die Entwicklungen bei Austro Daimler, selbstverständlich in eine Zukunft ohne Krisen gerichtet. So arbeitete man an einem geländetauglichen Fahrzeug in der Größe eines Kleinlastwagens und dachte über neue Schienenfahrzeuge nach. Die gute alte Dampflokomotive hatte zwar noch nicht ganz ausgedient, wurde aber vornehmlich für den Gütertransport herangezogen. Die unweit von den Austro Daimler-Werken gelegene Lokomotivfabrik litt bereits an starken Auftragsrückgängen.

Werksportal mit neuem Firmenschild

Wie bei den diversen Automobilmessen im vergangenen Jahr deutlich zu sehen war, ging der Entwicklungstrend zu stärkeren und hubraumgrößeren Fahrzeugen. So schwappte der 8-Zylinder-Motor von den USA über den Atlantik und brachte die europäischen Hersteller unter Druck. War vor einigen Jahren der kleine hochdrehende Motor – teilweise mit Kompressoren aufgeladen – der letzte Schrei, so verlangte das breiter gewordene Kaufpublikum nach Luxus und Größe. Dieses Verlangen sollte aber in Kürze wieder der Vergangenheit angehören …

Wie bereits angedeutet hatte Ferdinand Porsche nach einigen Querelen Daimler Stuttgart verlassen und begann hoffnungsvoll in Steyr mit seiner Arbeit – natürlich dem beschriebenen Trend entsprechend mit einem 8-Zylinder – dem Steyr Austria. In Zusammenarbeit mit Ing. Karl Rabe kann die Neukonstruktion bereits im Spätherbst vorgestellt werden. Noch ein Austro Daimler Urgestein fuhr in Steyr weiter beherzt Rennen – Ing. Karl Bettaque. Auch Fritz Haiden kehrte der Neustädter Fabrik den Rücken und wanderte nach Amerika aus, vermutlich enttäuscht wegen der Verpflichtung von Hans Stuck.

1929

Und in Wiener Neustadt wurde vorerst dem Druck des Mitbewerbs mit einer Leistungssteigerung beim ADR Rechnung getragen. Schon im März anlässlich der Wiener Messe kam der ADR Sport mit 100 PS. Auch auf den Rennstrecken war im vergangenen Jahr die Luft für Hans Stuck immer dünner. Hatte er mit fast übermenschlichen fahrerischen Leistungen die mit Kompressor betriebenen Mercedes und Bugattis meist in Schach halten können, so musste für die kommende Rennsaison eine Lösung gefunden werden. Das zuletzt eingesetzte 3-Liter-Aggregat war an seine Leistungsgrenze gestoßen, weswegen man eine Hubraumvergrößerung auf 3,6 Liter ins Auge fasste.

Wieder auf Eis – der Eibsee

Der Bayrische Motorsportclub veranstaltete diesmal eine groß angelegte Sternfahrt durch ganz Europa nach dem Vorbild der Rallye Monte Carlo. Dabei siegten zwei Mercedes-Wagen vor einer Dame aus Berlin auf Steyr. Von Austro Daimler nahm an der Sternfahrt niemand teil.

Am 2. Februar startete man zum Bergrennen hinauf zum Eibsee. Sieg für Austro Daimler! Aber nicht Hans Stuck holte die Lorbeeren, sondern Freiherr von Michel-Raulino auf ADR. Der Rennwagen von Stuck hatte technische Probleme und schied aus.

Am nächsten Tag war der ADM R von Stuck dank Nachtarbeit seiner Mechaniker wieder startbereit. Das Rundstreckenrennen auf dem Eibsee gewann er mit einer halben Runde Vorsprung und den Wettkampf gegen Motorrad und Flugzeug ebenfalls, obwohl diesmal der Starpilot Ernst Udet gegen Stuck antrat.

Wie die weiteren Berichte zeigen, war das Jahr 1928/1929 durch einen überaus strengen Winter gekennzeichnet. Die Rennen am Eibsee fanden bei Temperaturen von –22° Celsius statt und das Schneechaos sollte sich bis in den März zur Wiener Messe hinziehen.

Porsche, sein Chauffeur Hentschel und Strauss auf Testfahrt

Gute Laune nach dem Sieg

Stuck gegen Starpilot Ernst Udet

Automobilmessen in Rom und Wien

Während Stuck am Eibsee fror, stand das Vertriebspersonal im etwas wärmeren **Rom** am Messestand. Der italienische König, hofiert durch den österreichischen Gesandten Egger-Möllwald, besichtigte die neue Hinterachskonstruktion des ADR ausführlich und das „Giornale d' Italia“ bezeichnete den ADR geradezu als einzige Sehenswürdigkeit der Ausstellung und als geniale Neuerung.

Derselben Meinung war auch Oberleutnant Gottfried Schmidt aus Dresden, der sich in seinem ADR 70 PS auch bei 120 km/h absolut sicher fühlte. Ebenfalls aus Dresden lobte Hr. Albert Hille die ausgezeichnete Straßenlage in Kurven, gepaart mit der komfortablen Federung des Wagens.

Ein nicht näher genanntes englisches Blatt kürte die **10 besten Sportwagen der Welt**. Angeführt waren im gleichen Range nachfolgende Typen: Bentley 6-Zylinder, Hispano-Suiza 45 PS, Invicta 4,5 Liter, Panhard 100 PS, Bugatti 2,3 Liter, Excelsior 100 PS, Bear-Cat-Stutz, Isotta-Fraschini 45 PS, Mercedes-Benz 200 PS und Austro Daimler 3 Liter Sport. Das weiß auch der ehemalige Erzherzog Ferdinand zu schätzen, er fährt einen der 10 Besten!

Bevor im März die Wiener Automobilausstellung ihre Pforten öffnet, kam noch eine Todesnachricht in die Redaktion der Allgemeinen Automobilzeitung: Mercedes Freifrau von Weigl, Tochter von Emil Jellinek-Mercedes und Namensgeberin der Stuttgarter Automobilmarke, war am 23. Februar im 40.sten Lebensjahr an Grippe verstorben! Sie war ein gern gesehener Gast bei den Rennen am Semmering und der Star bei den Mercedes-Siegesfeiern gewesen.

Mercedes Freifrau von Weigl, vorm. Jellinek

Erzherzog Ferdinand im ADM 3 Liter Sport, einem der 10 Besten!

1929

Nun zur Ausstellung in **Wien**, die vom 10. bis 17. März stattfand. Zu den ausgestellten Exemplaren nun eine farbliche Orientierung, wie in der Allgemeinen Automobilzeitung beschrieben:

Von links beginnend mit zwei 7-sitzigen ADR Innenlenkern, einer in Schwarz, der andere in Dunkelblau – innen in Beige und Braun tapeziert. Das offene Doublephaeton war in sattem Kobaltblau lackiert, die Kotflügel hingegen in hellem Grau. Dann folgt ein Innenlenker mit mohair-braunem Rolldach, kombiniert mit sandfarbener und brauner Karosserie, die Sitze waren in antikbraunem Leder belegt. Rechts eine Limousine für die „Selbstfahrer(in)", hellgrau im unteren Bereich und ein lebhaftes Grün am Oberteil sowie dunkelgraue Kotflügel beenden den Farbenreigen am Messestand von Austro Daimler.

Ein Fahrzeug ist am nachfolgenden Bild nicht zu sehen, wurde aber beschrieben – der viersitzige Sportwagen mit 100 PS und niedriger Stromlinienkarosserie:

ADR-Werbung

Dieser wurde in Elfenbein mit roten Kotflügeln und dunkelroten, antik genarbten Ledersitzen präsentiert. Ein neuartiges versenktes Verdeck unterbricht nun nicht mehr den Stromlinienkörper des Fahrzeuges. Zusätzlich gab es mit Reißverschlüssen versehene Seitenfenster, die die Insassen vor allen Wetterunbilden schützen.

So weit eine bunte Darstellung der Fahrzeuge, um die Schwarz-Weiß-Bilder ein wenig „einzufärben". Weitere ADR-Wagen gab es an den Ständen von Keibl beziehungsweise bei Armbruster zu sehen.

Austro Daimler auf der Wiener Messe 1929

Nachfolgend eine Aufnahme von einem ADR, welche die reichhaltige Instrumentierung des Cockpits zeigt, vermutlich im Verkaufslokal Kärntner Ring 13 entstanden.

ADR Sport Innenansicht – vermutlich im Verkaufslokal Kärntner Ring 13

1929

ADR Innenlenker, heute in Tschechien beheimatet
Im Hintergrund der Wiener Neustädter AD 6

ADR 3 Liter Sport 100 PS ab März 1929	Technische Daten
Zylinder	6 in einem Silumin-Block gegossen
Hubraum, cm³	2.994
Bohrung/Hub, mm (Laufbuchsen)	76 x 110
Leistung PS bei 3.500 U/min.	100
Ventilsteuerung, Nockenwelle	2-reihig, Kipphebel, obenliegend, Königswelle
Kurbelwelle	3-fach-Gleitlager
Drehzahl max.	4.000 U/min.
Gemischaufbereitung	2 Zenith Vergaser 42 mm
Schmierung	Umlaufdruckschmierung im Ölsumpf
Zündung	Hochspannung Magnet
Kupplung	Einscheiben trocken
Spurweite vorne/hinten	1.410/1.440 mm
Radstand	3.500 mm
Radaufhängung vorne/hinten	Halbelliptikfedern/Pendel-Cantilever querliegend
Fahrzeuggewicht Chassis (ohne Wasser)	ca. 1.130 kg
Bodenfreiheit	180 mm
Benzinverbrauch, je nach Gelände	ca. 18 l/100 km
Höchstgeschwindigkeit	über 130 km/h

Puch-Stand in Wien 1929

Die nun zum Konzern gehörende Schwester Puch stellte ebenfalls groß aus, hier stand das neue 250-cm³-Motorrad im Mittelpunkt. Selbstverständlich mit Doppelkolben-Zweitaktmotor „made by Marcellino". Die Funktionsweise dieser außergewöhnlichen Konstruktion wird nun nachfolgend schemenhaft dargestellt.

Werbung Puch

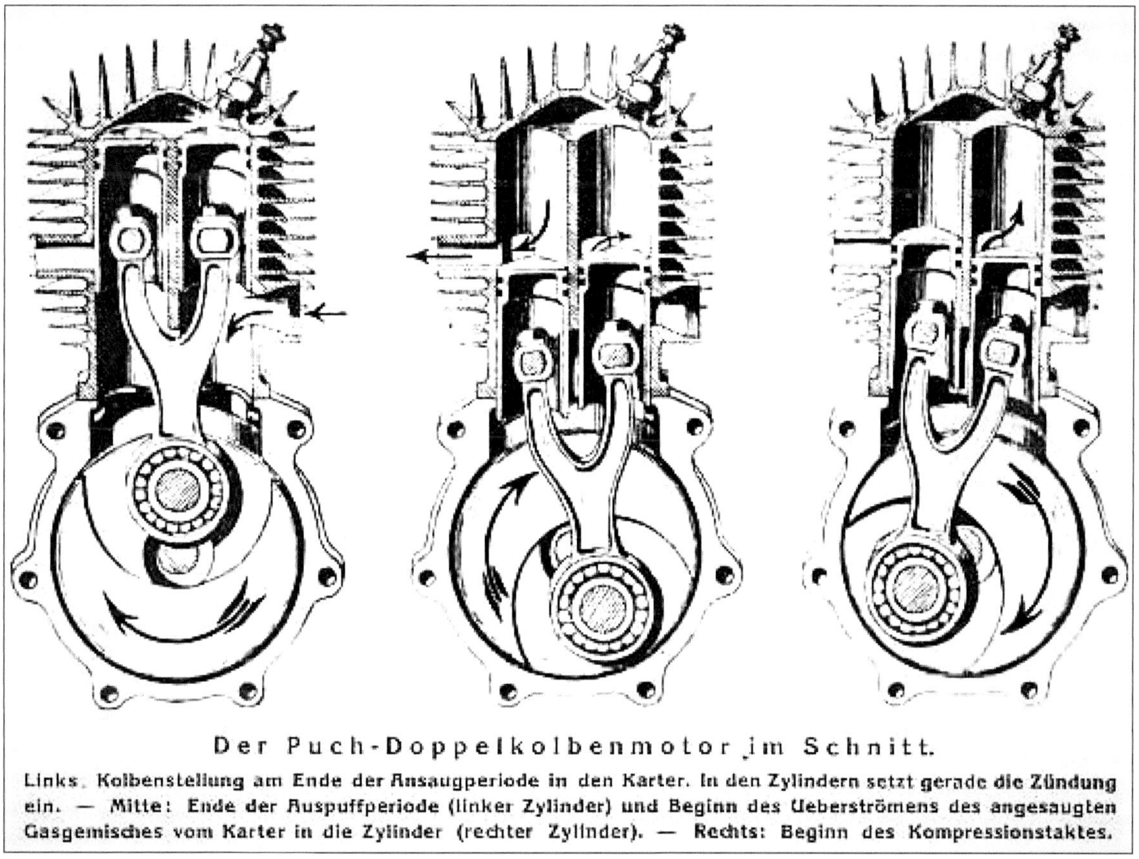

Funktionsweise des Doppelkolben-Zweitaktmotors

Wie in den Jahren zuvor schon üblich, verfügte Austro Daimler über einen Stand im Freigelände für die **Schienenfahrzeuge**. Ab dem Jahr 1928 wurde die Produktpalette in diesem Bereich enorm erweitert – Zeit für einen ausführlichen Blick auf die einzelnen Modelle. Auf zwei Geleisen unter Dach – eines in Schmalspur 600 mm, das zweite in Normalspur mit 1.435 mm – stellte man die einzelnen Versionen aus. Daneben gab es noch eine dritte Gleisanlage für das Publikum, auf der man mit einer 12-PS-Feldbahnlokomotive hin- und herfahren konnte. Der neue Bahnmeisterwagen wurde auch für andere Spurweiten von 1.000 mm bis 1.676 mm (Spanien) angeboten.

Austro Daimler-Draisinen auf der Wiener Messe 1929

1929

Typen der Schienenfahrzeuge 1929

Für Schmalspur:

Draisine SMW 6/8

Feldbahnlok SL 6/8

Feldbahnlok SL 12 A

Feldbahnlok SL 30
2 x 4-Zylinder luftgekühlt,
bei 1.200 U/min, 30 PS

Für Normalspur:

Feldbahnlok SL 6/8
4-Zylinder 6–8 PS

Feldbahnlok SL 12A
4-Zylinder, 12 PS

Bahnmeisterwagen BM 12A
4-Zylinder,12 PS

Draisine D III 12 PS
mit Aushebevorrichtung

Bahnmeisterwagen BM 30
2 x 4-Zylinder luftgekühlt,
1.200 U/min, 30 PS

Verschublok VSL 30
2 x 4-Zylinder luftgekühlt,
1.200 U/min, 30 PS
Zugkraft ca. 225 Bruttotonnen
(8–10 Waggons)

Bahnmeisterwagen 12A in Serienproduktion

Die Aushebevorrichtung diente zur schnellen Beseitigung der Draisine vom Gleiskörper, um zum Beispiel einem planmäßigen Zug die Weiterfahrt zu ermöglichen.

Draisine D III im Werksgelände

1929

Die Saison der Bergrennen beginnt in Frankreich

An einem geschichtsträchtigen Ort für Österreich und das Mercedes-Team beginnt das Jahr 1929 für Hans Stuck: beim ältesten Bergrennen der Welt – **Nizza–LaTurbie**. Man erinnere sich an das Rennen im Jahr 1903 und an den fürchterlichen Todessturz des Grafen Zborovski auf einem Mercedes 60 HP. Gleichzeitig durfte damals Österreich über den Sieg von Otto Hieronimus jubeln. Daraufhin wurde dieses gefährliche Rennen verboten, erst nach dem großen Krieg fanden auf verkürzter Strecke wieder Rennen statt.

Nizza–La Turbie-Bergrennen, Siegerfoto an der Unglücksstelle 1903 des Grafen Zborovski

Nun, in diesem Jahr standen wieder alle Konkurrenten in Nizza am Start. Der bisherige Rekordhalter Divo auf Delage, die Marken Bugatti, Peugeot und Salmson um nur einige zu nennen. Um es gleich vorwegzunehmen, Stuck war auf dieser schweren Strecke unschlagbar. Ein neuer Streckenrekord in 4:09:8 Minuten für die 6,3 km lange Bergprüfung erbrachte einen Stundenschnitt von 90,8 km/h. Stucks Fahrkunst erregte beim zahlreich anwesenden Publikum großes Aufsehen. Auf die Anfrage nach einem Interview durch die Allgemeine Automobilzeitung schrieb Hans Stuck in einem Brief nachfolgende Erklärung:

Ich sitze schon einige Jahre hinter dem Volant. Zunächst war ich Besitzer eines normalen Serienautos und konnte damit schon zwei Rennen gewinnen.

Als ich am Stilfserjoch den Italiener Materassi fahren sah, stellte ich mich in einer der vielen Kehren auf und beobachtete genau die Fahrweise des schon damals berühmten Rennfahrers. Meine daraufhin angestellten Versuche, es ihm gleichzutun, endeten sämtliche an Bäumen oder im Straßengraben. Bei meinem lieben alten Herrn erntete ich damals keinen besonderen Beifall. Im Gegenteil erklärte er mich für verrückt und verbat sich solche halsbrecherischen Experimente. Aber mich ließ die Sache nicht ruhen. In aller Stille übte ich weiter und Sie können sich meinen Stolz vorstellen, als Materassi selbst später erklärte, daß ich ihn übertroffen habe.

Ich fahre stets mit Vollgas – wie es für mich überhaupt nur Vollgas oder Bremse gibt – bis möglichst an die Kurve heran. Dann bremse ich auf die höchste Geschwindigkeit herunter, welche die vor mir liegende Kurve erlaubt.

Diese läßt sich natürlich nur durch mehrmalige Versuche und genaues Studium jeder Kurve feststellen. Ich fahre dann nach Möglichkeit mit dem inneren Vorderrad zum Anklammern in den Straßengraben und durchziehe die Kurve bereits wieder mit voller Motorleistung. Das Hinterteil des Wagens vollführt unterdessen natürlich allerlei Tänze. Aber solange das Vordergestell seine Richtung beibehält, liegt kein Grund zur Beunruhigung vor, wenn man auch mit dieser Fahrweise natürlich unerschrocken sein muß. Aber ohne diese Eigenschaft gehört man ja überhaupt nicht auf die Rennstrecke!

Gott sei Dank hatte Hans Stuck diese Eigenschaft, denn nach dem Rennen in Nizza war der nächste Einsatz in Antibes geplant. Dort baute Stuck einen Crash bei 160 km/h am Vortag beim Training. Der Austro Daimler war schwer beschädigt, daher keine Teilnahme am Rennen. Stuck führte seinen Bericht fort:

Von ganz besonderer Wichtigkeit ist es selbstverständlich, das Übersetzungsverhältnis des Wagens der jeweiligen Rennstrecke anzupassen, damit der Motor möglichst immer auf derjenigen Tourenzahl läuft, bei der er die beste Leistung aufweist.

Für lange Strecken kommt diese Art des Kurvenfahrens natürlich nicht infrage, da sie auf die Dauer für den Fahrer viel zu anstrengend ist und die Maschine zu sehr beansprucht. Ich betrachte es als die größte Kunst, auf kurzen Strecken aus einer Maschine das Allerletzte herauszuholen. Ich bin selbst gespannt, ob ich auch fähig bin, in längeren Rennen etwas zu leisten. Dies festzustellen werden mir die bevorstehende Targa Florio und die kurz darauf folgende Coppa Messina willkommene Gelegenheit sein.

Diese Ankündigung von Hans Stuck, an Langstreckenrennen wie der Targa Florio teilzunehmen, dürfte auf Grund seines Unfalls in Antibes wohl wieder verworfen worden sein. Es sollte aber im Jahr 1929 nicht der einzige Crash bleiben, seine Mechaniker bekommen noch einiges zu tun …

Werbung AD Königsaal

Der nächste Einsatzort des Hans Stuck am 28. April 1929 war das altbekannte Rennen in **Königsaal** nahe Prag. Im Jahr zuvor wurde diese Veranstaltung ausgesetzt, weswegen diesmal ein Besucherrekord mit nicht weniger als 80.000 Zuschauern zustande kam. Das allein war sicher nicht der Grund für den enormen Andrang, schon eher das Paradeduell dieser Zeit: Stuck gegen Caracciola oder – Austro Daimler gegen Mercedes! Da Stuck in der Klasse bis 5 Liter Hubraum startete, darf angenommen werden, dass sein Motor nun über 3.600 cm^3 verfügte.

Caracciolas Mercedes war mit knapp über 7 Liter und Kompressor haushoch überlegen, aber auch schwerer und unhandlicher – ein weißer Elefant eben! Die damaligen schmalen Reifen waren auch nicht geeignet, so viele PS wirksam auf den Boden zu bringen.

Wieder gelang Stuck ein Husarenstück und er besiegte die Konkurrenz beeindruckend. Neuer Streckenrekord in 2:45:8 Minuten, um 14,1 Sekunden schneller als die bisherige Bestzeit. Zweiter wurde Caracciola in 2:49:2 Minuten noch vor Rosenstein, ebenfalls auf Mercedes. Der Stundenschnitt von Stuck betrug 121 km/h!

Stuck während seines Husarenritts in Königsaal

Schon eine Woche später der nächste Triumph beim **Hainbergrennen** nahe Göttingen. Streckenrekord in 2:10:3 Minuten und ein Stundenschnitt von 85,8 km/h.

Zwischen dem 10. und 12. Mai fand in Wiesbaden wieder ein Automobilturnier statt. Zuerst reisten einige Teilnehmer in Form einer Sternfahrt an, dann folgten eine Ballonverfolgung und ein Schönheitswettbewerb, an dem 400 Fahrzeuge teilnahmen. Auch Stucks Rekordwagen war mit dabei und erhielt einen Preis neben vier anderen Austro Daimler-Automobilen. Doch diese Bewerbe interessierten Stuck nicht wirklich. Sein Rennen folgte am letzten Tag: **„Rund um den Neroberg"**. Diesmal kein kurzer Bergaufsprint, sondern ein längeres Rundstreckenrennen. Nach einem anfänglichen Kampf mit dem Bugatti von Kappler war auch dieses Event entschieden – Sieg und Rundenrekord in 8:33:3 Minuten!

Sternfahrt des Österreichischen Automobilclubs und 30 Jahre Austro Daimler

Im Zuge der Festlichkeiten zum Jubiläum der Automobilclubs hatte auch Austro Daimler etwas zu feiern – nämlich ihren 30-jährigen Bestand. Diverse Stern- und Zielfahrten standen auf dem Festprogramm und fanden mit einem Empfang beim Wiener Bürgermeister Karl Seitz am 6. Juni einen gebührenden Abschluss.

Die Sternfahrer des ÖAC besuchten auf Grund des runden Geburtstags auch die Neustädter Fabrik. Dort konnten die einzelnen Produktionsstraßen besichtigt werden, wobei die aktuelle ADR-Montage wohl das größte Interesse hervorrief. Auf dem Zeitungsbild kann man gut erkennen, dass hier die ersten zaghaften Versuche einer Produktionsstraße stattgefunden haben.

Plaketten zur 30-Jahr-Feier

Im Park vor dem Firmengelände fand ein kleiner Concours d'Élégance statt, denn der schönste Austro Daimler musste auserkoren werden. Und nicht zu vergessen die obligatorische Festrede, die von Vizebürgermeister Meixner gehalten wurde. Wenn man bedenkt, dass bereits 5 Jahre später der Schwanengesang wegen der Werksschließung losbrechen wird, lässt sich die Kurzlebigkeit der Wirtschaft in dieser Zeit ein wenig erahnen.

Seitens der Geschäftsleitung von Austro Daimler wurden Emailplaketten für die Festteilnehmer aufgelegt, selbstverständlich nach den Entwürfen von Franz Zwickl. Warum es davon zwei Farben gab, konnte nicht ermittelt werden.

Plaketten zur 30-Jahr-Feier

Festansprache durch Vizebürgermeister Meixner

Nach dem Empfang des Wiener Bürgermeisters fand am 7. Juni wieder der Schönheitsbewerb im Schloss Schönbrunn statt, allerdings mit aufgespannten Regenschirmen. So wurde ein serienmäßiger OeFFAG Innenlenker ADR mit dem **„Goldenen Band"** ausgezeichnet – wahrscheinlich folgten die Bewerter wettergemäß dem Wunsch nach einem geschlossenen Automobil. Es wurden aber noch 8 weitere Austro Daimler mit dem 1. Preis bedacht, 5 andere bekamen einen 2. Preis. Die höchste Auszeichnung des Goldenen Bandes wurde allerdings nur an die wirklich exquisiten Stücke vergeben.

Werbung AD

Wer aber in der großen Allee im Park vor dem Firmengelände ausgezeichnet wurde, bleibt uns verborgen. Eine große Anzahl von AD-Fahrzeugen standen hier in Reih und Glied. Von dieser Allee gibt es kaum Fotos, die die enorme Länge mit ihren Baumriesen zeigen. Nur bei den Presse-Aufnahmen des ADV und des ADM sind ein paar Abschnitte zu erkennen.

Eine auch sehr seltene Aufnahme zeigt uns die Produktionsweise des ADR. Stehen bei der ADM-Produktion die Fahrzeuge noch parallel zueinander, so wurde hier auf einem einfachen Schienengestell die Montage fließbandartig durchgeführt. Wahrscheinlich hatten sich die Produktionsmethoden des Henry Ford schon bis nach Österreich durchgesprochen. Diese Maßnahme war wohl in Anbetracht der eingehenden Bestellungen dringend notwendig.

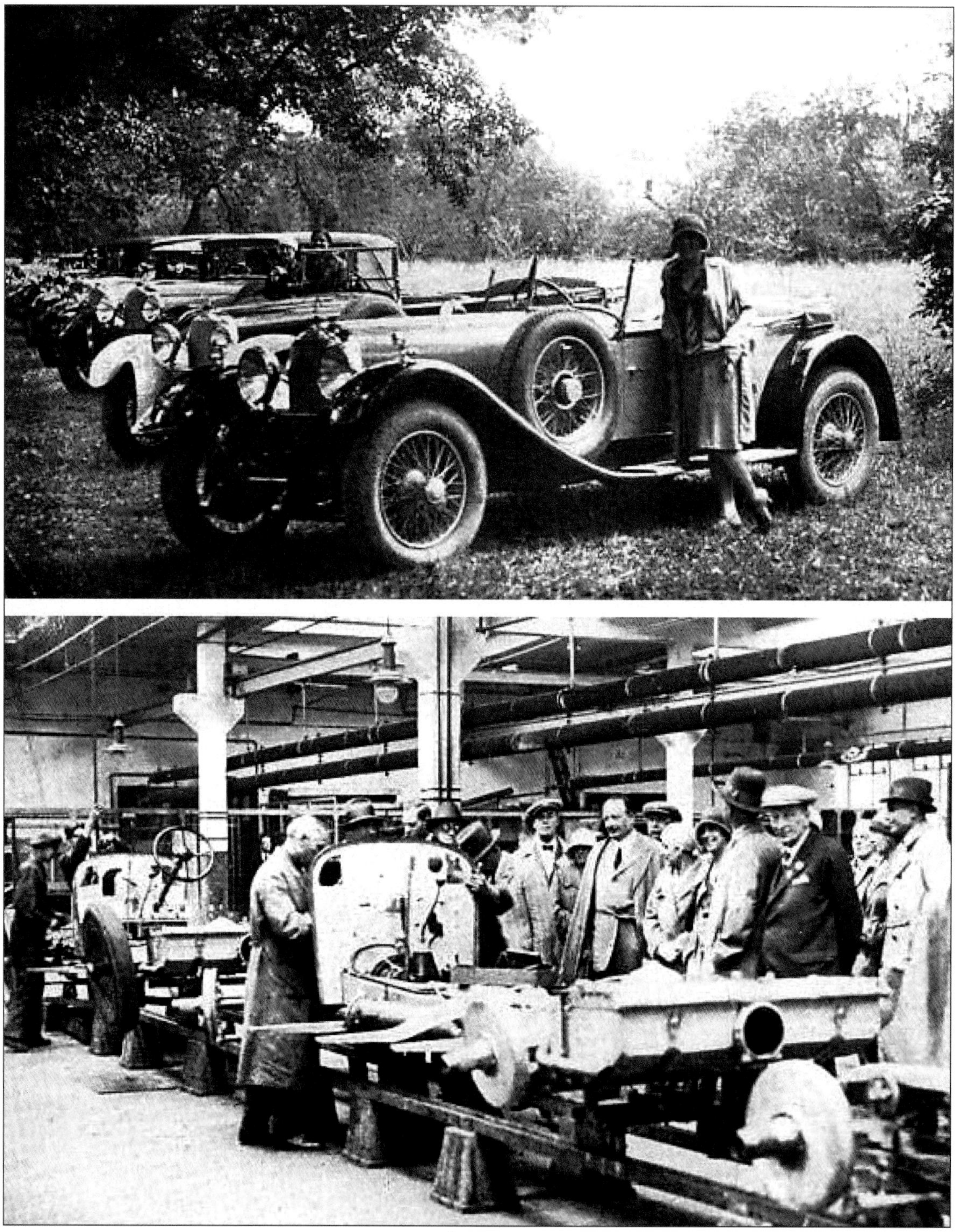

Schlechte, aber seltene Bilder: Concours d'Élégance im Park, Produktionsstraße für den ADR

Weiter auf den Rennstrecken Europas

Einen Skandal mit der Zeitnehmung lieferten die deutschen Veranstalter in **Baden-Baden**. Beim Flachrennen wurde der Mercedesfahrer Rosenstein mit einem Stundenschnitt von 193,5 km/h vor Caracciola mit 174,1 km/h gewertet. Trotz Einspruchs der Mercedesmannschaft beharrte die Rennleitung auf diesem Ergebnis, obwohl ein Zeitnehmer seinen Fehler beim Zusammenkleben der Kontrollstreifen eingestanden hatte. Stuck wurde beim Flachrennen Dritter. Beim Bergrennen auf die Bühler Höhe lief die Zeitnehmung wieder korrekt ab, leider war Caracciola diesmal um ganze 2 Sekunden schneller als Stuck, aber ein 2. Platz war in Anbetracht dieser Gegner immer noch ein Erfolg.

In der Nähe von Florenz fuhren die Italiener die **Rundfahrt von Mugello** und Austro Daimler hatte schon länger vor, bei Rundstreckenrennen zu brillieren. Daher begab sich der Renntross samt Superstar Hans Stuck in die Toskana. Dort war die Staubentwicklung derart groß, dass Stuck beim Befahren einer Brücke wegen der schlechten Sicht in die Steinmauer krachte. Ein Nasenbeinbruch und Rückenschmerzen waren die Folgen. Bilder vom Fahrzeug gab es in den Medien keine zu sehen. Auch der eingelegte Protest wegen der Behinderung durch einen Konkurrenten brachte kein befriedigendes Resultat.

Besser lief das Rennen in der Pfalz auf den **Taubensuhl**. Laut Zeitungsberichten eines der besten Rennen Stucks überhaupt, Sieg mit neuem Streckenrekord von 7:07:3 Minuten – um 33 Sekunden schneller als Kappler im Bugatti.

Abseits von Hochgeschwindigkeit fanden auch noch Zuverlässigkeitsfahrten statt. Die **Polnische Tourenfahrt** gehörte zu den Fixterminen im Veranstaltungskalender. Diesmal auch über Tschechien und Deutschland geführt, brachte sie einen Sieg für den Grafen Adam Potocki auf ADR Sport. Sein Bruder Moritz Graf Potocki konnte auf ADM 3 Liter Sport das Flach- und Bergrennen gewinnen – knapp vor Adam. Die Plätze 3, 4 und 9 gingen ebenfalls an Austro Daimler, damit feierte man den sechsten Gesamtsieg in Polen.

Adam Graf Potocki auf ADR Sport – Gesamtsieg in Polen

Plakat Kesselbergrennen

Seinen Sieg aus dem Vorjahr konnte Hans Stuck am **Kesselberg** wiederholen, und nicht nur das. Denn er unterbot den Streckenrekord vom erst kürzlich verunglückten Innsbrucker Motorrad-Ass Edi Linser um 18,6 Sekunden. Das zahlreich erschienene Publikum fieberte mit der Fahrt von Stuck mit brausendem Beifall mit. Auf Grund dieses Zeitunterschiedes zum Vorjahr dürfte der Wagen von Stuck jedenfalls sicher über 3,6 Liter Hubraum verfügt haben.

Ein weiterer Austro Daimler war am Start: Dr. Karl Imhof – vermutlich in seinem ADM 3 Liter Sport. Er gewann die Sportwagenklasse bis 3 Liter Hubraum und zusätzlich den Seniorenpreis.

Gar nicht gut lief das ADAC-Bergrennen am 4. August bei Freiburg. Die 12 km lange Strecke zum **„Schauinsland"** wurde Hans Stuck zum Verhängnis. Etwa zwei Kilometer vor dem Ziel in der Gieshübelkurve passierte dem Deutschen ein ordentlicher Crash, bei dem er eine Gehirnerschütterung erlitt. Auf Grund dieses Vorfalls verzichtete sein Widersacher Caracciola auf einen Start, wodurch Hans Stüber auf Bugatti den Sieg holte. Wie auf dem linken Bild ersichtlich, hatten die Austro Daimler-Mechaniker diesmal besonders viel Arbeit.

Stucks Malheur in Freiburg

Im August fand wieder eine **Alpenfahrt** statt, jedoch ohne Werksteilnahme von Austro Daimler. Die beiden Herrenfahrer Desiderius von Bitzy und Adam Graf Potocki nahmen trotzdem an dieser Tourenfahrt teil – mit Erfolg. Von Bitzy errang einen Alpenpokal und Potocki eine Silberplakette.

Die Allgemeine Automobilzeitung kritisierte das Fernbleiben von Austro Daimler von dieser traditionellen Großveranstaltung:

Wir stellen uns vor, daß Austro Daimler für solch eine Alpenfahrt ohne Zögern offiziell die Nennungen von etlichen Teams abgegeben hätte, getreu nach der Tradition des „Eisernen Teams" Porsche, Fischer, Schönfeld.

Der Irische Grand Prix – Sieg in der 3-Liter-Klasse

Dieses Rundstreckenrennen über 70 Runden à 6,9 km fand im Phönix-Park zu Dublin statt und wurde über zwei Tage abgehalten. Am 13. Juli fuhren die hubraumgrößeren Wagen ihr Rennen. Gestartet wurde nach französischem Muster (Le-Mans-Start) und mit Rundenvorgaben – je nach Fahrzeugtype. Die beiden Austro Daimler in der 3-Liter-Klasse mussten nur 68 beziehungsweise 67 Runden absolvieren, wie meist auf den Britischen Inseln ein etwas verwirrendes Reglement. An Besuchern mangelte es trotzdem nicht, denn 150.000 versammelten sich zu diesem Spektakel.

Das Rennen war gespickt von unvorhergesehenen Unfällen, Ausfällen und Feuer. So schied Malcolm Campbell mit kaputten Bremsen und Kupplung aus, bei einem Kompressor-Mercedes mit Zündungsdefekt und beim Nachtanken hatte die Feuerwehr einige Male zu tun. Das Rennen entwickelte sich zum Duell zwischen Alfa Romeo und Bentley bis zur letzten Runde. Als Kidstone in der berüchtigten Mountjoy-Kurve schleuderte, war dem Alfa-Fahrer Ivanowsky der Sieg nicht mehr zu nehmen.

Dan Higgin auf ADM 3 Liter Sport beim Irischen Grand Prix 1929

In der 3-Liter-Klasse war Dan Higgin auf ADM erfolgreich gegen einige Bugattis und Sunbeams. Er benutzte denselben Wagen, den Mason bei der Tourist Trophy 1928 gesteuert und schon 1.500 Meilen auf der Straße bewegt hatte. Der zweite Fahrer Eggar rutschte ebenfalls in der Mountjoy-Kurve aus und streifte leicht an einen Baum – Ausfall. Im Gesamtklassement erreichte Higgin den 10. Platz und fuhr immerhin einen Stundenschnitt von 120 km/h.

Auch die **Brooklands-Bahn** wurde wieder von Austro Daimler mit einem Wagen beschickt. Es fand das 6 Hours Race des British Automobile Race Club (BARC) statt. Bei diesem Dauerlauf hatte Mr. Eggar wohl wieder kein Glück, denn er scheint in keiner Ergebnisliste auf. Am Bild dürfte er aber in Führung liegen oder zumindest im Vorderfeld platziert sein. Diese Aufnahme entstand kurz nach dem Start, weil die Verdecke noch geschlossen sind.

Mr. Eggar auf ADM 3 Liter Sport beim 6 Hours Race in Brooklands 1929 (Nr. 9)

Heiße Rennen in der zweiten Jahreshälfte

Noch kaum genesen von seinem Accident in Freiburg, übersiedelte das Austro Daimler-Rennteam in die Schweiz. Hans Stuck hatte mit dem **Klausen-Pass** noch eine Rechnung offen, denn beim letzten Rennen war nur ein dritter Platz in der 3-Liter-Klasse erreicht worden. Und diesmal wieder ein Handicap nach seinen Verletzungen. Stuck absolvierte nur einen einzigen Trainingslauf, um sich für den Renntag am 12. August zu schonen. Die Gegner Chiron und Rosenberger hingegen studierten den schwierigen Kurs bis ins kleinste Detail. Mit gemischten Gefühlen beging Stuck den anstrengenden Bergaufritt mit seinem wiederhergestellten „Windhund", wie er seinen ADM R gerne nannte.

Hans Stuck am Klausen 1929 – zu wenig High speed am Urner Boden

Die Entscheidung fiel äußerst knapp aus. Der Pariser Louis Chiron galt damals als einer der schnellsten Fahrer in Europa und fixierte einen neuen Streckenrekord in 16:42:4 Minuten auf seinem Kompressor-Bugatti. Und Hans Stuck galt als einer der mutigsten Fahrer dieser Zeit und kam auf den undankbaren zweiten Platz, nur um 3,2 Sekunden geschlagen. Gefeiert wurden beide als Sieger – zu Recht, betrachtet man die lange Strecke und den geringen Zeitunterschied. Vergleichsweise abgeschlagen der Dritte Rosenberger in 17:33:2 Minuten mit seinem 7-Liter-Kompressor-Mercedes.

Schon 2 Wochen später folgte die **Automobilwoche in St. Moritz**. Dort trafen sich viele Teilnehmer in Form einer internationalen Sternfahrt im Schweizer Nobelort. Ein Kilometerrennen auf Höchstgeschwindigkeit, ein Geschicklichkeitsparcours und das Bergrennen auf den Bernina-Pass standen auf dem Programm. Für Hans Stuck war nur das Flachrennen nicht zu gewinnen. Er erreichte lediglich 160,0 km/h, wobei sein Getriebe auf die Bernina-Strecke abgestimmt war. Der Schnellste war Rosenberger auf Mercedes mit 193,5 km/h.

Stuck in St. Moritz – Geschicklichkeitsbewerb

Das Geschicklichkeitsrennen war eine eindeutige Sache für Stuck. Er nahm alle Hindernisse wie die „Holzgasse" sehr forsch, riss seinen Wagen unter Beifall des Publikums im Drift herum und erledigte die „Zirkusnummer" in 84 Sekunden vor Chiron.

Ähnlich der Erfolg auf dem Bernina. Revanche für den zweiten Platz beim Klausen-Rennen war angesagt. Die Veranstalter sprachen vom schwersten Rennen der Welt, und 16,5 km Länge mit einem Höhenunterschied von 1.216 m deuten zumindest darauf hin, wenn auch jeder Veranstalter aus Werbegründen das Seine gerne als das Schwerste bezeichnete. Stuck ließ nichts anbrennen und stellte den ersten Rekord in 14:58:4 Minuten auf. Sein Mitbewerber Chiron hatte kurz nach dem Start einen Unfall und Rosenberger kam mit 15:48:6 Minuten schwer geschlagen als Zweiter ins Ziel. Der Titel „Bergkönig" wurde für Hans Stuck unter seinen Fans immer geläufiger, und er wird ihn in den Geschichtsbüchern für immer behalten.

Kilometerrennen bei St. Moritz

Werbung AD

Am Weg auf den Bernina-Pass

Hans Stuck am Weg auf den Bernina-Pass

Ein motorsportliches Fest hätte das neu inszenierte **Gaisberg-Rennen** in Salzburg werden sollen. Doch alles kam anders. Ein Streit zwischen Deutschland und Österreich wegen der Einfuhrbeschränkung von Automobilen ließ diese Veranstaltung vom internationalen zu einem nationalen Rennen werden. Da kurz vor dem Renntag keine Einigung erzielt werden konnte, sagte die Mercedesmannschaft ihre Teilnahme aus Protest ab. Dies bewog auch Hans Stuck dazu, diesem Meeting fernzubleiben. Damit ging der Sieg an Graf Arco-Zinneberg in seinem Privat-Mercedes. Die Tourenwagenklasse gewann der Senior unter den Herrenfahrern, der bereits 56-jährige Dr. Karl Imhof auf ADM 3 Liter Sport.

Semmering 1929 – der Rekord von Caracciola fällt!

Seit 1899 werden auf dem Semmering Rennen gefahren, und 1929 ist es bereits das 17. Diesmal wird es ein echtes Heimrennen für die 50.000 Zuschauer, denn Austro Daimler holt sich dank Hans Stuck den Streckenrekord zurück. Dabei begann das Training am 14. September für Stuck dramatisch. Er fuhr bergab und ein deutscher Amilcar-Fahrer, ans Rechtsfahren gewöhnt, wich auf die falsche Straßenseite aus und traf Stucks Wagen. Dieser Unfall bescherte den Mechanikern wieder einmal Arbeit und Stuck einen Bluterguss am Bein. Seine ebenfalls mitfahrende Gattin kam unverletzt davon. Der Wagen wurde übrigens im Werk Wiener Neustadt über Nacht „ausgebügelt".

Besonders gut war der Straßenzustand am Renntag. Ein leichter Regen in der Nacht sorgte für weitgehende Staubfreiheit und dank der Bundesstraßenverwaltung Wiener Neustadt wurde die Fahrbahn in tadellosen Zustand versetzt. So waren optimale äußere Bedingungen für einen famosen Lauf gegeben. Und der fand auf sehr beeindruckende Weise statt. Stuck fuhr die 10 km lange Strecke in 6:30:38 Minuten, um 10 Sekunden schneller als Caracciolas alter Rekord! Und diesmal war der ADM R hellblau lackiert – warum auch immer …

Stuck in voller Aktion!

Noch zwei andere Austro Daimler waren in der Tourenwagenklasse bis 3 Liter am Start. Ludomir Reichsritter von Cienski fuhr die beste Zeit aller Tourenwagen und Dr. Karl Imhof bewegte seinen Köllensperger ADM 3 Liter Sport ebenfalls gekonnt den Berg hinauf, immerhin Platz 2.

Von Cienski

Dr. Imhof

Werbung AD

Hans Stuck im hellblauen 3,6-Liter-ADM-R

Stucks hellblauer ADM-R festgehalten von Hans Stix

Eine glatte Veranstaltung fand am 22. September im mährischen Sternberg auf der **Ecce-Homo** Strecke statt. Die 7,7 km lange Bergauffahrt erledigte Hans Stuck in neuer Rekordzeit von 5:18:0 Minuten – um 20 Sekunden schneller als der alte Rekord von Junek im Bugatti. Stuck fuhr diesmal auch die Tourenwagenklasse mit, vermutlich mit seinem normalen Dienstwagen mit 3 Liter Hubraum. Er erreichte den 3. Platz in der Zeit von 7:58:1 Minuten, womit wir einen direkten Vergleich zwischen dem Serienautomobil ADM und dem 3,6-Liter-ADM-R-Stuck bekommen haben – satte 2:40 Minuten auf 7,7 km!

Auch auf einem anderen Schauplatz ist Austro Daimler stark vertreten. In Polen entwickelte sich ein starkes Rennteam um Graf Liefeldt mit den Brüdern Potocki und dem Sportehepaar Kozmian. So wurden im **Tatra-Gebirge** und in der Umgebung von **Krzyzowa** Rennen ausgetragen, die ebenfalls Siege für die Neustädter Marke einbrachten. Die Fahrer aus Polen mussten sich aber mit ADR-Fahrzeugen und 3-Liter-Hubraum begnügen. Möglicherweise konnte Liefeldt fallweise auf einen ADM R 3,6 Liter zurückgreifen, wobei es dafür keine gesicherten Hinweise gibt. Sonst benutzte man den 3-Liter-ADM-R vom Vorjahr.

Henryk Graf Liefeldt bei den Startvorbereitungen in Krzyzowa …

… und beim Rennen

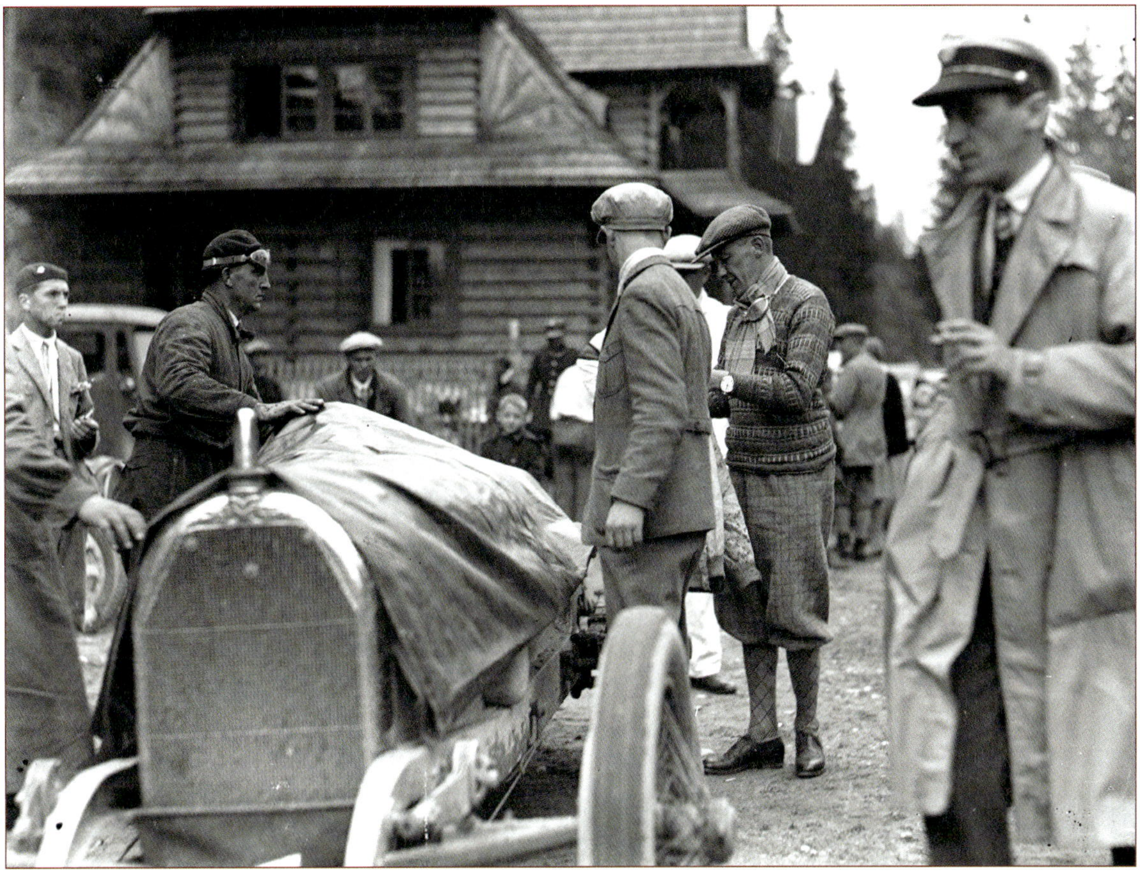

Henryk Graf Liefeldt bei den Startvorbereitungen in der Hohen Tatra

Frau Kozmian mit ihrem ADR

Wie immer im Herbst fand das Rennen am **Schwabenberg** nahe Budapest statt. Diesmal leider mit mäßigen Besucherzahlen, aber guten sportlichen Leistungen. Was da genau Hans Stuck im Training passiert ist, geht aus den Berichten der Allgemeinen Automobilzeitung nicht eindeutig hervor. Jedenfalls war der 3,6-Liter-Rennmotor beschädigt, ob durch Unfall oder einfach durch technisches Gebrechen – egal. Eine Reparatur der Maschine erschien unmöglich, daher gingen die Mechaniker einen anderen Weg. Sie bauten den Serien-Tourenwagenmotor aus einem Fahrzeug aus und in das Rennchassis von Stuck wieder ein. Genau eine Stunde vor dem Rennen stand der Wagen wieder funktionstüchtig am Start. Ohne das zusammengestückelte Gefährt noch ausprobieren zu können, ging Stuck ins Rennen und gewann in Bestzeit – nur 2 Sekunden unter seinem vorjährigen Rekord! Bei den Tourenwagen fuhr Stuck einen ADR und wurde Dritter.

Werbung AD

Schon eine Woche später, am 6. Oktober, ging's nach Tirol zum **Zirlerberg-Rennen**. Der nächste absolute Streckenrekord fiel dank Hans Stuck. Diesmal hatte er keine Probleme mit dem Motor, wieder gelang ihm ein Traumlauf und er verbesserte seinen eigenen Rekord um 8 Sekunden – 3:26:3 lautet die neue Bestzeit! Und noch einen Kategoriesieg konnte Austro Daimler einfahren: Bei den Tourenwagen bis 3 Liter schaffte Dr. Karl Imhof die beste Zeit.

Dr. Karl Imhof siegt bei den Tourenwagen am Zirlerberg

Bestechende Fahrkunst des Hans Stuck am Zirlerberg

Nach den Rennen in Mitteleuropa zog es Hans Stuck in den wärmeren Süden. Mit den Italienern hatte er noch eine Rechnung offen, denkt man an das Unglück in Mugello. Schon einmal fuhren Austro Daimler auf den **Rocca di Papa** in der Nähe von Rom. Offiziell wurde um den Coppa Leonardi gefahren. Alles, was Rang und Namen hatte, war in Rom vertreten. Der Streckenrekordhalter Biondetti auf Bugatti, Alfa Romeo und Maserati sowie Arco-Zinneberg auf Mercedes machten dem Austro Daimler-Fahrer das Leben schwer. Doch auch hier ließ Stuck seinen Gegnern keine Chance. Er bewältigte die 14 km lange Bergaufstrecke in neuem Rekord in 8:50:8 Minuten und einem Stundenschnitt von 99,5 km/h.

Für das Jahr 1929 wäre noch der Sieg des Dr. Erich Wiethaus zu erwähnen, der die **Sternfahrt nach Barcelona** auf Austro Daimler ADR gewann. Er startete in Riga und bewältigte die 3.392 km mit den wenigsten Strafpunkten und wurde im anschließenden Bergrennen Zweiter. Der Siegespreis war beachtlich – abgesehen von einem Goldpokal gab es als Draufgabe noch 8.000 Peseten! Damit war Mitte Oktober das erfolgreiche Rennjahr für Austro Daimler abgeschlossen.

Crash an der New Yorker Börse

Der sogenannte „Black Friday", der 24. Oktober 1929, war eigentlich nur das Vorspiel, denn bei Börsenschluss war der Dow Jones Index nur um wenige Prozentpunkte gefallen und lag noch bei 296 Punkten. Am 29. Oktober stellte sich heraus, dass die anfänglich getätigten Stützungskäufe der Banken nicht ausreichen würden, um die Aktienblase zu minimieren. Diese Finanz- und Wirtschaftskrise sollte bis 1933 andauern und Europa länger beschäftigen als die Verursacher in Nordamerika. Im Sommer 1932 lag der Dow Jones bei geradezu dramatischen 42 Punkten.

Nun, diese wohl größte Wirtschaftskrise soll nur insofern in diesem Buch eine Rolle spielen, als sie die weitere Geschichte von Austro Daimler – leider wesentlich – beeinflusst. Als mittelbare Folge gelangte die Boden-Creditanstalt ins Wanken, die von der Creditanstalt für Handel und Gewerbe aufgefangen wurde. Dies hatte zur Folge, dass auch dieses Unternehmen auf einem Schuldenberg saß und als wesentlicher Miteigentümer der Austro Daimler Puchwerke AG sowie der Steyr AG Sparmaßnahmen umsetzen musste. Eine Kooperation in Form einer Arbeitsgemeinschaft zwischen den beiden Unternehmen ab Dezember 1929 war ein erstes Ergebnis. Steyr war unmittelbar von der Pleite der Boden-Creditanstalt betroffen und wechselte nun in den Besitz der CA. Daher kam es zu einem Wechsel in der Steyr-Führungsebene:

Vorstandsvorsitzender	**Ing. Paul Götzl** (gleichzeitig geschäftsführender Verwaltungsrat)
Vorstandsmitglied	**Dir. Richard Ryznar** (gleichzeitig Direktor)
Weitere Mitglieder	**Ludwig Neurath** **Otto Deutsch** **Otto Russo** **Ing. Hans Sääf**

Die Herren Götzl und Ryznar behielten ihre Funktionen bei der Austro Daimler Puchwerke AG weiterhin, sodass in Wiener Neustadt kein Wechsel des Direktoriums vonstatten ging. Die neue Führung kündigte auch gleich Änderungen bei der Automobilproduktion und eine neue Typenregelung an …

Automobilausstellung in Prag

Ende Oktober fand in Prag wieder eine Automobilausstellung statt, die international von den Autokonzernen beschickt wurde. Von österreichischer Seite waren Austro Daimler und Steyr vertreten. Jedoch fehlte das neue 8-Zylinder-Modell „Austria" von Steyr, dieses befand sich noch auf der Londoner Olympia-Ausstellung.

Austro Daimler stellte seinen Verkaufsschlager ADR in allen nur erdenklichen Versionen aus, allerdings wegen der drohenden Wirtschaftsflaute mit gedämpften Erwartungen. Da im Jahr 1929 an die 1.000 ADR den Weg zu den Kunden fanden, kann nach dem zweiten Erfolgsjahr auch von einer gewissen Marktsättigung ausgegangen werden. Doch sollte das nächste Jahr für die Neustädter keinesfalls so schlecht ausgehen wie zum Beispiel in Steyr, wo es zum Produktionsstopp kam.

Erfreuliche Kundenresonanzen fanden auch im Herbst 1929 in die Direktionsetagen von Austro Daimler. Aus Lemberg berichtete Alexander Graf Zalewski von unglaublichen Durchschnittsgeschwindigkeiten auf den schlechten Straßen Ostgaliziens und von einem Unfall, bei dem eine Telegrafenstange in Splitter ging, jedoch beim ADR nur der Kotflügel getauscht werden musste.

Und die Gräfin Maud Salm aus Edlach berichtet über die Freude über ihren ADR, weil er im zweiten Jahr noch besser geht als zu Beginn – wahrscheinlich gut eingefahren, Fr. Gräfin!

Am 14. Dezember feierte der Bayerische Automobil-Club die Rennsiege der vergangenen Saison. Präsident Major Czermak hielt die Festrede, in der er auf die insgesamt 85 Siege hinwies. Den Löwenanteil hatte Hans Stuck errungen, weswegen ihm das „Goldene Sportabzeichen mit Diamanten" überreicht wurde.

Der Bergkönig in seinem „Windhund", geehrt in Bayern

Fusion der Direktion mit dem Verkauf – Schwarzenbergplatz 18

Ob mehr Effizienz und Kostenbewusstsein oder die unangenehme Nähe zum Mercedes-Lokal der Grund für diese Entscheidung war? Wohl beide Argumente. Im Direktionsgebäude wurde der große Innenhof überdacht und ein nobles Verkaufslokal neu eingerichtet. Ausgestellt waren sämtliche ADR-Varianten mit vornehmlich OeFFAG-Karosserien und auf einem Podest das ADR Chassis Polie. Als Kontrast zu den luxuriösen Fahrzeugen stand etwas „gebraucht" der berühmte Siegerwagen von Hans Stuck in der Ausstellung. Ebenso gezeigt wurden die Schienenfahrzeuge in Form der Feldbahn- und Motorlokomotiven.

Der neu überdachte Innenhof Schwarzenbergplatz 18

Für die Neugestaltung der Ausstellungräume waren die Architekten Hermann Stiegholzer und Franz Schlacher verantwortlich. Die neue Hofüberdachung stand auf einigen Kunststeinsäulen, umrahmt von einem schlichten Gesimse. Die Decke war in einfachster Linienführung als Spiegelgewölbe in Eisen-Beton-Konstruktion ausgebildet. Der Boden der großen Halle bestand ebenfalls aus geschliffenem Kunststein, der Rest der überhöhten Seitenräume wurde mit Linoleum ausgelegt. Insgesamt stehen 1.000 m² Schauraum zur Verfügung. Die Motor- und Fahrräder aus Grazer Puch-Produktion fanden in den Nebenflächen Platz, wie auch die Feldbahnwagen und Draisinen. Neu waren die Präsentationsstände der „befreundeten" Zulieferfirmen etwa von Robert Bosch, Semperit und Denes & Friedmann (Vergaser, Benzinpumpen etc.).

Einen besonderen Anteil an der Einrichtung sowie an der Gestaltung des Schauraumes hatte der Werbechef Franz Zwickl. Er setzte seine Produkte gekonnt in Szene, mit Spiegelflächen, Beleuchtung und modernen Podestformen, im Besonderen jenes für das ADR Chassis Polie.

Von oben: Puch-Ausstellung
ADR Chassis auf Zwickl'schem Podest
Schienenfahrzeuge
ADM R Stuck

Die Eröffnungsfeierlichkeiten am 10. Dezember 1929 übernahm Präsident Dir. Hugo Marcus, flankiert von den Vizepräsidenten Ludwig Neurath und Franz Graf Hardegg sowie von Generaldirektor Ing. Paul Götzl. Selbstverständlich anwesend die Direktoren Ryznar, Herbst, Gerstner, Ing. Windberger und Czech sowie Prokurist Schlacher. Dr. Hans Schürff, mittlerweile Nationalrat, war wohl der ranghöchste Politiker unter den Anwesenden neben dem Salzburger Landeshauptmann Reisch. Ob diese Anwesenheit etwas mit dem Ankauf von ADO-Bussen durch die Stadt Salzburg zu tun hatte?

In der Allgemeinen Automobilzeitung waren gut eine halbe Seite Ehrengäste beschrieben, welche hier nicht einer Wiederholung bedürfen. Einige Personen sollen hier aber erwähnt werden, weil ihre Anwesenheit als nicht selbstverständlich erscheint: der Mitbewerb ad personam Wilhelm Opel, Karl Gräf, G. Perl, Anton Fross-Büssing. Und selbstverständlich die Freunde des Hauses wie Karl Graf Schönborn, Heinrich Graf Schönfeld, Karl Armbruster, Anton Köllensperger und die Rennfahrer Hans von Stuck und Desiderius von Bitzy. Als besonders noble Geste kann die Einladung und Anwesenheit von Dir. Eduard Fischer bewertet werden, der im Neustädter Werk immer noch höchstes Ansehen genoss.

Werbung AD

Und zum Jahresende stellte die Berliner Rundschau Herrn Stuck die Frage: *Wären Sie nicht populär, worin möchten Sie es sein?*

Stuck: *Ich möchte Automobilkonstrukteur sein, ein Auto bauen, das gleichzeitig schwimmt und fliegt. Damit möchte ich dann eine Weltreise machen.*

Franz Zwickls Grafik für den Schienenkatalog

1930 – Mit dem 8-Zylinder in die Wirtschaftskrise

Wann genau in Sachen Typenregelung die Katze aus dem Sack gelassen wurde, ist nicht genau bekannt. Jedenfalls arbeitete man im Neustädter Werk an einem neuen Motor mit 8 Zylindern. Am europäischen Automobilmarkt ging der Trend weiter zu noch größeren und stärkeren Wagen, anscheinend fühlte man sich gezwungen, bei dieser Entwicklung mitzuziehen. Außerdem hatte der unmittelbare Konkurrent Steyr mit dem Modell Austria bereits den ersten Stein geworfen. Mittlerweile hatte auch Gräf & Stift mit dem Modell SP8 in der obersten Liga Fuß gefasst. In dem Glauben, dass sich die Weltwirtschaft nach dem Börsencrash im Herbst 1929 wohl bald wieder erholen würde, investierten die Automobilwerke weiterhin in teure und luxuriöse Automobile, als gäbe es kein Morgen. Wie uns die Geschichte gelehrt hat, gab es nach dieser Finanzblase beinahe wirklich kein Morgen! Aber im Nachhinein kann man leicht urteilen über die Entscheidungen der damals agierenden Personen.

Saisonstart wieder am Eibsee

Das Bergrennen über 2,8 km hinauf zum Eibsee war wieder einmal eine klare Sache für Hans Stuck. Schnellster bei den Rennwagen in 2:54:3 Minuten, mit dem serienmäßigen Sportwagen benötigte er 3:22:2 Minuten. Graf Arco-Zinneberg wurde in 4:04:3 min. auf Mercedes Zweiter. Beim Rundstreckenrennen am 2. Februar auf dem zugefrorenen See verpatzte Stuck sein Rennen. Nach einer verpatzten Kurve ging Arco-Zinneberg in Führung, was Stuck zu einer entfesselten Aufholjagd animierte. Als er am führenden Mercedes vorbeiging, drehte sich Stuck abermals – nur 2. Platz. Über die Lautsprecheranlage übte er dann Selbstkritik, indem er verlauten ließ: *Wenn man eine schnelle Maschine hat, sollte man langsam fahren!* Das Rennen in der Sportwagenklasse aber gewann Stuck in mustergültiger Fahrt.

Stucks neues Dienstfahrzeug, ein ADR Armbruster mit angeblich 100 PS – oder doch Bergmeister?

Kurz nach dem Eibsee-Wochenende tauschte Stuck seinen Reisedienstwagen ADM gegen einen neuen ADR mit exquisiter Armbruster-Karosserie. Neu an diesem Wagen war die patentierte Gitterrahmenkonstruktion, die natürlich verwindungssteif und besonders niedrig ausfallen konnte. Ebenfalls noch nie gesehen war die neuartige Mechanik des Lederdaches, das gerollt oder geklappt dem Fahrer zur Verfügung stand. Ganze 5 Meter maß das Kunstwerk auf Rädern, nicht zuletzt wegen des überdimensionalen Reisekoffers, auf dem nun die Siegesplaketten des Bergkönigs aufgenietet wurden.

Der Verdacht liegt aber nahe, dass es sich hier um den ersten Bergmeister mit 3,6 Liter Hubraum und 120 PS handelte, den man Hans Stuck zu Testzwecken zur Verfügung stellte.

1930

Auch in Österreich wurde im Winter gefahren. Die Wiener Herrenfahrer-Vereinigung organisierte eine Wertungsfahrt in den Bezirken rund um Wien. Start war vor dem Wiener Rathaus, wo sich 19 Teilnehmer einfanden. Ins Ziel beim Lusthaus im Wiener Prater schafften es 9 Fahrzeuge. Den Sieg ohne Strafpunkte holte sich Erich Basel auf ADR.

Interessensgemeinschaft zwischen Austro Daimler Puchwerken und Steyr

Die letzte eigenständige AD-Werbung

AD-Steyr-Zentrale in Berlin Halensee

Die nach der Bankenkrise angekündigte Zusammenarbeit zwischen der Austro Daimler-Puchwerke AG und der Steyr AG wurde nun ab März 1930 auch nach außen sichtbar. Eine der letzten Werbeeinschaltungen ohne das Steyr-Emblem betraf die Einladung zur Wiener Messe.

Im Vorfeld dieser Änderungen wurden die Verkaufsagenden der Steyr-Fabrik ebenfalls auf den modernisierten Standort Schwarzenbergplatz 18 verlegt. Gleichzeitig legte man die Zentralen in Berlin zusammen und feierte dies anlässlich des Deutschlandbesuches von Bundeskanzler Dr. Schober. Die offizielle Eröffnung fand später am 10. und 11. April statt.

AD-Stand Wiener Messe 1930

Zwischenzeitlich öffnete die **Wiener Messe** mit der angekoppelten Automobilausstellung ihre Pforten. Dabei ließ die Austro Daimler-Verkaufszentrale die feinsten ADR-Modelle auffahren, denn die 3-Liter-Varianten sollten bald der Vergangenheit angehören …

D III 12 PS im Museum Mürzzuschlag

Im Außenbereich der Rotunde gab es wieder einen großen Stand für die **Schienenfahrzeuge**, allerdings ohne besondere Neuigkeiten im Vergleich zum Jahr zuvor. Ausgenommen die 16-PS-Rohöl-Verschublokomotive (Diesel) nach einer Lizenz von ACRO, die einen äußerst sparsamen Betrieb ermöglichte. Die Österreichischen Bundesbahnen hatten laut Bericht in der Allgemeinen Automobilzeitung schon eine hohe Stückzahl an Draisinen und Bahnmeisterwagen im Einsatz – was immer auch unter „hoch" zu verstehen war.

Neue Lobeshymnen von Kunden gab es selbstverständlich immer wieder in der Allgemeinen Automobilzeitung zu lesen. So vom Fürsten Rohan aus Sichrow nach einer Fahrt über die Alpen bis nach Barcelona, bei der er nur eine einzige Zündkerze wechseln musste. Aus der Hotel-Pension Tyrol in Seefeld schrieben Fritz und Betty Hörger über den problemlosen Ritt über den gefürchteten Zirlerberg, den der ADR 70 PS schon 300-Mal über sich ergehen lassen musste.

AUSTRO DAIMLER

AD.FB.VS12.3689

AUSTRO DAIMLER

ROHÖL-VERSCHUBLOKOMOTIVE

16/20 PS TYPE VSLD 16

Die Rohöl-Verschublokomotive wird für Spurweiten von 1000 bis 1676 mm gebaut und durch ein in der Wagenquerrichtung stehendes 16/20 PS Rohöl-Motor-Aggregat angetrieben, das von allen Seiten vollkommen zugänglich ist.
Das Motor-Aggregat besteht aus einem luftgekühlten Vierzylinder-Rohölmotor (kompressorloser Dieselmotor Lizenz Acro) und einem Dreistufengetriebe, das im erweiterten Motorgehäuse untergebracht ist. Der Motor arbeitet im Viertakt und entwickelt in vier Zylindern von 90 mm Bohrung und 120 mm Hub normal 16 PS und als Spitzenleistung bei 1500 minutlichen Umdrehungen 20 PS.

LEISTUNGSDATEN

Fahrstufe	Touren des Getriebekettenrades pro Min.	km/st	Zugkraft am Haken kg	Brutto-Anhängelasten in Tonnen bei einem Zugwiderstand von 8 kg/t bei geraden Steigungen von:								
				0‰	5‰	10‰	15‰	20‰	25‰	30‰	40‰	50‰
I	178	2,7	1560	195	116	81	61	48	40	33	24	18
II	353	5,4	740	92	53	35	25	19	15	12	7	4
III	622	9,5	385	48	26	16	10	7	4	2	—	—

Gewichte:
Lokomotivgewicht . . . ca. 4500 kg
Erforderliches Dienstgewicht 10000 kg

Verschublok VSLD 16

Gemeinsame Werbung von Franz Zwickl ab März 1930

Daimlerpfeil in Edelarbeit,
Ing. Paul Götzls Geschenk an seine Gattin

Das große Ziel – die neu geschaffene Europabergmeisterschaft

Wenn man schon am 30. März Bergrennen fahren will, dann sollte man Richtung Süden reisen. So geschehen – das Rennteam um Hans Stuck startete die Saison 1930 in Cannes im umliegenden Esterel-Gebirge. Nach einer Rundfahrt fanden Prüfungsfahrten statt. Über eine überaus schwierige Strecke von 7,9 km stellte Stuck den Streckenrekord mit 5:39:2 Minuten ein und erreichte einen Stundenschnitt von 83,84 km/h. Auch die anschließende Geschwindigkeitsprüfung über zweimal 500 m bewältigte er in Bestzeit.

Weniger gut lief das Rennen auf die Turbie in Nizza. Schon 200 m nach dem Start löste sich ein Reifen auf – Ausfall! Damit gewann der Franzose Dreyfus auf einem 2,3-Liter-Bugatti das prestigeträchtige Rennen in neuer Rekordzeit von 3:53:6 Minuten.

Und wieder versuchte Austro Daimler in einem Rundstreckenrennen zu reüssieren, und zwar nicht in irgendeinem Rennen. Der Grand Prix von Monaco musste es sein! Am 6. April fand auf dem 3,18 km langen Stadtkurs ein 100 Runden langer Marathon statt, also über 318 km.

Plakat

Die Startaufstellung wurde durch Los entschieden, nicht wie heute durch die Trainingszeiten. Und Stuck hatte Pech. Er erwischte nur die vorletzte Startreihe. Leider hatten einige Fahrer wie Caracciola, Campari, Enzo Ferrari oder auch Frankl mit seinem Steyr auf einen Start verzichtet. Ein bestimmter Grund für diesen Schritt konnte nicht eruiert werden.

Der Rennverlauf gestaltete sich zwischen den beiden Bugatti-Piloten Chiron und Dreyfus äußerst spannend. Chiron übernahm sofort die Führung und konnte diese bis zur Runde 85 verteidigen. Da Dreyfus nur aus der 4. Reihe startete, benötigte er viel Zeit, um Chiron einzuholen. Ab der 85. Runde war das Rennen für Dreyfus dank einiger Rekordrunden gelaufen. In der 88. Runde fuhr er in 2:07 Minuten die schnellste Runde.

IIme GRAND PRIX AUTOMOBILE DE MONACO

6 Avril 1930

N° 28 WILLIAMS Bugatti	N° 34 BORZACCHINI Maserati	N° 46 STUBER Bugatti
N° 16 BOURIAT Bugatti	N° 18 CHIRON Bugatti	N° 14 ZANELLI Bugatti
N° 26 LEHOUX Bugatti	N° 42 ZEHENDER Bugatti	N° 20 DORÉ Bugatti
N° 22 DREYFUS Bugatti	N° 32 ARCANGELI Maserati	N° 24 ETANCELIN Bugatti
N° 36 BIONDETTI Talbot	N° 8 STUCK VON VILLIEZ Austro Daimler	N° 2 Comte ARCO Mercédès
N° 12 BOURIANO Bugatti		N° 6 BURGGALLER Bugatti

Startaufstellung mit Startnummern im GP Monaco 1930

Startszene GP Monaco 1930 – Stuck ganz rechts außen im weißen ADM R

Trotz seiner schlechten Startposition konnte Hans Stuck anfänglich einige Plätze gutmachen. Er kam bis zur Runde 20 und hatte sich bereits auf Platz 9 vorgekämpft, als sein Motor Öl verlor und das ausgetretene Schmiermittel genau auf die Kupplung tropfte – kein Kraftschluss mehr – Ausfall! So war das Thema Rundstreckenrennen für Austro Daimler wieder einmal erfolglos geblieben.

Das Rennteam mit Hans Stuck bemühte sich ab sofort um die Europa-Bergmeisterschaft, und das mit größtem Erfolg …

Einmalig in der Geschichte von Austro Daimler: in der Box von Monte-Carlo, daneben der Sieger Dreyfus mit dem Bugatti Nr. 22

Nach dem Grand-Prix-Wochenende in Monaco fuhren die Polen sternförmig nach **Lodz**. Am 18. April fanden dort Auto- und Motorrad-Rennen statt. Mit dabei die Fahrergruppe rund um den Grafen Liefeldt. Er schlug den Streckenrekord mit seinem ADM R und die Sportwagenfahrer Adam Potocki und Widawski belegten die Plätze 1 und 2 mit ihren ADR-Fahrzeugen. Auch die beste Zeit der Damen ging an Austro Daimler – Frau von Kozmian auf ADR.

Während man in Polen Rennen fuhr, hatte Hans Stuck noch eine Zirkusnummer am **Flughafen Tempelhof** zu absolvieren. Am Ostermontag stieg der Akrobat Fritz Schindler vom fahrenden Auto ins Flugzeug über eine herabhängende Strickleiter um. Allerdings benötigte man 4 Versuche, bevor dieses Manöver gelang.

Eine Woche später fand in **Königsaal** der erste Lauf zur Bergeuropameisterschaft statt. Da wollte Austro Daimler auf Nummer sicher gehen, denn diesmal standen zwei ADM R am Start in der Rennwagenklasse. Neben Stuck kam auch Henryk Graf Liefeldt zum großen Showdown nach Prag. Das Mercedes-Team war mit Caracciola stark vertreten und die Bugattis waren in diesem Jahr äußerst gut unterwegs. Ein unvorstellbarer Andrang herrschte an der Rennstrecke, man schätzte 150.000 Zuseher!

ADM R von Liefeldt in Königsaal
Rechtes Vorderrad ohne Bodenkontakt!

Erstmals trafen Stuck und Liefeldt im selben Rennen aufeinander und die Laufzeiten der beiden lagen nur 4 Sekunden auseinander! Das lässt auch den Schluss zu, dass Liefeldt ebenfalls einen 3,6- Liter-Motor unter seiner Haube hatte. Kurz und gut, der Zieleinlauf lautete: Stuck in 2:45:7 mit der besten Zeit des Tages vor Liefeldt in 2:49:8 Minuten mit der zweitbesten Zeit. Erst an dritter Stelle Caracciola in 2:52:7 Minuten noch vor Hartmann im Bugatti. Damit war ein erster Grundstein Richtung Bergmeistertitel gelegt.

Die nächste Station im Rennkalender lag in der Nähe von Zittau. Das **Lückendorfer Bergrennen**, veranstaltet vom ADAC, fand am 18. Mai zum sechsten Mal statt. Die 4 km lange Strecke wurde von Stuck in neuer Rekordzeit von 2:12:4 Minuten bewältigt. Der Zweite von Dojmi auf Mercedes verzeichnete einen Rückstand von 12 Sekunden, eine halbe Ewigkeit auf dieser kurzen Distanz.

Start in Lückendorf

1930

So geht's schneller, leichtes Übersteuern … (Lückendorf)

ADR 8 – Premiere mit Goldenem Band

Ein durchaus guter Start eines neuen Modells fand anlässlich des Concours d'Élégance im Schloss Schönbrunn statt. Der ADR 8-Zylinder feierte seine Premiere in einer großen geschlossenen Reiselimousine der OeFFAG. Vorgeführt wurde dieser beeindruckende schwarz und dunkelblau lackierte Wagen von Prinz Ferdinand von und zu Liechtenstein. Ob er schon der Besitzer des ADR 8 war oder nur der Präsentator für Austro Daimler? Die Anwesenheit sämtlicher Direktoren wie Ryznar, Gerstner, Windberger und Werbechef Franz Zwickl dürfte auf eine halb offizielle Neuvorstellung hinweisen. Insgesamt wurden 8 Fahrzeuge mit dem Goldenen Band ausgezeichnet, die einzige Marke mit 2 Goldenen war Austro Daimler. Ein ADR mit Armbruster-Karosserie in der Klasse „Öffnendes Dach" gewann Prinzessin Mariza von Liechtenstein.

Premiere in Schönbrunn – ADR 8 mit OeFFAG-Karosserie gewinnt das „Goldene Band"

Bundespräsident Miklas eröffnete die Veranstaltung und der Österreichische Automobilclub war selbstredend mit allen Funktionären anwesend und organisierte dieses Event vorzüglich. Seitens des Clubs mit dabei Dir. Eduard Fischer, der wieder einmal in die automobile Gesellschaft eintauchen konnte.

ADR-8-Kühleremblem

Nun zu den technischen Daten dieser neuen Konstruktion. Abgesehen von den feinsten und teuersten Materialien wie Aluminium-Legierungen und dem Einsatz von Magnesium sticht die Doppelzündung mit zwei Zündkerzen pro Zylinder besonders ins Auge. Die erreichte Laufruhe dieser Maschine ist bestechend, das Drehmoment gewaltig. Der vom ADR bekannte Rohrrahmen samt der hinteren Pendelachse wurde größenmäßig adaptiert.

ADR 8 ab Juni 1930	**Technische Daten**
Zylinder	8 in einem Silumin-Block gegossen
Hubraum, cm³	4.624
Bohrung/Hub, mm (Laufbuchsen)	80 x 115
Leistung PS bei 3.000 U/min	100
Ventilsteuerung, Nockenwelle	2-reihig, Kipphebel, obenliegend, Rollen-Triplexkette
Kurbelwelle	9-fach-Gleitlager
Drehzahl max.	3.500 U/min
Gemischaufbereitung	1 Doppelfallstrom-Vergaser, elektrische Benzinpumpe
Schmierung	Umlaufdruckschmierung, 2 Ölpumpen und Ölbehälter
Zündung	Doppelzündung mit 16 Kerzen, Magnet und Batterie
Kupplung	Einscheiben, trocken
Getriebe	3+4 Gang klauengeschaltet
Spurweite vorne/hinten	1.410/1.450 mm
Radstand	3.725 mm
Radaufhängung vorne/hinten	Halbelliptikfedern/Pendel, Cantilever querliegend
Fahrzeuggewicht Chassis	ca. 1.400 kg
Bodenfreiheit	200 mm
Bremssystem	hydraulisch, auf alle 4 Räder/Handbremse Seilzug
Höchstgeschwindigkeit	125 km/h (148 km/h, gemessen durch Autocar England)

ADR 8 beim Posieren auf Burg Strechau

ADR-8-Zylinder-Motor mit einer Zündkerzenorgie

Austro Daimler fährt wieder Tourenbewerbe – der Alpenpokal

Nach der letztjährigen Alpenfahrt hatte die Austro Daimler-Direktion herbe Kritik einstecken müssen, weil man an dieser Großveranstaltung nicht teilgenommen hatte. Diesmal gab es volle Werksunterstützung, denn nicht weniger als 6 ADR-Wagen nahmen daran teil. Angeführt von Desiderius von Bitzy, Felix Spiegel-Diesenberg und Prinz Ferdinand von Liechtenstein (auf Steyr), bildeten die drei Fahrer das Clubteam des Österreichischen Automobilclubs (Ö.A.C.). Weiters starteten auf Austro Daimler Philipp von Schöller, Direktor Thalberg, Komm.-Rat Hermann Rieckh und Ing. Anton Hein. Auch Fritz von Zsolnay war gemeldet, startete aber nicht. Fehlt noch die einzige Dame auf Austro Daimler – Frau Hilde Kipper, die eine Bronze-Plakette errang.

Alpenpokal

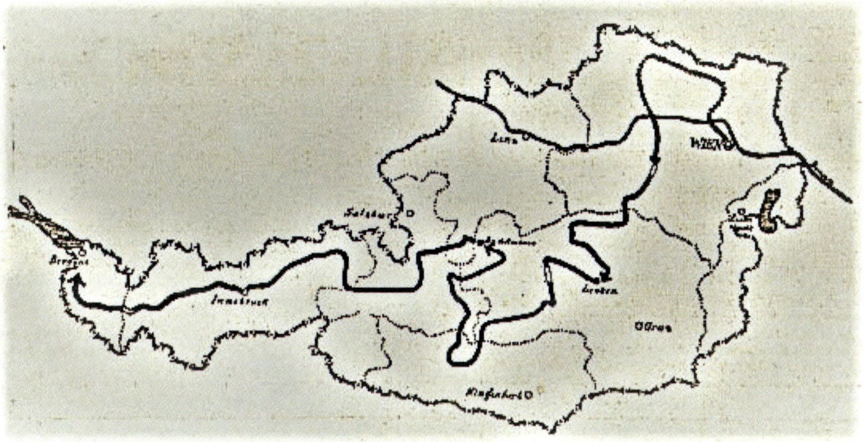

Route durch Österreich

Nun der Veranstaltungsverlauf in Kurzfassung. Die erste der drei Etappen begann am Samstag, den 14. Juni, am Abend in Wien und war als Nachtfahrt angesetzt. Über Tulln ins Weinviertel, dann über die Donaubrücke in Krems und wieder zurück Richtung Alpen. Die erste Bergprüfung fand am Josefsberg kurz vor Mariazell statt. Gleich vorweg sei erwähnt, dass alle Bergprüfungen von Austro Daimler gewonnen wurden, denn Desiderius von Bitzy war überall der Schnellste mit seinem 100 PS ADR. Auch die Plätze dahinter waren meist von ADR-Fahrzeugen belegt. Nach der nächsten Herausforderung namens „Präbichl" war das Etappenziel am Sonntag in Leoben erreicht.

Der Start zur zweiten Etappe erfolgte am Montag in der Früh – sehr früh! Ab 4:00 Uhr wurden die Teilnehmer in der Reihenfolge ihres Eintreffens in 2-Minuten-Intervallen vom Start gelassen. Dieser Tag brachte den Teilnehmern die Turracher Höhe, den Katschberg und den Triebener Tauern, sozusagen die Passriesen dieser Fahrt. Da konnten die Austro Daimler-Fahrzeuge ihre Stärke voll ausspielen. Der Triebener Tauern war wieder als Sonderprüfung zu fahren, ein eindeutiger Fall für Bitzy.

Die letzte Etappe nach Bregenz enthielt die letzte der drei Bergprüfungen, den Arlberg. Spätestens nach diesem Rennen stand ein außerordentlicher Triumph des Austro Daimler-Teams fest. Von 9 Alpenpokalen gingen 5 an das Wiener Neustädter Unternehmen. Die Herren Bitzy, Schöller, Spiegel-Diesenberg, Rieckh und Hein blieben allesamt strafpunktefrei. Zusätzlich erreichte das Clubteam des Österreichischen Automobilclubs den Teampreis.

Die Allgemeine Automobilzeitung schrieb Lobeshymnen über die exzellenten Herrenfahrer, allen voran über Desiderius von Bitzy, und sprach schon von einem neuen „Eisernen Team" in Anlehnung an die Vorkriegsleistungen von Porsche, Fischer und Schönfeld.

Werbung Alpenpokal

Bitzy (oben) und Schöller (unten) auf ADR

Kesselberg – die Bergeuropameisterschaft geht weiter

Während in Österreich um den Alpenpokal gefahren wurde, kämpfte Hans Stuck weiter um die Europameisterschaft. Am Bayrischen Kesselberg kam es zum Kampf gegen den Schweizer Hans Stuber auf Bugatti, der im Training den Streckenrekord von Stuck aus dem Vorjahr knapp unterbot. Dementsprechend vorgewarnt stand der Deutsche am Start. Stuber konnte tatsächlich den Rekord auch im Rennen unterbieten – seine Zeit betrug 4:05:6 Minuten, um 6 Sekunden schneller als Stucks alter Rekord. Doch der ADM R mit dem 3,6-Liter-Motor konnte dem Kompressor-Bugatti Paroli bieten – 4:03:4 Minuten! Die annähernd 50.000 Zuschauer feierten ihren Hans Stuck euphorisch.
Zwei weitere Austro Daimler bezwangen den Kesselberg erfolgreich. Alfred von Michel-Raulino siegte in der Sportwagenklasse bis 5 Liter in 4:42:8 Minuten. Und Dr. Karl Imhof bewegte seinen ADM 3 Liter Sport in seiner Klasse immerhin auf Rang 3 hinter zwei Kompressor-Bugattis. Die zahlreich vertretenen Kompressor-Mercedes konnten die Sportwagen-Klasse über 5 Liter gewinnen. Erstmals in den Ergebnislisten an 4. Stelle tauchte Manfred von Brauchitsch auf, eine kommende Rennfahrerlegende der 30er Jahre.

Nicht zum Erfolg führte der Bergmeisterschaftslauf in Italien am 29. Juni. Die 66,5 km lange Strecke **Cuneo–Maddalena** war fest in italienischer Hand. Nuvolari gewann auf Alfa Romeo, Caracciola bei den Sportwagen. Stuck musste wegen eines Defekts aufgeben.

Stuck bei den Briten – Shelsley Walsh

Berge sind in England eher rar. Aber in Shelsley Walsh hatten die Briten einen Hügel gefunden, den man in Rekordtempo bezwingen konnte. Eine anspruchsvolle, aber sehr kurze Strecke von gerade einmal 915 m stand für das Bergeuropameisterschaftsrennen zur Verfügung. Stuck und Caracciola hatten als einzige Teilnehmer vom „Kontinent" genannt, weil beide um die Europameisterschaft kämpften.

Doch wiederholt machten die englischen Sportkommissare der Mercedesmannschaft bezüglich der Regelkonformität des Rennwagens Probleme. Als der Ausschluss von der Veranstaltung drohte, kündigte auch Stuck aus Solidarität zu Caracciola seinen Rücktritt vom Start an. Erst dann kamen die Rennverantwortlichen zu einem positiven Ergebnis ihrer Abnahmeprüfung.

Stuck in England – Streckenrekord in Shelsley Walsh

Nach diesem Geplänkel stand nun einem spannenden Rennen am 12. Juli für die 40.000 Zuschauer nichts mehr im Wege. Im Eineinhalb-Minuten-Takt wurden die Teilnehmer vom Start abgelassen. Beim ersten Lauf fixierte Stuck die beste Zeit und Caracciola ebenfalls für die Sportwagenkategorie. Alle, die unter einer Laufzeit von 60 Sekunden blieben, durften zum zweiten Lauf antreten. Stuck unterbot die Laufzeit nochmals um ein paar Sekundenbruchteile und fixierte den neuen Streckenrekord von 42,8 Sekunden, wobei der Mittelwert beider Läufe gewertet wurde. Caracciola auf seinem 8-Liter-Kompressor-Sportwagen erzielte die zweitbeste Zeit von 46,8 Sekunden. Damit war die englische Automobilindustrie schwer geschlagen.

Shelsley Walsh – ADM R 3,6 Liter

Shelsley Walsh – Siegerbild

1930

Noch zwei Langstrecken: Alföld-Alpen-Fahrt und die Polnische Tourenfahrt

Auch der Ungarische Automobilclub veranstaltete wieder die **Alföld-Alpen-Fahrt**, die von Austro Daimler diesmal bestritten wurde. Das bewährte Herrenfahrer-Team um Desiderius von Bitzy nahm sich dieser Herausforderung an. Die dreitägige, über 1.320 km führende Tour bestand aus den flachen Strecken in der Ungarischen Tiefebene (Alföld) und den Alpenstrecken in Österreich. Diesmal fand der Start am 11. Juli in Wien statt, die Zielankunft in Budapest.

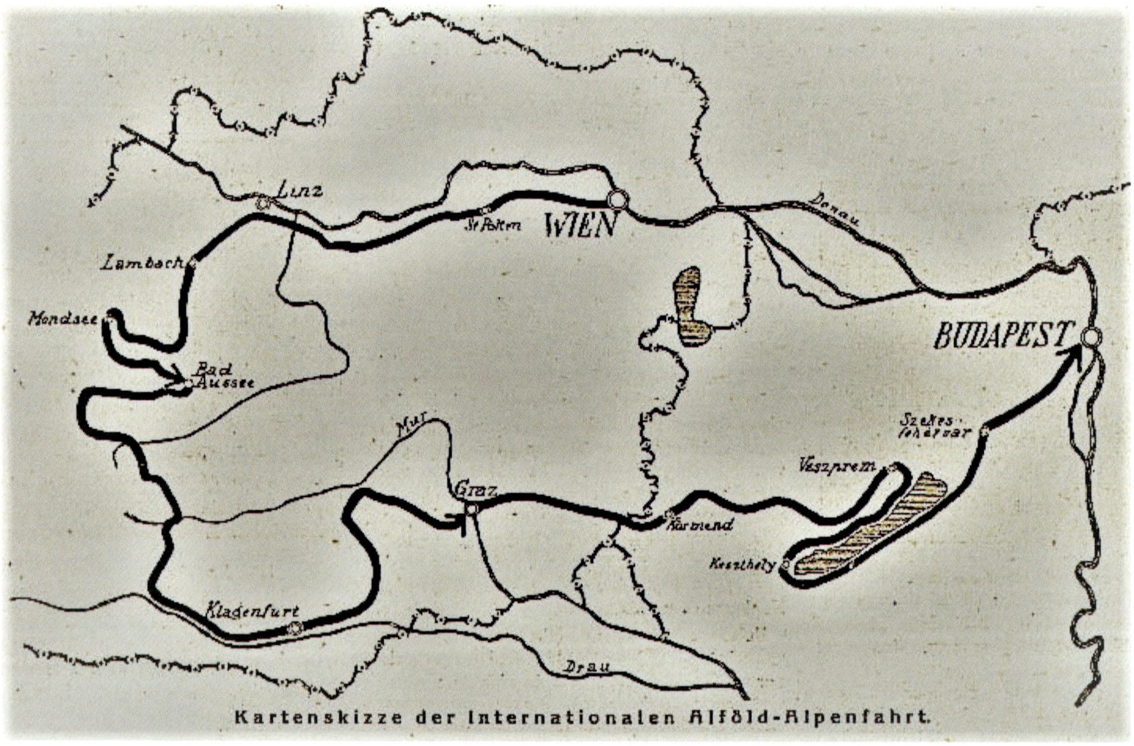

Routenplan Alföld-Alpenfahrt 1930

Wie schon bei der Alpenfahrt im Juni konnte das bewährte neue **„Eiserne Team"** den Markenteampreis erringen. Die ADR-Fahrer **Bitzy**, **Schöller**, **Spiegel-Diesenberg** und **Shelagh von Liechtenstein** blieben allesamt strafpunktefrei, nur Hilde Maria Kipper hatte einen Unfall. Bei der Abfahrt vom Pötschenpass verlor sie die Kontrolle über ihren ADR und touchierte einige abgestellte Fahrzeuge. Ihr Wagen war leider derart beschädigt, dass eine weitere Teilnahme nicht möglich war.

Alföld-Alpen-Fahrt: von links: Spiegel-Diesenberg, Bitzy, Schöller (Fischer-Bastei Budapest)

Werbung AD

Fast schon zur Gewohnheit gehörte die Siegesmeldung bei Austro Daimler von der **Polnischen Tourenfahrt**, die über 7 Tage geführt wurde und mit einem Flach- und einem Bergrennen für besondere Spannung sorgte. Eigentlich sollte man in Polen von einem „Eisernen Team" sprechen, denn seit Jahren gewann Henryk Graf Liefeldt alljährlich fast alle Rennveranstaltungen für Austro Daimler, anfangs im Duo mit Ing. Karl Bettaque, nun mit den Potocki-Brüdern. Auch diesmal blieb Liefeldt knapp vor Adam Potocki siegreich – inklusive der beiden Einzelrennen!

Am 3. August gelang den polnischen Fahrern der nächste Triumph. Beim Flachrennen in **Kattowitz** gewann Liefeldt in der Rennwagenklasse, Widawski und Potocki bei den Sportwagen.

Polnische Tourenfahrt auf ADR, Frau Kozmian ist dabei

Widawski oder Potocki beim Flachrennen in Kattowitz – oder doch Warschau?

Klausen-Rennen am 10. August – und wieder fehlen 3,5 Sekunden!

Eines der wenigen Bergrennen, die Stuck nie gewinnen konnte, war das Klausen-Rennen. Dabei fuhr er jedes Mal ein fulminantes Rennen ohne irgendwelche gravierenden Fehler. Es lag an der eigentümlichen Strecke, die in der Mitte aus einer überlangen Geraden – dem Urner Boden – bestand. Dieser Umstand kam dem Austro Daimler-Rennwagen nicht entgegen. Stuck war in den Kurven mit einer genialen Getriebeabstimmung am schnellsten, auf den langen Geraden konnte der ADM R gegen die Kompressor-Wagen nicht mithalten. Eine genaue Auswertung der Zwischenzeiten ergab eine Höchstgeschwindigkeit von 170 km/h für Stuck und 200 km/h für den Bugatti von Chiron am Urner Boden …

Da der Geschwindigkeitsunterschied auf der überlangen Geraden so groß war, konnte Stuck trotz seiner besseren Zeiten in den kurvigen Teilstücken nicht mehr den ganzen Rückstand gutmachen. Als knapp Zweitplatzierter wurde er ebenfalls wie ein Sieger gefeiert. Der Schnellste, Chiron, stellte einen neuen Rekord in 16:24:6 Minuten auf und Stuck folgte knapp dahinter in 16:28:0 Minuten. Lächerliche 3,5 Sekunden bei einer Gesamtfahrzeit von gut einer Viertelstunde! Da der Franzose Chiron nicht alle Rennen zur Europameisterschaft bestritt, war dieses Ergebnis ein wichtiger Schritt für Stuck zum ersehnten Ziel.

Klausen-Rennen 1930 – wieder nur Zweiter

Freiburg, „Schauinsland"

Wenn es noch einen Berg gab, der dem schnellen Hans kein Glück brachte, dann die Strecke Schauinsland. Man erinnere sich nur an den letztjährigen bösen Unfall! Am 17. August war hier der nächste Lauf zur Europameisterschaft angesagt. Und wieder lief nicht alles glatt. In Anbetracht der Nennung von Chiron auf Bugatti vorgewarnt, machte diesmal nicht der Fahrer den entscheidenden Fehler, sondern sein geliebter Windhund – der ADM R. Den Sieg musste er jedoch nicht dem schnellen Chiron überlassen, denn der erschien nicht am Start. Für ihn ging der Berliner Heinz von Morgen mit einem Bugatti ins Rennen – und gewann! Bei Stucks Wagen blockierte kurzzeitig der Motor. Ob Zündungsprobleme oder ein Kolbenreiber die Ursache war, wurde nicht berichtet. Jedenfalls fehlten ihm 5 Sekunden auf den Sieger. Die beste Zeit allerdings, bereits nach seinem Sieg am Klausen, ging an ein Motorrad: Mr. Tom Bullus auf NSU 500 SS – ein neuer Star war geboren …

Freiburg – Schauinsland

Das Tatra-Bergrennen

Bisher hatte es seitens der Neustädter Fabrik keinen Anlass gegeben, Hans Stuck nach Polen zu entsenden, denn diese Aufgabe war bislang von Henryk Liefeldt erledigt worden. Doch diesmal musste Stuck wegen der Europameisterschaft dort teilnehmen. Der Austro Daimler-Renntross war nun wöchentlich irgendwo im Renneinsatz, was zu großen Reisedistanzen und damit verbunden zu großen Strapazen führte. Die Angelegenheit beim Tatra-Rennen am 24. August war sogleich erledigt, neuer Streckenrekord für Stuck in 5:23 Minuten vor Jan Ripper auf Bugatti.

Stuck vor dem Start in der Tatra

Aufladen und weiter nach Salzburg. Man beachte den angepassten Transport-LKW mit der beweglichen Ladefläche auf Gleitschienen!

Ein Plausch mit den Kollegen im Tatra-Gebirge

Gaisberg-Rennen – der Windhund lahmt

Aus den Unterlagen von Austro Daimler ist bekannt, dass Hans Stuck über zwei Rennwagen verfügen konnte. Ob nun zwischen dem Tatra-Wochenende und dem Gaisberg-Rennen ein Wagentausch vollzogen wurde oder ein und derselbe Renner ein zweites Martyrium über sich ergehen lassen musste, konnte nicht recherchiert werden. Jedenfalls hauchte der Motor am Gaisberg sein Leben aus – Kolbenreiber kurz vor dem Ziel!

Bis zum Ausfall wie ein Tornado unterwegs – Hans Stuck am Gaisberg

Den Sieg holte sich wie schon in Freiburg Heinz von Morgen im Bugatti in neuer Rekordzeit. Diverse Sportwagenkategorien wurden durch Mercedeswagen gewonnen, nur die 3-Liter-Klasse nicht. Hier war wieder der Senior unter den Herrenfahrern erfolgreich, denn der agile Oberbergrat Dr. Karl Imhof lieferte ein beachtenswertes Rennen und holte damit den einzigen Klassensieg für Austro Daimler.

Der Senior macht's wieder gut – Dr. Karl Imhof

Pötschenpass-Rennen am 7. September

Zwischendurch ein Bergrennen, das nicht zur Europameisterschaft zählte. Bereits zum fünften Mal fand dort ein Meeting statt, zum ersten Mal mit prominenter Beteiligung. Neben Stuck kam auch der Mercedesfahrer Manfred von Brauchitsch, der die Sportwagenklasse bis 5 Liter für sich entscheiden konnte. Hans Stuck zertrümmerte den alten Rekord und fuhr die 4,5 km in 3:18:1 Minuten. Zusätzlich erreichten in den 3-Liter- Klassen Karl Imhof bei den Tourenwagen und Jaromir Graf Czernin bei den Sportwagen je einen zweiten Platz, beide auf Austro Daimler. Frau Minki Klinger fuhr diesmal in der Rennwagenklasse einen Steyr und wurde hinter Stuck beachtenswerte Zweite.

Stuck am Pötschenpass mit Regenhaube

Einen tollen Erfolg konnte auch Siegfried Cmyral bei den 250-cm^3-Motorrädern einfahren, Sieg in der ausgezeichneten Zeit von 3:43:4 Minuten auf seiner Puch. Auch den Grand Prix von Österreich für Motorräder am 24. August, der zwischen Vösendorf und Biedermannsdorf im Dreieckskurs gefahren wurde, konnte er für Puch gewinnen. Platz 2 in diesem 6-Stunden-Rennen für Toricelli, ebenfalls auf Puch.

An diesem Wochenende fand noch ein Rennen statt. Graf Schönborn, berühmt für seine motorsportlichen Ambitionen, veranstaltete ein Rundstreckenrennen in seinem Schlosspark in Mallebarn. Mit starker Austro Daimler-Präsenz durfte gerechnet werden. Sogar Hans Stuck fand sich einen Tag nach dem Pötschen-Rennen im gräflichen Schloss ein, um ein paar Runden zu drehen. Ebenfalls anwesend die Herrenfahrer Bitzy, Spiegel-Diesenberg und Schöller sowie Direktor Anton Czech.

Schloss Mallebarn

Grand Prix von Lemberg – Sieg auf der Rundstrecke

Einen überwältigenden Erfolg konnten die polnischen Austro Daimler-Fahrer erringen. Beim Grand Prix auf dem 3,04 km langen Lviv-Triangle (Lemberg) wurden so ziemlich alle Klassen gewonnen, die hubraumbedingt zu Austro Daimler passen.

Stadtrundkurs Lviv-Triangle (Lemberg)

Henryk Liefeldt errang den Gesamtsieg über die 17-Runden-Distanz mit dem ADM R 3,6 Liter bei den Rennwagen vor zwei Bugattis, bei den Tourenwagen siegte Frau Kozmian auf ADR und die Sportwagenklasse beendete Widawski auf Platz 1. Da soll noch jemand sagen, dass Austro Daimler keine Rundstreckenrennen gewinnen kann!

Sieger Liefeldt beim GP von Lemberg

ADM 3 Liter Sport beim BARC Meeting in Brooklands (Nr. 9)

Auch auf der **Brooklands-Bahn** fuhr man ein Rennen mit Austro Daimler-Beteiligung. Am Bild der Sieger-Bentley von Tim Birkin, gefolgt vom ADM 3 Liter Sport von Edgar Fronteras. Trotz Recherche konnte keine Ergebnisliste gefunden werden. Ob dieses Bild am 21. April oder am 24. August entstanden ist, konnte nicht restlos geklärt werden.

Verkaufsrückgang und Typenregelung

Während bei Steyr ein kompletter Produktionsstopp drohte, konnte man in Wiener Neustadt noch von einem schwachen Absatz der Fahrzeuge sprechen. Das dürfte damit zusammenhängen, dass der finanziell gehobene Kundenkreis noch über eine gewisse Kaufbereitschaft verfügte, im Gegensatz zu den Käuferschichten von Steyr. Produktionszahlen von Austro Daimler können nur vage geschätzt werden. Vom ADR 6-Zylinder wurden im Jahr 1930 nur mehr die Restbestände zusammengebaut, denn das neue Modell ADR 8 musste als Zukunftsprodukt herhalten. Und die Stückzahlen der ersten Serie fielen schon sehr hoch aus – 100 Stück! Da vorerst noch relativ gut verkauft wurde, folgt gleich eine zweite Serie von 50 Stück, die dann schlussendlich in der Inventurliste Ende 1934 standen.

Nun begann der neue Typenplan der Generaldirektion zu greifen. Eine interne Regelung besagte, dass Steyr künftig für die Fahrzeuge bis 3 Liter Hubraum zuständig ist, Austro Daimler für die Luxusautomobile über 3 Liter Hubraum. Das hatte zur Folge, dass vom ADR 3 Liter keine Produktion mehr stattfinden durfte. So war das in der Neustädter Direktion nicht geplant gewesen. Der ADR 8 sollte das Typenprogramm nach oben hin abrunden, jedoch nur vom teuren 8-Zylinder zu leben, erschien in Anbetracht der bedrohlichen Weltwirtschaftslage nicht realistisch. Selbstverständlich fanden die Verantwortlichen eine Hintertür, indem man den Hubraum des 6-Zylinders auf 3,6 Liter erhöhte – noch dazu war dieses Triebwerk vom Renneinsatz bereits vorhanden. Aber auch diese Nachfolgertype sollte ein extrem aufwendiges und teures Fahrzeug werden …

Wie schon erwähnt, kann man im Nachhinein eine Entscheidung relativ leicht beurteilen. **Jedenfalls war diese Maßnahme der Grundstein für den Niedergang von Austro Daimler und der Produktionsstätte in Wiener Neustadt!**

1930

Doch noch war es nicht so weit. Die Kundenresonanz war nach wie vor gut, nicht zuletzt wegen der motorsportlichen Erfolge. In der Entwicklung standen sogar ein neuer Kleinwagen und der bereits erwähnte Geländelastwagen. Und in der Schienenabteilung hatte man jetzt noch weit ambitioniertere Pläne als vor der unglücklichen Typenregelung. Der Überlebenswille in der Wiener Neustädter Fabrik war noch ungebrochen.

Dazu trug auch die Wiener Neustädter Feuerwehr bei, denn die Rettungsbrigade erhielt einen ADR-Rettungswagen. Die weiche Federung durch die Schwingachsen war ein wichtiger Grund für den relativ teuren Ankauf. Austro Daimler waren bei den Rettungsdiensten überaus beliebt. Beim Roten Kreuz waren Fahrzeuge unterschiedlicher Typen in St. Pölten und in Bad Vöslau unterwegs.

ADR-Rettungswagen der Feuerwehr Wr. Neustadt

Ein Herr Liebe-Kreutzner aus Kroisbach lobte die leichtgängige Lenkung seines ADR, die ihm bei seiner Reise nach Spanien 600 km lange Tagesetappen erlaubte, welche oftmals 12 Stunden dauerten. Und Komm.-Rat Hermann Rieckh bedankte sich für das tolle Fahrzeug anlässlich seiner Teilnahme bei der Alpenpokalfahrt.

In Breslau fand eine 24-Stunden-Zielfahrt statt, die Edwin Kolm auf Austro Daimler mit 1.001 gefahrenen Kilometern gewann. Und Oberingenieur Steffen Prohaczka aus Wien schrieb in freudiger Stimmung über seinen Austro Daimler ADM Nr. 8770, Motor Nr. 19.692, dass er am steilsten Stück des Tauernpasses ein liegen gebliebenes Motorradgespann bergauf abschleppte, was der Wagen, ohne heiß zu werden, problemlos schaffte. Am Loiblpass kam der Oberingenieur bei einigen havarierten Automobilen vorbei, deren Besitzern er zurief: *„Österreicher, kauft österreichische Qualitätswaren!"*

ADM vor der Berliner Zentrale

Der ADR von Filmstar Harry Liedtke

Eine Schlagzeile berichtet von einer Fahrt von Agram nach Berlin in 22 Stunden des Herrn Edo Funk, der dieses Unternehmen auf Grund einer Wette im Jugoslawischen Automobilclub durchführte. Sein Fahrzeug? Natürlich ein Austro Daimler ADM Sport mit 150.000 km am Tacho und 5 Jahre alt.

Herr August Ulrich aus Velden traf während seiner Italienreise überraschend viele ADR-Fahrzeuge von reichsdeutschen Besitzern und freute sich über das schnittige Aussehen seines eigenen ADR.

Der reisewütige Dyrektor Regulski aus Warschau hatte seit dem Frühjahr 40.000 km zurückgelegt, auch in Gegenden, wo nur Kamele und Esel anzutreffen waren.

ADR auf Glasplatte?

1930

Semmering 1930 – ein Rekord für die Ewigkeit

Bereits zum 18. Mal fuhr man das zweitälteste Bergrennen der Welt und es sollte aus österreichischer Sicht wohl das erfolgreichste werden. Denn Hans Stuck wurde zum dreifachen Sieger gekürt. Einerseits zum Gewinner dieses Rennens, andererseits war er nach diesem Erfolg uneinholbar in der Österreichischen Bergmeisterschaft in Führung, und zu guter Letzt stand auch der Gewinn der Europäischen Bergmeisterschaft fest. Und Austro Daimler trug wesentlich zu diesem Heimerfolg bei. Sein ADM R hatte ein neues 4-Liter-Triebwerk unter der Haube. Nachdem beinahe jedes zweite Rennen in der laufenden Saison mit technischen Problemen geendet hatte, war den Neustädter Technikern wohl klar, dass das 3,6-Liter-Triebwerk an seine Leistungsgrenzen gestoßen war. Auch für den 4-Liter-6-Zylinder gab es natürlich keine offiziellen Leistungsangaben – doch auf 200 PS wird wohl nicht viel gefehlt haben …

Der stärkste ADM R mit 4,0-Liter-Motor am Start beim Semmering-Rennen

Um es gleich vorwegzunehmen, Hans Stuck trieb den erstarkten Windhund in bester Manier die 10 km zur Passhöhe hinauf, doch das allein war für seine fabelhafte Zeit nicht ausschlaggebend. Die Semmering-Straße war bereits 1929 saniert worden und speziell für dieses Rennen präpariert. Am Vortag hatte es geregnet und das trug zur besonderen Griffigkeit der Belagsoberfläche bei. Zusätzlich kehrten die Straßenmeister den feinen Kiesel von der Fahrbahn, was zusätzlich für mehr Grip sorgte. Nichtsdestotrotz waren die Verhältnisse für alle Teilnehmer gleich. Umso mehr ist die Fahrzeit von 6:13:56 Minuten eine Sensation – um 16,8 Sekunden schneller als Stucks vorjähriger Rekord! Die Allgemeine Automobilzeitung schrieb: *Wenn es drauf ankommt, kann Stuck schneller sein als er selbst!*

Da bei den weiteren Semmering-Rennen keiner mehr an Stucks Zeit herankam, gilt der Streckenrekord heute noch. Und weil die Strecke in der damaligen Form heute nicht mehr existiert, war es ein Rekord für die Ewigkeit …

Stuck in Aktion am Semmering

Stuck kurz vor dem Ziel am Semmering

Aber auch die Mercedesmannschaft hatte Grund zum Jubeln. Doppelsieg bei den Sportwagen durch Rudolf Caracciola und Manfred von Brauchitsch, zusätzlich uneinholbar auch Bergeuropameister in der Sportwagenklasse. Die beiden Kontrahenten hatten erreicht, was sie sich vorgenommen hatten, und zeigten eine sportliche Fairness, wie sie nur selten in der Geschichte des Motorsports zu sehen ist. Man denke nur an so manchen Startverzicht, um die Interessen des anderen zu bestärken (Shelsley, Gaisberg, Freiburg).

Bergeuropameister Stuck Rennwagen

Bergeuropameister Caracciola Sportwagen

Bleibt noch die Leistung des Puch-Teams zu würdigen. In der Klasse bis 250 cm^3 führte in dieser Zeit kein Weg an der Grazer Marke vorbei. Was die genialen Techniker unter der Leitung von Dir. Marcellino zuwege gebracht hatten, wurde nun geerntet. Die Fahrer Siegfried Cmyral, Hugo Höbel und Elvecio Toricelli waren international gefürchtete Gegner.

Am Semmering gewann Cmyral in der ausgezeichneten Laufzeit von 7:21:14 Minuten und fixierte damit einen neuen Klassenrekord. An dritter Stelle, nur 4 Sekunden zurück klassierte sich Toricelli.

Ein ordentlicher Leistungszuwachs der 250er-Maschine resultierte neuerdings aus der Verwendung einer Ladepumpe samt Wasserkühlung. Leider ist keine dieser Maschinen erhalten geblieben. Allerdings gibt es im Motorrad-Museum Vorchdorf ein teilweise nachgefertigtes Exemplar zu bewundern, woher auch die nachfolgenden Aufnahmen stammen.

Werbung Zwickl

Puch 250 Ladepumpe Werkzeichnung

Puch-250-cm³-Ladepumpen-Motor 18 PS

Der Motor leistete rund 18 PS bei 6.000 U/min und war in der bekannten Doppelkolben-Konstruktion ausgeführt, aufgeladen und wassergekühlt. Da diese Maschinen eigentlich nur für den Renneinsatz gebaut wurden, sind keine Exemplare komplett erhalten. Im Jahr 1932 gab es dank einer Spezialkurbelwelle noch eine Version mit 24 PS.

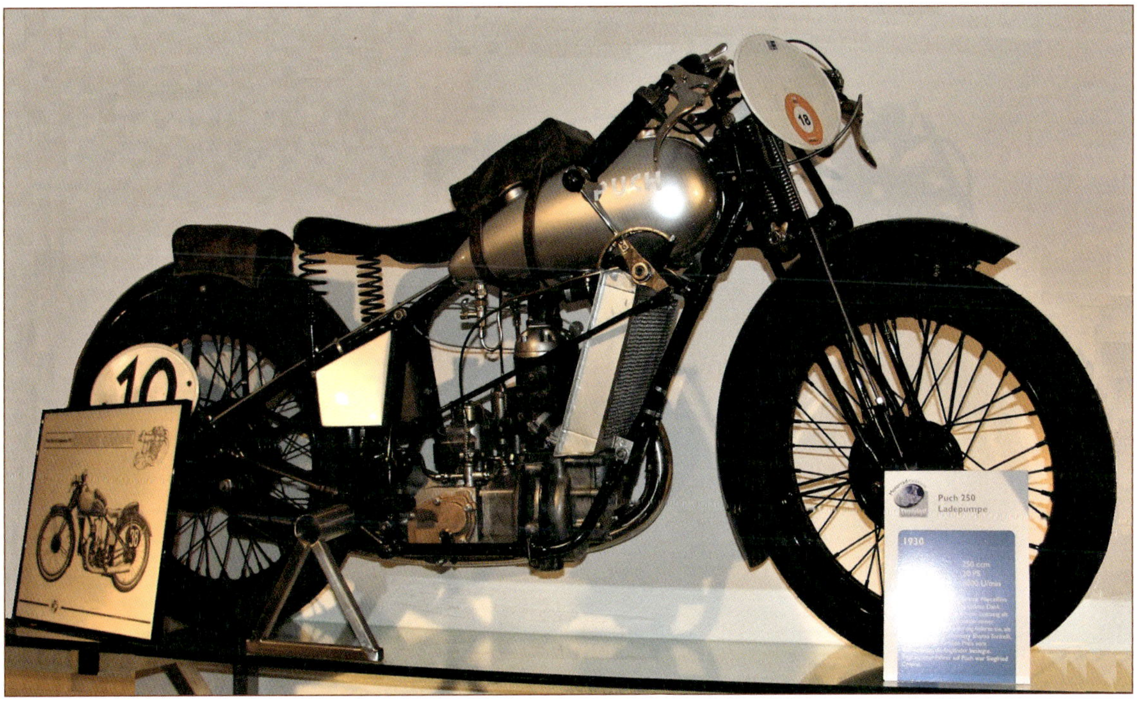

Puch-Rennmaschine 250 cm³, Ladepumpe 1930, 18 PS

Schwabenberg – das vorletzte Rennen zur Europameisterschaft …

Zum 11. Mal wurde das Rennen in der Nähe von Budapest nun ausgetragen. Am 21. September nach starkem Regen startete der Lauf zur Europameisterschaft. Mittlerweile war die Strecke teilweise asphaltiert und äußerst schwer zu fahren. Das waren Caracciolas Verhältnisse. Er bewältigte die 5 km lange Bergstrecke in der neuen Rekordzeit von 3:21:13 Minuten in seinem 8-Liter-Mercedes SSK. Hans Stuck konterte zwar herzhaft, blieb aber um 2 Sekunden hinter Caracciola. Egal, denn die Rennwagenklasse gewann er trotzdem. Pech hatte der Puch-Pilot Siegfried Cmyral, der diesmal zu Sturz kam und aufgeben musste.

Stuck in Ungarn – Sieg in der Rennwagen-Klasse

… und Feleac in Rumänien – das letzte Rennen zur Europameisterschaft

Über den letzten Lauf in Rumänien wurde kein Bericht veröffentlicht. Vermutlich war den Reportern der Weg zu weit, da doch die Sieger der Meisterschaft schon feststanden. Von Hans Stucks Interview wissen wir, dass ihm eine Insektenplage enorm zusetzte. Trotzdem siegte er in neuer Rekordzeit auf dieser für ihn unbekannten Strecke.

Zirler Berg – Stucks letztes Rennen für Austro Daimler

Auch bei seinem Abschiedsrennen am 5. Oktober für Austro Daimler stellte Stuck einen neuen Rekord auf, allerdings nur für Automobile. Denn auf zwei Rädern war einer schneller – Rudolf Runtsch auf Douglas schaffte eine Zeit von 3:13:48 Minuten. Und bei den Tourenwagen bis 3 Liter Hubraum siegte – erraten, der Senior Dr. Karl Imhof auf seiner Hausstrecke mit seinem ADM 3 Liter Sport von Köllensperger.

ADM 3 Liter Sport Sieger in der Tourenwagenklasse

Ob Stuck an diesem Wochenende schon wusste, dass es sich um das letzte Rennen für die Neustädter Fabrik handeln würde, ist ungewiss. In einem Interview nach der Rennsaison wertete Stuck das Klausen-Rennen als sein bestes, ausgenommen den Urner Boden!

Des Weiteren sehnte sich der Bergmeister *nach Schneeschuhen im Winter, denn Ruhe tut not. Das größte Plus dieses Jahres ist vielleicht meine Freundschaft zu Caracciola. Wir hatten endlich die Gelegenheit, uns in Ruhe kennenzulernen.*

Hans von Stuck – wieder geht eine Ära bei Austro Daimler zu Ende

Der weitere Weg des schellen Bayern sollte über Alfred Neubauer zu Mercedes führen, der mittlerweile die Rennabteilung der Daimler Benz AG leitete. Diesem war natürlich nicht verborgen geblieben, dass sein Superstar Caracciola des Öfteren gegen Stuck den Kürzeren zog. In Neubauers Buch „Männer, Mädchen und Motoren" schreibt er sinngemäß über die Zeit der Bergrennen bei Austro Daimler, ... *dass es in den Jahren nach 1927 zwischen Neroberg und Semmering, zwischen Tatra, Zirler Berg und Klausenpass kaum einen Berg oder Maulwurfhügel in Europa gibt, den Stuck auf Austro Daimler nicht in Rekordtempo erklommen hätte.*

Austro Daimler hatte jedenfalls dem Bayern sehr viel an Popularität zu verdanken. Denn abgesehen von seiner besonderen Fahrkunst hatte er auch das nötige Charisma zum Superstar.

Die Wiener Neustädter Maut vor dem Verfassungsgericht

Der Streit um die letzte Maut auf Bundesstraßen in Wiener Neustadt ging weiter. Nun hatte der Rechtsanwalt Dr. Hans Gürtler Beschwerde vor dem Verfassungsgericht erhoben. Die Allgemeine Automobilzeitung berichtete:

Die Verhandlung fand am 2. Juli statt. In seinen Ausführungen schilderte Dr. Gürtler die Entstehung der Wiener Neustädter Maut, entstanden durch einen Gnadenakt Friedrich des Streitbaren im 13. Jahrhundert, und führte dann alle Gründe an, die für die Aufhebung der Maut sprechen. Der Verfassungsgerichtshof wies aber die Beschwerde ab, und so bleibt bedauerlicherweise alles beim Alten.

Automobilsalon in Paris und London

Sparen war wohl das oberste Ziel, wenn man ein Luxusgefährt wie den ADR 8 neben den neuen Steyr XXX stellt. Dies soll nicht als Minderung dieses Produktes angesehen werden, denn immerhin hießen die Konstrukteure Porsche und Rabe. Aber der 2-Liter-Wagen mit 40 PS zielt auf eine ganz andere Käuferschicht. Trotzdem war der österreichische Doppelstand einer der meistbesuchten.

Im Vordergrund stand das Ausstellungschassis des ADR 8, daneben in Weiß ein viersitziges ADR-8-Kabriolett sowie hier kaum erkennbar im Hintergrund ein Steyr in dunkler Farbe. Als Vorführwagen gab es noch einen ADR 8 Innenlenker im Außenbereich. Über den Geschäftsgang in Paris und London wurden keine Angaben veröffentlicht. In England wurde der neue ADR 8 als Alpine vermarktet. Wahrscheinlich war es das typische Klischeebild von Österreich auf den Britischen Inseln.

Olympia-Show London – Austro Daimler und Steyr gemeinsam

Englischer ADR-8-Prospekt

Die letzte Station 1930 – Brüssel

In Brüssel durfte Austro Daimler wieder alleine ausstellen. Warum dort keine Steyr-Fahrzeuge vertreten waren, konnte nicht eruiert werden. Der österreichische Ausstellungsstand wurde gleich mit königlichem Besuch beglückt, denn Prinz Leopold von Belgien verweilte besonders lange bei Austro Daimler und ließ sich jedes Detail des neuen 8-Zylinders erklären. Der Herzog von Brabant besuchte den Stand gleich zweimal, wonach sich der ADR 8 als größte Attraktion des Salons entpuppte. Die Vertretung in Belgien hatte nun die Firma Brondeel S.A., vormals Tattersall, in 98. Rue de Joseph, Bruxelles, inne. Auch in Antwerpen in der 62. Avenue de Franc gab es eine Niederlassung.

Trotz dieser Ausstellungserfolge blieben die tatsächlich verkauften Fahrzeuge deutlich hinter den Erwartungen zurück.

Salon in Brüssel, mit obligatem Perserteppich

Porsche geht seinen eigenen Weg

Nach nur knapp zwei Jahren Tätigkeit bei Steyr begannen die Streitigkeiten beziehungsweise Einmischungen der Banken und Vorstände in den Betrieb, wie es Porsche schon bei Austro Daimler erlebt hatte. Der fertig entwickelte große Steyr Austria wurde wieder verworfen und der Betrieb stand so gut wie still. Einzig der Typ XXX wurde noch als Neuigkeit dem Publikum präsentiert, aber von einer Serienproduktion war man noch weit entfernt.

All diese Vorkommnisse veranlassten Ferdinand Porsche und Karl Rabe zu einem mutigen Schritt – der Selbstständigkeit in einer wirtschaftlich schwierigen Zeit. Daher ließ er der Redaktion der Allgemeinen Automobilzeitung nachfolgendes Schreiben zukommen:
Hierdurch gestatte ich mir, Ihnen mitzuteilen, daß ich in Stuttgart, Kronenstraße 24, Ulrichsbau, ein selbstständiges, neutrales Konstruktionsbüreau für Automobile, Flugmotoren und sonstige Verbrennungsmaschinen eröffnet habe. Ebenso stehe ich auch der einschlägigen Industrie beratend wie auch durch eventuelle Abgabe von Gutachten zur Verfügung. Ich betrachte es als selbstverständlich, daß ich, soweit es der Rahmen meines Betriebes zuläßt, bei eventuell strittigen Fragen auch Ihnen an Hand meiner Erfahrungen Auskünfte gebe. Es würde mich freuen, von Fall zu Fall von Ihnen zu hören.

Ein erstes Krisenopfer

Während die einen den Europa-Bergmeistertitel feierten, ging ein Traditionsbetrieb ein paar Hundert Meter entfernt zugrunde. Das untere Bild zeigt eine der letzten Werbeeinschaltungen der Wiener Neustädter Lokomotivfabrik im Frühjahr 1930. Kurz davor hatte man das Unternehmen noch im Zuge der Neuentwicklung der Schnellzugdampflokreihe 114 in einen ruinösen Wettbewerb gegen die Floridsdorfer Lokomotivfabrik gehetzt und den Auftrag auch dorthin vergeben. Damit war das Aus der größten und ältesten Lokfabrik Österreichs besiegelt.

Diese traurige Tatsache bewog die Austro Daimler-Führung über einen stärkeren Einstieg in die Schienenfahrzeugproduktion nachzudenken. Durch die langjährige Produktion von Feldbahnen und Kleinlokomotiven hatte man in diesem Geschäftszweig Erfahrung sammeln können und man verfügte auch über die notwendigen Kontakte zur staatlichen BBÖ. Schon bald sollten die ersten Benzin-Schnelltriebwagen zwischen Wien und dem Semmering pendeln …

Werbung Austro Daimler

Werbung Lokomotivfabrik

Franz Zwickls Bergmeister 1930 für die Titelseite der Festschrift

1931 – Mythos Bergmeister

Vermutlich war die geringe Nachfrage bei den Ausstellungen im Herbst 1930 der Grund dafür, dass man sich entschloss, eine eigene Präsentation in der Zentrale am Schwarzenbergplatz 18 abzuhalten. So wurde bereits in der zweiten Jänner-Woche zur Ausstellungsgala geladen. Mit ein Grund war auch die Vorstellung der neuen Typenregelung zwischen Austro Daimler und Steyr. Wie schon erwähnt, war der Neustädter Betrieb nur mehr für die Luxusfahrzeuge mit mehr als 3.000 cm^3 zuständig. Die kleineren Automobile fielen Steyr zu. Um das zu veranschaulichen, stellte man nun auch am Schwarzenbergplatz die Palette der Steyr-Produktion aus. Damit verbunden war das „Aus" für den ADR 3 Liter Sport 100 PS nach nur 61 produzierten Stück.

Die administrative Zentrale am Schwarzenbergplatz 18 in Wien

Neu hingegen war das „Daimlerpfeil"-Logo, dessen Spitze sich nun innerhalb des Umrandungskreises befand. Ob der Grund die Verletzungsgefahr durch die Pfeilspitze war?

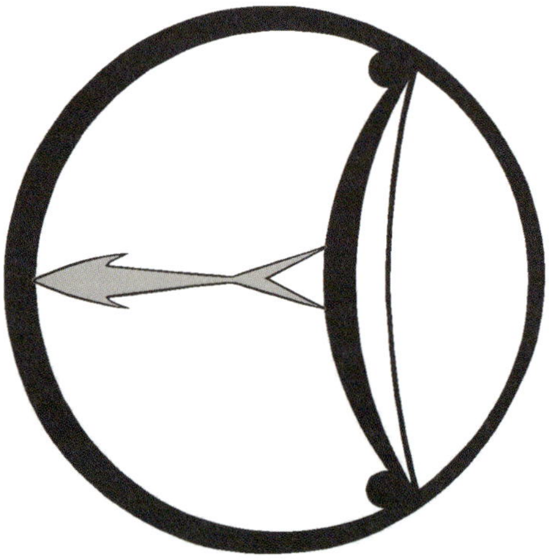

Der Daimlerpfeil ab 1931

ADR-8-4-Türer aus dem englischen Prospekt

Der Reihen-Achtzylinder-Motor des Austro Daimler ADR 8 von der Zündkerzenseite.

Motor des Austro Daimler Achtzylinders ADR 8 von der Vergaserseite.

Neuigkeiten waren eigentlich keine zu sehen, sieht man von den beiden Ausstellung-Chassis des ADR 8 und des Steyr XXX ab, die ja bisher dem Wiener Publikum vorenthalten wurden.

Jedenfalls nahm man diese Gelegenheit wahr, um die verschiedenen OeFFAG-Typen des ADR 8 dem Publikum zu präsentieren.

Andere Karosseriebauer wie Keibl, Gläser oder Armbruster bauten ebenfalls gerne ihre Schöpfungen auf dem ADR-8-Chassis auf – denn Austro Daimler war der König der schlanken Linie! (laut deutschem nicht genannten Fachmann).

Der prächtige ADR-8-Motor hier noch mit Vorserien-Ansaug- und -Auspuffkrümmer

ADR 8 Sedan

ADR 8 Kabriolett 2-Türer

ADR 8 Kabriolett 4-Türer

ADR 8 Innenlenker Pullman

Automobilausstellungen in Berlin und Wien

Gleich nach der Sonderausstellung in der Wiener Zentrale ging es weiter mit den Messen. Zuerst nach **Berlin**, wo nun zu einem ungewöhnlichen Termin im Februar ausgestellt wurde. Austro Daimler und Steyr waren dort vertreten. Das Programm ähnlich wie zuvor in der Zentrale Wien. Überraschend stellte Austro Daimler einen ADR-6-Zylinder in der 70-PS-Variante aus, vermutlich ein Altlagerbestand. Dass diese Motorisierung in Zeiten der Wirtschaftskrise den Wiener Neustädtern dringend fehlte, liegt auf der Hand.

Messestand Berlin 1931

Apropos Krise – die USA meldeten zum Jahreswechsel einen Rückgang der Automobilproduktion von über 40 % und in Europa war der Höhepunkt der Absatzflaute noch nicht erreicht. Ein weltweiter Einbruch fast aller Industriezweige sollte über Jahre hinaus zum Verlust an Kapital und Vermögen führen und damit die Automobilbranche nachhaltig lähmen.

Aber davon ließen sich die Aussteller auf der **Wiener Automobilausstellung** nichts anmerken. Der überschwänglichen Gefühlswelt der 20er-Jahre entsprechend ging es um Luxus, Schönheit und Lebenslust. Austro Daimler war neben Mercedes die erste Adresse. Man präsentierte den ADR 8 in allen Varianten. Und natürlich scharte sich die Prominenz am Stand, allen voran Bundespräsident Miklas und Finanzminister Dr. Juch, beide hofiert von Dir. Anton Czech. Aufsehen erregte auch der Übergang zum Steyr-Stand, der von Franz Zwickl als Durchgang in Form eines Steyr-Kühlers geformt worden war.

Der Werbechef Zwickl brachte auch in diesem Jahr eine Festschrift zum Thema Europa-Bergmeisterschaft unters Publikum, als Titelbild Stucks Rennwagen, hier abgebildet als Schlussseite des Jahres 1930. Und weil man den Bergmeistertitel zu feiern hatte, lag ein neues Automobil mit dem gleichen Namen wohl nahe. Der ADR 3,6 Liter Sport Bergmeister wurde in der Broschüre gleich vorgestellt. Da das Konzept dieses Motors schon aus dem Rennwagen von Hans Stuck zur Verfügung stand, konnte man gleich einen vermeintlichen Ausweg aus der unglücklichen Typenregelung mit Steyr finden. Der Mythos „Bergmeister" war geboren – ein Sportwagen der Extraklasse!

Jedoch auf der Wiener Messe war diese Type noch nicht zu sehen. Wie schon beim Modell ADR 8 wählte man den Auftritt beim Concours d'Élégance im Schloss Schönbrunn für die offizielle Präsentation.

Messestand Wien 1931 – Bundespräsident Miklas mit Dir. Czech

Hochgeschwindigkeitsrekorde in der Neunkirchner Allee

Eine gerade Straße über 15 km Länge war schon in den Anfängen der Fahrversuche der Österreichischen Daimler Motoren Gesellschaft eine ideale Strecke für Geschwindigkeitsversuche. Erst recht, wenn mittlerweile ein ordentlicher Straßenbelag vorhanden war. Dies bewog den Österreichischen Motorfahrer-Verband zu einer Rekord-Fahrt-Veranstaltung über einen Kilometer beziehungsweise auch über eine Meile. Ein Streckenabschnitt zwischen Kilometerstein 52 und 57,5 wurde für die Versuche gesperrt. Am 19. April versammelten sich 5 Fahrer zur Rekordjagd im Föhrenwald inklusive der Sportkommissare vom Automobil-Club. Die Strecke musste zwei Mal in beiden Richtungen durchfahren werden, woraus der Mittelwert errechnet wurde. Das Ergebnis war sensationell, zumindest für die Marke BMW, die mit sechs Weltrekorden die Neunkirchner Allee verlassen konnte. Für die Puchwerke reichte es in der 250-cm^3-Klasse zu einem österreichischen Rekord durch Siegfried Cmyral, der eine Spezialmaschine ohne Wasserkühler fuhr. Stattdessen wurde der Benzintank in zwei Kammern geteilt und eine Hälfte für das Kühlwasser verwendet. Der Schweizer Toricelli fuhr mit der Serien-Rennmaschine, daher der Geschwindigkeitsunterschied zu Cmyral. Selbstverständlich anwesend die Direktoren Windberger und Marcellino.

Ernst Henne	**BMW 500 cm^3**	**204,487 km/h**	**Weltrekord**
Ernst Henne	**BMW 750 cm^3**	**238,253 km/h**	**Weltrekord**
Ernst Henne	**BMW 1.000 cm^3 Beiwagen**	**190,865 km/h**	**Weltrekord**
Siegfried Cmyral	**Puch 250 cm^3 Ladepumpe**	**140,570 km/h**	**öst. Rekord**
Elvecio Toricelli	**Puch 250 cm^3 Ladepumpe**	**133,800 km/h**	

Ernst Henne auf BMW

Toricelli auf Puch 250 Ladepumpe (Serie)

Cmyral auf Puch 250 Ladepumpe, Wasserkühler im halben Benzintank! Österreichrekord

1931

Wiener Neustädter Maut gefallen – ein „automobilistisches Befreiungsfest"

Die Maut war gefallen, von Staats wegen für die nächsten 5 Jahre aufgehoben! Dieses Ereignis wurde vom Wiener Automobil-Club zum Anlass genommen, am 17. Mai eine Propagandafahrt durch Wiener Neustadt nach Bad Sauerbrunn abzuhalten. Der Präsident des Clubs – Oberbaurat Dr. Franz Quidenus, ein bekannter Austro Daimler-Kunde – versammelte immerhin 100 Fahrzeuge im burgenländischen Kurort. In den Festreden kam natürlich die gefallene Maut zur Sprache, wonach bei jeder Durchfahrt 3 Schilling einkassiert worden waren. Bei einer Reise nach Sauerbrunn und zurück waren das immerhin 6 Schilling, genauso viel wie die gesamten Benzinkosten von Wien weg gerechnet. Allerdings holte sich der Staat Österreich die entfallenen Bundesstraßen-Mauten durch eine neue Benzinsteuer wieder zurück. Da in der beginnenden Wirtschaftskrise der Benzinpreis stark gefallen war, blieb für den Autofahrer vorerst eine Teuerung aus. Damit war dieses öffentlich ausgetragene Streitthema endlich vom Tisch …

Die Mautstellen in Wiener Neustadt blieben noch viele Jahre stehen, mit geöffneten Schlagbäumen und natürlich unbesetzt. Vermutlich in der Hoffnung, nach der erwähnten Frist von 5 Jahren wieder kassieren zu dürfen. Ein Mauthäuschen auf der Pottendorfer Straße ist bis heute erhalten geblieben und wird hoffentlich aus historischen Gründen weiter bestehen. Der gefundene Ersatz für die Stadtmaut heißt heute Parkgebühr und wird praktisch überall eingehoben.

Die Pottendorfer Maut in Wiener Neustadt

Jahresbericht 1930 zur Lage der Automobilindustrie

Um es auf den Punkt zu bringen, musste man auch damals keine hellseherischen Fähigkeiten haben, denn die Weltwirtschaft war derart gestört, dass wohl nirgendwo auch nur ein Funke Optimismus zu spüren war. Der Bericht des Department of Commerce (Handelsamt USA) wies einen Produktionsrückgang von 34,6 % der weltweiten Automobilproduktion aus. Dieser Bericht fuhr den Automobilbossen tief in die Knochen und verursachte eine noch größere Depression, vor allem in Europa. Wobei hier noch berücksichtigt werden muss, dass es sich um Produktionsziffern handelte und nicht um Verkaufszahlen, die noch deutlich tiefer anzusetzen waren. Wie nicht anders zu erwarten, zeigten auch die Exportzahlen das gleiche tiefrote Bild. Dass es die österreichische Automobilwirtschaft besonders hart traf, kann nur auf die eher hochpreisigen Produkte zurückgeführt werden. Tatsächlich rutschten die heimischen Autobauer in der Weltrangliste von Platz 8 auf Platz 11 zurück.

	1929	1930
Vereinigte Staaten . . .	5,358.420	3,355.986
Großbritannien	233.925	235.676
Frankreich	248.000	221.950
Kanada	263.295	154.192
Deutschland	80.500	70.044
Italien	54.100	36.532
Tschechoslowakei . . .	14.740	16.840
Belgien	7.000	4.700
Rußland	1.706	4.425
Spanien	450	4.425
Oesterreich	9.110	3.200
Schweden	1.759	2.400
Schweiz	3.000	1.000

Weltproduktion Automobile

	1929	1930
Vereinigte Staaten . . .	536.207	237,630
Kanada	101,721	44.553
Frankreich	49,025	31,153
Großbritannien	42.321	29.819
Italien	23.689	20.635
Deutschland	7,784	5.665
Tschechoslowakei . . .	1.389	1.494
Oesterreich . . .	2,858	1,474
Belgien	2.723	933
Schweiz	173	160
Spanien	65	60

Exportierte Automobile

Der Zusammenbruch der Creditanstalt

Wie zuvor erwähnt, schlug die Weltwirtschaftskrise auch auf die österreichische Wirtschaft durch, jedoch hielten sich die Auswirkungen vorerst in Grenzen. Im Jahr 1929 erreichte man noch ein schwaches Wachstum von 1,5 %, 1930 schrumpfte das Bruttonationalprodukt um 2,8 %, was auch noch zu verkraften gewesen wäre. Allerdings nahm die Arbeitslosigkeit 1930 bedrohliche Ausmaße an: 15,4 % – dies bedeutete eine Steigerung gegenüber 1929 um 26,5 %!

Für alle überraschend teilte im Mai der CA-Vorstand der Bundesregierung mit, dass im Jahr zuvor ein Verlust von 130 Mio. Schilling entstanden sei und daher die Zahlungsunfähigkeit unmittelbar bevorsteht. Da eine Insolvenz der größten österreichischen Bank die heimische Wirtschaft massiv gefährdet hätte, übertrug die Bundesregierung der Bank 100 Mio. Schilling als Eigenkapital, die Notenbank und das Haus Rothschild je 40 Mio. Schilling, um die Liquidität wiederherzustellen. Zusätzlich erklärte sich die OeNB zu einer unbeschränkten Kreditgewährung bereit.

Diese Nachricht schlug ein wie eine Bombe. Wie immer in solchen Situationen begann ein Run auf die Bankschalter – und zwar nicht nur bei der Creditanstalt, sondern in geschwächter Form auf alle Institute. Dies hatte auch massive Auswirkungen auf Deutschland, denn auch dort fanden Geldabhebungen in großem Ausmaß statt, was zum Zusammenbruch der Dresdner und Darmstädter Bank sowie der Nationalbank führte. Die deutsche Regierung musste kurzfristig die Schließung aller Geldinstitute veranlassen.

Da sich die Situation auf dem österreichischen Geldmarkt nicht beruhigte und die internationalen Gläubiger zum Stillhalten animiert werden sollten, sprach die Regierung eine Staatsgarantie für sämtliche Einlagen der CA aus.

Diese notwendige Maßnahme führte zu einer europäischen Währungskrise, denn beginnend in England mussten fast alle Staaten ihre Währungen gehörig abwerten – meist um rund 30 %. Auch der Schilling wurde im Jahr 1933 um 28 % abgewertet. Die OeNB verfügte 1929 noch über 715 Mio. an Devisen, im Jahr 1933 sank der Betrag auf 13 Mio. Schilling.

Erst mit dem kompletten Neuanfang mit Jahresbeginn 1932 und der Bestellung des Holländers Adrian van Hengel wurde die CA einer grundlegenden Sanierung unterzogen, die in weiterer Folge 1933/34 die gesamte Bankenlandschaft Österreichs erfassen und die Zusammenführung der CA mit dem Wiener Bankverein und der Niederösterreichischen Escomptegesellschaft zur CA-BV nach sich ziehen.

Abseits dieser Währungsproblematik stieg die Arbeitslosigkeit bis 1933 nochmals enorm an, was wiederum zu politischen und gesellschaftlichen Unruhen führte. Heimwehr und Schutzbund lieferten sich offene Straßenkämpfe im Zuge der immer häufiger stattfindenden Demonstrationen und Kundgebungen. Zusätzlich sorgten die immer lauter auftretenden Nationalsozialisten und Kommunisten für zusätzliche Verunsicherung der Bevölkerung. Für fast alle politischen Lager hatten die Monarchisten, der Adel und die Juden Schuld an den misslichen Zuständen in Österreich …

Der ADG – fürwahr eine Innovation!

Mitten in dieser tristen Zeit standen bei Austro Daimler gleich zwei Neuvorstellungen am Programm. Zuerst ging es um ein komplett neues Produkt, welches in erster Linie für das Militär der Republik Österreich entwickelt worden war – ein geländegängiger Schnelllastwagen! Denn die vorhin angedeuteten Unruhen im Land verlangten nach Aufrüstung der Sicherheitskräfte.

Das „G" stand für Gelände, für Lastwagen mittlerer Größe eine Novität. Man hatte bei Austro Daimler eine Marktlücke aufgetan, die das Unternehmen noch ein paar Jahre weiterbringen sollte. Denn Feuerwehr, Rettungsdienst, Polizei und Militär konnten dieses innovative Gefährt dringend gebrauchen. Der sechsrädrige Lastwagen verfügte über 4 angetriebene Räder, die einzeln durch Schwingachsen aufgehängt waren und in Verbindung mit diversen Differenzialsperren im schweren Gelände wahre Wunder vollbrachten. Schon gut ein Jahr vor der Präsentation war der ADG auf Testfahrt in der Wiener Neustädter Umgebung unterwegs. Filmaufnahmen zeigen das Fahrzeug am Fuße der Hohen Wand, die Schotterkegel zur Felswand hinaufkletternd – zum Erstaunen der einheimischen Zuschauer. In tiefen Gräben federn die einzeln aufgehängten Antriebsräder derart stark ein und aus, dass man an weggebrochene Räder glauben könnte. Der gesamte Pendelweg beträgt sensationelle 45 cm pro Antriebsrad! Fährt der ADG über einen schmalen Damm, wird er plötzlich zum Vierachser und stützt sich an den beiden drehbaren Reserverädern ab, um nicht aufzusitzen. All diese Feinheiten haben sich die Herren Hacker und Reimspieß einfallen lassen und noch vieles mehr.

Da wären noch Motor und Antrieb zu erwähnen. Das 4-Liter-6-Zylinder-Aggregat verfügt über eine besondere Schmierung, die neigungsunabhängig jeden kritischen Punkt im Motor verlässlich erreicht. Der Öltank samt Pumpe sitzt am höchsten Punkt an der Spritzwand, eine zweite Pumpe in der Ölwanne dient lediglich dazu, das gesammelte Öl wieder in den hochliegenden Ölbehälter zu befördern. Auch der Reserve-Benzintank sitzt hoch oben an der Spritzwand, um eine Benzinversorgung in allen Neigungslagen zu ermöglichen.

Nun zum Antrieb, der das Fahrzeug sowohl im schwierigsten Gelände mit 3 km/h als auch auf Bundesstraßen mit 70 km/h fortbewegen soll. Das Getriebe verfügt über 7 Vorwärts- und 3 Rückwärtsgänge und ist nicht starr mit dem Motor verbunden. Beide Gehäuse sind an drei Punkten am Rahmen aufgehängt, um Verspannungen zu vermeiden.

Am Getriebeausgang laufen zwei Kardanwellen zu den linken und rechten Antriebsrädern weiter, die bei jeder Achse in ein Differenzialgehäuse einlaufen, in dem sich die Sperren und die patentierten Halbachsantriebe befinden. Die Bremsanlage wirkt hydraulisch auf alle 6 Räder, ja sogar die Handbremse wirkt auf 4 Räder. Auch eine abklappbare Bergstütze am Rahmenende sorgt für noch mehr Sicherheit gegen ein Abrutschen im steilen Gelände. Genauere Abmessungen und Daten sind in der nachfolgenden Tabelle ersichtlich.

ADG bei der Präsentation

Pendelweg der Antriebsachsen 45 cm!

ADG ab Juni 1931	Technische Daten
Zylinder	6 in einem Silumin-Block gegossen
Hubraum, cm^3	3.913
Bohrung/Hub, mm (Laufbuchsen)	85 x 115
Leistung PS bei 2.000 U/min	65 (laut Ing. Oskar Hacker)
Ventilsteuerung, Nockenwelle	Kipphebel, obenliegend, Rollen-Triplexkette
Kurbelwelle	7-fach-Gleitlager
Drehzahl max.	2.500 U/min
Gemischaufbereitung	Fallstrom-Vergaser, elektrische Benzinpumpe
Schmierung	Umlaufdruckschmierung, 2 Ölpumpen und Ölbehälter
Zündung	Hochspannungsmagnet
Kupplung	Einscheiben trocken
Getriebe/Antrieb	7 Gang, 3 Rückwärtsgänge/4-Rad-Antrieb/Diff.-Sperren
Spurweite vorne/hinten	1.410 mm
Radstand	3.750 mm
Radaufhängung vorne/hinten	Halbelliptikfedern/Pendel, Cantilever längsliegend
Fahrzeuggewicht Chassis	ca. 2.100 kg
Nutzlast Gelände/Straße	2.000 kg/3.500 kg
Bodenfreiheit	300 mm
Bremssystem	hydraulisch, auf alle 6 Räder/Handbremse auf 4 Räder
Höchstgeschwindigkeit	ca. 75 km/h

ADG-Testfahrt

Der einzige überlebende ADGR – Feuerwehr Aspang, Baujahr 1941, bei Steyr erzeugt

Concours d'Élégance – der ADR 635 Sport Bergmeister 3,6 Liter

In diesem Jahr gewann Austro Daimler als einzige Marke wieder zwei Goldene Bänder. Jedoch musste sich der neu vorgestellte Bergmeister mit einem „normalen" 1. Preis begnügen. Die begehrten Goldenen gingen an die ADR 8 von Frau Hildegard Ullstein mit einer Neuß- Karosserie beziehungsweise von Carl Schwab – von Armbruster eingekleidet.

Premiere in Schönbrunn – ADR Bergmeister OeFFAG von Karl Friedrich Graf Schönborn-Buchheim

Im Vergleich zur ADR-8-Präsentation verlief die Vorstellung des ADR 635 Bergmeister relativ unspektakulär. Das Chassis war bereits hinlänglich bekannt und das 3,6-Liter-Aggregat war durch die Weiterentwicklung aus dem ADR-100-PS-Motor ebenso naheliegend und keine große Überraschung. Erst durch die aufregenden Sportkarosserien sollte dieses Modell zum Mythos aufsteigen, selbstverständlich auch durch seine Fahrleistungen. Nachfolgend ein überlebender Bergmeister, aufgenommen vor dem Rathaus in der Kärntner Stadt Gmünd anlässlich einer Ausfahrt der Sektion Austro Daimler im Jahr 2016.

ADR Bergmeister vor dem Rathaus im Kärntner Gmünd 2016

Diese Kreation lässt den Herrenfahrer wohl ins Schwärmen geraten – die Linie erinnert an eine Raubkatze im Sprung nach vorne und vermittelt Leistung und Agilität, gepaart mit Ästhetik und Selbstbewusstsein. Unter der überlangen Motorhaube steckt das neue Triebwerk, dessen Nockenwelle nach wie vor über eine Königswelle und nicht wie beim ADR 8 über eine Triplexkette angetrieben wird, Leistung 120 PS – Minimum! Die Verwendung von Leichtmetallen wie Aluminium und Magnesium ist obligat, Leichtbau in Vollendung.

Einfahrertruppe auf der Rennbahn Südschleife

ADR 635 Bergmeister Chassis

Aufgrund der Hubraumerweiterung auf 3,6 Liter mussten die Laufbuchsen auf 82 mm erweitert und der Hub um 5 mm vergrößert werden – mit teuren Folgen! Denn die Laufbuchsen gerieten so dünnwandig, weil vom 3-Liter-Motorblock abstammend, dass sie aus gehärtetem Stahl hergestellt werden mussten. Der größere Hub diente der höheren Verdichtung (ca. 1:7,5) und daher zur Leistungssteigerung.

ADR 635 Bergmeister ab Mai 1931	**Technische Daten**
Zylinder	6 in einem Silumin-Block gegossen
Hubraum, cm^3	3.614
Bohrung/Hub, mm (Laufbuchsen)	82 x 115
Leistung PS bei 3.000 U/min	120
Ventilsteuerung, Nockenwelle	Kipphebel, obenliegend, Königswelle
Kurbelwelle	3-fach-Gleitlager
Drehzahl max.	4.500 U/min
Gemischaufbereitung	2-Zenith-Vergaser 42 mm horizontal
Schmierung	Zentral-Umlaufdruckschmierung
Zündung	Doppelzündung, Magnet und Batterie
Kupplung	Einscheiben, trocken
Getriebe	4 Gang, 1 Rückwärtsgang
Spurweite vorne/hinten	1.410/1.470 mm
Radstand kurz/lang	3.200/3.500 mm
Radaufhängung vorne/hinten	Halbelliptikfedern / Pendel, Cantilever querliegend
Fahrzeuggewicht Chassis	ca. 1.250 kg
Bodenfreiheit	ca. 180 mm
Bremssystem	hydraulisch, auf alle 4 Räder/Handbremse Seilzug
Höchstgeschwindigkeit	145 bis 160 km/h (je nach Karosserie)

Im Bergmeister-Katalog von Franz Zwickl waren die OeFFAG-Karosserievarianten wieder hübsch färbig gezeichnet. Im Laufe der nächsten Jahre werden noch Variationen von anderen Karosserie-Betrieben folgen. Auch die OeFFAG wird die eine oder andere Änderung vornehmen. Die Produktion des AD 635 Bergmeister wird ca. 75 Stück umfassen und vom zweiten Halbjahr 1931 bis ins erste Quartal 1932 andauern. Die ADR-8-Produktion war zu dieser Zeit bereits mit 150 Stück abgeschlossen. Danach werden in Wiener Neustadt keine PKW mehr vom Band laufen …

ADR-635-Bergmeister-Karosserie-Varianten OeFFAG

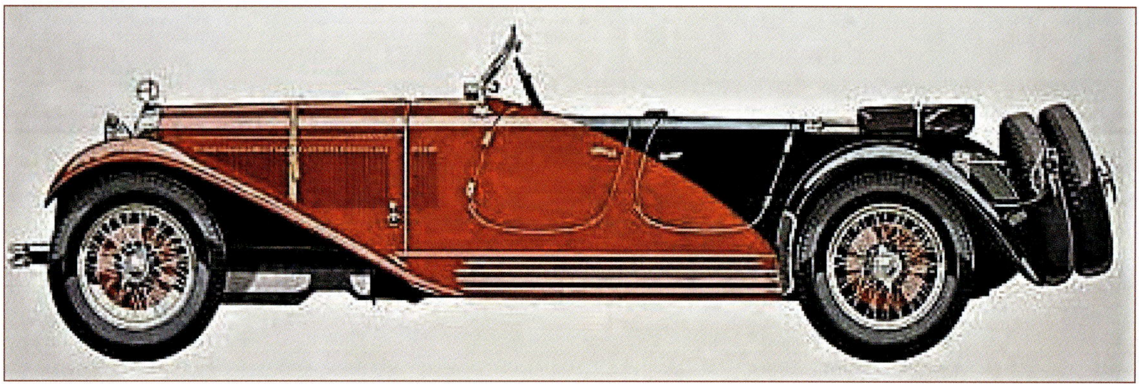

ADR 635 Bergmeister OeFFAG

10.000 km durch Europa

Ein wahres Dauerquälen von Automobilen fand unter der Leitung des Deutschen Automobilclubs vom 21. Mai bis 7. Juni statt. Ausgangspunkt war Berlin, der Wendepunkt in Lissabon, weiter nach Rom – dort war ein Rasttag, dann führte eine gehörige Strecke durch Jugoslawien und über Wien wieder nach Berlin. Eine Mindest-Durchschnittsgeschwindigkeit war vorgeschrieben, die die 100 Starter (32 verschiedene Automobilmarken) einhalten mussten. Desiderius von Bitzy gewann den 1. Preis in der Wertungsgruppe II (große Fahrzeuge) auf ADR 8. In Wien wurde er von den Direktoren Gerstner und Czech empfangen. Solch automobilistische Dauerleistungen wurden vom Kaufpublikum mit großem Interesse verfolgt, weil die Zeit der ständigen Reparaturen und Ausfälle von Automobilen noch nicht allzu lange her und in den Köpfen präsent war. Daher wurden die Sieger in den Dauerprüfungen begehrte Kaufobjekte. Nur fehlten bei einem Preis von rund 30.000 Schilling weitgehend die potenziellen Käufer.

ADR 8 bei der Ankunft in Wien – rechts neben dem Fahrzeug: Bitzy, Gerstner, Czech

Großer Preis von Deutschland für Motorräder

Toricelli

Einen der größten Triumphe feierte das Puch-Rennteam am Nürburgring beim Großen Preis von Deutschland am 4. Juli. In der Klasse 250 cm^3 starteten 17 Fahrer, nur 5 erreichten das Ziel. Durch Sturz leider auch ausgeschieden Siegfried Cmyral. Doch sein Teamkollege Toricelli machte die Sensation perfekt. Sieg über die 13 Runden in 3:48:06 Stunden, das bedeutete einen Stundenschnitt von 96,71 km/h.

Auch ein Österreicher siegte in Deutschland. In der größten Hubraumklasse bis 1.000 cm^3 ging Rudolf Runtsch auf NSU als Erster durchs Ziel.

Austro Daimler-Rennwagen starten wieder

Es wäre äußerst schade gewesen, wenn die ADM-R-Rennwagen von Stuck und Liefeldt einfach eingemottet worden wären. Im ersten Halbjahr 1931 war kein Austro Daimler bei Rennen am Start. Warum eine Entscheidung über die weitere Vorgangsweise so lange gedauert hat, ist nicht überliefert. Vermutlich wollte man aus finanziellen Gründen die teuren Renneinsätze einsparen. Ob nun die ADM-R-Wagen samt Transport-LKW an „privat“ weitergegeben , oder doch mit Werksunterstützung ausgeholfen wurde, konnte nicht restlos geklärt werden. Es dürfte sich um eine Unterstützung „light“ gehandelt haben.

Der erste Einsatz fand am 26. Juli am **Wurzenpass** statt. Der neue Fahrer Max Graf Arco-Zinneberg nahm sich dieser Herausforderung erfolgreich an und siegte in neuem Streckenrekord von 2:40:2 Minuten bei seinem ersten Rennen mit dem ADM R 4,0 Liter. Selbstverständlich war auch unser altbekannter Oberbergrat Imhof in der 3-Liter-Klasse wieder am Start und siegte auf seinem ADM-3-Liter-Sport bei den Tourenwagen.

Der Neue hinterm Steuer: Max Graf Arco-Zinneberg, Bild vom Brennberg-Rennen

Imhof am Wurzen-Pass im ADM

Die Internationale Alpenfahrt 1931

Diese Veranstaltung startete in der ersten Augustwoche durch alle Alpenländer von München über Innsbruck, ging es weiter nach St. Moritz, dann nach Turin, Nizza und Genf, um in Bern zu enden. Daher war sie international ausgeschrieben. 62 Teilnehmer starteten in drei Hubraumgruppen, wobei in den einzelnen Etappen eine vorgeschriebene Durchschnittsgeschwindigkeit eingehalten werden musste. Die lag bei den Wagen über 3 Liter Hubraum (Gruppe I) bei 40 km/h, unter 3 Liter (Gruppe II) bei 39 km/h und unter 1100 cm^3 (Gruppe III) bei 38 km/h – inklusive Essenszeiten und etwaiger Reparaturen! Um diese Vorgabe zu erreichen, musste man schon 80 bis 90 km/h auf freien Überlandstrecken erreichen. Da aber einige schwere Alpenpässe dazwischen nur mit besserem Schritttempo zu bewältigen waren, gab es Strafpunkte zuhauf. Um das Thema Alpenfahrt nicht unnötig in die Länge zu ziehen, werden hier nur die wichtigsten Bergstrecken angeführt. Zum Aufwärmen über den Arlberg nach Innsbruck, in der 2. Etappe der Jaufenpass, das Stilfser Joch und der Ofenpass. Von St. Moritz weg ging es nur über vergleichsweise kleine Hügel zum Comer See und dann bei teilweise starkem Regen nach Turin. Die 4. Etappe führte über den Tendra-Pass und den Col de Bruis, dann entlang der Höhenstraße der Turbie zum Ziel nach Nizza. Die nächste Etappe nach Genf wurde um Mitternacht gestartet und wurde über den gefürchteten Col du Galibier, den Col de Allos und den 2.100 m hohen Col de Vars gefahren. Zu guter Letzt die Etappe nach Bern über die Route des Alpes, im Vergleich als eher leicht einzustufen, verliefen die letzten Kilometer durch angenehm zu befahrende Weinberge nach Bern.

V. oben: Bitzy im Bergmeister, Schoeller und Spiegel-Diesenberg im ADR

Von den 62 Teilnehmern kamen 44 ins Ziel, davon 8 Fahrzeuge ohne Strafpunkte, und damit in den Genuss des Gletscher-Pokals:

Desiderius von Bitzy	**A**	**Austro Daimler ADR Bergmeister**
Walter Delmar	H	Mercedes-Benz Nürburg S
Mr. Healy	GB	Invicta
Felix Graf Siegel-Diesenberg	**A**	**Austro Daimler ADR 3 Liter**
Philipp von Schoeller	**A**	**Austro Daimler ADR 3 Liter**
H. B. Symons	GB	Clement-Talbot
E. H. Scholten	NL	Lancia
C. Adorno	I	O.M.

Leider waren für die Teamwertung die gleichen Fahrzeugtypen vorgeschrieben, sodass wegen des Starts des ADR Bergmeisters von Bitzy dieser Preis nicht an Austro Daimler vergeben werden konnte. Diese Regelung war aber im Vorhinein bekannt und wurde wegen des Werbeeffekts für das soeben neu erschienene Modell bewusst in Kauf genommen. Trotz des nicht erhaltenen Teampreises wurden die Herren **Bitzy, Spiegel-Diesenberg und Schoeller** wiederum als **„neues Eisernes Team"** gefeiert. Drei weitere Austro Daimler-Fahrteams kamen mit mehr oder weniger Strafpunkten ins Ziel: A. Hein, Dr. H. Kuhnheim und die sportliche Prinzessin Shelagh von und zu Liechtenstein, alle auf ADR 3 Liter.

Die Rennen in der zweiten Jahreshälfte 1931

Zwei Klassensiege gab es für Austro Daimler in Salzburg am **Gaisberg**, wobei einer davon Rätsel aufgibt. Max Graf Arco-Zinneberg gewann die Rennwagenklasse bis 3 Liter Hubraum, was auf die Verwendung eines älteren Rennwagens hindeutet. Warum der 4 Liter ADM R zu Hause blieb, wurde nicht berichtet. Daher ging der Sieg an Joachim von Morgen auf Bugatti. Den zweiten Klassensieg für Austro Daimler holte Dr. Karl Imhof in der Tourenwagenklasse, neuerdings über 3 Liter Hubraum. War der Senior auf ein Bergmeister-Modell umgestiegen? In der Allgemeinen Automobilzeitung stand nur ADR. Anwesend neben allen Automobilclub-Funktionären war auch Dir. Willy Herbst, was auf eine gewisse Werksunterstützung für Arco-Zinneberg, vielleicht auch für Karl Imhof hindeutet.

Sieger beim Gaisberg-Rennen in der Rennwagenklasse: Max Arco-Zinneberg

Salzburgs Landeshauptmann Dr. Rehrl mit ADR 8 beim Gaisberg-Rennen

Ebenfalls anwesend der Salzburger Landeshauptmann Dr. Rehrl mit seinem neuen ADR-8-Dienstwagen, den er *mit besonderer Befriedigung bezüglich der äußeren Ausstattung und seiner Leistungsfähigkeit fährt,* wie er schriftlich ans Neustädter Werk zum Ausdruck brachte.

Gleichzeitig fuhr das polnische Austro Daimler-Team den **Baltikum-Pokal**. Das Flachrennen am 2. August gewann Ing. Liefeldt in der besten Zeit des Tages, auch die Sportwagen- und Tourenwagenklasse wurden von Austro Daimler gewonnen.

Schon eine Woche später veranstaltet der Polnische Automobil-Club **Warschau** einen Rekordtag, den wieder Liefeldt für sich entscheiden konnte. Ein neuer polnischer Rekord über 1 km mit fliegendem Start mit 185 km/h wurde erreicht. Da man davon ausgehen kann, dass das Getriebe des ADM R 4,0 Liter auf Endgeschwindigkeit übersetzt war, wissen wir jetzt auch die Endgeschwindigkeit dieses Rennfahrzeuges.

Rekordtag in Warschau, links vorne Liefeldt

Arco-Zinneberg am Start zum Tatra-Rennen

Am 16. August stieg wieder das Rennen Zakopane–Morskie–Oku über 7,5 km in der **Hohen Tatra**. Max Arco-Zinnenberg traf auf den Sportwagenbergmeister Rudolf Caracciola, der die beste Zeit des Tages fuhr. Bei den Rennwagen blieb aber der Austro Daimler Sieger. Bei dieser Veranstaltung war auch Liefeldt am Start, jedoch konnte kein Ergebnis für ihn ausfindig gemacht werden.

Beide ADM R am Start in der Tatra: links vorne Liefeldt, der mit dem „A" am Heck Arco-Zinneberg

Liefeldt beim Tatra-Rennen

1931

In diesem Jahr gab es keine Rennen am Semmering und auch am Schwabenberg fielen die Veranstaltungen aus. Stattdessen fand man Ersatz in Ödenburg – quasi in der Mitte – für eine attraktive Alternative. Auf Grund der Nähe zur Neustädter Fabrik ein Heimrennen, das nun zum zweiten Mal auf den **Brennberg** ausgetragen wurde. Am 6. September sprinteten die Teilnehmer die 8,2 km lange und mit 11 % steigende Strecke hinauf, die Max Graf Arco-Zinneberg mit dem ADM R 4,0 Liter und neuem Streckenrekord von 4:57:82 Minuten gewann. Der Ungar Laszlo Hartmann auf Bugatti wurde Zweiter. Auch sein Landsmann Szini fuhr wieder einmal ein Rennen und wurde in der Sportwagenklasse Erster – ebenfalls auf Austro Daimler.

Max Graf Arco-Zinneberg am Start in Ödenburg

Am Weg auf den Brennberg mit neuem Rekord

Noch in Kurzform die letzten Herbstrennen mit Austro Daimler-Beteiligung. Am 13. September ein Bergrennen in **Leitmeritz** auf der Strecke Ploschkowitz–Ober-Rzepsch, in dem Arco-Zinneberg Zweiter hinter Joachim von Morgen auf Bugatti wurde.

Am 20. September ging's weiter in **Budapest beim Dreihügelrennen**, Caracciola siegte über die 4 km Länge in 2:44:06 Minuten, Arco-Zinneberg wurde Zweiter in 2:48:0. Bei den Tourenwagen trug sich Carl Schwab mit seinem ADR Bergmeister mit der besten Zeit in die Siegerliste ein.

Das Rennen auf der **Ratisbona-Strecke bei Kehlheim** fand am 30. September statt und dort traf Arco-Zinneberg wieder auf Hans Stuck. Mit großem Einsatz wollte er den berühmten Europabergmeister schlagen – beinahe gelungen! Stuck siegte in 2:15:3 Minuten, Arco-Zinneberg blieb nur 1 Sekunde zurück …

Das letzte Rennen für Austro Daimler fand am 4. Oktober in Kufstein statt. Die Strecke zum **Thiersee** bezwang Max Graf Arco-Zinneberg in 2:32:3 Minuten vor Charly Jellen auf Bugatti 2:33:1 – so knapp er gegen Stuck verloren hatte, konnte er hier gewinnen. Einen neuen Tourenwagenrekord stellte Dr. Karl Imhof in 3:10:4 Minuten auf, der Senior war wirklich nicht zu bremsen und immer für Überraschungen gut.

Als Streckenfahrzeug fungierte der neue ADR Bergmeister von Komm.-Rat Anton Köllensperger, den dieser effektvoll in sportlichem Stil über den Kurs steuerte. Damit war die Halbjahres-Rennsaison für Austro Daimler beendet. Es sollte auch der letzte werkseitig unterstützte Einsatz für immer bleiben und die „heißen" ADM-R-4,0-Liter-Rennwagen verschwinden im Laufe der Jahrzehnte auf unbekannten Pfaden …

Ein echter Siegertyp: ADM R Stuck, am Steuer Ing. Rudolf Unger

Das Geld wird knapp – in London nur „Adabei"

Die alljährliche Olympia-Schau in London wurde von 57 Automobilfirmen beschickt, deutlich weniger als noch ein Jahr zuvor. Die hohen Belastungen konnten viele Firmen nicht mehr tragen. Auch die österreichischen Autohersteller Steyr und Austro Daimler waren darunter. Ganz wollte man sich aber nicht aus London fernhalten, weswegen man sich in Kooperation mit Tatra und Maybach im Byron-House in der James Street einmietete und zu einer **Sonderausstellung** lud.

Emailplakette Bergmeister

Die schon bekannten Typen Steyr XXX und ADR Bergmeister wurden dort präsentiert, Tatra war mit dem neuen Dreiachser dabei und Maybach schloss sich mit einem Zwölfzylinder an. Trotz der Konkurrenz der Olympia-Schau war laut Allgemeiner Automobilzeitung das Londoner Publikum stark vertreten.

Schauplatzwechsel zum Concours d'Élégance nach **Swinemünde**, wo beim Bewerb der Allerschönsten Konsul Igler mit einem ADR Bergmeister einen ersten Preis holte, neben zwei weiteren ADR-8-Fahrzeugen. Nun war auch dieses Ziel der Neustädter Fabrik in Erfüllung gegangen. Auch wenn man einen rigorosen Sparkurs einhalten musste, gab es in diesem Jahr noch eine liebevoll gestaltete Emailplakette als Werbeartikel für den Bergmeister.

Goldenes Band für einen Bergmeister in Swinemünde

Eine 5.000-km-Fahrt mit dem ADG – von Ing. Oskar Hacker

Im Herbst 1931 wurden Vorstellungsfahrten für den Geländewagen ADG in Angriff genommen. Der Chefkonstrukteur Oskar Hacker selbst ging mit seinem Einfahrer Derdak und DI Hollós (Patent angetriebene Schwingachsen) auf diese ausgedehnte Europareise, die von Zürich nach Gravenhage, weiter nach London, zurück nach Brüssel und Paris und über Salzburg nach insgesamt 7 Wochen wieder nach Wiener Neustadt führte. Wann genau die Reise startete, geht aus dem Bericht von Hacker nicht eindeutig hervor, sicher ist nur die Rückkehr im Dezember. Die Erzählung des Chefkonstrukteurs beginnt mit einem Telefonat:

Telephonzentrale Werk Wiener Neustadt, Zentrale Wien verlangt Konstruktionsbureau:
„Hallo, hier Hacker!"
„Bist du reisefertig?"
„Yes, my dear."
„Spar dein Englisch für später, du mußt sofort nach Holland!"
„Das kann ja gut werden, ich habe eine schwere Magenverstimmung."
„Mach keine Witze, kauf dir einen Schnaps in Holland und sag lieber, ob der ADG fertig ist."
„Wir waren doch erst für nächste Woche nach England instradiert."
„Befehl geändert, du mußt noch diese Woche in Holland vorführen."
„Und England?"
„Nur Geduld, du kommst noch früh genug zu deinen geliebten Freunden. Nach der holländischen Vorführung eine Woche England, und am Heimweg ein paar Fahrten in Belgien und Frankreich – drei Wochen darfst du ausbleiben."
„Wie stellst du dir das eigentlich vor?"
„Gar nicht. Schau lieber, daß der Wagen fertig wird. Servus!"

Telephonzentrale: Konstruktionsbureau verlangt Fertigmacherei.
„Monteur Derdak, bitte!"
„Ist auf der Rennbahn."
„Holen lassen! Eilig!" …
„Hier Derdak."
„Wie weit ist unser Geländewagen?"
„Wird bestimmt nächste Woche fertig."
„Ganz gut, aber wir müssen in vier Tagen in Gravenhage sein."
„Hurra!"
„Um so besser, denn wir brauchen noch einen Tag zum Einfahren, und auf die Hohe Wand sollten wir auch noch, als Leistungsprobe."
„Das schon, aber verlassen Sie sich trotzdem, der Wagen wird fertig."
„Na, wenn Sie ‚trotzdem' sagen, bin ich schon beruhigt."

Im Konstruktionsbureau nimmt man die Ausrüstungsliste für ‚lange Fahrten' aus dem Ordner, dazu Krampen, Schaufel, Winde, Beißer und Schneeketten. Wer weiß, wann wir wieder heimkommen. Was braucht ein Mensch zum Fahren? Paß, Führerschein, Geld und Triptyk für Lastwagen auf deutschem Gebiet, in den anderen Weststaaten heißt es Zoll erlegen, also auf Formalitäten gefaßt sein. Geld? Devisenordnung! Anforderung Nationalbank, Formulare, Paßvormerk.

Zentrale Wien ruft an.
„Hallo, Hacker!"
„Morgen Reise- und Programmbesprechung, Disposition geändert, du mußt auf einen Sprung nach Zürich, der Wagen geht allein voraus nach Holland."
So sprach der Auftrag gebende Chef.

Fertigmacherei. Die Monteure wimmeln um den Wagen, Lackierer brennen darauf, den garantiert letzten Strich zu tun, im Magazin ist die Reiseausrüstung wie für eine Weihnachtsbescherung ausgebreitet. Zur Besichtigung und Kontrolle wird eingeladen. Zollbeschau für die Vormerkung, Nummernkontrolle, Verpackungsprobe.

Tischler und Tapezierer werden von den Einfahrern vertrieben, dann raus aus der Fabrik und hinauf in die Waldeinsamkeit der ‚Hohen Wand' zur letzten Generalprobe im Gelände. Längst sind wir auf diesem bisher nur von Ochsengespannen befahrenen Gebirgspfad keine Neulinge, denn viele Proben haben unsere Versuchsleute in diesem schwierigen Felsengebiet durchgeführt.

Letzter Tag: Die Nervosität steigt, die Terminjagd entwickelt sich zu ungeahnter Blüte! Denn neben unserem mit Marschausrüstung schon ganz kriegerisch aussehenden Vorführwagen steht schon ein nicht minder eiliger Bruder, gar mit Doppelrädern und Schneeausrüstung, bestimmt mit einem ‚Inoffiziellen' von der Zentrale in Wien nach Moskau zu fahren. Der Chef der Fertigmacherei tobt und wünscht sich ins Pfefferland, doch endlich ist alles fertig. Unser Wagen verläßt die Fabrik und die Leute stürzen sich auf den russischen Bruder, dem vielleicht mehr bevorsteht als uns in den Weststaaten.

So trafen sich die drei aus dem Vorführteam in Holland, wobei Hacker per Bahn reiste und in Zürich wegen einer Besprechung in der dortigen Niederlassung kurz stoppte, Hollós von Wien aus den direkten Zug nach Holland bestieg und Kollege Derdak den ADG per Achse ans erste Ziel chauffierte.

Holland, Derdak erwartet mich:
„Wagen in Ordnung?"
„Fahrbereit!"
Also auf ins Gelände zu einer kleinen Vorprobe. Leichter gesagt im gepflegten Holland eine Stelle zu finden, wo man 80 PS (!) ungestört und vor allem ungestraft abseits von Straßen austoben lassen kann. Übrigens, einige schnurgerade Betonstraßen haben unserem Motor auch nicht schlecht geschmeckt. Unsere ehrlichen ‚Neunzig' mit 5,5 Tonnen brutto haben allerhand Erstaunen verursacht.
Schließlich bekommen wir die Erlaubnis zum Befahren des militärischen Übungsplatzes. Ein weites Sandfeld dehnt sich vor uns aus, in der Ferne zeichnen sich am Horizont einige Hügel ab. Freunde und Interessenten sind mit im Wagen, wir kommen flott mit der ‚Siebenten' angefahren. Allmählich verliert sich der Weg im flachen Sand, zurück auf die ‚Sechste', doch der Wagen wird immer langsamer, als ob die Handbremse angezogen wäre. Als sich der Motor auch im ‚Dritten' schwer tut, steigen wir ab, um nachzusehen. Die anwesenden Holländer sehen interessiert zu, was wir Leute aus den Alpen nun tun werden. Wir stecken nämlich schon 30 cm im halbfeuchten Sand, der feinsäuberlich alle Zwischenräume unserer Spezialgeländereifen ausfüllt und glatte Walzen daraus macht.
Schneeketten montieren, rauf auf den Wagen, und los mit jauchzendem Motor im 2. Gang. Siehe da, der Wagen ist wie verwandelt, er wird lebendig. Derdak schaltet fröhlich hinauf und wir halten mit der ‚Fünften' ein anständiges Tempo im tiefen Sand. Wir beschließen, unsere Geringschätzung des ‚harmlosen Geländes' ein wenig abzubauen.

ADG in den holländischen Dünen

Aber als ich hörte, daß wir eingeladen sind, auf der Rückreise von England ausgedehnte Probefahrten mit angehängten Feldgeschützen im Dünengelände durchzuführen, werde ich doch ein wenig nachdenklich.

Das Telephon bekommt wieder zu tun:
„Hallo, Neustadt, das technische Bureau, bitte!"
„Ich brauche für Anfang nächster Woche Zwillingsräder auf den Hinterachsen."
„Wir werden alles tun, was möglich ist."
„Mehr noch, denn der Termin muß unbedingt gehalten werden. Auch Schneeketten brauchen wir für alle Doppelräder."

Beruhigt und unseres Erfolges sicher, sehen wir der Zukunft entgegen. Dann abendliche Fahrt zum Hafen von Hoek van Holland, fast keine Formalitäten und schon schwebt unser treues sechsfüßiges Motortier graziös am Riesenfinger des Hafenkrans, um es behutsam auf das Deck unseres Dampfers abzusetzen. Ein ‚Bols' zum Abschied von unseren holländischen Freunden und zur Verbesserung unseres Wärmeinhalts, ein sündteures Abendessen an Bord, dann verschlafen wir die Überfahrt nach Harwich, wo wir um 6 Uhr früh englischen Boden betreten.

Großzügige und angenehme Zollabfertigung, Benzinaufnahme, dann zur Ausstellung der Fahrlizenz, was dank der großartigen Organisation der Automobile Association erfreulich schnell geht. Am Weg nach London frühstücken wir bei ‚porridge haddock, bacon and eggs' im alten Hotel Red Lion in der berühmten Austern-Stadt Colchester. Großer Auflauf vor dem Hotel in London, wobei nicht klar ist, ob diesee dem Sechsradfahrzeug mit österreichischer Nummer gilt oder dem Steirerhut von Derdak.

Am nächsten und übernächsten Tag ein aufregender Kampf mit dem Drachen, der wie in fast allen Ländern auf den Namen Bureaukratismus hört. Doch dann die Einladung nach Farnborough bei Aldershot, dem weltberühmten Truppenübungsplatz, zu dem uns ein Motorradfahrer vom 2. Tankbataillon den Weg weist.

Meldung, Begrüßung, Waage, Offiziere tauchen auf, neugierige Mannschaften umringen unseren ADG. Ein Ruck geht durch die Menge, der Chef ist erschienen. Damit beginnt eine nahezu dreitägige Prüfung, die zu den interessantesten Erlebnissen gehört, die wir jemals mit dem ADG gehabt haben, und sogar den Offizieren der Versuchsabteilung, die an derlei gewöhnt sind, Worte ehrlicher Anerkennung entlockte.

ADG in England

Es geht über Stock und Stein, Felder, Wiesen, Sumpf und Schotter, zäher Lehm empfängt uns auf einer Steigung, will uns festhalten. Dezimeterweise schiebt sich der schwer beladene ADG weiter, aber gleichmäßig und unaufhaltsam ist seine Bewegung und gleichmäßig das Schnurren des Motors. Endlich ist dieser raffiniert angelegte Versuchsweg bezwungen und die Sorge um das Gelingen weicht einer um so tieferen Freude über den schönen Erfolg unserer österreichischen Konstruktion.
Ein Versuchshügel folgt, dessen steile Abhänge von den Tanks zerwühlt sind. 50 % Steigung hat der Wagen zu bezwingen, man fühlt förmlich, wie er sich freut, eine heimatliche Steigung vor sich zu haben. Dann aber kommt die Feststellung der Leistungsgrenze. Vorsichtig kommt der Wagen den Steilhang des bezwungenen Berges herunter, der führende Captain läßt ihn im Tal wenden und wir sehen von unserem Beobachtungsstand, wie er die Steigung neuerlich angeht, aber diesmal in einer weichen ausgefahrenen Tankspur. Nach zwei Drittel der Steigung folgt ein seltsames Schauspiel. Bei gleichbleibender Motordrehzahl kommt der Wagen schließlich zum Stehen. Es herrscht Gleichgewicht zwischen der Schwerkraft und der durch die Bodenbeschaffenheit begrenzten Vortriebskraft. Was nun? Bremsen wäre ein zweifelhaftes Manöver, wenn man als Schlitten auf dem weichen Boden zu Tal rutscht! Wir hören auf unserem Beobachtungsstand am Motorengeräusch, wie Derdak vorsichtig vom Gas weggeht und langsam rückwärts in Bewegung kommt. Erst nach Bezwingung dieses gefährlichen Teiles sehen wir, wie Derdak die Bremsen vorsichtig einsetzt und an einer günstigen Stelle den Retourgang einlegt. Die Schlacht ist gewonnen! Wohlbehalten kommt er ins Tal. Eine Probe über die fliegende Meile beschließt den zweiten Tag und wir machen uns bei sinkender Sonne auf den weiten Weg in das Tanklager in Bovington Camp und weiter nach Wareham ins Black Bear Hotel. Am dritten Tag nochmals Vorführungen samt erklärendem Vortrag, danach ein Interview mit dem Stab des ‚Royal Tank Corps Journal'. Abschied bei einem gastfreundlichen Lunch mit einem Beefsteak, dessen Güte und riesige Dimensionen alles bisher Gesehene übertrifft. Derdak hat noch in Paris, wo man ja schließlich auch nicht so schlecht ißt, davon geschwärmt. Danach wird noch eine Fabrik besucht und eine Besprechung abgehalten. Wir bleiben noch eine halbe Woche in England, um dem Veteranenrennen London–Brighton beizuwohnen.

ADG im Übungsgelände in Bovington

Rückreise nach Holland. Die folgenden drei Wochen sind eine wilde Jagd über holländische Sanddünen, Landstraßen, Fährboote, belgische Waldwege und französische Lehmhügel. Bedrängt von Terminen, Zollformalitäten, telephonischen und telegraphischen Verabredungen trennen wir uns schwer vom nahrhaften Holland, wo wir am letzten Tag eine 5 Tonnen schwere Haubitze über schwersten Sandboden wie einen Kinderwagen geschleppt haben. Über Antwerpen kommen wir ins Manövergelände bei Brüssel, wo wir in einen alten Unterstand einbrechen und so eine unfreiwillige, aber um so erfolgreichere Stabilitätsprobe liefern. Als Ausgleich haben wir in einem prächtigen Haus eines ADR 8 Kunden zu Arnheim eine Flasche Cognac aus dem Jahre 1856 vertilgt.

Brüssel–Paris. Vorbei am berühmten Löwen von Waterloo zur französischen Grenze. Eine Zollabfertigung mit einer geradezu peinlichen Gründlichkeit erwartet uns. Hollos opfert Zigarren, Derdak Zigaretten, und ich preise mich glücklich, Nichtraucher zu sein. Als wir aber alle Werkzeugkisten ausräumen mußten und die Glühlampenschachtel visitiert wurde, haben wir geflucht. Als ich das Gewicht der einfachen und doppelten Schneeketten und die Stärke der Kettenglieder für die Zollvormerkung angeben sollte, kam ich in Verlegenheit.

Schon der nächste Tag sieht uns bei schweren Geländefahrten auf dem Übungsplatz in der Nähe von St. Cloud. Eisiger Wind schafft im Verein mit strömendem Regen herrliche Arbeitsbedingungen, dessen Gleitfähigkeit den Neid jedes Schmiertechnikers erwecken muß. Doppelreifen, Schneeketten, sieben Geschwindigkeiten und achtzig Pferdekräfte verhelfen uns auch hier bei der Bezwingung der bösesten Hindernisse zu einem schönen Erfolg.
Im Pariser Hotel. Voranmeldung aus Wiener Neustadt:
„Ja, hier Hacker! Jawohl, Herr Direktor, heute fertig geworden. Ob wir immer hier bleiben wollen? Natürlich nein. Freitag abends in Salzburg? Jawohl, Samstag vormittags Vorführung möglich. Jawohl, verläßlich, auf Wiedersehen."

ADG beim Eiffelturm in Paris – rechts Ing. Hollos, am Steuer Derdak, Fotograph Oskar Hacker

Die Rückfahrt geht über Straßburg und durch die Rheinebene und durch eine wahre Schneehölle im Schwarzwald. Allein für die Strecke von München nach Salzburg benötigt das Vorführ-Team wegen einer totalen Vereisung der Straßen an die 6 Stunden – Schnitt 15 km/h! Oskar Hackers Bericht endet folgendermaßen:
Samstag triumphale Geländevorführung am Müllplatz neben dem Flughafen vor den Spitzen der Behörden in Salzburg in Anwesenheit des Landeshauptmanns Dr. Rehrl.

Sonntag Heimfahrt, Werk Wiener Neustadt, Austro Daimler Villa, wo ich nachdenklich die Reisebilanz mache: ein ehrlich errungener Erfolg österreichischer Arbeit, der hoffentlich dazu beitragen wird, unsere Zukunft freundlicher zu gestalten.
Zentrale Wien, Montag, ein ‚Kärntnerstraßen-Automobilist':
„Ah, Sie kommen aus London? So eine Reise muß herrlich sein!"
„Ein wenig anstrengend, schließlich waren wir nicht zum Vergnügen unterwegs, um den Leuten zu zeigen, was der Wagen kann."
„Ah, Vorführungsfahrt, wohl mit dem Bergmeister?"
„Nein, mit dem ADG!"
So sind wir Oskar Hacker für diesen Reisebericht sehr dankbar, weil er viele Informationen über die internen Abläufe, Geschäftsverbindungen und die damals eingeschränkte Reisefreiheit enthält. Ebenso wird uns ohne Übertreibung die Einzigartigkeit des ADG im Zusammenspiel mit einem echten Könner am Lenkrad – namentlich Mathias Derdak – übermittelt.

Zwickls ADG-Werbung

1932 – Mit Schnelltriebwagen gegen die Krise

Mit dem Führungswechsel in der Creditanstalt, einem der Eigentümer von Austro Daimler, verbreitete sich in der Fabrik wieder ein klein wenig Optimismus. Anfang des Jahres trat Adrian van Hengel den schwierigen Job des Verwaltungsratsvorsitzenden an. Viel wichtiger war aber der Produktionsbeginn des ADG für das österreichische Bundesheer und die Polizeikräfte. Eine erste Serie von 65 Stück stand in den Auftragsbüchern. Zusätzlich waren die Militärs an einer Panzervariante des ADG interessiert, deren Entwicklung ganz in den Händen von Franz Xaver Reimspieß liegen sollte.

Testfahrten verlagern sich neuerdings vermehrt von der Straße auf die Schiene, denn die Vorstellungsfahrt des ersten Schienenbusses steht im Sommer bevor. Die Strecke nach Puchberg dient wie immer wegen der Steilheit der Bahntrasse für die ausgedehnten Probefahrten.

Wiener Automobilmesse März 1932

Austro Daimler war auf dieser Messe ein *„leuchtendes Wahrzeichen guten alten österreichischen Geschmackes und gediegener österreichischer Arbeit"*, wie die Allgemeine Automobilzeitung zu berichten wusste. Wie nicht anders zu erwarten, waren einige ADR 8 und Bergmeister ausgestellt, im Besonderen der ADR 635 Stromlinie – ein Schritt in eine neue Design-Epoche.

Puch 500 N

Im Freigelände fanden sich die Schienenfahrzeuge wieder, diesmal mit dem luftgekühlten Rohölmotor auf einer Schmalspurlokomotive. Austro Daimler war damals die einzige Fabrik auf dem Kontinent, die eine solche Variante erzeugte. Auf dem kurzen Schienenstück im Ausstellungsgelände konnte man dieses Gefährt auch ausprobieren. Erstmals zu sehen war auch eine mit Holzgas betriebene Schmalspurlok. Ebenfalls bei den Kleinlokomotiven fand man den beeindruckenden ADG, der sensationell auf das Publikum wirkte.

Prinzessin Juliane von den Niederlanden

Am Stand von Puch wurde die Weiterentwicklung der 500 Z vom letzten Jahr vorgestellt. Die Neue hört nun auf den Namen 500 N und ist 14 PS stark und 110 km/h schnell. Wie bei Puch üblich, arbeiten die Doppelkolben im Zweitaktmodus.

Willi Forst und sein Bergmeister

Gerade richtig zur werbeträchtigen Messezeit erreichte ein Bild aus Holland die Wiener Verkaufszentrale: Die Kronprinzessin Juliane von den Niederlanden fuhr einen ADR. Weitere prominente Persönlichkeiten wie der allseits bekannte Filmstar Willi Forst und Maria Solveg-Matray lenkten ebenfalls einen Bergmeister.

ADR mit Stromlinienkarosserie

AD-Werbung zur Wiener Messe 1932

Hilfsprojekte und Todesnachricht

Ein Hilfsprojekt des **Missionsordens St. Gabriel** in Mödling zugunsten der Region Kansu in Zentralasien umfasste unter anderem zwei Austro Daimler-Wagen der Type ADV, die im Klosterhof feierlich eingesegnet wurden. Über nähere geschäftliche Umstände wurde nicht berichtet. Man darf aber davon ausgehen, dass die beiden Fahrzeuge günstig als Restbestände zur Verfügung gestellt wurden.

ADV für Asien, in der Mitte die Büste des Ordensgründers Pater Jansen

Eine traurige Nachricht betraf das Ableben eines treuen Austro-Daimler-Kunden. **Karl Graf Schönborn-Buchheim** verstarb am 2. März 1932 im 62. Lebensjahr nach längerer Krankheit. Graf Schönborn ist den Lesern aus Band I wohlbekannt. Neben den automobilen Privatveranstaltungen in der Nähe seines Schlosses in Mallebarn war Schönborn dem Trabrennsport verfallen sowie ein leidenschaftlicher Jäger und Schachspieler. Er hinterließ sechs Kinder, die teilweise in diesem Buch auf einem Bild in seinem Park abgebildet sind. Große Verdienste um das Automobil erwarb sich Schönborn in der Zeit als Präsident des Österreichischen Automobilclubs.

Karl Graf Schönborn

Desiderius von Bitzy als Fuchs mit ADR Bergmeister

Ein ganz anderes „Hilfs-Projekt" fädelte Desiderius von Bitzy ein, indem er bei Austro Daimler für eine **Damenfuchsjagd** zwei Fahrzeuge auslieh. Der Bergmeister dient als „Fuchs" und ein ADG transportierte das Jagdfrühstück für die illustre Gesellschaft.

Wiener Feuerwehr: Umbau fertig

Schon seit geraumer Zeit rüstete die Wiener Feuerwehr ihre Elektro-Daimler auf Mixte-Betrieb um. Im Mai 1932 konnte das Projekt nun abgeschlossen werden. Zum Einsatz kamen AFN-4-Zylinder mit 36 oder 42 PS von der Österreichischen Automobilfabrik (vorm. Austro Fiat), die statt der großen und schweren Akkumulatoren in die bestehenden Elektro- Daimler eingebaut wurden. Ein wesentlich kleinerer Pufferakku fand hinter dem neuen Motor Platz. So waren die Floriani-Jünger nicht mehr durch die 35 km Reichweite des reinen Elektroantriebs eingeschränkt. Die seinerzeit gelieferten Radnabenmotoren mit ihren 17,5 PS blieben weiterhin bestehen. Warum in diesen Austro Daimler-Wagen keine Benzinmotoren aus Wiener Neustadt zum Einsatz kamen, liegt auf der Hand – zu groß, zu stark, zu teuer!

AFN-Motor für Mixte-Betrieb

Glorreicher Bergmeister

Im Jahr 1932 finden einige Kunden an der veränderten Karosserieform des ADR Bergmeisters größeren Gefallen. Allen voran die Automobilistin Schwab und Herr Dr. Peter Wessely aus Gumpoldskirchen mit ihren Armbruster-Karosserien, Letzterer preisgekrönt am Tempelhofer Feld (Berlin) anlässlich eines Schönheitswettbewerbes.

ADR Bergmeister, Karosserie Armbruster von Frau Schwab

Auch die Wiener Neustädter Karosserien erfuhren kleine Änderungen, die diese exklusiven Fahrzeuge noch begehrenswerter erscheinen ließen. Eine bunte Grafik aus den Werbeunterlagen verdeutlicht die schwungvollere Linienführung wohl am besten. Zusätzlich verfügten nun alle Sportmodelle seitlich am Motorraum über vier Lüftungsklappen, die wie überdimensionale Nüstern nach Luft schnappen!

ADR Bergmeister, Karosserie Wiener Neustadt

ADR Bergmeister, Karosserie Wiener Neustadt, Stromlinie

Der Ordnung halber nochmals die Grafik vom Modell „Stromlinie Limousine", die ein Jahr zuvor noch auf den Namen „Spezial Sedan" hörte. Zum Glück sind einige Bergmeistermodelle erhalten geblieben. Vor einigen Jahren nahm sich Dr. Wolfgang Porsche des Themas Bergmeister an und ließ einen Armbruster-Wagen restaurieren. Das imposante Ergebnis sieht man auf der nächsten Seite!

ADR Bergmeister Armbruster beim Concours d'Élégance in Pebble Beach

Die erste Serie des ADR 635 mit den bekannten 75 Stück wird auch die einzige Serie bleiben. Aufzeichnungen aus dem Archiv der Creditanstalt haben gezeigt, dass es bis ins Jahr 1937 gedauert hat, bis alle Bergmeister verkauft wurden. Die letzten Exemplare verschleuderte man um ein Drittel unter dem ursprünglichen Verkaufspreis, wobei des Öfteren die Karosserien dem moderneren Geschmack angepasst werden mussten.

ADR Bergmeister, Karosseriewerk Austro Daimler Puchwerke AG, Wiener Neustadt

Testfahrten des Schnelltriebwagens VT 61 (AD-Type: T640M2)

Schon seit geraumer Zeit wurde im Werk Wiener Neustadt an einer Zukunft im Bereich Schienenfahrzeuge getüftelt, konstruiert und gebaut. Im Frühjahr 1932 war man für die finalen Testfahrten bereit. Beginnend auf den Gleisanlagen in der Fabrik bis zu den Ausfahrten auf die steile Bergstrecke nach Puchberg.

VT-61.01-Fahrgestell im Werk

Auf dem Weg nach Wiener Neustadt – Stopp im Bahnhof Willendorf – Gegenzug!

VT 61.01 in Puchberg, rechts dahinter eine Dampflok der Zahnradbahn

Vor dem Erscheinen dieser Austro Daimler-Konstruktion gab es bereits einige Versuche, einen schnellen und kostengünstigen Ersatz für die dampfbetriebene Personenbeförderung auf den Schienenmarkt zu bringen. Doch die bisherigen Modelle waren zu schwer, zu unbequem oder zu langsam. Die französische Firma Michelin zum Beispiel ließ ihre Konstruktion ausschließlich auf Spezialgummireifen fahren, die aber einer großen Abnützung unterlagen. Andere Schienenbusse brachten wiederum 25 bis 30 Tonnen auf die Waage. Im Wiener Neustädter Werk hatte man aus den Kriegsjahren viel Erfahrung bezüglich der physikalischen Kräfte von Schienen- und Straßenrädern sammeln können und bezüglich Leichtbau gab es sowieso jede Menge leuchtender Beispiele von den Automobilen bis zu den Omnibussen. Oder waren es die Gondeln der großen Luftschiffe?

Bahnhof Puchberg, Oskar Hacker gibt Erklärungen aus dem Bus-Fenster

Für das leichte Chassis verwendete man eine Gitterrahmenkonstruktion, die steif genug und gleichzeitig viel leichter war als die bis dahin üblichen Trägerrahmen aus Pressstahl. Und einen modernen Motor gab es bereits – den 4 Liter 6-Zylinder aus dem ADG mit seinen 80 PS. Fehlt noch das Thema Komfort. Um wiederum kein unnötiges Gewicht in den Triebwagen zu packen, verfeinerte man die Federn und Aufhängungen der Radachsen und griff die Pneumatik-Lösung von Michelin auf, aber in einer wesentlich eleganteren Form! Mit unserem heimischen Reifenproduzenten Semperit konstruierte Oskar Hacker ein Schienenrad, das aus einer Stahlgrundfelge und einem Stahllaufrad bestand, dazwischen fand der neu entwickelte Semperit-Pneumatikreifen Platz, um alle Stöße und Seitenbewegungen abzudämpfen. Diese Konstruktion wurde selbstverständlich weltweit patentiert.

Triebwagen-Rahmenbau

Nun zum Getriebe, welches vorerst mechanisch als 4-Gang-Version bemessen und eigentlich nur mit dem 3. und 4. Gang im Normalbetrieb gefahren wurde. Die beiden ersten Gänge dienten nur zum Anfahren bei steilen Strecken. Gleich nach dem Getriebe gab es eine Freilaufeinrichtung. Einerseits wurden die Schaltmanöver des Lokführers erleichtert, andererseits führte das zu einer Benzinverbrauchsreduzierung durch das Wegfallen der Motorbremse beim Bergabfahren oder bei der Einfahrt in Stationen. Genau diese Funktionsweise bedingt aber ein gutes und zuverlässiges Bremssystem, das durch eine 2-Kreis-Hydraulik-Bauweise erreicht wurde. Übrigens komplett getrennt bedienbar – durch Fußpedal und Handhebel.

Allerdings hatte der erste Prototyp VT 61.01 nur einen Motor und auch nur einen Führerstand und musste in Puchberg auf der Drehscheibe für die Heimfahrt gewendet werden. Desgleichen auf seiner zukünftigen Einsatzstrecke am Semmering, doch da gab es keine Wendemöglichkeit – dies war erst in Mürzzuschlag möglich!

Triebwagen-Radkonstruktion

VT 61.01, vorerst immer mit Reserverad unterwegs, man weiß ja nie!

VT 61.01, Einbau der Antriebseinheit

1932

VT 61.01 fertig – fehlt nur noch die Karosserie

1932

Zwei zusätzliche Prototypen

Betrachtet man das nächste Bild, so entsteht schnell der Eindruck, dass der VT 61 in einer Kleinserie von 3 Stück hergestellt wurde – aber weit gefehlt! Die beiden Triebwagen im Hintergrund waren zwei Prototypen für die nächsten geplanten Serien.

VT 61.01, Endmontage, dahinter 2 neue Prototypen!

Um den geneigten Leser nicht ganz zu verwirren, ist nun ein Einstieg in die Typenbezeichnung von Austro Daimler dringend notwendig. Anhand dreier Typen der Versuch einer Aufklärung:

T640H2K   T640M2K   T2x640H4

T steht für Triebwagen, 640 für die Motortype (6-Zylinder 4 Liter), H oder M für hydraulisches oder mechanisches Getriebe, 2 oder 4 für die Achsanzahl und das K für kurz. Steht vor der Motortype 2x, so handelt es sich um 2 Motoren.

Im Gegensatz zum ersten Triebwagen VT 61.01 hatten die beiden Prototypen zwei Lokführerstände und ein Prototyp erstmals ein hydraulisches Getriebe.

Aufbau des Voith- (Trilok-)Getriebes (Ausschnitt von A. Keuffel, Frankenthal)
Die wichtigsten Eigenschaften sind die völlig selbsttätige und stufenlose Änderung von Drehmoment und Drehzahl, keine Zugkraftunterbrechung, Ausgleich von Stößen und Ungleichförmigkeiten der Belastung, günstiger Wirkungsgrad, wenig mechanische Abnutzung und hohe Anlaufbeschleunigung. Die Zusammenarbeit mit Austro Daimler bezüglich des Trilok-Getriebes erfolgte mit der Fa. Voith.

Nachfolgend eine Beschreibung der Funktionsweise dieses damals neuartigen Antriebssystems.

*Im geschlossenen Flüssigkeitskreislauf sitzt dem auf der treibenden Welle **a** befestigten Pumpenrad **b** das Turbinenrad **c** gegenüber, das mit der getriebenen Welle **d** fest verbunden ist. Ein Wechselrad **e** ist als Leiteinrichtung zwischen Pumpenrad und Turbinenrad auf einer Hohlwelle angeordnet, deren besonderes Merkmal zwei Freilaufsperren **f** und **g** sind. Wenn das Wechselrad **e** ein Reaktionsmoment entgegen dem Drehsinn der Welle aufnimmt, wird es von dem Gesperre **f** gegen das feste Gehäuse abgestützt. Bei Vorwärtsdrehung dagegen kann sich das Wechselrad mittels des Gesperres **g** an die Turbinenwelle **d** ankuppeln, wenn es deren Umlaufdrehzahl erreicht hat.*

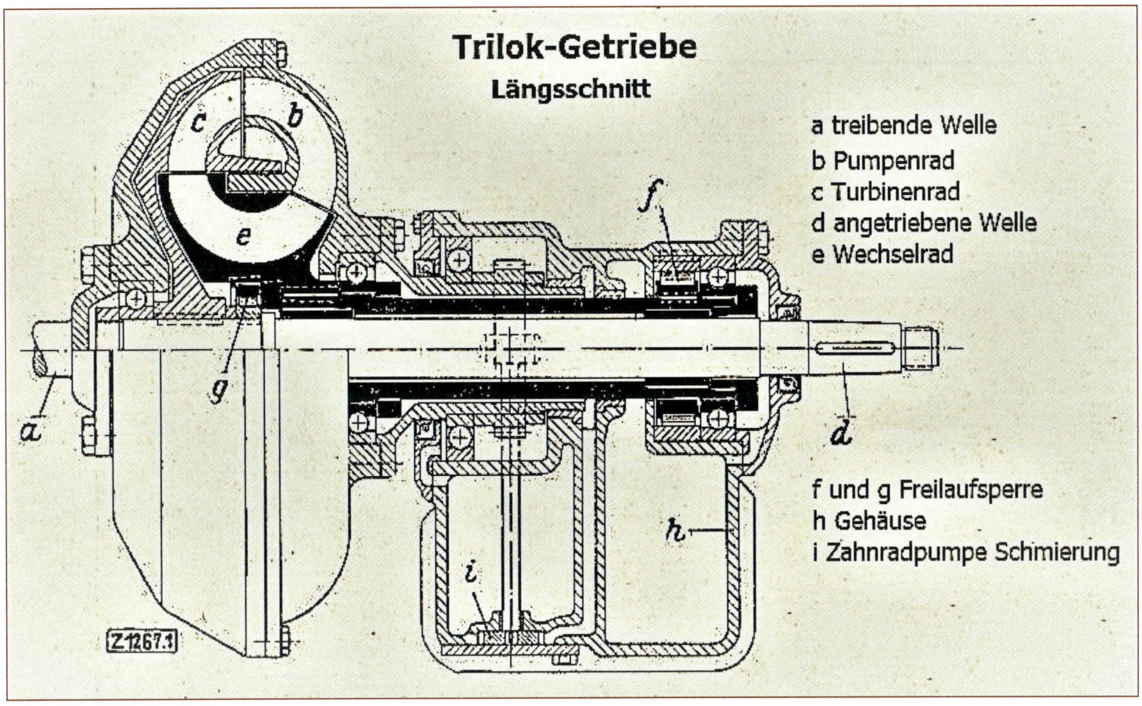

Zeichnung Trilok-Strömungsgetriebe

*Das Gehäuse **h** ist als Ölbehälter ausgebildet, aus dem eine kleine Rückförderpumpe **i** sogleich nach dem Inbetriebsetzen des Pumpenrades **b** die Übertragungsflüssigkeit in den Getriebekreislauf fördert. Sie übernimmt auch die Schmierölversorgung der Lagerstellen.*

Trilok-Strömungsgetriebe

1932

Prototyp T640M2K im Bahnhof Weiz (Vorführfahrt)
Wird 1933 an die französische Firma DeDietrich verkauft

Prototyp T640M2K im Bahnhof Drosendorf (Vorführfahrt)
Der zweite Prototyp T640H2K wird ab 1933 als Mietfahrzeug VT101 bei der Eisenbahn Wien-Aspang (EWA) und auch bei den BBÖ in Dienst gestellt.

Die Tourentrophy für Motorräder 1932

Auch bei den Puch-Werken in Graz wurden die Renneinsätze seltener, doch bemerkte man bei den Motorrädern einen geringeren Verkaufsrückgang als bei den Automobilen. Es liegt auf der Hand, dass in diesen schwierigen Zeiten so mancher Autofahrer auf die billigere Zweiradvariante umgestiegen ist, um überhaupt mobil zu bleiben.

Cmyral und Hunger auf Puch 250 Ladepumpe in Wolkersdorf

Die Tourentrophy auf einem 13,2 km langen Rundkurs im Weinviertel (Wolkersdorf–Ulrichskirchen–Riedenthal–Wolkersdorf) fand am 8. Mai mit einer erfolgreichen Beteiligung der Puch-Mannschaft statt. Am Start standen 5 Stück Puch-Rennmaschinen in der 250-cm^3-Klasse, die auch die ersten 4 Plätze erreichten. Das wäre noch keine große Überraschung, aber die Überlegenheit der beiden Werks-Ladepumpenmaschinen von Cmyral und Hunger die die Plätze 2 und 3 in der Gesamtwertung erreichen konnten, war einfach sensationell. Sie landeten abgesehen vom Sieger Martin Schneeweiß vor allen Teilnehmern der 500-cm^3- und der 350-cm^3-Klasse! Gegenüber dem Sieger verloren die beiden ganze 3 Minuten bei einer Gesamtlaufzeit von 3:17:27 Stunden.

Am 22. Mai fand das **Präbichl-Bergrennen** statt, welches Siegfried Cmyral in der Klasse 250 cm^3 ebenfalls gewinnen konnte.

Cmyral am Präbichl

Werbung Puch

1932

ADG für die Wiener Feuerwehr

Die Wiener Feuerwehr bestellte einen geländegängigen Wagen für die Einsätze rund um den Kahlenberg in den westlichen Randbezirken. Selbstverständlich wurde eine Abnahmefahrt zum Hermannskogelhaus organisiert. Der Branddirektor Ing. Anton Wagner übernahm den ADG von Ing. Raoul Roms, Leiter der Austro Daimler Feldbahn- und Lastwagenabteilung. Beide Herren waren schon 20 Jahre zuvor bei der Übergabe der Elektro-Daimler-Löschfahrzeuge zusammengetroffen. Das nennt man Kontinuität und wohl auch Vertrauen zueinander!

ADG-Übergabe beim Hermannskogelhaus
Ing. Roms (weißer Hut) und Branddirektor Wagner (rechts)

Wie viele ADG zur Wiener Feuerwehr gelangten, bleibt im Dunkeln. Es kann aber davon ausgegangen werden, dass mehrere Stück im Laufe der Zeit angekauft wurden. Das untere Bild zeigt einen ADG, der möglicherweise in späteren Jahren von Steyr ausgeliefert wurde.

ADG Feuerwehr Wien

Wieder zwei Lobesbriefe

Ein den Lesern des Bandes I bekannter Austro Daimler-Kunde aus den ersten Jahren des Unternehmens meldete sich im Juni wieder einmal in der Wiener Zentrale:

Ich bin nun im Laufe der Jahre als treuer Abnehmer bei dem siebenten Wagen Ihrer Marke angelangt. So sehr ich mit all diesen früheren Typen zufrieden war, so kann doch keine von diesen an die Type ADR heran. All die Vorzüge, die diese besitzt, schriftlich niederzulegen, würde viel zu weit führen. Man muß diesen Wagen gefahren haben, um sich nur einigermaßen ein fachgerechtes Urteil über die hervorragende Güte Ihres jüngsten Erzeugnisses bilden zu können. Ich bestätige es wirklich herzlichst gerne, daß Ihre Type ADR das idealste eines Wagens ist und bleiben wird. Hochachtungsvollst gez. Alexander Brüll (Holzindustrie M.A.BRÜLL).

Auch ein drei Jahre zuvor ausgelieferter zehnsitziger ADO-Bus lief zur vollsten Zufriedenheit beim Alpenhotel Lukashansl in Ferleiten: *... auf Grund dieser Tatsachen kann ich nur wünschen: Kauft dieses österreichische Fabrikat, es hält jeder ausländischen Konkurrenz stand! Hochachtungsvoll Rupert Mayer.*

Vorstellung des Schnelltriebwagens VT 61.01 (T640M2)

Die Werbestrategen bei Austro Daimler wussten offenbar genau, wo bei der Bahn der Schuh drückte. Eines der begehrten Wochenendziele der Wiener war damals der Semmering. Um den knapp 1.000 m hohen Luftkurort ohne eigenes Automobil zu erreichen, musste man beinahe 3 Stunden Zugfahrt eingeplanen. Dies deswegen, weil auf der steilen Semmering-Strecke eine weitere Lok vorgespannt werden musste und eine 45 km/h-Geschwindigkeitsbegrenzung für die schweren Dampfrösser vorgeschrieben war.

Der Wien–Semmering-Express

Ein kurzer Halt im Bahnhof Wiener Neustadt

1932

Daher wählte man bei Austro Daimler am 8. Juli eine Vorstellungsfahrt von Wien auf den Semmering, schon deswegen, weil die Semmering Hotel und Kuranstalt AG an diesem Transportmittel ihr Interesse angemeldet und gekauft hatte.

Der Chefkonstrukteur Oskar Hacker steuerte den blau lackierten VT 61.01 selbst und war gewillt, einen neuen Streckenrekord aufzustellen. Nach einer sanften Anfahrt im Wiener Südbahnhof beschleunigte der Schienenbus mit seinen 24 Sitzplätzen in circa einer Minute auf 100 km/h.

Der Passagierraum eines Schnelltriebwagens

Das typische Bahngeräusch der Schienenstöße war nur mehr sehr gedämpft hörbar. Auch in stärkeren Kurven wurde eine Geschwindigkeit von 60 bis 80 km/h nicht unterschritten. Hacker pendelte sich bei 90 km/h auf den ebenen Abschnitten bis Payerbach-Reichenau ein, um dann die Semmering-Strecke mit 55 bis 60 km/h zu erstürmen – selbstverständlich ohne Vorspannlok! Es gab jede Menge Fenstergucker bei den entgegenkommenden Zügen, die so etwas noch nicht gesehen hatten. Semmering, Bahnhof: Fahrzeit 1 Stunde und 23 Minuten – schneller war noch keiner gewesen!

Nach den üblichen Honneurs mit den Presseleuten und den Fremdenverkehrsverantwortlichen des Semmering-Gebietes wurde die Rückreise angetreten. Allerdings musste die Wendung des Triebwagens in Mürzzuschlag auf einer Drehscheibe durchgeführt werden. Wie dieser Bus es schaffte, ohne Überhitzung der Bremsen den ganzen Semmering hinunterzukommen, bleibt wegen des Freilaufs ein Rätsel. Um einen Anhaltspunkt zu bekommen, gab die Zeitung „Eisenbahn und Industrie" gab bekannt, dass ein Bremsversuch aus 75 km/h einen Bremsweg von 110 m ergab. Im Vergleich dazu benötigte ein normaler Eilzug 600 bis 700 m. Dies lässt den Schluss zu, dass die Bremsanlage wirklich überdimensional ausgelegt war oder der Freilauf auch gesperrt werden konnte.

Der sogenannte „Leichtschienenbus" wog übrigens 6,1 Tonnen. Die Daten des Motors sind in etwa ident mit der Maschine des ADG. Hier allerdings werden die 80 PS von vornherein genannt, im Gegensatz zum ADG, der mit 65 PS in den Datenblättern steht. In weiterer Folge wird das populäre Transportmittel – im Volksmund auch Nurmi nach dem finnischen Langstreckenläufer Paavo Nurmi genannt – im Jahr 1937 von der BBÖ übernommen.

Bahnhof Semmering, im Hintergrund oben das Hotel Panhans

TYPENÜBERSICHT ALLER AD – TRIEBWAGENTYPEN

Skizze	Type	Spurweite mm	Radstand mm	Motoren	Geschwindigkeit km/st.
	T 640 M 2	1435	3900	1×80 PS	110
	T 640 H 2 K	1435	5200	1×80 PS	100
	T 2×640 H 2	1435	6680	2×80 PS	120
	T 2×640 H 2	1435	6680	2×80 PS	110
	A 2	1435	6680	–	–
	T 2×640 H 4	1435	17000 Drehzapfen-Abstand 3000 Drehgestell-Radstand	2×80 PS	100
	T 2×640 H 2 St	1435	6680	2×80 PS	90
	T 2×640 H 4 St	760	8000 Drehzapfen-Abstand 1600 Drehgestell-Radstand	2×80 PS	45
	T 2×640 H 4 S	760	12000 Drehzapfen-Abstand 1600 Drehgestell-Radstand	2×80 PS	40
	TA 230 M 4	1075	10900 Drehzapfen-Abstand 2250 Drehgestell-Radstand	1×230 PS	75

Internationale Alpenfahrt 1932

In diesem Jahr gab es keine Beteiligung der Austro Daimler Werke bei dieser Veranstaltung. Doch befand sich Dr. Adolf Noll aus Gießen mit seinem ADR 3 Liter am Start in München. Er erreichte das Ziel in San Remo ohne Strafpunkte und erhielt einen Gletscherpokal. Das schlechte Zeitungsbild entstand am Niederalpl.

Alpenfahrt 1932 – Adolf Noll auf ADR

Gaisberg-Rennen 1932

Dank des Landeshauptmanns Dr. Rehrl fand auch in diesem Krisenjahr ein internationales Bergrennen in Salzburg statt – zum Leidwesen der Veranstalter am Semmering. Aber auch dort fehlte eine Beteiligung der Austro Daimler Werke. Das heißt aber nicht, dass kein AD am Start dieses Rennens stand – richtig geraten: Dr. Karl Imhof gewann die Tourenwagenklasse bis 3 Liter Hubraum mit seinem schon betagten ADM!

Imhof auf ADM bei der Abnahme

Imhof im Rennen auf den Gaisberg

Das Starterfeld war ein sehr hochklassiges, denn Mercedes, Bugatti und Alfa Romeo nahmen an diesem Event teil. Hans Stuck siegte in der Sportwagenklasse für Mercedes und Caracciola entschied die Rennwagenklasse auf Alfa Romeo für sich.

Doch noch ein Meistertitel

Obwohl keinerlei Rennaktivitäten durch die Neustädter Daimlerwerke stattfanden, wurde für Austro Daimler die Ungarische Tourenmeisterschaft gewonnen. Carl Schwab fuhr alle zugehörigen Rennen mit dem Bergmeister mit und fixierte den Gesamtsieg. Das Zeitungsbild zeigt Schwab beim Rennen auf den Guggerberg, wo immer sich der befunden hat …

Carl Schwab auf ADR Bergmeister beim Rennen auf den Guggerberg

Der Austro Daimler-Autotransportwagen ATW

In dieser wirtschaftlich schweren Zeit wurden wohl alle Marktnischen ausfindig gemacht, um die daniederliegende Fabrik am Laufen zu halten. Im Sektor „Schiene" tat sich so manches Kleinprojekt auf, welches im Herbst 1932 in eine brauchbare Lösung umgesetzt wurde. Zum Beispiel für den Transport von Automobilen durch den Tauerntunnel zwischen Bad Gastein und Mallnitz. Wie hinlänglich bekannt, gab es dort keine Passstraße über den Tauern und ein Ausweichen auf Straßen war nur mit gehörigen Umwegen möglich.

Im Austro Daimler-Werk waren die Zugfahrzeuge in Form der Bahnmeisterwagen und Draisinen vorhanden, nur die Plattformwagen zur Beladung und Sicherung von Automobilen mussten noch entwickelt werden. Dazu werden Rahmen aus gepresstem Stahlblech samt Diagonalverstrebungen in ungefähr 5 Metern Länge hergestellt und mittels Holzbeplankung befahrbar gemacht. Dafür gibt es eine Auffahrtsrampe, die gleichzeitig als Brücke zwischen den Plattformwagen genutzt werden kann. Damit lässt sich ein Zug einrichten, der per Automobil durchfahren werden kann, ähnlich den heutigen Autoreisezügen. Zur Sicherung der Fahrzeuge werden Ketten verwendet, die ähnlich wie Schneeketten über die Vorderräder gelegt werden. Außerdem sind auf jedem Plattformwagen ausklappbare Anschlagbretter eingebaut, die für zusätzlichen Schutz für das heikle Ladegut „Automobil" sorgen. Ein Plattformwagen kann 5 Tonnen Last aufnehmen, wobei das Eigengewicht bei 1,5 Tonnen liegt.

Wie viele dieser ATW produziert wurden, ist unbekannt. Der Einsatz einer Garnitur bei der Tauernschleuse Gastein-Mallnitz ist aber sicher.

Automobiltransportwagen ATW mit Rampe, Brücke, Transportsicherung und Zugdraisine

Gegen Jahresende fanden normalerweise viele Automobilausstellungen statt, doch in diesem Jahr ohne österreichische Beteiligung. Aus den USA kamen Berichte nach Europa, wonach der Großkonzern General Motors in den ersten neun Monaten nur mehr 10 % des Vorjahresumsatzes erreichen konnte. Ohne die staatlichen Aufträge für den ADG und nun auch seitens der BBÖ für einige Schienenbusse wäre auch für Austro Daimler schon mit Jahresende 1932 das Aus sehr nahe gerückt.

Die wenigen Kunden aber, die sich einen Bergmeister kaufen konnten, waren von diesem Produkt schwer begeistert. Otto Liehsmann vom Photohaus Schilling & Co in Königsberg in Preußen war einer davon, schrieb nach Wiener Neustadt eine Lobeshymne auf den AD 635 nach einer 7.000 km langen Alpenfahrt und schloss mit den schicksalhaften Worten: *Ich wünsche Ihnen einen guten Absatz und empfehle mich Ihnen!*

ADR 635 Sport Bergmeister

Güterweg auf die Hohe Wand

Nun noch ein Abstecher zum Straßenbau. Am 3. Dezember 1932 wurde die **Hohe-Wand-Straße** durch Landeshauptmann Dr. Buresch als Güterweg eröffnet. Man wollte die Wirtschaftstreibenden dieser Region stärken und am Fremdenverkehr des Semmering mitnaschen. Doch bereits am 22. Dezember beschloss der Niederösterreichische Landtag eine Mautpflicht für die spektakuläre Bergstraße, weil man befürchtete, dass die Erhaltung dieses Bauwerks nicht durch die Wirtschaftstreibenden auf der Hohen Wand bewerkstelligt werden kann.

Nach Bekanntwerden dieser Maßnahme folgte sofort ein bösartiger Artikel in der Allgemeinen Automobilzeitung gegen die Mautpläne mit der Aufforderung an die Automobilisten, lieber auf den mautfreien Semmering zu fahren. Die Maut auf die Hohe Wand besteht bis heute und wird nur an Wochenenden eingehoben. Die Automobilisten allerdings hielten sich nicht an den bösartigen Aufruf und besuchten die Hohe Wand recht gerne – bis in die Gegenwart!

Die nebenstehende Werbeeinschaltung zeigt alle verfügbaren Typen von Steyr und Austro Daimler. Auffallend ist aber, dass alle Fahrzeuge ausgepreist sind, nur die beiden Austro Daimler nicht. Zur Orientierung: Die Preise bewegten sich damals jenseits der 30.000-Schilling-Grenze! Um nicht abschreckend zu werben, ließ man den Preis einfach weg. Schon 1932 kam es vor, dass man diese Luxusfahrzeuge dann doch nur mehr deutlich unter ihrem Listenpreis verkaufen konnte.

Und **Dir. Eduard Fischer** stand für die anstehende Neuwahl in den Vorstand des Österreichischen Automobilclubs nicht mehr zur Verfügung. Am 16. Dezember 1932 schied er aus der Führungsebene des Clubs sowie aus seiner Funktion in der obersten nationalen Sportkommission aus. Gleichzeitig mit ihm legten auch Karl Gräf und der erkrankte Felix Sterne ihre Funktionen zurück.

Werbung AD und Steyr

ADR Bergmeister Stromlinie – hochgepriesen im Europa-Motor

1933 – Europa auf dem Tiefpunkt

Es wird das Jahr der Währungsabwertungen in Europa, beginnend in England mit 30 %. In Österreich wird die Abwertungsquote 28 % betragen. Und in Deutschland ist es das Jahr des politischen Umbruchs. Hitler kommt an die Macht. Auch in Österreich werden die Verhältnisse immer prekärer, denn die Dollfuß-Regierung nützt die Selbstausschaltung des Parlaments und drängt damit die Opposition in den Untergrund. Gestärkt durch die Führerschaft Hitlers, werden die Nationalsozialisten in ihrem Auftreten noch lauter.

In diesem Umfeld kämpft die auf ungefähr 500 Personen geschrumpfte Belegschaft bei Austro Daimler um ihre Aufträge. Auch in Steyr wird das Werk zeitweise stillstehen. Bei Puch gehen neben den Fahrrädern noch fallweise Motorräder über den Ladentisch, vor allem die kleineren Typen um 200 cm^3.

Trotz dieser tristen Tatsachen geht man gemeinsam im Februar 1933 zur **Berliner Automobil Ausstellung**, um nicht ganz in Vergessenheit zu geraten. Was gibt es dort zu sehen? Ja, wie gewohnt, Bergmeister, ADR 8 und Steyr XXX. Also nichts Neues. Personell wurde alles aufgeboten, was Rang und Namen hat. In Berlin anwesend waren die Direktoren Gerstner, Herbst und Windberger sowie die Ingenieure Marcellino und Hacker. Extra für den deutschen Markt haben die Puch-Ingenieure, wie alle anderen Hersteller auch, den Hubraum auf 200 cm^3 reduziert. Denn neuerdings durfte man Motorräder unter diesem Wert steuer- und führerscheinfrei fahren. In Österreich hingegen kamen die Steuererleichterungen erst später.

Ausstellung Berlin

Ausstellung Berlin, Puch 200

Und in Wien folgte die Messe im März, bei der doch tatsächlich ein ADR 8 verkauft wurde – der Großgrundbesitzer Johann Bergmann aus Zwittau durfte nun einen der schönsten Wagen der Ausstellung sein Eigen nennen.

Im Zuge der Ausstellung in Wien hielt Dir. Windberger am 24. März vor einer deutschen Studentenschaft einen Vortrag über die neuen Konstruktionsmerkmale in der Automobilindustrie. Dabei waren die neuen Schwingachsen ein Thema, aber auch technische Fragen zum Frontantrieb. Als Abschluss präsentierte Windberger auch die in Bau befindlichen neuen Schnelltriebwagen.

Und Ing. Karl Bettaque wurde am 21. März das „Goldene Sportehrenzeichen“ des Ö.A.C. zugesprochen.

Messe Wien, ADR 8 geht nach Zwittau

Schnelltriebwagen VT 62

Gleich nach dem gelungenen Start des VT 61.01 gaben die Austro Daimler-Ingenieure dem eigentlichen Triebwagen-Produkt ein moderneres Aussehen. Am Umschlag des Verkaufsprospektes machte man auf die lange Tradition der Triebwagen bei Austro Daimler aufmerksam, denn der erste war schon 1902 in Betrieb gesetzt, allerdings bis ins Jahr 1932 keiner mehr …

Der VT 62 verfügte über zwei gleiche Motoren mit je 80 PS, jedoch wurde die Karosserie auf circa 45 Sitzplätze erweitert. Zusätzlich standen nicht motorisierte Anhängerwagen bei Bedarf zur Verfügung.

Als Kunde trat die BBÖ auf. Probe- und Abnahmefahrten fanden zuhauf statt, so gibt es Bilder aus Wiener Neustadt, Graz, vom Semmering und aus Villach. Tatsächlichen Regelbetrieb gab es auf den Normalspurstrecken Wien–Semmering–Graz und Villach sowie in der Wachau, zwischen Retz und Drosendorf, im Raum Wels und Lienz. Insgesamt wurden 6 Triebwagen geliefert.

Prospekt Triebwagen

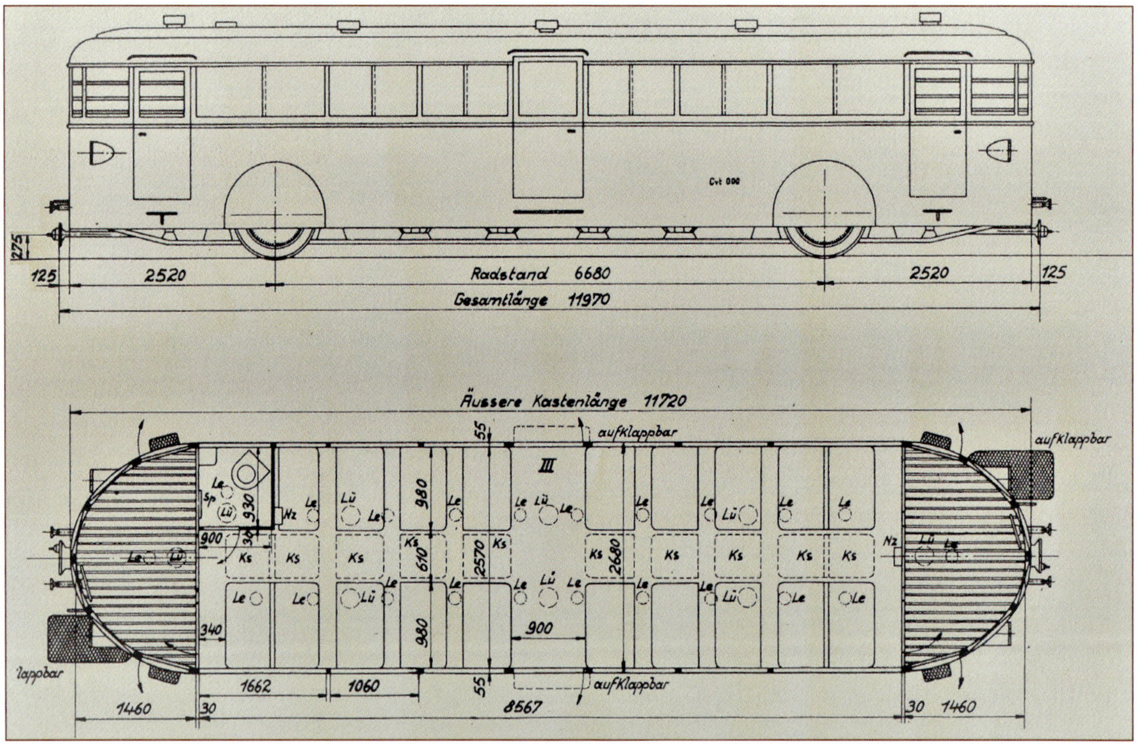

Werkzeichnung VT 62

1933

Werksfoto 62.02 mit bauartgleichem Beiwagen

Zur Auslieferung bereit: VT 62

Prototyp T640H2K in Aspang: Probefahrt

VT 62 im Bahnhof Semmering

Schmalspurtriebwagen

Bei den Schmalspurbahnen sind vor allem die Strecken **Murtal** von Unzmarkt nach Murau, die Strecke **Weiz–Ratten** und **Kapfenberg–Au-Seewiesen** zu nennen. Im **Salzkammergut** zwischen Bad Ischl und Salzburg verkehrten ebenfalls Austro Daimler-Triebwagen. Anlässlich der Einführung des Betriebes wurde ein Filmbericht für die Wochenschau in den Kinos gedreht. Wann genau jede dieser Strecken den Betrieb aufnahm, konnte mit einfachen Recherchen nicht ermittelt werden. Einzugrenzen ist der Zeitraum von Sommer 1933 bis Winter 1933/34. Die Stückzahlen sind allerdings bekannt. Die Steiermärkischen Landesbahnen kauften 6 Triebwagen der Type T2x640H4St, und 3 Stück T2x640H4S gingen an die Salzkammergut Lokalbahn.

Linie Weiz–Ratten

Aber auch für ihre Normalspurstrecke Gleisdorf–Weiz beschafften die Steiermärkischen Landesbahnen 2 Triebwagen. Der VT2 benannte Triebwagen T2x640H2St.

Verladung eines Schmalspurtriebwagens für die Salzkammergut-Lokalbahn im Werk Wiener Neustadt …

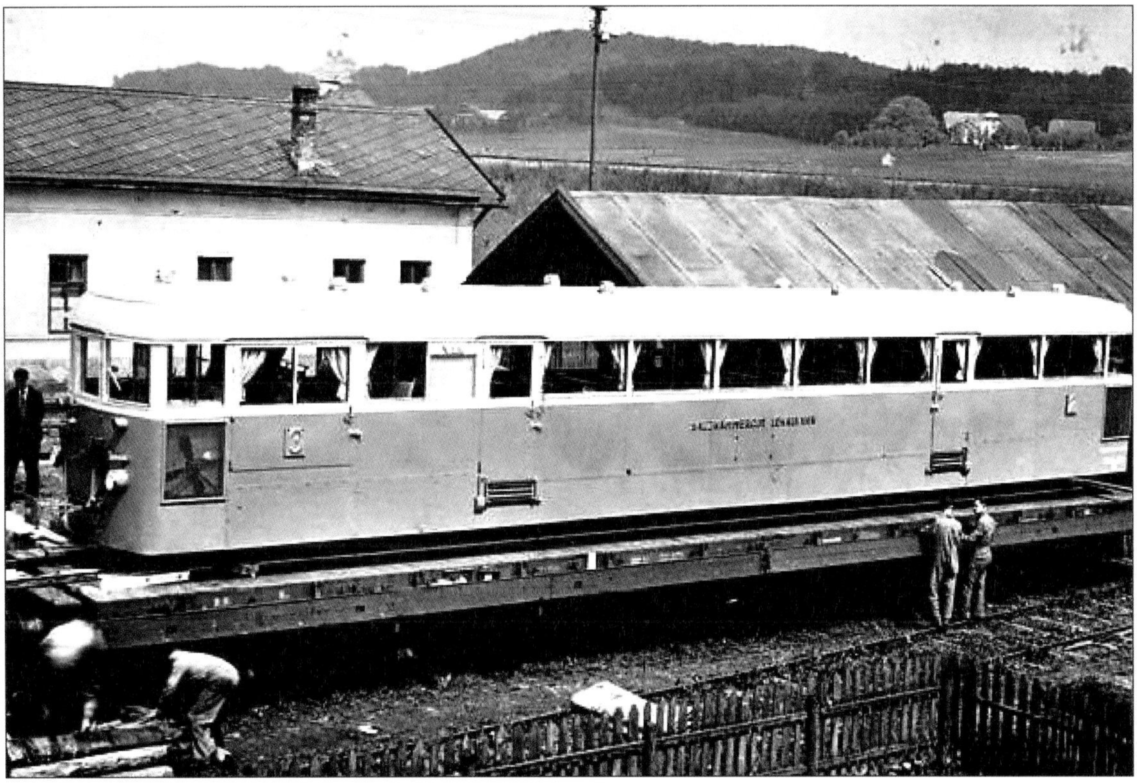

… und Abladearbeiten in St. Gilgen

1933

Schmalspurtriebwagen T2x640H4 im Bahnhof St. Gilgen

T2x640H4St Murtalbahn

T2x640H4S im Bahnhof St. Gilgen

Schmalspurtriebwagen T2x640H4St auf der Strecke Weiz–Ratten

ADG-Produktion für Militär und Polizei

Die einzige Abteilung bei Austro Daimler, die in dieser Zeit unter voller Auslastung stand, war mit Sicherheit das Konstruktionsbüro. Die neuen Schienentriebwagen hatten einige komplett neuartige Lösungen zu bieten, die oftmals Probleme aufwarfen, wie zum Beispiel die gummigelagerten Räder. Daher war es äußerst wichtig für den Weiterbestand der Fabrik, dass der ADG in zwei Serien zu je 65 Stück in Produktion stand. Vornehmlich für das Bundesheer und den Polizeieinsatz wurden diese innovativen Fahrzeuge gebraucht – leider gegen Teile der eigenen Bevölkerung. Der Bürgerkrieg sollte sich im kommenden Jahr noch drastisch ausweiten.

ADG aus den ersten beiden Serien in einer Kaserne

1933

Die Angehörigen des Heeres waren natürlich froh, endlich wieder neues Gerät zu bekommen, weil nach dem Ersten Weltkrieg kaum Anschaffungen für die Sicherheitskräfte in Österreich möglich waren.

Wegen der spezifischen Eigenheiten des ADG wurden die Fahrer eigens für den Umgang im Gelände geschult, was in Anbetracht der außergewöhnlichen Fähigkeiten dieses Fahrzeuges fallweise in einer Mutprobe endete.

Die nächsten Produktionsserien sollten bereits in Steyr vom Band laufen, es waren daher die letzten Automobile aus Wiener Neustädter Produktion …

ADG-Fahren will gelernt sein!

Noch eine Neuentwicklung – der ADN

Im Zuge der erfolgreichen Einführung der ADG dürften die Militärbehörden den Wunsch nach Lastkraftwagen mit Tankwagenaufbau geäußert haben. Und ein unvorsichtiges Verkaufsgenie bei Austro Daimler hat wohl diesem Projekt gute Zukunftsaussichten eingeräumt. Leider stellte sich diese Vermutung als falsch heraus. Denn lediglich 6 Stück dieses aufwendigen Tankfahrzeuges wurden für das Militär hergestellt. Zwar wurden viele Komponenten wie der Motor vom ADG eingesetzt, der Rahmen und die gesamte Anordnung wurden aber neu konstruiert. Ein teures Unterfangen für dieses halbe Dutzend Fahrzeuge. Auch über die Ästhetik dieses Arbeitstieres kann man geteilter Meinung sein. Für die Konstruktion waren Oskar Hacker und Franz Reimspieß verantwortlich.

ADN-Tankfahrzeug – nur 10 Stück produziert!

ADN	Technische Daten
Motor 6-Zylinder Benzin	siehe ADG-Motor 80 PS
Getriebe/Antrieb	4 Gang, 1 Rückwärtsgang/Hinterrad
Spurweite vorne/hinten	1.650/1.455 mm
Radstand	3.900 mm
Radaufhängung vorne/hinten	Starrachse/Schwingachse Viertelelliptik
Fahrzeuggewicht Chassis	ca. 4.000 kg
Nutzlast	3.500 kg
Höchstgeschwindigkeit	ca. 70 km/h

ADN-Tankfahrzeug im Einsatz mit einigen durstigen ADGs am Tankschlauch

Alpenpokal 1933

Zur allgemeinen Überraschung gab es 1933 eine Beteiligung von Austro Daimler bei der Alpenfahrt. Ins Rennen gingen die Herren Desiderius von Bitzy, Richard Gerin und Dir. Anton Czech als Markenteam und zusätzlich Shelagh von Liechtenstein im Bergmeister. Eine internationale Fahrt wie in den letzten Jahren kam auf Grund der wirtschaftlichen und politischen Lage nicht zustande. Daher blieb es am 24. und 25. Juni bei einem nationalen Sportereignis. Für Austro Daimler verlief diese Tourenfahrt äußerst erfolgreich. Ohne Strafpunkte blieben Bitzy im Bergmeister, Shelagh von Liechtenstein auf Bergmeister und Richard Gerin auf ADR. Auf Platz 3 mit 12 Strafpunkten beendete Dir. Anton Czech auf ADR 8 diese schwere Prüfung. Mit zwei Teilnehmern ohne Strafpunkte und einem 3. Platz holte das Austro Daimler-Team unangefochten den Teampreis. Wieder ein schöner Erfolg für die Neustädter Fabrik!

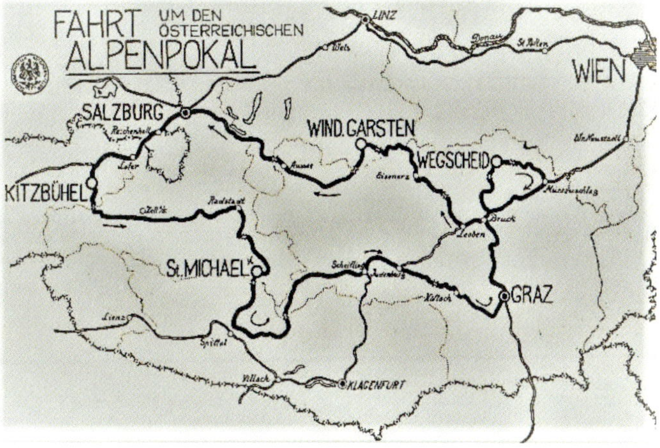

Route Alpenpokal 1933

Shelagh von Liechtenstein auf ADR Bergmeister

Richard Gerin auf ADR bei der Kontrolle am Niederalpl

Gaisberg-Rennen 1933, wieder „International"

Die internationale Beteiligung in Salzburg wurde hauptsächlich durch die italienischen Automobilmarken wie Alfa Romeo und Maserati erfüllt, die auch die wichtigsten Kategorien gewinnen konnten.

Oberbergrat Dr. Karl Imhof

Wahrscheinlich erwartet der geneigte Leser nun den Bericht über Dr. Karl Imhof, der die 3-Liter-Tourenwagenklasse auf ADM gewinnt. Man glaubt es kaum, aber Dr. Imhof startete nicht mehr im Rennen. Er zog es vor, bei der Organisation zu helfen, und beendete seine Rennfahrer-Kariere. Die Verabschiedung von seinem treuen Publikum vollzog er durch das zweimalige Befahren der Gaisbergstrecke, natürlich außer Konkurrenz, aber unter ständigen Ovationen seiner Fans. Einmal sollte Imhof noch in einem Rennen starten: 1935 am Großglockner – der neuen Hochalpenstraße konnte er anscheinend nicht widerstehen.

Der nun 60-jährige Imhof befasste sich mit dem Eisenbahn-Tunnelbau, unter anderem beim Tauerntunnel, und später mit der Goldgewinnung im Tauerngebiet. 1907 verlieh ihm Kaiser Franz Joseph für seine besonderen Leistungen das „Goldene Verdienstkreuz mit Krone". Erst 1923 promovierte er zum Doktor der Technik an der Technischen Hochschule in Wien.

Nun sei noch das gute Abschneiden von Georg Suppancic erwähnt, der mit dem Bergmeister von Shelagh von Liechtenstein den 2. Platz in der Sportwagenkategorie erreichen konnte. Der Klagenfurter Dr. Arnulf Zenkl konnte mit dem ADR in der 3-Liter-Klasse den 5. Platz belegen.

2. Platz für Georg Suppancic im Bergmeister der Gräfin Liechtenstein

Austro Daimler-Puchwerke A.G.

ZENTRALE

FERNSPRECHER: U-43-5-15 SERIE
TELEGRAMMADR.: AUSTRODAIMLER WIEN
~~KABELADRESSE: AUSDAIMO WIEN~~

BANKVERBINDUNGEN:
WIENER BANKVEREIN WIEN
OESTERREICHISCHE CREDIT-ANSTALT
FÜR HANDEL UND GEWERBE WIEN

WIEN, 11. August 1933.
I., SCHWARZENBERGPLATZ 18

ABTEILUNG: SCHIENENFAHRZEUGE
BETRIFFT: 5240/T.
Motor Type ADG.

Tit.

"Gebus"-Lokomotiven-Konstruktions-
u.Vertriebsgesellschaft,
Ing.Otto Judtmann & Ing.M.Gelinek,

W i e n VIII.,

Langegasse 5.

12/8

Erledigt:

Unter Bezugnahme auf Ihre telefonische Anfrage, offerieren wir Ihnen nachstehend, auf Grund der beiliegenden Liefer- und Verkaufsbedingungen des Verbandes Oesterr. Automobil-Industrieller:

			Schilling
1	Stück	60/80 PS Benzin-Motor Type ADG, lt. beiliegender Zeichnung Nr.75390, jedoch ohne Getriebe	9.850.-
1	"	Wasserkühler	2.430.-
1	"	Doppelventilator	1.670.-
		Elektrische Teile, lose, wie:	
1	"	Magnet MN 6 3/4 S	400.-
1	"	Lichtanlassmaschine LAK 300/K 24	800.-
1	"	Batterie 12 H 5/60	250.-
			15.400

Vorstehende Preise verstehen sich pro Stück, ab Werk Wr.-Neustadt, excl. Verpackung, excl. Wust und K.Z. in Schillingen, u.zw. auf Grundlage des am Tage der Offertstellung geltenden Goldkurses nach § 2 der Goldklauselverordnung

Angebot über einen ADG-Motor – ob es zur Lieferung kam?

1933

Rund um das letzte Semmering-Rennen

Bezüglich des wieder stattfindenden Semmering-Rennens kann man nur erwähnen, dass fast sämtliche Klassen von Alfa Romeo beziehungsweise von Bugatti gewonnen wurden. Auch Frau Maria Kozmian startete auf einem Bugatti und erreichte die beste Zeit der Damen. Austro Daimler fehlte in den Semmering-Startlisten. Hans Stuck allerdings gewann im Nachhinein den **Semmering-Wanderpreis**, weil nach seinen Rekorden 1929 und 1930 keiner mehr schneller war. Jedoch trug sich ein neuer Name aus Österreich in die Ergebnislisten ein. Karl Abarth startete in der 1.000-cm^3-Beiwagenklasse und gewann diese auf seiner Sunbeam. Er sollte Jahre später in Gmünd zu Porsche stoßen und gemeinsam mit Ing. Rudolf Hruska in Italien bleiben – Abarth im Umfeld von Fiat, Hruska bei Alfa Romeo.

Puch 500 super 33

Bei Puch stellte man eine verbesserte Version der 500-cm^3-Maschine vor, die allerdings nicht am Renngeschehen teilnahm – die **Puch 500 super 33**. Sie verfügte über Doppelscheinwerfer für sicheres Nachtfahren und daher auch über eine verstärkte Lichtmaschine mit 45 Watt. Diese Version war auch als Beiwagengespann erhältlich.

Aus **Sachsen** lobte die Betriebsfeuerwehr der Klinger AG ihren AD 6, den man zu einer Automobilspritze umgebaut hatte. Der Motor wurde mit einer Löschpumpe von 2.000 Minutenlitern direkt gekoppelt, sodass es möglich wurde, mit 6 Leitungen in das Brandobjekt zu gehen. *„Der Motor ist äußerst zuverlässig und unverwüstlich!"* – meinten die Sachsen.

Felix Sterne am 17. August verstorben

Im Jahr 1900 starteten Felix Sterne und Adolf Schmal-Filius mit der Herausgabe der Allgemeinen Automobilzeitung. Wir verdanken den beiden einen tiefen Einblick in die historische Mobilität, denn es gab keine vergleichbare Zeitung über all die Jahre, die derart lückenlos Aufzeichnungen und Bilder über das Geschehen rund um das Automobil festgehalten hat. Auch die Berichte über das Flugwesen mit den Verbindungen zur Automobilindustrie lassen nun im Nachhinein Recherchen leichter vonstattengehen. Adolf Schmal-Filius war ja schon viel zu früh im Jahr 1919 gestorben, wodurch die Berichterstattung von Sterne an Bedeutung gewinnen konnte. Der aus Budapest stammende Zeitungsverleger verstarb im 88. Lebensjahr.

Felix Sterne

Oskar Hacker mit Prototyptriebwagen in Amerika

Es handelte sich nicht um einen schnellen Sondierungstrip in die USA, sondern um eine Vorstellungsfahrt durch halb Europa inklusive Schiffstransport nach Amerika. Vielleicht mit einem Bergmeister? Nein, mit dem Schnelltriebwagen Prototyp **T2x640H2** auf Schiene! Dazu benötigte er ganze 5 Monate. Dass nebenbei auch ein ADR Bergmeister Stromlinie an Frau Dr. Jilly-Wody verkauft wurde, war ein positiver Nebeneffekt. Über seine Reise hielt Ing. Hacker am 30. Oktober im Haus der Industrie am Schwarzenbergplatz 4 einen Vortrag, demzufolge vorerst noch kein Triebwagen nach Amerika verkauft wurde, jedoch ein finanzieller Erfolg durch eine Lizenzvergabe erreicht werden konnte.

Prototyp T2x640H2 in Innsbruck

Die abenteuerliche Reise startete im Mai 1933 und führte über Innsbruck, weiter in die Schweiz und durch Deutschland nach Hamburg. Dann mit dem Schiff nach New York. Über den Inhalt beziehungsweise den Preis der Lizenzvereinbarung mit der Firma **Howe & Sons** in der New Yorker 5th Avenue gibt es keine genaueren Informationen. Tatsache ist aber, dass ein VT 63 nie in den USA war – ein immer wieder gezeigtes Bild aus einem Prospekt war eher ein Wunschtraum der Werbeabteilung! Hingegen ist das nachfolgende Bild authentisch. Der gegenständliche Triebwagen verblieb in den USA.

Prototyp T2x640H2 – die Alternative zum Dampfbetrieb?

Der neue Schnelltriebwagen VT 63

Parallel zu den Verkaufsaktivitäten in den USA war man in Polen erfolgreicher. Die dortige Staatsbahn erwarb den VT 63 Prototyp und nahm ihn im Oktober bereits in Betrieb. In Zakopane stieg eine ordentliche Eröffnungsfeier für den Triebwagen aus Österreich.

Doch zuerst die technischen Merkmale dieser außergewöhnlichen Konstruktion. Dieser Leichttriebwagen wurde wesentlich länger konzipiert als die Vorgängertypen. Daher konstruierte man einen neuen Antriebsblock, der als Drehgestell fungieren musste. Ein Triebwagen verfügte aber über zwei Motoren mit je 80 PS – also gesamt 160 Pferde. Wie bei den Vorgängermodellen auch konstruierte man zwei Führerstände, die das einfache und gefahrlose Manövrieren in beide Fahrtrichtungen zuließen. Der VT 63 wurde ausschließlich mit dem Hydraulikgetriebe ausgeliefert. Wer dem neuen Modell das futuristische Design verpasste, ist nicht überliefert. Aber Ing. Reimspieß wird nicht unbeteiligt gewesen sein.

Prototyp VT 63, Fertigung im Werk Wiener Neustadt

Gegen Jahresende 1933 wurde es im Werk Wiener Neustadt immer ruhiger. Die ADG-Aufträge waren schon nahezu fertig produziert, also blieben nur mehr die Schienenfahrzeuge übrig. Vom VT 63 sind überhaupt nur der Prototyp und 4 Stück für die BBÖ fertiggestellt worden.

VT 63.01	**Technische Daten**
Leistung	160 PS (2 x 80 PS, siehe ADG-Motor)
Länge	22,7 m
Dienstgewicht	19,3 Tonnen
Radstand Drehgestell	3 m
Drehzapfenentfernung	17 m
Ausstattung	60 Sitzplätze, zusätzlich bis zu 14 Klappsitze
Höchstgeschwindigkeit	100 km/h

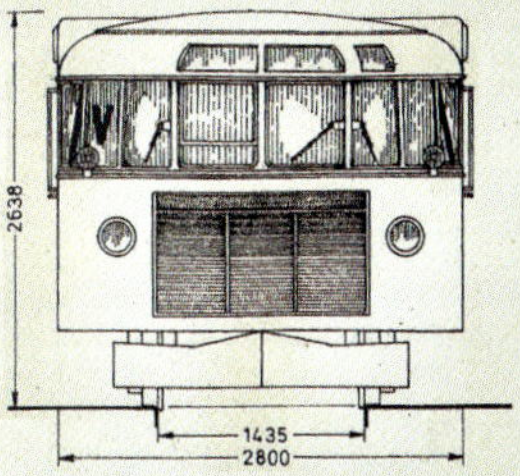

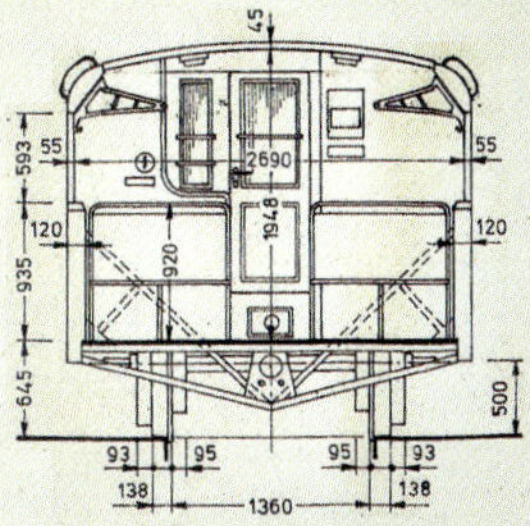

Schnitt A-B

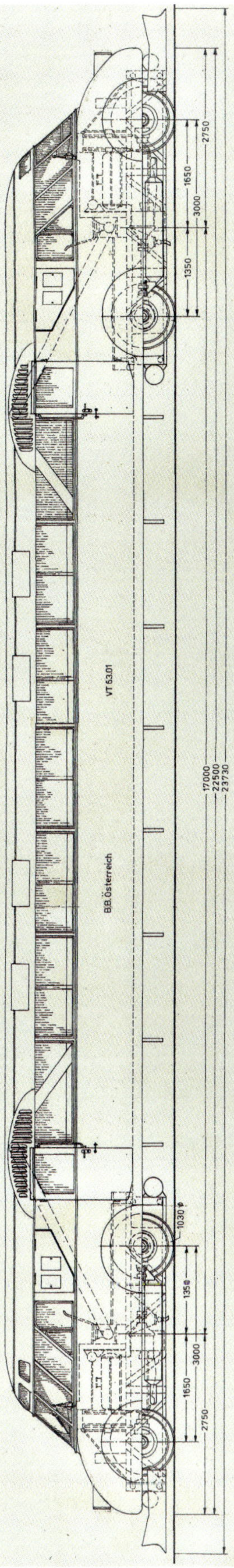

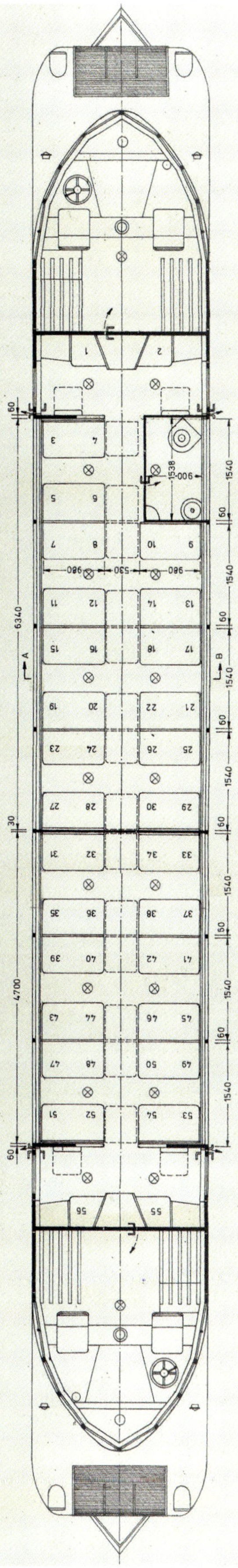

VT-63-Werkzeichnung, auch auf zwei Briefmarken hat er es geschafft

1933

VT-63-Prototyp bei der Endkontrolle entlang des Neustädter Kanals

Vorführung Graz Hbf.

Passagierraum des Prototyp VT 63

Projektstudie für die USA!

Übergabefest und Erstfahrt in Polen

In Österreich fehlte vorerst bei der BBÖ das Geld für größere Anschaffungen. Daher an dieser Stelle die festlichen Aufnahmen von den Polnischen Staatsbahnen, die als Erste den Betrieb mit dem Prototyp des VT 63 aufgenommen hatten. Diese erste Variante des neuartigen Triebwagens kam in Polen mit der Bezeichnung Sax 90080 gut an, wie auch schon Jahrzehnte davor die Automobile aus Wiener Neustadt.

Die Polnischen Staatsbahnen nahmen den Regelbetrieb zwischen Krakau und Kattowitz und nach Zakopane in die Hohe Tatra auf. Federführend dabei war der polnische Verkehrsminister Ing. Bobkowski. Er sollte auch nach der Werksschließung in Wiener Neustadt noch aus Steyr Fahrgestelle geliefert bekommen und den Fahrzeugaufbau in Lizenz herstellen lassen.

Der Sax 90080 startet in Krakau

Erste Linienfahrt: Ankunft in Zakopane
… es gibt was zu feiern!

Sax 90080, Bild vom Narodowe Archiwum in Polen

Mysterium um ein Quito-Drehgestell

Einerseits gab es im Eingangsbereich Schwarzenbergplatz 18 eine elegante Schautafel mit den Lieferländern der Schnelltriebwagen, auf der unter anderem auch Südamerika angeführt war, andererseits keine weiteren Hinweise, wer dort der Kunde sein sollte. Erst mit dem Auftauchen der Inventurliste Ende 1934 kam Aufklärung in die Sache. In der Materialaufstellung fanden sich „Teile für Quito-Triebwagen". Aber auch in den technischen Unterlagen ist eine Triebwagentype mit einer Spurweite von 1.075 mm enthalten. Sollte nun dieses falsche Maß tatsächlich zum Kunden nach Ecuador geliefert worden sein, gab es an der Pottendorfer Straße wohl ein gröberes Problem. Die Spurweite beim Kunden betrug 1.067 mm! Ob dieser Fehler nur im Prospekt aufgetreten war oder tatsächlich in der Produktion, lässt sich nicht mit letzter Sicherheit beantworten.

Schautafel Triebwagen

Geschenk an das TM Wien

Über welche Verbindungen zum Technischen Museum dieses Geschenk seitens Austro Daimler zustande kam, ist nicht überliefert. Das ADR Chassis Polie aus 1927 wurde dem Museum kostenlos überlassen. Wenigstens ein werbeträchtiges sowie geschichtsträchtiges Foto von der Übergabe erschien in der Allgemeinen Automobilzeitung, zusammen mit dem zweiten österreichischen Marcus-Wagen. Das ADR Chassis befindet sich nach wie vor im Technischen Museum in Wien.

Quito-Laufdreh-Fahrgestell mit 1.075 mm Spurweite

ADR Chassis Polie mit Marcus-Wagen bei der Übergabe (Postkarte)

VT 63 aus der Feder von Franz Zwickl

1933

1934 – Ein bitteres letztes Jahr ...

Im Verhältnis zur Werksgröße in Wiener Neustadt ließen die ungefähr 250 Mitarbeiter die Fabrik relativ leer aussehen. Auf Grund des Wegfalls der Automobilproduktion war der Beschäftigtenstand während des letzten Jahres wieder geschrumpft. Auch Dir. Willy Herbst war schon circa 2 Jahre zuvor nach Steyr übersiedelt, wo er den Posten des Werksdirektors innehatte. Im Februar kam es dann zu einem fatalen Zwischenfall, der wie nachfolgend von der Allgemeinen Automobilzeitung beschrieben wurde:

Bei den Unruhen in Steyr wurde am 12. Februar der Direktor der Steyr-Werke AG Willy Herbst während der Kämpfe in der Umgebung der Stadt von Aufständischen in seinem Auto erschossen.

Die bessere und wohl authentische Schilderung stammt aus dem Bericht „Vom Justizpalastbrand zum Februaraufstand" von Heinrich Drimmel:

Anders formuliert wurden die Steyr-Werke vom Schutzbund besetzt. Als er am Morgen des 12. Februar mit seinem winzigen Steyr-Wagen ins Werksgelände einfuhr, wurde das Auto aufgehalten. Ein Mann trat an das Fahrzeug heran und erschoss den Direktor auf kürzeste Distanz mit einer großkalibrigen Waffe. Danach trat das Bundesheer zum Sturm auf das Werk an. Zwei Tage später herrschte Friedhofsruhe, bei der man in Steyr 11 Tote betrauerte.

Willy Herbst

Haupteingang in die Steyr-Fabrik

Dieser bürgerkriegsbedingte Mord sollte in diesem Jahr nicht der einzige bleiben. Im Juli wurde Bundeskanzler Dollfuß Opfer einer Verschwörung der Nationalsozialisten. So weit ein kurzer trauriger Einblick in die herrschende Stimmungslage der Ersten Österreichischen Republik 1934.

Kriegsgerät dringend gefragt

Wie in der folgenden Aufnahme gut zu sehen ist, verfügte das Österreichische Bundesheer noch immer nicht über brauchbares gepanzertes Gerät. Schon während des Ersten Weltkriegs war diese Waffengattung als Stiefkind vernachlässigt worden. So waren die Einsatzkräfte weitgehend ungeschützt mit den neu ausgelieferten ADG-Fahrzeugen unterwegs.

Dieser Umstand musste seitens der Regierung bald der Vergangenheit angehören, wollte sie noch weiter im Amt bleiben. Denn einen Sturz mangels Verteidigungsmöglichkeiten des Ständestaates durfte es aus deren Sicht nicht geben.

Ob es eine offizielle Anfrage in Wiener Neustadt bezüglich gepanzerter Fahrzeuge gegeben hat oder ob man mit einer konstruktiven Idee an die Regierung herangetreten ist, war nicht mehr zu eruieren. Jedenfalls hatte zu Jahresanfang Franz Xaver Reimspieß einen Vorschlag zu unterbreiten, wie man aus dem ADG einen achträdrigen Radpanzer bauen könnte. Mangels guter Alternativen wurde ein Entwicklungsauftrag an Austro Daimler vergeben – natürlich streng geheim!

Aufträge für Schnelltriebwagen von der BBÖ

Bei der Neustädter Belegschaft sah man wieder Licht am Horizont. Auch die BBÖ vergab nun einen Auftrag für 4 Stück Schnelltriebwagen VT 63.

Nach einem Zeitungsbericht sollen auch Lizenzen nach Belgien und Italien verkauft worden sein. Darüber gibt es aber keine fundierten Hinweise. Produziert wurden in den drei Ländern jedenfalls keine Austro Daimler-Triebwagen.

Konnte Oberingenieur Oskar Hacker beim VT 61 durch eine Rekordfahrt von Wien zum Semmering die Kundschaft überzeugen, so wählte man diesmal die Strecke Wien–Budapest. Nicht ohne Hintergedanken, weil hier auch die Ungarischen Staatsbahnen beteiligt waren. Und der Rekord gelang auch diesmal. Die Strecke wurde in 2:58 Stunden zurückgelegt. Die schnellste Verbindung bisher waren ca. 4:30 Stunden. In den ebenen Gebieten konnte über lange Distanzen eine Geschwindigkeit von 100 km/h gehalten werden.

Aufmarsch während des Februaraufstandes 1934 vor der Oper in Wien

1934

Werkshallen sind wieder voll – Triebwagenfertigung

Probefahrt BBÖ VT 63.01 auf der Semmering-Nordrampe

Testfahrt Bahnhof Mürzzuschlag

Bei der Serie des VT63 der BBÖ sind auch einige Änderungen gegenüber dem Prototyp vorgenommen worden. So wurden die „Kotflügel" etwas abgerundet und zur Mitte gewölbt. Zusätzlich wurden über den Führerständen kleine Fenster eingebaut, vermutlich zur besseren Sichtbarkeit der Signalanlagen. Ob im innersten Technikbereich Änderungen erfolgten, ist unbekannt.

BBÖ-VT-63-Führerstand, am Steuer Einfahrer Hans Hejhal

VT-63-Abnahme durch BBÖ-Vertreter, Ing. Theo Weichmann 3. von rechts

Diese 4 Triebwagen wurden im Regelverkehr zwischen Wien und Graz (auch Klagenfurt) eingesetzt sowie zwischen Wien und Linz auf der Donauuferbahn – davon etwas später.

Zwei VT 63 im Bahnhof Semmering

Ausstellungen Berlin und Wien

In den Monaten Februar und März fanden traditionsgemäß die Automobilausstellungen in Berlin und Wien statt. Bei beiden Messen waren noch je ein Bergmeister und ein ADR 8 vertreten, aber die relativ großen Stände waren fast nur mehr mit Steyr-Fahrzeugen aller Art vollgeräumt. In **Berlin** besuchte auch Reichskanzler Adolf Hitler den Austro Daimler Steyr Puchwerke Stand und ließ sich vom Direktor der Berliner Niederlassung den neuen Kleinwagen Steyr 100 erklären und angeblich auch den Bergmeister. Die Direktoren Windberger und Gerstner waren ebenfalls anwesend.

Bei der **Wiener Ausstellung** stand zwar groß Austro Daimler am Stand, jedoch wurden die beiden Fahrzeuge beinahe versteckt. Wegen der prekären Wirtschaftslage verständlich, andererseits handelte man schon nach dem bereits gefällten Todesurteil über die Wiener Neustädter Fabrik. Der überdachte Stand im Freigelände, sonst immer für die Schienenfahrzeuge in Verwendung, war zum Großteil mit Steyr Lastwagen zugestellt, nur ein ADG durfte sich noch gnadenhalber zur Schau stellen. Die etwas übertriebene Wortwahl an dieser Stelle mögen die Anhänger der Marke Steyr verzeihen, denn selbstverständlich sprach die Zeit für kleinere, erschwingliche Fahrzeuge. Aber aus dem Blickwinkel des verabsäumten Kleinwagenprojektes Sascha im Jahr 1923 und der Typenregelung in der jüngeren Vergangenheit erscheint dieses Schicksal wie eine große vergebene Chance für Austro Daimler und damit für die österreichische Automobilindustrie. Man stelle sich einen hochwertigen Kleinwagen vor, der um ein Drittel teurer als der Steyr 100 auch im Ausland verkauft werden könnte!

Hitler besichtigt den Steyr 100

Verkaufslokal in Berlin 1934

Steyr 100 in aller Munde

Wo sind die Schienenfahrzeuge?

Wo sind die Austro Daimler?

Orient-Exkursion 1934 mit dem ADG

Ausgehend von Salzburg starteten die Herren Ludwig Freiherr von Kummer, die Brüder Rauch und Baron Klemens Baillou zu einer Exkursion in die Türkei und weiter nach Persien. Es waren auch schwere Routen über das Kurdengebirge und in den Höhenzug des Damavend einbezogen.

Daher wurde der ADG einem speziellen Umbau unterzogen und er verfügte nun über Wassertanks, Kocheinrichtung und über eine Dunkelkammer zur Fotoentwicklung. Da die Reise über Wien führte, wurde vor dem Gebäude der Austro Daimler Puchwerke AG am Schwarzenbergplatz eine Pressekonferenz abgehalten.

ADG-Spezialumbau für Orientexpedition

Was sonst noch geschah …

Schon zu Jahresbeginn wurde auch das Ausstellungslokal am Kärntner Ring 13 Opfer von Sparmaßnahmen. Des einen Leid, des anderen Freud! Im Juni 1934 zieht Gräf & Stift in das ehemalige Austro Daimler-Stammlokal ein.

ADG-Holzgasversion bei der Alpenfahrt

In Budapest fand wieder ein Concours d'Élégance statt. Frau Margarete Schwab wurde der „Grand Prix" für ihren rassigen Bergmeister zugesprochen. Ebenfalls ausgezeichnet wurde ein ADR 635 Stromlinie von Herrn Wody. Stellt sich natürlich die Frage, ob das der Wagen für Amerika gewesen ist, den Frau Dr. Helene Jilly-Wody gekauft hat. Ging der Bergmeister gar nicht in die USA oder holte Herr Wody den Wagen selbst ab?

Bergmeister für Dr. Helene Jilly-Wody

In den Krisenzeiten versuchte man so wenig wie möglich aus dem Ausland einzukaufen. In Österreich war das Rohöl beziehungsweise das Benzin ein besonders wertvolles Gut. Daher liefen schon längere Zeit Versuche, mit Holzgas vorwärtszukommen. Federführend bei dieser Entwicklung war die Berndorfer Firma Kromag, die viele Fahrzeugtypen auf Holzgasbetrieb umrüstete. Zum Beispiel einen ADG. Sieht man sich das Fahrzeug mit den großen Kesseln und der brennstoffbeladenen Ladefläche an, so brauchte man einen Lastkraftwagen nur für die Personenbeförderung, weil sonst kaum eine Zuladung möglich war …

Puch-Werbung Alpenfahrt

Und bei Puch beteiligte man sich erfolgreich an der Alpenfahrt 1934.

1934

Der ADGZ-8-Radpanzer

Sowohl die Auftraggeber in der Regierung als auch die eigentlichen Konzernchefs Ing. Paul Götzl und Richard Ryznar wussten genau, wer einen Radpanzer in Österreich entwickeln konnte. Diese Aufgabe war wohl bei Austro Daimler in Wiener Neustadt in besten Händen. Einerseits war dieses Fahrzeug mit dem 80-PS-ADG-Motor nicht konstruierbar und daher wurden großvolumige 12-Liter-6-Zylinder-SV-Motoren eingebaut. Andererseits konnte aber die Schwingachsenkonstruktion mit dem Vierradantrieb vom ADG übernommen werden. Und von den Triebwagen inspiriert, kamen auch zwei Fahrerkabinen zum Einsatz, wodurch das Fahrzeug in beiden Fahrtrichtungen ständig einsatzbereit war und ein Wenden weitgehend vermieden werden konnte.

Für diesen staatsgeheimen Auftrag hatte Ing. Oskar Hacker Ing. Reimspieß auserkoren, diesen Radpanzer zu entwickeln. Österreich durfte laut Friedensvertrag von St. Germain keine schweren Kriegsgeräte besitzen. In streng geheimer Mission wurde der raffinierte ADGZ mit MG-Bewaffnung in Angriff genommen.

ADGZ mit ungepanzertem Testaufbau beim Portierhäuschen im Werk Wiener Neustadt

Das Projekt war so geheim, dass nicht einmal seine Kollegen in der Firma genauere Hintergründe erfuhren. Eines Tages wurde eine merkwürdige längliche Kiste angeliefert, adressiert an Herrn Ing. Reimspieß. Nach der Öffnung im Lager wurde sogleich Alarm geschlagen, denn Maschinengewehre wurden im damals instabilen Österreich wegen der ständigen Revolten als möglicher Putschversuch ausgelegt. Ing. Reimspieß wurde verhört, es dauerte eine ganze Weile, bis sich die außergewöhnliche Lieferung erklären ließ.

In welchem Entwicklungsstadium dieser Radpanzer im Spätherbst 1934 das Neustädter Werk Richtung Steyr verließ, ist nicht exakt überliefert. Man darf aber davon ausgehen, dass der Entwicklungsstand schon recht ausgereift war. Durch die kurzsichtige Entscheidung der Werksschließung gingen wieder Arbeitsplätze und Erfahrung verloren.

ADGZ mit ungepanzertem Testaufbau auf Probefahrt

Reimspieß um 1940

Ein Raupenfahrzeug namens ADMK

Entwicklungsaufträge seitens der Militärbehörden gab es mehr als genug. Reimspieß war mit seiner Mannschaft im Konstruktionsbüro der wohl Meistbeschäftigte in der Daimlerfabrik. Ein eher kleineres, dafür sehr wendiges Raupenfahrzeug, welches im Handumdrehen auch schneller auf befestigten Straßen fahren konnte, war die Aufgabe. Benutzt werden sollte es als Zugwagen für Infanteriewaffen.

ADMK-Motorkarrette bei Militärversuchen

Interessant gestalten sich die Motordaten. Die Maße für Bohrung und Hub sowie die Kurbelwellenlager gleichen den Daten des ADR-8-Motors. Hatte man den 8-Zylinder halbiert? Mitnichten, dieses Triebwerk kam aus der Schienenabteilung und dürfte eine neuere Version des Feldbahnmotors FB 20 gewesen sein. Bei Bedarf konnte der ADMK als Halbraupenfahrzeug eingesetzt werden, das heißt mit den Vorderrädern und hinten auf Raupen fahrend oder als Radfahrzeug, wobei bei tiefem Boden und einsinkenden Rädern die Raupen wieder aktiv wurden. Eine besonders innovative Konstruktion!

ADMK	Technische Daten
Motor	4-Zylinder Benzin luftgekühlt
Bohrung/Hub/Hubraum	80 x 115 mm/2.312 cm^3
Leistung	20 PS bei 1.200 U/min
Länge/Breite/Höhe	3,75 m/1,5 m/1,3 m
Gewicht	1.440 kg
Radstand Räderbetrieb	1.770 mm
Spurweite Räder/Raupe	1.290/870 mm
Nutzlast	600 kg
Verbrauch auf 100 km	Straße: 17 lt./Gelände: 35 lt.
Höchstgeschwindigkeit	Räder: 45 km/h/Raupe 15 km/h

VT 63 in der Wachau

VT 63 auf der Donauuferbahn

Am 3. Juni 1934 wurde die Eröffnungsfahrt auf der Strecke Wien–Grein und weiter nach Linz mit den neuen Schnelltriebwagen VT 63 durchgeführt. Der eigentliche Zielort war Bad Kreuzen, weil auch dorthin ein reger Ausflugsverkehr zu verzeichnen war. Dieser Kurort war in wenigen Minuten vom Bahnhof Grein mit einem Taxi zu erreichen. Zusätzlich führt die Strecke über Krems und weiter durch die Wachau – der eigentliche Anziehungspunkt für den Fremdenverkehr. Die Fahrzeit von Wien nach Krems betrug 1:05 Stunden. Auf dieser Strecke der Donauuferbahn sollte der Schnelltriebwagen VT 63 am längsten seinen Dienst verrichten. Der Grund war wahrlich nicht die Standfestigkeit dieses Fahrzeuges, sondern die Eisenbahnbrücke bei Mauthausen über die Donau. Die Tragfähigkeit dieses Bauwerkes war nicht mehr geeignet, die schweren Dampflokomotiven aufzunehmen. Mit dem nur 19 Tonnen leichten VT 63 war ein gefahrloses Überqueren der Donau eben noch möglich.

Für eine Weiterentwicklung dieses zukunftsträchtigen Triebwagenkonzeptes blieb leider keine Zeit übrig oder, anders formuliert, es fehlten das Geld und die Bereitschaft, die Kinderkrankheiten zu beseitigen. Dies, obwohl die Polnischen Staatsbahnen im Oktober 1934 bereits Interesse an der Anschaffung von Triebwagen gezeigt hatten.

Schnelltriebwagen in Schweden

Nun gelang auch ein halber Erfolg in Schweden. Dort allerdings wurden Lizenzverträge mit den Firmen Nydqvist & Holm, Scania Vabis und mit der Svenska Maschinenfabrik geschlossen, denn die Schweden wollten diese Triebwagen selbst erzeugen. Als Hauptauftraggeber trat die Stockholm – Roslagens Eisenbahngesellschaft unter Direktor Ake Nerell auf.

Bei der Firma Nydqvist & Holm in Trollhättan wurde vorerst ein Stück mit der Bahnbezeichnung SRJ 103 für die Spurweite vom 891mm hergestellt. Mit ähnlichen Außenmaßen von 21 Metern und 64 Sitzplätzen wie die heimischen VT 63 und mit den Pneumatikrädern in den Drehgestellen sollte dieser Typ 100 km/h erreichen. Allerdings schossen die Schweden beim Gewicht mit 24 Tonnen über das gesteckte Ziel von 19 Tonnen hinaus, wodurch die beiden eingesetzten Scania-Benzinmotoren mit zirka 90 PS fast ständig mit Volllast gefahren werden mussten. Übrigens hatten auch die VT-63-Triebwagen von Austro Daimler das gleiche schwere Los zu tragen. Wegen dieser Unzulänglichkeiten konnte ein fahrplanmäßiger Regelverkehr als Schnellverbindung zwischen Stockholm Östra und Hallstavik nie eingeführt werden.

Schwedischer „Lizenz-Austro Daimler", der SRJ 103, in Betrieb Mitte 1935

Triebwagenbau bei Nydqvist & Holm in Trollhättan

Dieses SRJ-103-Abenteuer fand nach einem Bruch der Benzinleitung im Jahr 1939 ein jähes Ende. Der Triebwagen geriet in Brand und wurde schwer beschädigt und ausgeschieden. Einige Antriebsreste wurden dem Eisenbahnmuseum Tomteboda, heute in Gävle, übergeben.

Die Reste des SRJ 103

Oktober 1934 – Steyr Daimler Puch AG

Um den schweren wirtschaftlichen Start in die Erste Republik Österreich zu veranschaulichen, kann man unter anderen Faktoren die Automobildichte in der Bevölkerung als Indiz heranziehen. Während auf 1.000 Einwohner in den USA 200 Automobile entfielen, in Frankreich und England 41, in der Schweiz 34, in Belgien 23 und in Italien 18, so waren es in Österreich im Jahr 1934 gerade mal 5 Stück! Genau genommen, wie schon in den Beiträgen zu den ersten Nachkriegsjahren erwähnt, lebte Austro Daimler hauptsächlich vom Export. Dies gelang aber nur durch exquisite fortschrittliche Konstruktionen und durch Erfolge im Motorsport. Da nun der österreichische Finanzmarkt ebenso daniederlag, konnte dieses Erfolgsrezept nicht mehr weitergeführt werden.

Zusätzlich ergab die Statistik für das Jahr 1933 ein noch grausameres Bild, denn Österreich erreichte im Vergleich zu 1932 einen Rekordrückgang von 39 %. Ebenfalls rückläufige Verkaufszahlen wurden aus Ungarn mit einer Abnahme von 18 % gemeldet. Hingegen erholten sich die Verkaufszahlen in allen anderen europäischen Staaten zusehends. So verzeichneten die Schweiz und Frankreich ein Plus von 15 %, England 20 %, Rumänien 44 % und Jugoslawien 66 %. Ausnahmesituationen durch die politischen Diktaturen und das daraus resultierende künstlich hervorgerufene Wirtschaftswunder verzeichneten Deutschland mit plus 99 % und Italien mit einer Steigerung von 53 %.

So erscheint es nicht verwunderlich, dass die Verantwortlichen in den Aufsichtsräten zu dieser Lösung einer Fusion von Austro Daimler Puch mit Steyr gekommen sind, denn sie konnten die bisherige Situation nicht mehr verantworten. Daher schlugen am 12. Oktober beide Verwaltungsräte den Generalversammlungen beider Unternehmen die Fusionierung zur Steyr Daimler Puch AG vor. Das Kapital der Austro Daimler Puchwerke AG soll aufgelöst und durch Hingabe von 8.000 Aktien zu 150 Schilling an die Aktionäre in das neue Unternehmen mit Dividendenberechtigung per 1. Jänner 1934 übernommen werden. Auch ein kleiner Gewinn für 1933 wurde an die Generalversammlung berichtet. Der Eintrag ins Handelsregister erfolgte am 28.12.1934.

Diese für Wiener Neustadt folgenschwere Entscheidung kam gerade zu der Zeit, als die Talsohle soeben überwunden werden konnte. Denn die Statistik für 1934 wies eine geringe Steigerung der Personenkraftwagenverkäufe von 10 % (gesamt 1.764 Stück!) gegenüber 1933 aus, wobei die teuren Austro Daimler wohl keine nennenswerte Rolle spielten. Diese logische Fusionierung musste aber zu keiner zwangsweisen Werkschließung führen. Jedoch scheint den Verantwortlichen das kurzfristige Einsparungspotenzial weit wichtiger gewesen zu sein, als längerfristig den weltberühmten Namen Austro Daimler mit adäquaten Produkten aufrechtzuerhalten.

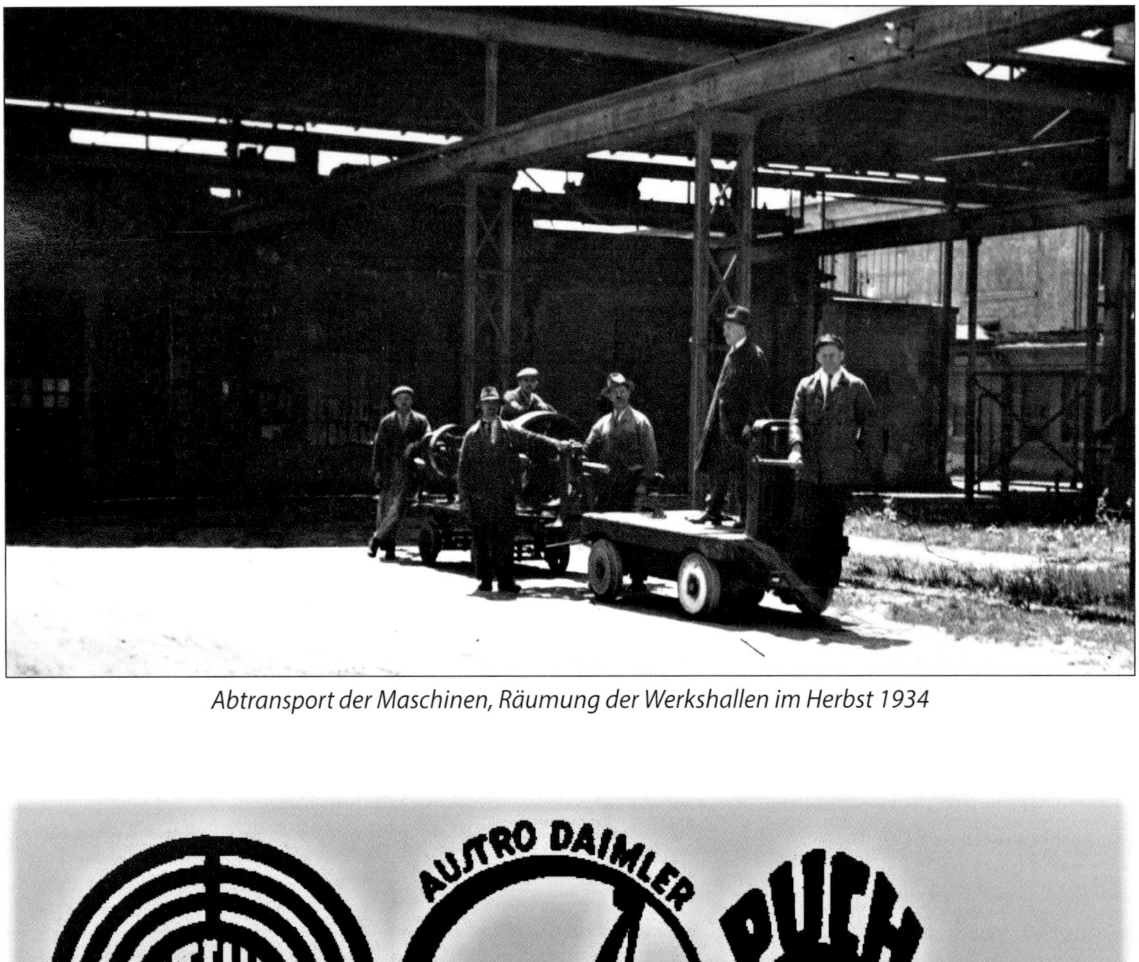

Abtransport der Maschinen, Räumung der Werkshallen im Herbst 1934

Das erste, eher einfallslose Firmenlogo der Steyr Daimler Puch AG

Einsteigen bitte, Bergmeister im Abverkauf!

1934

1935 – Sic transit gloria mundi …

„Sic transit gloria mundi" (Wie der Ruhm der Welt vergeht), schrieb ein leitender Angestellter auf seine Arbeitsmappe, bevor er „seine" Arbeitsstätte für immer verlassen musste. Besonders traurig die Tatsache, dass die Räumung der Fabrik und das Verladen der noch brauchbaren Maschinen nach Steyr durch die Betroffenen selbst bewerkstelligt werden mussten. Einige berührende Bilder entstanden in dieser Zeit.

Im August 1934 war der Rahmenbau noch fallweise aktiv, 1935 nicht mehr …

Zur Verteidigung der Konzernleitung muss aber festgehalten werden, dass man der Wiener Neustädter Belegschaft ein Angebot zur Übersiedlung und Weiterbeschäftigung in Steyr unterbreitete. Rund 100 Mitarbeiter der ungefähr 200 Verbliebenen nützten wohl oder übel diese Gelegenheit. Die Alternative im Wiener Neustädter Raum wäre die Arbeitslosigkeit gewesen. Man bedenke, schon zuvor hatte die Lokomotivfabrik 1930 schließen müssen. Arbeitskräfte in der Metallbranche waren zuhauf in Warteposition.

In den Führungsetagen war der Wechsel schon wesentlich einfacher. Einerseits wollte man in Steyr neue Strukturen schaffen, was mit den Herren Paul Götzl, Richard Ryznar, Othmar Windberger, Franz Gerstner und Oskar Hacker auch gelang. Die Steyr Daimler Puch AG wurde fast zur Gänze von der Austro Daimler-Puchwerke-Mannschaft übernommen.

Andere Mitarbeiter gingen einfachere Wege, wie zum Beispiel Mathias Derdak, der in der großen Austro Daimler-Servicestelle in der Rembrandtstraße in Wien Arbeit fand und dort in weiterer Folge die technische Leitung übernehmen konnte.

Franz Xaver Reimspieß wiederum bekam einen Anruf aus Stuttgart. Er sollte das Entwicklungsteam für den Volkswagen (damals noch KdF-Wagen) verstärken. Porsche und Rabe wussten schon, wo die besten Fachleute zu finden waren – bei Austro Daimler! Reimspieß wurde mit der Konstruktion des Motors betraut – und dieses Triebwerk wurde ein voller Erfolg!

Die komplette Übernahme der Neustädter Fabrik inklusive aller bürokratischen Arbeiten dauerte bis zum **10. Mai 1935**. An diesem Tag wurde im Handelsregister Wien die Austro Daimler Puchwerke AG gelöscht.

Inventurliste Werk Wiener Neustadt per 31. Dezember 1934

Stück	Bezeichnung	Betrag Schilling
33	ADR 846 neu	277.000,—
4	ADR 846 gebraucht	20.000,—
8	ADR 635 neu	76.000.—
1	ADR 635 gebraucht	5.000,—
6	ADR neu	30.000,—
13	ADR gebraucht	13.000,—
1	ADG neu	1.000,—
1	ADG gebraucht	1,—
4	ADN neu	20.000,—
3	ADK gebraucht (2 Prototypen, 1 Chassis)	3,—
2	ADM gebraucht	1.001,—
1	ADV gebraucht	1.000,—
3	Chassis polie	3,—
3	AD Getriebe	1.002,—
190	Feldbahnmotoren	108.204,—
	4 Stk. FB 5	
	19 Stk. FB 6/8	
	2 Stk. FB 12	
	35 Stk. FB 12A	
	10 Stk. FB12B	
	3 Stk. FB 30	
	36 Stk. FB 45	
	78 Stk. FB 16	
26	Feldbahnfahrgestelle mit 18 Feldbahnmotoren	50.001,—
2	Triebwagen gebraucht	20.000,—
14	Aero- und Bootsmotoren	14,—
3	Im Hausgebrauch stehende Fahrzeuge	3,—
5	Fremde Typen gebraucht	5.001,—
18	Zur Werkeinrichtung gehörende Fahrzeuge	
	Teile für Quito-Triebwagen	
	Ersatzteillager Berlin	
	Ersatzteillager Krakau	
	Ersatzteillager Wien, Rembrandtstraße	26.520,—
	Gesamtwert der Inventur	**ungefähr 660.700,—**

1935

1935

Anmerkungen zur Inventurliste

Der Geländewagen **ADG** neu und gebraucht wurde mit insgesamt 1.001 Schilling bewertet. Warum so niedrig? Immerhin handelte es sich um ein aktuelles Modell.

Die LKW **ADN** wurden in einer Kleinserie von 10 Stück gebaut, in der Hoffnung, dass neben dem Bundesheer (6 Stück) noch andere Kunden dieses Fahrzeug kaufen würden. Ob sie jemals einen Kunden gefunden haben, ist unbekannt.

Die Bezeichnung **ADK** taucht in dieser Liste erstmals auf und deutet auf eine Neuentwicklung eines Kleinwagens hin, obwohl dies vom Aufsichtsrat untersagt war – dies war Steyr vorbehalten. Von diesen Prototypen liegen keinerlei Bilder vor, jedoch soll dieses Fahrzeug mit einem 6-Zylinder-V-Motor und einem Gitterrohrrahmen konzipiert worden sein – Motor vorne eingebaut und mit Heckantrieb. Die Chassis-Länge soll 4,18 m betragen haben.

Die Feldbahntype **FB 12B** taucht auf dieser Liste ebenfalls erstmalig auf.

Die Feldbahntypen **FB 45** und **FB 16** (Dieselmotor) wurden von der BBÖ in größerem Umfang laufend bezogen und wurden ebenfalls nach Steyr gebracht.

2 gebrauchte Triebwagen scheinen in der Liste auf. Dabei könnte es sich um Schmalspurtriebwagen handeln, die von den SKGLB wegen technischer Mängel und/oder Zahlungsschwierigkeiten circa Ende 1934 zurückgegeben wurden. Die beiden Triebwagen sowie der dritte wurden als Anhängerwagen später zur StmkLB weitergegeben.

Eine besondere Überraschung sind die angeführten **Quito-Triebwagenteile**, die einen Beweis darstellen, dass tatsächlich zumindest ein Triebwagen nach Ecuador mit einer unbekannten Spurweite (1.067 mm oder 1.075 mm?) ausgeliefert wurde.

Sämtliche Feldbahn-Produkte, Maschinen und Motoren wurden in mehreren Zügen nach Steyr transferiert. Insgesamt sollen es 220 Waggons gewesen sein. Die ADR 8 und ADR Bergmeister übersiedelten nach Wien und kamen in die Obhut der Verkaufsabteilung. Wie schon erwähnt, sollte der Abverkauf bis ins Jahr 1937 andauern. Was in diesem Zusammenhang noch auffällt, ist die hohe Stückzahl an gebrauchten ADR-Fahrzeugen (13). Sind im Werk Wiener Neustadt Eintauschfahrzeuge gebunkert worden?

Was blieb von Austro Daimler in Produktion?

In den Werkshallen von Steyr war selbstverständlich genug Platz, um eine Austro Daimler-Produktion für den ADG, den neuen Radpanzer ADGZ beziehungsweise ADAZ und die Motorkarrette ADMK einzurichten. Durch den Weggang von Reimspieß kam es mit Sicherheit zu einer kurzen Verzögerung bei der Fertigstellung der Prototypen und zusätzlich waren noch ausgedehnte Testfahrten mit der endgültigen schweren Panzerung notwendig. Nach der erfolgreichen Abnahme durch die Regierungsvertreter konnte die erste Produktionsserie von 28 Stück **ADGZ** Mitte 1935 starten.

Die erste Tranche wurde zwischen den „schnellen Divisionen" des Bundesheeres (12 Stück) und den Sicherheitswachen beziehungsweise der Gendarmerie (14 Stück) aufgeteilt. Nach dem Anschluss 1938 wurden alle Fahrzeuge von der Wehrmacht und der SS übernommen. 1941 wurden weitere 25 Stück bestellt, die vornehmlich am Balkan und in der Sowjetunion zum Einsatz kamen.

ADGZ bei Tests für die Abnahme

ADGZ in seiner endgültigen Ausführung

ADGZ	Technische Daten
Motor	Austro Daimler M612 6-Zylinder
Hubraum	11.946 cm^3
Bohrung/Hub	130 mm/150 mm
Leistung	150 PS bei 1.800 U/min
Getriebe, Antrieb	3 Gänge vorw./3 rückw./8-Radantrieb
Länge/Breite / Höhe	6,25 m/2,16 m/2,56 m
Gewicht	11 Tonnen
Bewaffnung	2 cm KwK 36 L/45 (100 Schuss)
	2 oder 3 MG34 (1.500 Schuss)
Panzerung	11 mm
Reichweite Straße/Gelände	225 km / 450 km
Höchstgeschwindigkeit	70 km/h

Parallel zum Entwicklungsauftrag des ADGZ-8-Radpanzers, der schon 1933 erfolgte, kam Mitte 1934 noch eine 6-Radvariante dazu – der **ADAZ**. Dieses ebenfalls allradgetriebene Fahrzeug wurde als Radzugmaschine in den Bestand des Bundesheeres aufgenommen. Von dieser „abgespeckten" Version des ADGZ wurden circa 30 Stück in Steyr produziert.

Technisch gesehen wurden nur die zweite Führerkanzel und die dazugehörige Achse weggelassen, was hier sehr einfach klingt. Da beim ADGZ alle 8 Räder angetrieben waren und beim ADAZ nur mehr die vorhandenen 6, waren doch eingreifende Änderungen notwendig. Der Motor blieb aber der gleiche 12-Liter-6-Zylinder mit 150 PS.

ADAZ-Prototyp-Testfahrt in Steyr

ADAZ	Technische Daten
Motor	Austro Daimler M612 6-Zylinder
Hubraum	11.946 cm^3
Bohrung/Hub	130 mm/150 mm
Leistung	150 PS bei 1.800 U/min
Getriebe, Antrieb	3 Gänge vorw./3 rückw./6-Radantrieb
Länge/Breite/Höhe	5,73 m/2,34 m/2,56 m
Gewicht	7,8 Tonnen
Bewaffnung (nur bei ADKZ)	2 cm KwK 36 L/45 (100 Schuss)
Panzerung (nur bei ADKZ)	11 mm
Verbrauch	85–95 lt./100 km
Höchstgeschwindigkeit	70 km/h

ADAZ als Zugfahrzeug im Einsatz

Auch ein gepanzerter Prototyp mit der Bezeichnung **ADKZ** wurde erzeugt, jedoch wurde seine Produktion wieder verworfen. Warum der gepanzerte ADKZ schlussendlich nicht gekauft wurde, ist nicht bekannt. Vermutlich wollte man beim Bundesheer möglichst typenrein bleiben, wo doch die 8-Radvariante den Vorteil der beiden Führerkanzeln hatte. So blieb es beim Prototyp aus Wiener Neustadt, der aber mit Sicherheit erst in Steyr sein Panzerkleid erhielt.

ADKZ-Prototyp-Testfahrt in Steyr (Einzelstück)

Ebenfalls noch im Jahr 1935 ging die Motorkarrette **ADMK** in Serienproduktion. Bis 1938 wurden immerhin circa 330 Stück ausgeliefert. Diese Konstruktion erregte auch internationales Interesse und Ansehen. Ins Ausland sind aber keine Lieferungen bekannt.

ADMK im „Räderbetrieb"

ADGR aus der Produktion in Steyr 1941 – umgebaut zum Feuerwehr-Tankwagen

Auch vom ADG wurden bis in den Zweiten Weltkrieg unter der Bezeichnung **ADGR** noch circa 360 Stück gebaut. Also durchaus erfolgreiche Konstruktionen, die dem Namen Austro Daimler gerecht wurden. Das zugefügte R in der Typenbezeichnung stammt vom Rüstwagen. So endet der Band II wie der erste Teil: mit Produktionen für den Kriegseinsatz!

ADGR aus der Produktion in Steyr – Militärausführung mit Zwillingsantriebsrädern

Weiterhin unter dem Namen Austro Daimler wurden die **Schienenfahrzeuge** angeboten, jedoch nur mehr die Draisinen und Bahnmeisterwagen, die Schnelltriebwagenproduktion wurde grundsätzlich eingestellt. Nur Ersatzteile nach Bedarf fertigte man noch nach, um die bestehenden Kunden nicht total zu verärgern – mit einer Ausnahme: Polen!

Motordraisine DIII auf der Semmeringstrecke im Einsatz

Prospekt FB 45

Noch nicht erwähnt wurde die stärkste Motorenversion für Draisinen und Feldbahnen, der **8-Zylinder-V-Motor FB 45**. Dieses luftgekühlte Triebwerk leistete 45 PS und kam nicht nur bei Kleinlokomotiven zum Einsatz, denn es war zum Beispiel auch für Straßenwalzen geeignet. Einer dieser seltenen Motoren hat in Österreich überlebt, und zwar im Wiener Neustädter Raxwerk.

Wie bei fast allen Feldbahnmotoren sind alle vier Vorwärtsgänge durch eine Laufrichtungsumschaltung auch als Rückwärtsgänge zu verwenden. Die Bohrung und Hub betrugen 90 mm x 118 mm.

Die nachfolgenden Bilder zeigen eine Verschublokomotive aus dem ehemaligen Nibelungenwerk beziehungsweise dem RAX-Werk. Die entfernte Aufschrift ist aber noch eindeutig sichtbar. Ein zweites Exemplar steht im Eisenbahnmuseum in Ljubljana in der Ausführung als Bahnmeisterwagen BM 45.

BM 45 im Eisenbahnmuseum Laibach

VSL 45, abgestellt im RAX-Werk

Mit diesen Feldbahntypen sind alle noch in Wiener Neustadt entwickelten Produkte, die in Steyr weiterleben durften, aufgezählt und beschrieben. Die späteren noch unter dem Namen Austro Daimler entwickelten Typen werden in dieser Buchreihe nicht mehr behandelt. Nach Meinung des Autors findet damit eine klare Trennung zum weiteren Fortgang der Steyr Daimler Puch AG statt.

Triebwagenfahrgestelle für Polen

Vermutlich durch die bereits von der polnischen Regierung beschlossene Anschaffung von Triebwagen blieb der Steyr Daimler Puch AG nichts anderes übrig, als eine Lösung für den guten Kunden zu finden. Man einigte sich auf eine Lizenzproduktion für den Karosserieaufbau nach den Plänen des an die BBÖ gelieferten VT 63 und lieferte in Steyr produzierte Drehgestelle mit allen motorischen und antriebstechnischen Aggregaten. Um die Leistungsschwäche der 80-PS-Motoren zu beseitigen, setzte man 125-PS-MAN-Dieselmotoren ein. Davon wurden 10 Stück 1936 ausgeliefert. Diese 5 Triebwagen liefen unter der polnischen Bezeichnung SAx 90081 bis 90085 bei der staatlichen Bahn PKP.

Triebwagendrehgestell mit MAN-Dieselmotor mit 125 PS für die polnische Staatsbahn

Triebwagen mit polnischem Aufbau und mit MAN-Dieselmotor mit 125 PS

Somit endet eine fast 36 Jahre andauernde Geschichte der „historischen Mobilität", die in Wiener Neustadt allumfassend in hochvollendender Form zu Weltruhm gelangte. Wenn auch immer das Automobil im Zentrum des Interesses stand, so wussten die Verantwortlichen in Kriegs- und Krisenzeiten immer einen Ausweg, um mit innovativen Produkten die Durststrecken überwinden zu können. In den Kriegsphasen wurden sogar bahnbrechende Konstruktionen geschaffen, die auch beim „Feind" Anerkennung fanden.

Geprägt durch Persönlichkeiten wie Eduard Fischer und Ferdinand Porsche, Karl Rabe und Willy Herbst, Richard Ryznar und Othmar Windberger sowie Oskar Hacker und Franz Xaver Reimspieß, konnte dieses Unternehmen immer einem besonderen Qualitätsanspruch gerecht werden. Nur die Weltwirtschaftskrise 1929 zwang Austro Daimler in die Knie, wobei auch die Eigentümerbanken sowie manche Auslandsniederlassungen am Niedergang nicht schuldlos waren.

Nicht zu vergessen sind die vielen Arbeiter und Fachkräfte, die in diesem Unternehmen eine exzellente Ausbildung erhielten und über das Bestehen von Austro Daimler hinaus in der Automobilindustrie oder ähnlichen verwandten Berufen mit großem Erfolg tätig waren. Der Autor selbst profitierte in seiner Schulzeit in den HTL-Werkstätten von ehemaligen Austro Daimler-Angehörigen, die sich der Ausbildung verschrieben hatten. Einige heute noch bekannte Betriebe wie die Fa. Gschwind oder die Eisenhandlung Siegl (Andrieu) gingen indirekt aus dem ehemaligen Paradeunternehmen hervor.

„Wie der Weltruhm vergeht", hieß dieses letzte Kapitel. Gott sei Dank ist er noch nicht ganz verschwunden. Zumindest nicht in den Oldtimerkreisen dieser Welt!

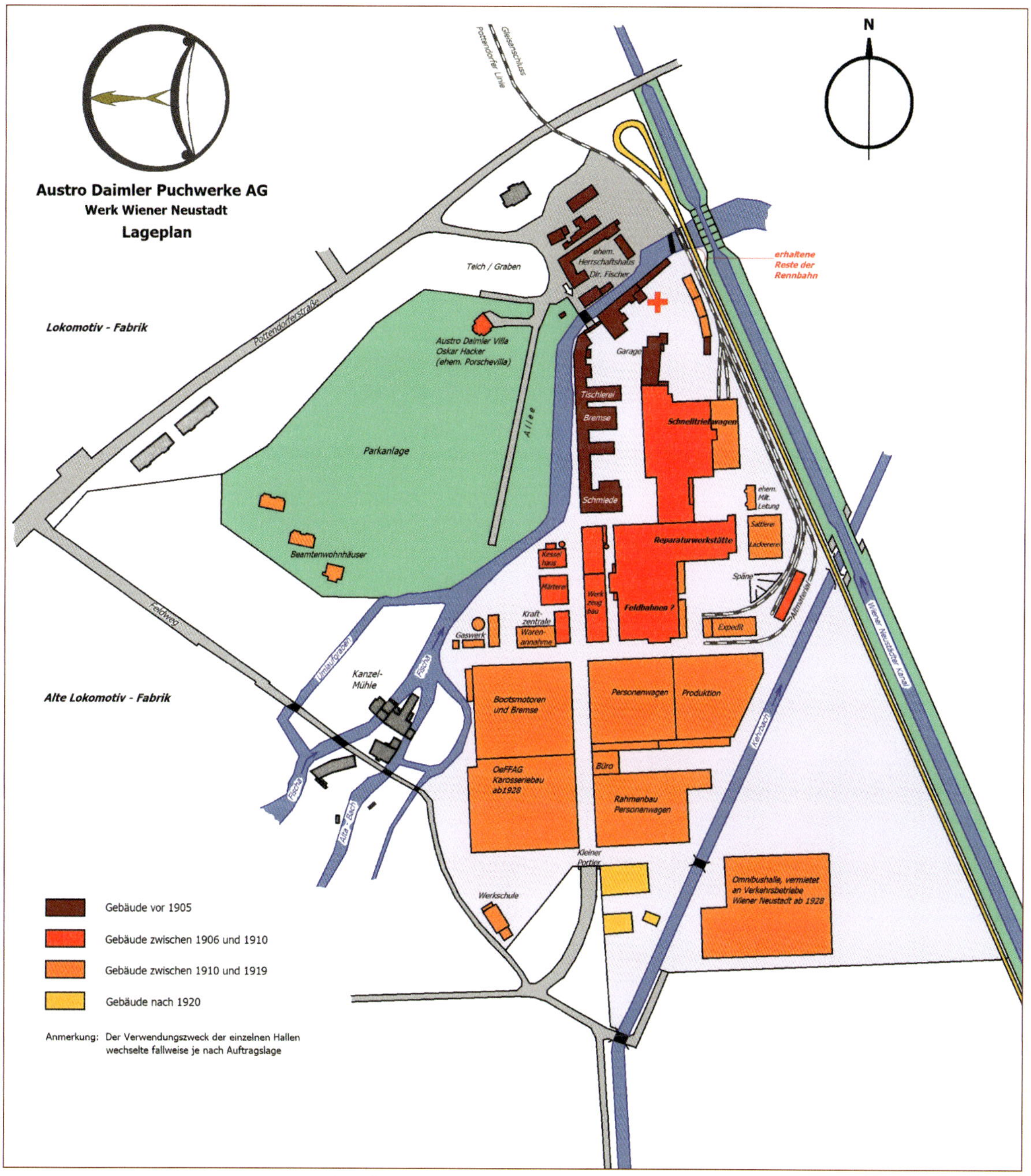

Lageplan der Austro Daimler Puchwerke AG um 1929

Vor- und zurückgeblättert

Die nachfolgenden Erzählungen sind vor allem den Wiener Neustädter Persönlichkeiten der Austro Daimler AG gewidmet sowie der Zerstörung der Stadt und dem Aufflackern des Namens Austro Daimler bis in die Gegenwart.
Einer der wichtigsten Protagonisten war Dir. Eduard Fischer, der zu seinem 80. Geburtstag dem Redakteur Erich Schmale (jüngerer Halbbruder von Adolf Schmal Filius) ein Interview gab, welches unter dem Titel **„Zurückgeblättert"** in der Zeitung „Auto-Touring" erschien. Die zeitlichen Erinnerungslücken in Fischers Erzählungen wurden vom Autor korrigiert.

Ein Besuch beim Nestor der österreichischen Autoindustrie

Wer nach Wiener Neustadt kommt, der betritt automobilhistorischen Boden, denn dort war die Geburtsstätte der Marke Austro Daimler, die, als Österreich auch automobilistisch eine Großmacht war – das heißt vor 1932 – zu den Führenden der Welt zählte. Die Austro Daimler Puchwerke AG ist im Jahr 1934 in den Konzern Steyr Daimler Puch AG aufgegangen und lebt seither nur noch in unserer Erinnerung an Siege, die in ihrer Fülle nie wieder übertroffen worden sind.
Die Prinz Heinrich Fahrt 1910 und die internationalen Alpenfahrten vor dem Ersten Weltkrieg ließen den Namen „Austro Daimler" über die ganze Welt erstrahlen. Nach 1918 hielten vor allem die Erfolgsserien Hans Stucks die Erinnerung an die früheren Siege der Marke lebendig. Die Österreichische Daimler Motoren Gesellschaft war 1899 von Eduard Fischer gegründet worden und sein 80. Geburtstag bot die Anregung, den Doyen der österreichischen Automobilindustrie in seinem Heim in Lichtenwörth zu besuchen.
Noch erinnern wir uns, als Direktor Fischer die patrizische Herrschaftsvilla in der Nadelburg bewohnte, noch sahen wir den großen prachtvollen Garten vor uns, der das Haus mit Blumenparterren umgab, das Glashaus, in dem 5–6 m hohe Palmen gediehen. Die vorbeifließende Fischa speist einen kleinen Weiher, in dessen Mitte eine Insel grünt, überragt von einer uralten Kastanie, von der die Sage ausgeht, Maria Theresia hätte sie gepflanzt, als sie die Nadelburg gründete.

Die Herrschaftsvilla in der Nadelburg vor dem Zweiten Weltkrieg – Fam. Fischers Pension „Sorgenlos"

Die Absicht, den 80-Jährigen zu besuchen, hatte aus verschiedenen Ursachen einige Verzögerungen erfahren, daß er inzwischen 81 geworden ist. Wir wurden von einem Herrn am großen Gittertor des Parks empfangen, der uns weiter durch den vom Krieg verwüsteten Garten und an der Ruine der Villa Nadelburg vorbeiführte. Hier wohnte niemand mehr. Zerbrochene Fenster blickten aus leeren Höhlen in den Park.

Das Palmenhaus ist nur mehr eine Gitterkonstruktion, in der ein paar blinde Glasscheiben sitzen. Wir gehen weiter und gelangen zu einem kleinen stockhohen Haus, das einmal das Quartier des Gärtners gewesen war. Jetzt ist es das Heim des Ehepaares Fischer, das hier Zuflucht gefunden hatte, als in der Villa Militär biwakierte.

Im Haus erwartet uns herzlicher Empfang. Direktor Fischer begrüßt uns in alter Frische. Es hat sich so gefügt, daß zwischen unserm letzten Beisammensein wohl 20 Jahre hingegangen sind. „Zwei Jahrzehnte! Was ist das für mich? Ich denke nur noch in Jahrzehnten!", lächelte Fischer. Eine schmale Holztreppe führt in den ersten Stock, wo uns Fischers Gattin Margarete willkommen heißt, eine zarte alte Dame von bezwingendem Charme.

Das Gärtnerhaus der Villa Nadelburg – die letzte Wohnstätte der Fam. Fischer

Wenn sich Veteranen treffen, so kommt das Gespräch rasch in Fluß. Noch ehe wir in die Wohnstube eintreten, sind wir schon mitten im Thema. „Wir arbeiten eben daran, die Geschichte der österreichischen Autotechnik in einer Sammlung von Archivalien aller Art festzuhalten, denn das technische Museum will die Verdienste unserer Motorfahrzeug-Konstrukteure und Erzeuger in allen noch irgend erhältlichen Dokumenten nachweisen. Da hofften wir in erster Linie hier bei Ihnen, dem Nestor unserer Automobilindustrie, Material zu finden."

„Schade! Sie kommen um fünf Jahre zu spät. Ich habe im Jahr 1945 alles verloren, was Ihnen von Nutzen sein könnte. Es sind noch ein paar alte Photos da, die ich im Schutt der Villa gefunden habe – wenn Ihnen damit gedient sein sollte. Alles andere wurde 1945 verbrannt, vernichtet. Nichts ist mehr vorhanden als mein Gedächtnis."

Und dann begann der alte Herr zu erzählen. Da war also die Maschinenfabrik der Brüder Fischer, gegründet von Eduard (dem Älteren) und Adam Fischer. Sie bauten Wasserturbinen und landwirtschaftliche Geräte. Bereits mit 5 Jahren erbte Eduard Fischer (der Jüngere) nach dem Tod des Onkels Adam und seines Vaters die Fabrik, die nun vormundschaftlich verwaltet wurde. Der Knabe besuchte die Realschule und das Polytechnikum. Großjährig geworden übernahm er die Leitung der Firma im Jahr 1891. Die Blütezeit des Unternehmens schien aber überschritten, der Umsatz sank, nicht zuletzt wegen des Mitbewerbes eines Leobersdorfer Betriebes.

Im Jahre 1897 begann das „Neue Wiener Tagblatt" mit einer neuartigen Rubrik für Sportnachrichten, die der Redakteur Adolf Schmal Filius gemeinsam mit Felix Sterne leitete. Diese Rubrik brachte auch viele Berichte von deutschen und französischen Motorveranstaltungen.

Für Fischer höchst interessante Nachrichten! Opel beginnt Motorwagen zu produzieren, in Frankreich rollt die Fernfahrt Paris–Marseille–Paris. Fischer liest und fühlt, daß hier etwas Zukunftsträchtiges im Werden ist. Im Jahr 1899 am Ostermontag fährt Fischer nach Wien, um in der Redaktion des „Neuen Wiener Tagblattes" mehr über diese neue Bewegung zu erfahren, und lernt Schmal Filius kennen, mit dem er die Möglichkeiten der Gründung einer österreichischen Automobilfabrik bespricht.

Der Zufall, den man vielleicht nicht mit Unrecht den Regisseur des lieben Gottes nennt, hatte es gefügt, daß wenige Tage zuvor ein Herr Bierenz in einer ähnlichen Angelegenheit in der Redaktion vorgesprochen hatte. Bierenz, ein alter persönlicher Freund von Gottlieb Daimler, hatte angefragt, ob nicht eine schon bestehende Maschinenfabrik Interesse für die Erzeugung von Automobilen hätte. Er, Bierenz, würde gerne das Kapital beschaffen. So baut Schmal Filius die Brücke zwischen den beiden. Fischer hat die Fabrik, Bierenz das Kapital. Die beiden finden sich und es sei gleich hier bemerkt, daß aus der Interessensgemeinschaft eine gute Freundschaft geworden ist.

Der Kontakt zu Gottlieb Daimler war durch Josef Bierenz bald hergestellt. Damals war Wilhelm Maybach eben technischer Direktor bei Daimler Cannstatt geworden und die kaufmännische Leitung lag in den Händen Gustav Vischers. Noch eine dritte Persönlichkeit von automobilhistorischer Bedeutung spielte hinein – der österreichische Generalkonsul Emil Jellinek-Mercedes, der eben zu jener Zeit mit Daimler geschäftliche Beziehungen anknüpfte. Er nahm ganze Jahresproduktionen fix ab, doch stellte er dabei von vornherein gewisse technische Forderungen, die sich als außerordentlich fruchtbar erwiesen haben und deren letztes Ergebnis der Mercedeswagen war. Jellinek war sehr gegen die Lizenzerteilung an die Wiener Neustädter Firma, weil er der Meinung war, daß damit dem Cannstatter Stammhaus ein Konkurrent erwachsen könnte. Es dürfte wohl auf seine Veranlassung zurückzuführen gewesen sein, daß Cannstatt der Neustädter Firma nicht ganz so freimütig Konstruktionszeichnungen lieferte, wie man sich das hierorts gerne gewünscht hätte. Auch sonst war nicht immer alles eitel Sonnenschein.

Das erste fahrfähige Produkt des Neustädter Werkes war ein 4 PS Modell. Mitte 1900 war es so weit, daß der erste Personenwagen vom Stapel laufen konnte, ein Ding mit Glührohrzündung, das bis zu 30 km/h erreichte. Der Größe des Augenblicks bewußt, hatte man den Wagen mit Blumen geschmückt. Am Steuer saß der alte Werkführer Findeisen, der selbst erst vor kurzem in Cannstatt fahren gelernt hatte. Begleitet von den Zurufen aller anwesenden Werksangehörigen rollte das Fahrzeug aus dem Fabriksgelände. Die Fahrt verlief ohne Zwischenfälle, das Auto bestand seine Jungfernfahrt ausgezeichnet, und als es wieder heimkehrte, hatte die festliche Stimmung ihren Höhepunkt erreicht, der der geschichtlichen Bedeutung des Augenblicks entsprach und durch eine kräftige Jause und einen halben Urlaubstag für alle Arbeiter des Werkes nicht mehr gesteigert werden konnte.

Die Beziehungen zwischen Wiener Neustadt und Cannstatt sollten sich bald enger gestalten. Im Jahr 1902 wurde Paul Daimler zum technischen Direktor bestellt. Vielleicht waren die Erwartungen, die man hier hegte, zu hoch gespannt gewesen, die Erfolge seiner Tätigkeit als Konstrukteur kamen nicht ganz an die Wunder heran, die man erhofft hatte. Aber ein Wurf gelang ihm ohne Zweifel – es war der erste wirklich brauchbare Vierradantrieb der Welt, der somit in Wiener Neustadt im Jahr 1905 entstanden ist. Es war das technisch interessanteste Detail am ersten Panzerwagen der Welt! Schon kurz darauf schied Paul Daimler aus dem Unternehmen aus.

Ihm folgte Porsche im Jahre 1906 und damit begann ein neuer Abschnitt in der Geschichte der Neustädter Daimlerwerke. Seine erste Konstruktion war die Type „Maya", ein durchaus fortschrittlich entworfener Wagen.

Mit dieser Konstruktion hat das Neustädter Unternehmen den Weg zur technischen Unabhängigkeit gefunden. Es war nicht ohne Reiz, Generalkonsul Jellinek mit seinem Sekretär Edgar Spiegel in Wiener Neustadt zu empfangen und ihm das neue Modell vorzuführen. Er betrachtete das Fahrzeug tadelsüchtig, fand aber keinen ernsthaften Einwand. Der Maya-Wagen hat den Weg zu einer Entwicklung geöffnet, der die Österreichische Daimler Motorengesellschaft vom deutschen Stammhaus freimachte. Der Erfolg blieb den Neustädtern treu – es kamen die Elektromobile, die elektrischen Feuerwehren, 1910 kam der leichte Alpenwagen heraus, das erste Automobil, das bereits unter Berücksichtigung des Luftwiderstandes gebaut wurde. 1908 verließ der 28-30 HP die Fabrik, mit dem die Alpenfahrten erfolgreich bestritten wurden. In diese Zeit fällt auch der 60 HP Pyrenäenwagen und mit ihm folgen ganze Generationenreihen von Modellen und Heeresfahrzeugen von der kleinen Feldbahn bis zum gewaltigen Mörserzug, der im Ersten Weltkrieg eine so bedeutende Rolle spielte.

Und damit war unser von hundert Episoden gewürztes Interview mit Direktor Fischer zu einem Ende gelangt, denn er hatte sich 1920 ins Privatleben seiner Nadelburg-Fabrik zurückgezogen und die weitere Entwicklung des österreichischen Kraftfahrwesens nur noch als interessierter Zuschauer erlebt. Was waren das für Zeiten gewesen! Das heroische Zeitalter vom Ausgang des 19. Jahrhunderts bis etwa 1905 und das Goldene bis 1914, das für Direktor Fischer unlöslich verbunden bleibt mit der Erinnerung an die fruchtbare Zusammenarbeit mit Porsche, mit dem ihn bis heute eine Lebensfreundschaft verknüpft, neu gefestigt durch Ing. Rudolf Fischer jun., der nun schon seit Jahren zu Porsches Mitarbeiterstab zählt.

Wir ließen in Gedanken an die glorreiche Vergangenheit unsere Gläser aneinander klingen, in denen ein köstlicher Badener schimmerte.

Eduard Fischer 81 Jahre

Eduard Fischer verstarb friedlich am 4. Februar 1951 im Gärtnerhaus und fand seine letzte Ruhestätte am Lichtenwörther Friedhof. Seine Gattin Margarita lebte noch bis 1957 und musste sowohl einige Grundstücke verkaufen als auch die Nadelburgvilla abreißen, um finanziell einigermaßen über die Runden zu kommen.

Und Fischers Lebensfreund Ferdinand Porsche starb genau 5 Tage vor ihm, am 30. Jänner 1951, der Zufall führte wieder Regie.

Interessant erscheint in diesem Interview die Sicht eines Hauptakteurs auf so manche Begebenheiten und Personen, die man aus den geschichtlichen Unterlagen so nicht wahrgenommen hätte. Zum Beispiel seine Meinung über Jellinek in den Anfangsjahren oder über Paul Daimlers Konstruktionen. Selbstverständlich handelt es sich dabei um die persönliche Ansicht des Eduard Fischer, der aber mit seinem menschlichen Feingefühl wohl selten irrte.

Ferdinand Porsche

Zeichnung von Ottilie Scholz, der jüngsten Tochter von Otto Kaes

Ein weltbekannter Neustädter Designer, oder?

Geht man nördlich der Giltschwertgasse bis zur Altabachgasse an der Fischa entlang, so befindet man sich am „Franz Reimspieß Weg". Diese Namensgebung ist allerdings der einzige Hinweis auf den Neustädter Zeichner und Konstrukteur, der – wie so oft – im Ausland bekannter ist als hierzulande. Oder haben Sie gewusst, wer die weltbekannten Logos für VW und Porsche entworfen hat?

Geboren wurde **Franz Xaver Reimspieß** am 28. November 1900 in Wiener Neustadt. Nach seinem Pflichtschulbesuch mit gerade einmal 15 Jahren an ein weiterführendes Studium nicht mehr zu denken, denn der Erste Weltkrieg war bereits voll entbrannt und sein Vater wurde zum Militär eingezogen. So bewarb sich der jugendliche Franz bei der Österreichischen Daimler Motoren AG in der Pottendorfer Straße als einfacher „Gehilfe" – mit Erfolg. Wann immer Zeit blieb, kritzelte er gerne mit dem Bleistift herum und eines Tages wurden seine Werke von den Kollegen und Vorgesetzten entdeckt. Die Herren Ingenieure erkannten seine Begabung und ermöglichten ihm einen Karrieresprung zum technischen Zeichner im Konstruktionsbüro. So weit der Werdegang, wie in diesem Buch beschrieben. In diese Zeit fällt auch das Design seines ersten Markenlogos – des Daimlerpfeils. Die mit 1927 datierte Zeichnung des neuen Austro Daimler-Logos, der Bogen mit Pfeil in kreisrunder Umrandung, trägt seine Unterschrift. Der damals so mondäne neu erschienene ADR-Wagen war mit dem „Daimlerpfeil" standesgemäß geschmückt und erlangte Weltruhm.

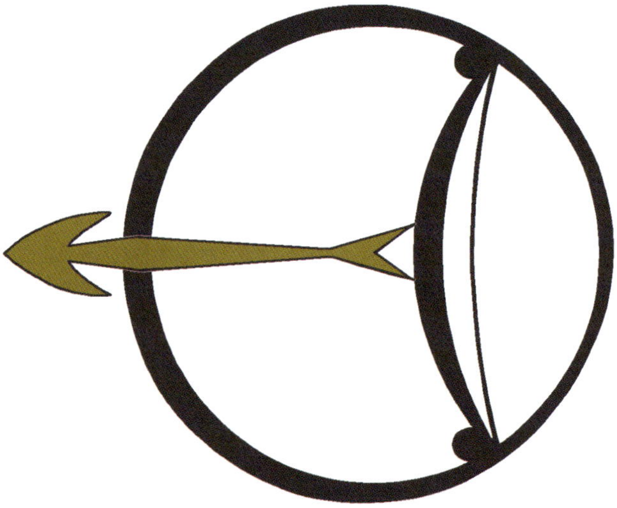

Austro Daimler-Logo ab 1927

Als der Wiener Neustädter Betrieb 1934 geschlossen wurde, kam der Ruf seines ehemaligen Chefs Ferdinand Porsche, nach Stuttgart zu kommen, gerade recht. Dort formierten sich viele ehemalige Austro Daimler-Mitarbeiter zu einer Entwicklungs- und Konstruktionsmannschaft ersten Ranges. In Stuttgart-Feuerbach wurde gerade mit Hochdruck am Projekt KdF-(Volks-)wagen gearbeitet. Ing. Reimspieß hatte die heikle Aufgabe zugewiesen bekommen, so rasch wie möglich einen brauchbaren Motor zu entwerfen. In Anbetracht der Zeitnot und des Druckes von Hitler musste das Triebwerk quasi „schon am Reißbrett funktionieren", und sein Boxer-Motor überzeugte auf Anhieb – in weiterer Folge millionenfach!

Ing. Reimspieß und Ing. Karl Rabe waren auch in die Entwicklungsarbeiten der fabelhaften 16-Zylinder-Auto-Union-Rennwagen involviert. Erstmalig platzierte man den Motor hinter dem Fahrer (Mittelmotor), um eine bessere Traktion zu erreichen.

Als die Zeichen wieder auf Aufrüstung standen, bekam das „Haus Porsche" den Auftrag, einen Panzer zu konstruieren. Es entstand unter Mitwirkung von Ing. Reimspieß der Tigerpanzer mit 57 t Eigengewicht und 600 PS.

Auch das weltbekannte VW-Zeichen stammt aus der Feder von Ing. Reimspieß, der nach endlosen Diskussionen über den geeigneten Namen des KdF-Wagens das genial einfache VW-Logo auf eine Serviette kritzelte – und Prof. Porsche war begeistert!

VW-Logo 1939, der Entwurf von 1937 wurde verworfen

Reimspieß beim Skizzieren!

Für die Porschefahrzeuge wurde ebenfalls ein Markenzeichen gesucht. Ein Wettbewerb wurde in der Fabrik Zuffenhausen ausgeschrieben, jedoch ohne ein zufriedenstellendes Ergebnis. Worauf wieder einmal Reimspieß gebeten wurde, seine Fantasie spielen zu lassen. Das Pferd wurde aus dem Stuttgarter Wappen (Gestütgarten) entliehen und der Rest war seine Gestaltung.

Das erste Porsche-Logo Mai 1952

Reimspieß übernahm von Ing. Rabe das Konstruktionsbüro bei Porsche und leitete es überaus erfolgreich bis zu seiner Pensionierung. Danach führte ihn sein Weg wieder zurück in sein geliebtes Wiener Neustadt.

Im Jahr 1975 erinnerte man auch in Wiener Neustadt mit einer Ausstellung in St. Peter an der Sperr an „Prof. Dr. Ing. hc Ferdinand Porsche". Ing. Reimspieß durfte diese Ehrung noch persönlich miterleben, denn es war zu einem großen Teil auch seine eigene Geschichte. 1979 verstarb der humorvolle, bescheidene Familienvater. Drei weltbekannte Logos hat wohl niemand sonst geschaffen, ein stolzes Dankeschön dem Wiener Neustädter Designer und Konstrukteur! Wir sollten alles daransetzen, seine Leistungen auch hierzulande entsprechend zu würdigen.

Zerstört und abgerissen

Was im Gemüt der Neustädter Bevölkerung nach 1934 vorgegangen sein muss, ist wohl kaum nachvollziehbar. Innerhalb kürzester Zeit schlossen zwei der größten und renommiertesten Betriebe ihre Pforten. Abgesehen von der unglaublichen Armut in breiten Teilen der Einwohnerschaft ging doch auch jede Menge Selbstbewusstsein in dieser Stadt verloren. Die Rüstungsindustrie kehrte mit den Nationalsozialisten wieder zurück in die verwaisten Fabrikshallen. Die Wiener Neustädter Flugzeugwerke nahmen den Betrieb auf und sorgten für „künstliche" Vollbeschäftigung. Das zweite Ende dieser Betriebe traf nicht nur die Industrieanlagen, sondern die ganze Stadt. Zerstörung in unglaublicher Gründlichkeit. Nach einer fast aussichtslosen Wiederaufbauzeit wollte man hierorts nichts mehr mit Verkehrsindustrie zu tun haben, denn schlussendlich waren ja diese Betriebe für die komplette Zerstörung Neustadts verantwortlich. So der allgemeine Sprachgebrauch über dieses Thema.

Allerdings hält diese Diagnose einer genaueren Analyse nicht stand. An der Zerstörung von weiten Teilen Europas war einzig und allein der Zweite Weltkrieg schuld, der von den Nationalsozialisten angezettelt wurde. Dass Orte der Rüstungsindustrie besonders betroffen waren, war noch in jedem Krieg der Fall. Trotz dieser logischen Überlegungen war es menschlich nur verständlich, die alten nicht zerstörten Industriegebäude nach und nach als wertlos und unbedeutend abzureißen. Wie zum Beispiel das Firmenportal von Austro Daimler oder die Direktorenvilla von Ferdinand Porsche – wertlos und unbedeutend?

Die Direktorenvilla im Park vor der Fabrik 1969, erbaut für Porsche 1906/1907

Fallweise eine Wiederauferstehung

Schon Ende der 30er-Jahre besann man sich des Namens Austro Daimler aufs Neue. Die Fahrradproduktion in Graz expandierte wieder und ging in den 1970er-Jahren auch vermehrt in den Export von handgefertigten Rennrädern. In den Überseeländern wie in den USA allerdings kannte man den Namen Puch eigentlich so nicht. So kamen findige Verkaufsstrategen auf einen sehr populären Markennamen für die hochklassigen Fahrräder „made in Austria". In vielen Staaten wurde der Name Austro Daimler verwendet – und das mit Erfolg!

Neues Fahrrad-Logo in den 70er-Jahren

Schild aus den späten30er-Jahren

Und noch ein zweites Mal erinnerte man sich des glorreichen Markennamens, denn in den 70er-Jahren baute man in Graz exzellente Rennräder, die wiederum mit dem oben stehenden erneuerten Logo in die USA verkauft wurden.

Eine Wiederauferstehung des Namens Austro Daimler, die erst kürzlich stattfand, betrifft eine automobile Neukonstruktion des Ing. Roland Stagl, der seinen Prototyp 2019 beim Concours d'Élégance in der Villa d'Este vorstellen konnte. Auch beim Austro Daimler Memorial in Wiener Neustadt war diese Neuschöpfung am Hauptplatz ausgestellt. In Anlehnung an den Bergmeister ADR 635 hört dieses Hybridfahrzeug mit rund 1.200 PS Gesamtleistung auf den Namen „Bergmeister 630". Ob es zur gewünschten Kleinserie kommen wird? Da müssten wir wohl in die Zukunft vorblättern …

ADR 630 ‚Shooting Grand'

VT 63 auf der Semmering-Nordrampe

Freie Fahrt für den VT 63 am Wiener Südbahnhof

Sektion Austro Daimler

Verein zur Pflege und Erhaltung österr. Daimler Fahrzeuge

Seit 1999 existiert die Sektion Austro Daimler mit Sitz in Wiener Neustadt. Durch langjähriges Recherchieren der 35-jährigen Firmengeschichte konnten rund 110 überlebende Automobile ausgeforscht werden. Dazu kommen noch ein paar wenige Flugzeug-, Feldbahn- und Schiffsmotoren sowie Einzelteile von Militärfahrzeugen und Schnelltriebwagen. Mögen diese Raritäten geschätzt und weiter bestmöglich erhalten bleiben!

Literaturübersicht & Quellenverzeichnis

Austro Daimler	Pinczolits, Prof. Franz	Weilburg Verlag 1986
Austro Daimler und Steyr	Pfundner, Martin	Böhlau Verlag 2007
Allgemeine Automobilzeitung	Sterne/Schmal-Filius	ANNO/Österreichische Nationalbibliothek
Der Austro Daimler Flugmotor	Geissl, Dr. Gerhard	Verein Museum und Archiv für Arbeit und Industrie
Der Haifisch	Schlüter, Reinhard	Paul Zsolnay Verlag Wien 2015
Herr über 1000 PS	Neubauer, Alfred/Rowe	Hans Dulk Hamburg 1959
Wr. Neustädter Erinnerungen	Kaes, Ghislaine	Magistrat Wiener Neustadt 1975
Die Nadelburg	Bachtrögl, Robert	Nadelburgmuseum 2009
Ödland Flugfeld	Jezek, Karl	unbekannt
Ignatz Gridl, Eisenkonstruktionen	Fogarassy, Alfred	Christian Brandstätter Verlag 2011
Ferdinand Porsche	Haug, Gunter	Landhege-Verlag 2012

Bildnachweis

Allgemeine Automobilzeitung 1900 bis 1919 über das Portal ANNO/Österreichische Nationalbibliothek;
Stadtarchiv Wiener Neustadt;
Porschearchiv Stuttgart;
Austro Daimler-Prospekte und -Postkarten;
Eidgenössische Technische Hochschule Zürich über ihr Portal ETH,
Archiv Sektion Austro Daimler/Gerhard Weinzettl;
Archiv Koloman Mayrhofer;
Archiv Ing. Herbert Schirmböck;
Continental Prospekt Prinz Heinrich Fahrt 1910;
Archiv Ottilie Scholz;
Archiv Gunther Mackinger;
Archiv DI Ulrike Chalupa/Sebastian Knapp;
Wiener Linien Fotoarchiv;
Freiwillige Feuerwehr Mödling;
Heimatmuseum Fischamend;
Patentzeichnungen Karl Rabe;
fahr(t)raum Mattsee;
Karl Jezek, Ödland Flugfeld;
Jaqueline Rotter;
Archiv Christian Zach

Ein herzliches Dankeschön …

… an meine Freunde der Sektion Austro Daimler, allen voran an unseren Langzeitobmann Gerhard Weinzettl für die Stunden anlässlich der Bilderauswahl und der Überprüfung der technischen Daten. Desgleichen danke ich unserem Schienenfachmann Ing. Herbert Schirmböck für seine fachliche Unterstützung. Die beiden wissen einfach alles …

Und weil es nicht selbstverständlich ist, dass die vielen benötigten Archive immer offen stehen, bin ich den Verantwortlichen dieser Einrichtungen ebenfalls zu besonderem Dank verpflichtet. Im Besonderen dem Stadtarchiv Wiener Neustadt für die jahrelange ausgezeichnete Zusammenarbeit mit Norbert Koppensteiner, Prof. Franz Pinczolits, Eveline Klein und Dr. Gerhard Geissl. Im Speziellen ist Frau Sabine Schmitner zu erwähnen, die wohl für den zweiten Band die Hauptarbeit zu tragen hatte. Auch den Archiven von Mercedes-Benz, den Wiener Linien (Erna Wenhardt), der Feuerwehr Mödling (Manfred Sulzer) sei für ihre Unterstützung herzlich gedankt.

„Last but not least" meine besondere Wertschätzung an die Österreichische Nationalbibliothek für die Bereitstellung ihres Internetportales ANNO, welches die Recherchen für ein geschichtliches Werk nun mit angemessenem Zeitaufwand ermöglicht.

So schließe ich mit noch einem Dankeschön für die freundliche Aufnahme und die professionelle Betreuung im Kral-Verlag durch Robert Ivancich und Mag. Anne Saskia Schmutterer sowie den Grafiker Walter Fritz.

Christian Zach

Info zu Band I im KRAL-Verlag

Zur gleichen Zeit, als Josef Eduard Bierenz, Generalimporteur und Vertrauter von Gottlieb Daimler, eine Produktionsstätte für eine Automobilfabrik in Österreich suchte, betrat am Ostersonntag 1899 der Wiener Neustädter Fabrikbesitzer Eduard Fischer die Redaktion des „Neuen Wiener Tagblattes" und erkundigte sich beim Redakteur Adolf Schmal-Filius nach Möglichkeiten, ins Automobilgeschäft einzusteigen – und der Herr Redakteur wusste von den Plänen der Daimlergesellschaft in Stuttgart ...

Bereits im Mai 1900 war das erste Neustädter Automobil fertiggestellt und weitere 16.000 sollten bis 1934 folgen. Das Buch erzählt von technischen Innovationen der Herren Paul Daimler, Ferdinand Porsche, Igo Etrich, Karl Rabe, Franz Xaver Reimspieß und Alfred Neubauer. Es gibt aber auch Stimmungsbilder über die gesellschaftliche Einbindung und das Zusammenwachsen des Adels mit dem Bürgertum in einer Zeit des rasanten Fortschritts. Innovative Persönlichkeiten wie der Schwechater Bierbrauer Theodor Dreher, das Verkaufsgenie Emil Jellinek-Mercedes, der „Sascha-Film"- Begründer Alexander Graf Kolowrat, der Bankkaufmann Camillo Castiglioni und die Militärs Robert Wolf und Ottokar Landwehr spielen eine besondere Rolle. Geniale Konstruktionen wie der „Prinz Heinrich-Wagen" und die „Aero-Daimler"-Flugzeugmotoren oder die benzin-elektrischen Schwertransportsysteme und Oberleitungsbusse sind nur einige Beispiele aus der „Hightech-Schmiede" in Wiener Neustadt, die zum Weltruhm der Marke Austro Daimler beitrugen.

Bereichert durch viele bisher unveröffentlichte Bilder und Werbegrafiken vermittelt dieses Werk einen tiefen Einblick in die ab 1913 eigenständige österreichische Automobilfabrik.

Christian Zach
Austro Daimler
Band I
1899–1919

21 x 29,7 cm, 432 Seiten
ISBN: 978-3-99024-833-1